KB105316

철학의 현실문제들

김 진 지음

철학과현실사

2007

서문

현 시대의 철학은 더 이상 사변적이지만은 않다. 철학은 이제 형이상학적 문제들만을 다루는데 그치지 않고, 현실 생활에서 물어지는 모든 문제들을 다루고 있다. 오늘날에는 특히 비합리주의적 요소가 강화되면서 개인적이고 주변적 문제들이 보다 중요하게 평가되고 있다. 그럼에도 불구하고 우리는 유감스럽게도 철학에서 다루어지는 현실 문제들을 개괄적으로 소개하는 그럴듯한 책을 갖지 못하였다. 국내에 소개된 대부분의 철학개론서들은 철학사와 이론 중심으로 서술되고 있어서, 철학을 현실과 직접적으로 매개하는 데는 부적절한 것으로 지적되어 왔다.

이 책에서 의도하는 바는 현실적으로 제기되는 문제들을 철학적으로 반성할 수 있도록 안내하는 데 있다. 필자는 이미 『생활속의 철학』(자유사상사 1994)에서 이와 같은 시도를 한 바 있으며, 거기에서 칸트와 블로흐에 의하여 대변되는 희망철학을 한국학적 지평에 적용 발전시키면서 요청적 사유구조의 틀을 마련하고자 고심하였다. 그리하여 필자는 불교적 사유전통에서 요청철학적 요소들을 발굴하려는 시도와 함께 한국의 민중종교 사상 속에서 보편적으로 관찰되고 있는 '한'(恨)의 개념을 희망철학의 연장선 속에서 파악하려고 시도하면서, 이 두 개의 실천철학적 유형들에서 희망내용의 구성이 어떻게 가능한가를 제시하고

자 노력하였다. 『생활속의 철학』에서 제기된 관심사는 이제 『종교문화의 이해』(울산대학교출판부)와 『살고있는 순간의 어두움』(세종출판사), 그리고 본서 『철학의 현실문제들』을 통하여 각각 구체화되고 있다.

그러나 이 책에서는 필자 자신의 학문적 성찰을 소개하기보다는 철학의 영역에서 거론될 수 있는 여러 가지 현실문제들을 다루면서, 그에 대한 대표적인 사상가들의 대답유형들을 정리하는데 중점을 두었다. 그리고 필자는 독자들이 이러한 철학적 물음들을 접하면서 철학에 대한 전반적인 이해를 가질 수 있도록 문제들을 세심하게 배려하려고 노력하였다.

효율적인 독서 및 강의 진행을 위하여 이번에 책을 새로 내면서 전체적인 구성을 다음과 같이 배열하였다. 제1부 "철학과 진리"에서는 철학에 대한 개론적인 이해를 가질 수 있도록 최초철학자들의 다양한 철학이해를 소개하면서 철학의 정의와 고유한 기능에 대하여 살필 수 있도록 하였다. 특히 철학적 정신으로서의 에로스론을 바로 뒤에 배치함으로써 지루함을 덜게 하였다. 그리고 철학의 이해에 필수적으로 요구되는 진리론을 다루었다.

제2부 "정념과 희망"에서는 실존적 차원에서 제기될 수 있는 문제들, 특히 프로이트의 정신분석학과 그 이후에 포스트모더니즘의 철학적 지평을 새롭게 열었던 미셸 푸코와 자크 라캉의 성 이론을 소개하고 있다. 그리고 플라톤, 하이데거, 블로흐 철학에서의 죽음이론과 티베트인의 사후세계와 바르도 이론을 다루었다. 허무주의에서는 소크라테스와 기독교주의에 대한 니체의 날카로운 문명철학 비판을 소개하였으며, 희망철학에서는 고대 그리스와 이스라엘 사람들의 희망 이해와 칸트에서 블로흐, 몰트만에 이르는 희망의 철학과 희망의 신학의 문제를 다루었다.

제3부 "담론과 질서"에서는 사회적 차원에서 제기되는 문제들을 다루었으며, 우선 먼저 플라톤의 동굴이야기에서 헤겔과 마르크스의 이데올로기 철학, 그리고 칼 만하임과 블로흐에 이르기까지 이데올로기 문제에 대한 철학적 분석을 시도하였다. 국가철학에서는 플라톤의 철인정치론과 칼 포퍼의 비판, 계몽주의 시대의 사회계약론자들, 그리고 롤즈와 노직, 하버마스와 드워킨의 논쟁을 소개하고 있다. 그리고 의사소통의 철학에서는 칸트의 선험철학을 담론윤리학 전개를 위하여 선험화용론으로 변형하는 칼 오토 아펠의 시도와 하버마스의 보편화용론을 바탕으로 이상적인 담론이 성립될 수 있는 가능성 조건이 무엇인지에 대하여 살펴보았다. 그리고 핵에너지의 평화적 사용을 위하여 헌신하였던 러셀과 아인슈타인, 야스퍼스 등의 노력에 대해서도 소개하였다.

제4부 "학문방법론과 현대윤리"에서는 학문방법론의 전개 과정, 그리고 현대사회에서 새롭게 제기되는 다양한 윤리적인 문제들을 다루고자 하였다. 학문방법론에 대한 글은 전 철학사의 사유과정을 필자 나름대로의 관점에서 새롭게 구성한 것으로서 이를 정독하면 철학이라는 학문의 성격과 내용을 비교적 쉽게 터득할 수 있을 것이다. 그리고 이어서 현대 과학기술사회에서 새롭게 제기되는 윤리적인 문제들, 특히 생명-의료윤리와 생태학적 물음에 대하여 소개하고 있으며, 그 이외에도 과학연구윤리, 공학윤리, 정보윤리, 인간복제 등에 대해서도 다루고 있다.

이 책은 대학생과 일반 교양인을 대상으로 저술되었다. 대학에서의 철학 교재로 사용될 수 있을 뿐만 아니라, 철학을 접하지 못한 고교생이나 일반인들이 혼자서 읽어 가는데도 어렵지 않도록 기획되었다. 그리고 특히 대학을 졸업하고 직장생활을 하는 분들이 철학적 문제들을 다시 한 번 체계적으로 정리하는데 도움이 되리라고 믿어 의심하지 않는다. 새로 책을 내면서 원고를 부분적으로 수정 보완하는 동시에 철학사의 흐름을 일별할 수 있도록 철학사 연표를 추가로 작성하였다.

이 책을 출판할 수 있도록 배려해주신 철학과현실사에 심심한 사의를 표한다.

2007년 1월 울산 무거동 연구실에서
김 진 배상

차례

제1부 - 철학과 진리

제2부 - 정념과 희망

제3부 - 담론과 질서

제1부
철학과 진리

제1장 철학이란 무엇인가

철학은 내일의 양심과 미래를 위한 당파성이나 또는 희망에 관한 지식을 가지게 되든가, 그렇지 않으면 더 이상 어떤 지식도 가지게 되지 않을 것이다.　　　　　　　　　　　에른스트 블로흐

1. 철학이란 무엇인가

누구든지 철학을 처음 접하게 되면, 철학이란 무엇인가라는 질문부터 하게 된다. 사람들은 철학을 한마디로 설명될 수 있는 것처럼 생각한 것이다. 대부분의 철학자와 철학 교수들도 이러한 물음에 쉽게 답하지 못하고 곤혹스러워 한다. 특히 철학개론을 가르치는 교수들은 한 학기 동안 강의를 하고 나서 도대체 지금까지 무엇을 가르쳤으며, 학생들은 그것을 어떻게 이해하고 있는가를 반성하기도 한다. 그러다가 학생들이 써놓은 답안지를 읽으면서 자신이 얼마나 철학을 한심하게 가르쳤는가를 깨닫게 된다. 그래서 철학은 교수가 가르쳐서 될 일이 아니고, 스스로 터득해야 한다고 자위하기도 한다. 그러나 우리는 이제 철학이란 도대체 무엇인가라고 보다 심각하게 묻지 않으면 안 된다. 지금 이

시대를 살고 있는 우리에게 철학은 무엇인가? 철학은 우리가 그토록 고통스럽게 공부할만한 가치가 있는 것인가? 철학은 우리의 삶을 더욱 더 복잡한 것으로 만들고 있지는 않는가? 철학이란 도대체 무엇인가? 이런 물음들로서 우리는 결국 철학을 시작하고 있는 것이다. 외국에서는 철학개론은 원로교수가 가르치는 것이 상식화되어 있다. 우리나라에서도 점점 그렇게 되어야 할 것이다. 철학개론은 실제로 철학의 여러 분야를 섭렵하고서 그 위에 자신의 생각을 정리하여 가르쳐야만 되기 때문이다.

철학(Philosophie)은 어원적으로 고대 희랍어의 '지식'(sophia)과 '사랑'(philos)이라는 두 단어가 결합하여 이루어진 말이다. 지식이나 지혜에 대한 사랑이 바로 철학에 대한 어원적 정의인 것이다. 여기에서 말하는 지혜는 모든 것에 관하여 알고 싶어 하는 인간의 기본적인 욕구를 바탕으로 한다. 그리고 여기에서의 사랑은 신적인 사랑처럼 절대적인 것도 아니고 이성간의 사랑처럼 주관적 애착도 아니다. '필로스'는 친구들 간의 우정을 뜻하는 사랑이다. 이것은 인간으로서 가질 수 있는 가장 중도적이고 객관적인 선호성의 척도가 된다. 신에 대한 사랑이나 신적인 사랑에 너무 깊게 빠지면 이성적 사고가 마비되고 신비적, 광신적 차원으로 전락한다. 이성에 대한 사랑에 너무 집착하면 정신과 육체가 손상된다. 그러나 지식에 대한 사랑은 우리를 더욱더 이성적으로 인도하여 광신주의와 정염주의의 차원을 넘어서서 고차적인 쾌락을 가져다준다. '지혜에 대한 사랑'으로서의 철학은 우리가 인간과 자연과 신과 같은 모든 것에 대하여 관심을 가지고 묻고 생각하면서 구체화된다.

폴크만 쉴룩(Volkmann-Schluck)은 희랍사람들이 철학을 시작하였던 사실에 착안하여 철학을 다섯 가지로 설명하고 있다. 첫째로 철학은 제1의 시작과 근원을 찾는 것이다. 최초의 철학자들이 물었던 아르케 물음이 철학의 특징을 가장 잘 나타내고 있다. 둘째로 철학은 그것이 존재하는 한에서의 존재자에 대한 학문이다. 아르케 물음의 전통 속에서 아리스토텔레스가 제1철학으로 다루었던 존재론의 문제인 것이다. 셋째로 철학은 진리를 고찰하는 것이다. 오랫동안 철학은 진리론과 동일한 것으로 간주되어 왔다. 넷째로 철학은 죽음을 갈망하는 것이다. 이것은 아마도 소크라테스의 세계관이나 실천철학과의 관계 속에서만 이해될 수 있을 것이다. 소크라테스와 플라톤에 의하면 우리 인간은 이데아의 세계에서 현 세계로 추락하면서 순수한 영혼이 육체 속에 갇히게 되었고, 과거에 대한 기억을 잊게 되었다. 그러므로 소크라테스가 말하는 철학이란 이데아의 세계에 대한 기억을 되찾는 것(상기설)이고, 이것은 우리의 영혼이 육체로부터 자유롭게 되는 이른바 죽음에의 연습을 통해서만 가능하게 된다. 물론 소크라테스는 인간이 스스로 목숨을 끊는 행위는 신에게 죄를 짓는 것이라고 생각하였다. 그러나 죽음을 두려워하지 않고 진리를 찾으려고 노력하는 것이야말로 바르게 철학하는 것이다. 다섯째로 철학은 신적인 것과 동일하게 되는 것이다. 결국 인간이 참된 진리를 터득한다는 것은 신적인 세계로 되돌아간다는 것을 의미한다. 동서고금을 막론하고 인간은 도덕적 수행을 통하여 신과 일치하는 것을 이상적 목표로 설정하고 있다. 이와 같은 철학에 대한 포괄적 이해를 바탕으로 우리는 계속해서 철학이 어떻게 시작되고 성립되는가를 살펴보기로 할 것이다.

2. 철학은 물음으로부터 시작된다

철학은 물음(Fragen)으로부터 시작된다. 모든 가능한 물음들, 그리고 철학이란 무엇인가라는 물음 그 자체가 철학의 대상인 것이다. 철학은 바로 묻는 행위이다. 우리는 철학 속에서 모든 것에 관하여 모든 것을 묻게 된다. 철학은 물어볼 수 있는 존재자, 그리고 문제를 제기할 줄 아는 존재방식을 가진 인간에게만 고유한 현상이다. 그러므로 사람이면 누구든지 철학을 할 수 있다. 다시 말하면 사람이면 누구든지 의심을 가질 수 있으며, 어떤 문제에 대하여 알고 싶어 하고 또한 문제를 제기하고 싶어 한다. 누구든지 물어볼 수 있는 능력을 가지고 있다. 그러므로 철학은 철학자들만의 전유물이 될 수 없으며, 물어볼 수 있는 능력을 가진 사람이면 누구든지 철학활동을 영위할 수 있다. 그리하여 철학은 물음으로부터 시작된다.

일상인들이 생활에 필요한 단순한 문제들에 관해서만 물어왔다면, 철학자들은 조금 더 세밀하고 전문적인 물음, 곧 자연과 인간과 신에 관한 물음들에 대하여 지속적인 관심을 가져 왔던 것이 다를 뿐이다. 철학자들은 일상적인 생활 속에서 별다른 의미 없이 던져지고 있는 상식적 물음들을 논리적 과학적으로 논구하여 보다 전문적으로 체계화하면서 철학적 물음의 고유한 영역을 개척하려고 하였다. 그러나 철학자들이 묻는 전문적인 물음들만이 철학적인 것은 아니다. 오히려 일상생활 속에서의 호기심으로부터 던져지는 물음들도 보다 철학적일 수 있다. 그러므로 어떤 물음이 보다 더 철학적인가를 구별하는 것은 실제로 무의미하게 된다. 모든 물음이 철학적이기 때문이다. 우리에게 이와 같은 물음을 가지게 하는 것은 바로 '놀라움'(Staunen)이다.

인간은 주위를 둘러보면서 살고 있다. 그리고 사람들은 자연과 세계 속에서 다른 사람들과 일정한 관계를 맺으면서 살고 있다. 그리하여 인간은 자기가 맺고 있는 모든 관계들에 관하여 관심을 갖게 된다. 이와 같은 관심 속에서 사람들은 자연 현상과 사회 현상에 대하여 충격을 받게 되고 경이와 놀라움을 갖게 된다. 놀라움과 경이란 바로 내가 밖으로부터 받은 '존재론적' 또는 '의미론적 충격'이다. 사람들은 이 세계가 어떻게 이루어졌으며, 인간의 본질이 무엇인가를 묻는다. 이와 같은 충격은 일상생활 속에서도 쉽게 찾아볼 수 있다. 우리는 매일 저녁마다 수많은 상품들에 대한 광고들을 접하게 된다. 그리고 그 상품에 대한 호기심을 갖게 된다. 다시 말하면 그 새로운 상품으로 인하여 나의 내면에 충격이 일어나기 시작하는 것이다. 내 속에서 그 상품에 대한 놀라움과 경이로움이 생기게 된다. 그리하여 나는 그 상품에 관하여 보다 더 자세하게 알기를 원하게 된다. 다시 말하면 나는 그 상품의 품질과 용도 및 가격 등, 모든 것에 관하여 철저하게 알려고 하는 것이다. 이와 마찬가지로 철학자들은 지금까지 우리가 살고 있는 자연과 세계는 도대체 무엇으로 이루어졌으며, 우리는 어디에서 와서 또한 어디로 가는지를 통 채로 알고 싶어 하였다. 그리하여 우리들이 외부세계로부터 받은 놀라움과 충격들은 모든 물음의 직접적인 동기가 되고 있다.

3. 철학은 생각하는 것이다

철학은 물음과 더불어 시작된다. 그러나 모든 물음들이 철학적으로 의미 있는 것은 아니다. 그리하여 우리의 삶 속에서 구체적으로 물어진 것들은 우리들의 생각들(Denken)에 의하여 다시 정리된다. 우리가 거의 날마다 내던지고 있는 물음들 가운데서 바로 대답되어진 것들을 제외하게 되면 풀려지지 않은 문제들만이 남게 된다. 우리에게는 아직 풀려지지 않은 수없이 많은 물음들이 있다. 그리하여 우리는 어떤 방식으로 이 문제들을 처리할 것인가를 고심하게 된다. 바로 여기에서 우리는 지금까지 던져진, 그리고 아직 해결되지 않은 물음들을 다시 체계적으로 생각하게 된다. 물음은 이제 우리의 생각을 통하여 보다 더 정교하게 다듬어지게 된다.

이처럼 생각하는 힘은 인간에게만 고유한 것이다. 다시 말하면 인간은 묻고 생각하는 존재이다. 우리는 생각의 힘을 통하여 자신이 물었던 문제들을 보다 합리적으로 처리하려고 노력하게 된다. 그리하여 새로 알게 된 상품이 나의 실생활에 필요한 것인지, 또는 다른 상품이 그것보다 더 나은지를 꼼꼼하게 생각해 보게 된다. 물론 우리는 지금까지 축적한 지식들을 바탕으로 어떤 새로운 것의 가치를 평가할 수 있다. 그러나 우리는 생각의 힘을 통하여 어떤 새로운 것을 기준으로 하여 지금까지의 모든 지식들을 평가하거나 대체해 버릴 수도 있다. "사유는 전복하는 것이다"(Denken heißt Überschreiten: Ernst Bloch). 생각하는 것은 바로 기존의 것을 뒤집어엎고 넘어서는 것을 뜻한다. 우리가 가진 이성의 힘은 생각과 사유의 지평 위에서 전개되는 것이다.

우리는 이제 물어진 것들 가운데서 무엇이 생각해 볼만한 것들인지를 가리게 된다. 우리가 가진 생각의 힘은 모든 것에 잇대어 있다. 그리하여 우리는 모든 것에 관하여 말할 수 있고 또한 생각할 수 있다. 그러나 실제로 생활하고 있는 우리들은 모든 것에 관하여 생각하고 있는 것은 아니다. 각자의 관심에 따라 생각의 방향과 내용은 크게 달라지고 있는 것이다. 그러므로 우리의 물음이란 것도 사실 알고 보면 어떤 특정한 관심에 의하여 유발된 것이다. 이와 같은 사실에서 철학은 주관적인 또는 주체적인 성격을 띠게 된다. 왜냐하면 우리들의 외부적인 충격과 놀라움은 각자의 삶의 정황에 따라 다를 수밖에 없으며, 물음의 해결 방식도 주관적인 관심과 판단의 정도에 따라 달라질 수밖에 없기 때문이다. 따라서 생각해 볼만한 것들을 선택하는 일은 적어도 철학적 사색을 전개하려는 사람의 고유한 관심에 의하여 결정될 수 있다. 그런데 어떤 사람이 가지고 있는 관심들 모두가 철학적 사유의 대상이 되는 것은 아니다. 그와 같은 관심들 중에서도 도저히 다른 것과 바꿀 수 없는 궁극적 관심들이 문제가 되는 것이다. 이를테면 진리를 탐색하려는 나의 관심, 도덕적 세계를 설계하려는 나의 실천적 행위, 그리고 우리 시대를 바르게 살 수 있도록 가치관을 모색하려는 끝없는 탐구정신이 우리를 철학으로 인도하게 된다. 그리하여 탈레스는 물질적으로 풍요한 삶을 추구하기보다는 세계의 근원을 탐색하려는 관심에 우선적인 가치를 부여하였다. 또한 소크라테스의 경우에서도 그는 비판적 태도를 포기할 경우에 보장될 수도 있는 시민적 삶에 연연하지 않고 죽음을 선택하였던 것이다. 우리는 이러한 삶을 통하여 최소한 철학적 태도가 무엇인가를 어렴풋하게나마 짐작할 수 있을 것이다. 다시 말하면 철학은 세속적인 타협에 굴하지 않고 자신의 궁극적 관심을 개진해 나가는 것이다. 그렇다면 철학은 도대체 어떤 물음들을 궁극적인 것으로 탐색하는 것일까?

4. 철학은 본질에 관하여 묻는다

철학에서는 그 어떤 '무엇'(Was)에 관하여 묻는다. 여기에서 '무엇'이란 사물의 본질에 관한 것이다. 그리고 이 물음을 보다 확장하면, 그것은 자연과 세계의 본질에 관한 물음(Was-Frage)으로 된다. 지금까지 우리들은 누구든지 간에 이와 같은 물음들을 물어왔다. 유치원에 다니는 아이들은 "이것은 무엇인가?", "저것은 무엇인가?", 또는 "그것은 무엇인가?"와 같은 질문들을 배운다. 그리고 그 아이들은 마찬가지로

"이것은 책상이다", "저것은 사슴이다", "그것은 배나무이다"라고 대답하는 것을 배우게 된다. 대부분의 일상적인 대화는 이 정도의 차원에서 끝난다. 그러나 철학자들은 여기에 만족하지 않고 계속해서 질문을 던진다. 그리하여 그들은 바로 이 책상과 저 책상, 그리고 바로 그 책상을 우리가 책상이라고 알아듣게 되고 또한 책상이라고 부르게 되는 이른바 책상의 본질이 무엇인가를 묻게 된다. 사슴이라고 하는 동물을 고양이와 구별되게 하는 사슴의 고유한 본질이 무엇인가를 묻게 된다. 여러 종류의 나무들 가운데서 크기와 장소의 상이성에도 불구하고 배나무로 분류될 수 있는 본질적 특성이 무엇인가를 묻게 된다. 그리하여 철학자들은 모든 사물의 본질에 관하여 묻는다. 그리고 이 세계와 자연현상의 실제 모습에 관하여 묻는 것이다.

탈레스(Thales 약 624~545 BC) 이후의 철학은 근본적으로 본질에 관한 물음으로 이어진다. 다시 말하면 철학은 이제 본질에 관한 철학 (Wesensphilosophie)이라고 말할 수 있게 된다. 탈레스는 자연 속에 존재하는 근원적인 본질이 바로 물이라고 말하였다. 물론 그의 대답이 전적으로 옳은 것은 아니었다. 그러나 러셀은 이러한 탈레스의 대답이 적어도 19세기의 과학지식에 이르기까지는 전혀 손색이 없을 정도로 정확한 것이었다고 보았다. 다시 말하면 우주의 물질들 가운데 90% 이상이 수소로 이루어져 있으며, 대부분의 물질분자식에는 수소가 포함되어 있었기 때문에 탈레스의 대답이 과학적으로 매우 정교한 것이라고 평가될 수 있다. 그럼에도 불구하고 철학사에서 탈레스의 대답은 정확했기 때문에 의미 있는 것은 아니었다. 그가 철학사적으로 중요하게 평가받았던 가장 중요한 이유는 바로 그가 물음을 제기하고 그 물음을 풀어 가는 과정에 있다. 그가 물었던 바로 그 물음은 지금까지의 철학사 속에서 가장 중요한 물음 중의 하나가 되어버렸다. 이 세상에 존재하는 이 모든 것들을 바로 그것으로서 존재하게 하는 존재의 원리는 무엇인가? 우리가 바라보고 있는 이 존재자들이 끊임없이 다른 모습으로 변화되고 있음에도 불구하고, 그와 같은 변화를 가능하게 하면서도 그 스스로는 변화하지 않는 존재의 근거는 무엇일까? 이것은 바로 아르케(Arche) 물음이었고, 존재자의 근원과 이유, 그리고 시작과 본질에 대한 물음이었다. 그리고 탈레스가 처음으로 물었던 이 물음을 해결하기 위하여 그 이후의 철학자들은 계속적으로 과학적인 노력을 시도해 왔다.

예를 들면 아낙시만드로스(Anaximandros 610~545 BC)는 성질이나 분량에 있어서 전혀 제약되지 않고 경계가 없는 이른바 '무규정적인 것' 또는 '무한한 것'(apeiron)을 바로 만물의 근원과 본질이라고 주장하였다. 그러나 아낙시메네스(Anaximenes 585~528 BC)는 그것을 '공기'라고 말하기도 하였고, 엠페도클레스(Empedokles 495~435 BC)는 '네 개의 뿌리'(rhizomata), 아낙사고라스(Anaxagoras 500~428 BC)는 '씨앗들'(spermata)로 설명하기도 하였다. 결국 로이키포스와 데모크리토스는 자연의 근원과 세계의 본질에 관한 물음들을 통하여 '원자'(atoma) 개념을 확립하게 된다. 그리하여 아르케를 정점으로 하는 철학적 물음은 이제 근대의 자연과학적 성찰을 가능하게 하는 학문적 단초가 되었던 것이다. 플라톤과 아리스토텔레스의 철학, 그리고 중세의 보편논쟁과 토마스 아퀴나스의 철학은 본질철학의 주류를 형성하면서 그 이후의 철학사를 결정하게 된다. 그리하여 철학은 무엇에 관한 물음, 곧 사물의 본질에 관한 물음을 묻고 있는 것이다.

5. 철학은 원인과 이유에 관하여 묻는다

'무엇'(Was)에 관한 물음은 근원적으로 '왜'(Warum)에 대한 물음과 뿌리를 같이 하고 있다. 다시 말하면 탈레스가 물었던 세계의 본질 (arche)에 관한 물음은 바로 세계의 '원인에 대한 물음'(Warum-Frage)과 같은 것이다. 아르케는 근원(Ursprung), 시작(Anfang), 근거(Grund), 본질(Wesen), 원인(Ursache)을 뜻하는 말이다. 우리들은 살면서 어떤 사건이나 행위에 대한 원인과 동기를 물을 때가 있다. 어린 아이들은 부모가 도대체 왜 그들을 못살게 구는지를 이해하지 못한다. 그리하여 엄마는 왜 나를 때리려고 하는지를 묻게 된다. 왜 착한 아이들은 엄마 말을 잘 들어야 하는가? 봉급생활을 하는 어른들 역시 왜 자신들만이 많은 세금을 부담해야 하는지를 묻는다. 그리고 도대체 왜 우리의 정치인들은 국민의 생존에 가장 민감한 문제인 원자력 발전소에 대하여 가장 둔감한지를 묻게 된다. 나는 어디로부터 와서 어디를 향하고 있는지를 고민하는 사람들도 많다. 떨어지는 낙엽을 밟으면서 자연의 운행과 우주의 신비가 어떻게 창조되었는가를 생각하는 사람도 있고, 학생들의 시위현장을 바라보면서 사회와 역사의 전개 과정을 걱정하는 사람도 있다. 무엇보다도 과학자들은 법칙의 인과성을 추적하면서, 그것이 적용되지 않는 불확정성의 원리를 다시 작업하기도 한다. 철학자들은 세계 현상을 일관된 하나의 체계 속에서 설명할 수 있는 원인과 결과의 법칙을 추적하면서, 이 세계가 그곳으로부터 움직이고 있는 근원적인 운동인과, 또는 그곳을 향하여 움직이고 있는 목적인을 탐색하려고 한다.

플라톤은 세계 현상의 근원과 원리를 과거적인 고향(Heimat) 상태로부터 설명하려고 한다. 다시 말하면 모든 것은 이데아적인 것에 대한 기억, 즉 아남네시스(Anamnesis)로부터 기인된다는 것이다. 그리하여 이 세계는 옛날에 있었던 이상적인 것의 궤도 속에서 움직이고 있으며, 현재와 미래의 모든 것은 과거적인 이상을 동경하고 지향하게 된다. 그와 반대로 아리스토텔레스는 운동의 원인계열을 추적하여 결국 다른 모든 것을 움직이게 하면서 그 스스로는 움직이지 않는 '제1의 부동의 원동자'(der erste unbewegte Beweger, the first unmoved mover)를 제시하게 된다. 아리스토텔레스적인 신은 목적론적 계열의 마지막에 위치한다. 그것은 최초원인이면서 또한 동시에 최후목표인 것이다. 그리고 기독교인들은 이 세계의 존재원인을 전지전능하신 신의 존재에로 귀속시키려고 한다. 헤겔과 마르크스와 같은 역사주의자들은 세계사는 일정한 발전법칙에 의하여 전개되고 있으며, 절대정신이나 계급 없는 사회와 같은 역사발전의 종국을 향하여 지속적으로 운동변화 된다고 설명하기도 한다. 특히 숙명론자들은 인간의 운명은 이미 기계론적인 원인과 결과의 틀 속에 결정되어 있기 때문에 모든 자율적인 노력의 가치를 인정하지 않으려고 한다. 그리하여 원인과 결과에 대한 철학적인 성찰은 우리가 살고 있는 세계의 도덕적 이상향을 제시하는 데 중요할 뿐만 아니라, 개인적인 도덕성의 함양이나 자율성과 책임의 문제를 논의하는 자리에서도 대단히 중요한 의미를 가지게 된다. 다시 말하면 인과론적인 세계의 진행 가운데서 개인적인 자유의 행사가 어떤 의미를 가질 수 있게 되는가라는 철학적 문제가 새롭게 제기될 수 있을 것이다. 예를 들면 기독교적인 원죄론 또는 하느님의 섭리와 예정론에서 개인적인 결단과 책임의 문제, 그리고 불교적인 윤회사상에서 선을 향한 도덕적 의지의 역할과 같은 문제가 해결될 수 없는 막힌 길로 떠오르게 된다. 그리하여 철학은 지금까지 해결되지 않은 인간과 자연의 원인과 근원에 대한 성찰을 계속한다.

6. 철학은 방법에 관하여 묻는다

철학은 지금까지 거의 모든 것에 관여하면서 진리에 접근하려는 노력을 계속해 왔다. 우리는 지금까지 모든 것에 관하여 모든 것을 물어왔다. 그런데 여기에서 우리는 '어떻게'(Wie) 진리에 접근할 수 있는가라는 근본 문제에 봉착하게 된다. 우리는 가장 이상적인 목표와 과제가 무엇인지를 알고 있지만, 그것을 실현하고 성취할 수 있는 '방법에 관한 물음'(Wie-Frage) 앞에서 속수무책인 경우가 많다. 우리가 잘 알고 있는 우화 가운데 '고양이 목에 방울달기'라는 이야기가 있다. 우리의 사랑하는 쥐들은 그들의 철학적 사색을 총동원하여 그들의 동료들이 자주 실종되는가에 대한 원인 분석과 본질 규명을 시도하였고, 고양이로부터의 피해를 최소화할 수 있는 최선의 방안으로 고양이의 목에 방울을 달기로 합의하였다. 그러나 새로운 난관은 바로 '어떻게'라는 문제였다. 우리는 이상적인 실천목표가 무엇인지 분명하게 알고 있다. 우리에게 막혀있는 것은 바로 '어떻게'라는 방법의 문제인 것이다. 철학자들은 진리에 접근하는 가장 중요한 문제가 바로 방법론에 있다는 것을 일찍이 간파하였다. 그리고 방법론의 도움을 받아 그들의 철학적 사색을 전개하려는 구체적인 노력의 흔적들이 발견된다.

그리하여 소크라테스의 산파술과 보편적인 개념정의법, 플라톤의 변증법 및 아리스토텔레스의 추론법과 같은 학문방법론이 성립되기에 이른다. 특히 중세시대에 들어서게 되면 대규모의 방법론 논쟁이 일어나게 되는데, 그것은 바로 아리스토텔레스의 형상 개념과 신의 존재방식에 대한 해석상의 문제로부터 발단된 보편논쟁(Universalienstreit)이었다. 근세철학에 이르게 되면 학문방법론의 대립은 더욱 첨예화되면서, 귀납적인 방법을 근간으로 경험을 중시하게 되는 영국의 경험론과 연역적인 방법을 근간으로 이성을 중시하게 되는 대륙의 합리론이 성립되기에 이른다. 그리고 이 두 개의 학문방법론을 다시 통일시키려고 한 칸트의 선험철학이 철학사의 새로운 정상으로 부각되기에 이른다. 칸트 이후의 학문방법론은 크게 현상학적 방법론과 분석철학적 방법론, 그리고 마르크스주의적인 방법론이 있다. 그리고 이외에도 해석학과 비판이론, 과학철학과 구조주의 등의 학문방법론이 있어서, 이른바 방법론적인 무정부주의까지 주장되기도 한다. 철학에서 방법의 문제는 대단히 중요하다. 왜냐하면 방법의 규정은 그것에 의하여 규정되는 지식의 한계를 결정해 버리기 때문이다. 또한 동시에 지금까지 절대적 가치를 부여받았던 과학적 방법론조차도 수정되거나 폐기될 가능성이 있다는 사실도 확인되고 있다. 예를 들면 지금까지 자연과학에서 일반적으로 적용되어 왔던 귀납적인 방법론이 반박될 수 있다는 사실은 실제로 포퍼에 의하여 확인되었다. 그리하여 이제는 학문방법론에 대한 철학적인 성찰이 현대철학에서 가장 중요한 과제로 등장하게 되었다. 그리하여 철학은 앞으로 우리가 보다 더 효과적으로 진리에 접근할 수 있는 방법에 대한 물음을 묻고 있는 것이다.

철학이란 도대체 무엇인가? 이 물음을 처음 묻기 시작한 사람들은 그것이 마치 설명될 수 있는 대상인 것처럼 객관화하는 오류를 범하기 쉽다. 그리하여 실제로 어떤 사람들은 철학사의 개관이나 특정한 철학자의 이론을 가르치고 설명하는 것으로 강의를 마치는 사람들도 있다. 그러나 분명한 것은 철학은 학습대상이 아니라 학습활동이라는 것이다. 그러므로 사려 깊은 철학교수들은 단편적인 철학사의 지식을 강조하기보다는, 오히려 바르게 묻고 바르게 생각하고 논리적으로 추론할 수 있는 길을 제시하려고 할 것이다. 그리하여 우리는 이제 우리가 살고 있는 일상적인 삶의 현장에서 직접 구체적으로 철학적 물음을 던질 수 있으며, 사물과 사건의 본질과 원인규명을 합리적으로 시도할 수 있는 방법의 문제를 탐색하게 될 것이다. 그리고 이와 같은 철학적 정신들은 바로 우리들의 일상적인 삶 속에서 구체적으로 적용되고 실현될 수 있는 것임을 정확하게 인식할 필요가 있다. 그러므로 철학은 내가 내 자신에 대하여 스스로 다시 한 번 생각해 보는 것, 그리고 내가 살고 있는 사회 속에서 나의 역할을 반성하고 성찰하는 자아발견의 활동일 수도 있으며, 그와 같은 자아에 대한 확인으로부터 세계를 향하여 자신을 열어 가는 개방적인 활동일 수도 있는 것이다. 그리하여 철학의 주제는 나 자신이 될 수 있으며, 나와 생활세계 그리고 우주적 세계와의 관계정립이 될 수도 있는 것이다. 철학은 외부로터의 충격과 놀라움으로부터 자연스럽게 비롯된 나의 주체적인 문제제기를 한번 논리적으로 생각해 보는 활동이다.

철학에서의 물음은 철학을 이루게 하는 근본적인 출발점이 된다. 그것은 동시에 철학적 정신의 산물이며 창조적인 사유활동이다. 생각하는 것, 그것은 바로 자기 존재를 확인하는 것이며, 자기 가치를 발견하는 것이며, 그것은 더 나아가 모든 것을 뒤집어엎는 것이다. 그리하여 사유는 넘어서는 것이며 전복하는 것이다. 그러므로 철학하는 것, 즉 참된 철학 활동이란 그 시대를 살면서 물어볼만한 가치가 있는 것들에 관하여 철저하게 그리고 근본적으로 문제를 제기하는 것이다. 때때로 우리는 이와 같은 물음과 생각만으로도 선지자처럼 핍박과 탄압을 받게 되는 경우가 있다. 그리고 이런 철학행위를 우리는 어느 누구에게서 배우지는 못한다. 철학 행위 또는 철학적 삶은 우리가 살고 있는 구체적인 시대 속에서 책임 있게 생각하고 발설하려는 소명의식 가운데서 배태된다. 그러므로 철학은 어떤 특정한 지식체계를 단순히 학습하는 것만일 수 없으며, 그것은 바로 실천적 진리의 이론화와 이론적 진리의 실천화에 대한 가능성 조건을 끊임없이 사색하고 발설하는 활동이다. 다시 말하면 철학은 바로 이론과 실천의 일치 가능성 또는 통합 가능성에 대한 요청적 탐구인 것이다. 여기에서 사용되고 있는 요청(Postulat)이란 우리의 일정한 생각들 속에 필연적으로 제기되는, 그리하여 그 이론적 모순을 도저히 극복할 수 없는 막힌 길의 상황에서 그 모순들을 해소하기 위하여 요구되어지는 이론명제들이다. 어떤 철학자가 무엇을 요청할 수 있다는 것은 바로 그 철학자의 이론세계에서 빚어지는 모순구조가 무엇인지를 알고 있다는 이야기가 된다. 다시 말하면 그는 일정한 전제에서 시작되고 있는 자기 철학의 한계를 인식하고 있다는 것이 된다. 그러므로 그가 자기 한계를 극복하고 자기의 사유세계 속에서 제기되는 모순을 해소하기 위해서 요청할 수 있다는 것은 새로운 합리적인 철학을 시작할 수 있는 실천적 가능조건을 모색한다는 의미를 가지게 된다. 그리하여 철학은 요청이며, 철학적 방법론은 새로운 도덕적 세계질서의 실현 가능성의 필요 충분한 조건으로서의 요청명제를 탐구하려는 요청적 사유방법론이다. 그러므로 철학하는 것은 진리 실현의 가능성 조건을 사색하는 요청활동이다. 철학하는 것, 그것은 바로 요청하는 것이다.

정리

1. 철학은 지혜를 사랑하는 학문이다. 그리고 철학은 존재 세계의 신비로부터 오는 놀라움과 경이로움으로부터 시작된다. 존재론적 의미론적 가치론적 충격에서 우리는 묻게 된다.
2. 철학은 생각해 볼만한 것이 무엇인가를 다시 반성하게 한다. 생각하는 것은 기존의 것을 뒤집어엎고 넘어서는 것을 의미한다. 생각해 볼만한 것이 무엇인가를 생각하는 것은 인간에게만 고유하게 주어진 힘이다.

우리는 생각을 통하여 자신의 궁극적 관심을 개진하게 된다.
3. 철학은 본질에 관하여 묻는다. 최초의 철학자 탈레스는 아르케-물음을 통하여 세계 존재의 궁극적 원리를 알고자 하였다. 어떤 것을 바로 그 것이도록 규정하는 것이 무엇인가를 해명하는 것이 바로 본질철학의 과제이다.
4. 철학은 원인과 이유에 관하여 묻는다. 인식과 진리의 근원, 역사의 전개 방향, 자율성과 책임의 문제가 중요한 주제로 설정된다.
5. 철학은 방법에 관하여 묻는다. 어떻게 진리에 접근해야 하는가의 문제 는 가장 기초적이고 근본적인 물음이다. 방법의 규정은 그것에 의하여 규정되는 지식의 한계를 결정하게 된다.

참고문헌

Baumgarten, H.M./ Krings, H./ Wild, Ch.: *Philosophie*, in: Krings u.a. (Hrsg.), *Handbuch philosophischer Grundbegriffe*. München 1973.
Philosophie, in: J. Ritter(Hrsg.), *Historisches Wörterbuch der Philoso-phie*. Basel/Stuttgart 1989.
Volkmann-Schluck, K.-H.: *Einführung in das philosophische Denken*. Frankfurt 1981 (1965).

제2장 에로스란 무엇인가

아무것도 모르는 자는 아무것도 사랑하지 못한다. 아무 일도 할 수
없는 자는 아무것도 이해하지 못한다. 아무것도 이해하지 못하는 자
는 무가치하다. 그러나 이해하는 자는 또한 사랑하고 주목하고 파악
한다. [...] 한 사물에 대한 고유한 지식이 많으면 많을수록, 사랑은
더욱더 위대해진다.   파라켈수스

1. 사랑에 대하여

우리가 살아가는 데서 느끼는 가장 소중한 정서 중의 하나는 사랑이
다. 사람들은 누구나 사랑하는 감정을 가지고 있고, 사랑하면서 살고
있다. 그리고 어떤 사람들은 사랑을 위하여 자신의 하나밖에 없는 생명
을 바치기도 한다. 사람들은 언제나 사랑하려고 한다. 그리고 사람들은
언제나 자기가 사랑할 수 있는 대상을 찾으려고 한다. 사람들은 자기를
사랑하는 사람보다는 자기가 사랑하는 사람을 찾으려고 한다. 그렇기
때문에 사랑은 많은 비극을 잉태하기도 한다. 무엇 때문에 그리고 무엇
을 위하여 우리는 이처럼 맹목적이고 도발적인 사랑의 굴레에서 헤어

나지 못하고 있는가? 그러나 이 물음에 답하는 것은 그렇게 쉬운 일이 아니다. 우리에게 사랑은 언제나 확연하게 알 수 없는 어떤 것으로 남겨져 있다. 그리하여 우리는 사랑이란 무엇인가라고 다시 묻게 된다.

정신분석학자들은 사랑(Eros)을 살아있는 모든 것에 공통적으로 깃들어 있는 근본욕구라 보고 이를 리비도(Libido)라고 부른다. 사랑의 힘을 생명을 가능하게 하는 추동력으로 파악하려는 시도는 이미 고대 희랍철학자들에게서도 발견된다. 희랍의 자연철학자들은 모든 생성을 일으키는 우주적 힘이 에로스라고 하였다. 엠페도클레스에 의하면 사랑과 미움이 모든 것을 지배한다. 그리고 헤시오도스의 『신통기』에 의하면 에로스는 신과 인간에게 지성을 가져다준다. 특히 플라톤에서의 에로스는 착한 것과, 아름다운 것과 참된 것을 찾고자 하는 인간 영혼을 움직이는 중심적인 힘이다. 그러므로 에로스는 영원히 선한 것을 가지려는 욕구인 것이다. 이와 같은 에로스의 상승적 힘은 아리스토텔레스에서의 우애(Philia)와 인간애(Philanthropia)로 나타난다. 모든 존재자를 가장 고차적인 형상으로 인도해 가는 것은 바로 보편적인 에로스의 원리인 것이다. 그러므로 순수한 제1의 현실태는 에로스가 지향하는 목적이다.

사랑의 현상은 참으로 다양하다. 대부분의 사람들은 사랑이 이성(異性) 간의 문제라고 생각한다. 남성과 여성이 적절한 사회적 절차에 따라서 짝짓기 하는 현상이라는 것이다. 그러므로 절차가 사회적 관습에 부합되면 바른 사랑이라고 말하고 그렇지 않을 경우에는 부정하다고 말한다. 그러나 사랑은 반드시 이성 간의 관계 속에서만 성립하는가? 그리고 사랑의 정당성은 언제나 전통에 의해서만 얻어지는가?

어떤 사람들은 자신과 다른 성을 가진 사람 가운데서 사랑의 대상을 찾지 않고, 오히려 자신과 같은 성을 가진 사람을 사랑의 대상으로 하기도 한다. 이른바 동성 간의 사랑이 바로 그것이다. 그리고 일상적인 사회 속에서 이러한 현상은 여지없이 변태적인 것이라고 지탄을 받게 된다. 그러나 고대 희랍의 전통 속에서 우리는 잘 생긴 소년에 대한 동성애가 일반적 현상이었다는 사실을 부정할 수 없다. 그들에게 전해지고 있는 신화에 의하면 이성간의 사랑뿐만 아니라 남성의 남성에 대한 사랑과 여성의 여성에 대한 사랑도 역시 역사적 사회적 근거를 가지고 있었으며, 당시의 사람들에게는 동성애가 이성애보다 더 고차적인 사랑으로 인정되고 있었다. 그리하여 우리는 이제 플라톤과 헤겔, 그리고 에리히 프롬을 중심으로 사랑의 본질이 무엇인가를 이해하려고 한다.

2. 플라톤의 에로스

플라톤이 쓴 대화편 가운데서 가장 아름다운 책은 『심포지온』이다. 이 대화편은 우리말로 『향연』이나 『잔치』 등으로 번역되고 있는 데, 플라톤이 이 책에 붙인 부제는 "사랑에 대하여"이다. 그것은 바로 이 대화편에서 논의되고 있는 주제가 사랑이기 때문이다. 이 책은 기원전 416년 아가톤(Agathon)의 집에서 벌어진 향연에 소크라테스를 비롯한 몇 사람들이 초청되어서 사랑에 대한 논의가 있었던 것에 대하여, 나중에 이 잔치에 참석하였던 아리스토데모스(Aristodemos)가 아폴로도로스(Apollodoros)에게 전해 준 것을 다시 그의 친구에게 이야기해 주는 형식을 취하고 있다. 에로스(사랑)가 이 모임의 주제로 된 것은 바로 그 자리에 참석한 에뤽시마코스(Eryximachos)가 사랑의 신 에로스에 대하여 찬양하자는 제안에서 비롯된다. 이러한 제안이 받아들여져서 파이드로스(Phaidros), 아리스토파네스(Aristophanes), 아가톤(Agathon), 그리고 소크라테스(Sokrates)가 에로스에 대한 그들의 생각을 개진하게 된다. 우리는 이들에 대한 견해를 통하여 사랑의 본질에 접근해 보기로 할 것이다.

1) 가장 아름다운 신적 존재로서의 에로스(파이드로스) 또는 천상의 에로스와 지상의 에로스(파우사니아스)

파이드로스는 에로스가 신들 가운데서 가장 위대하고 오래된 존재라고 찬양한다. 그는 헤시오도스의 말을 빌려서, 태초의 혼돈상태(카오스) 다음에 땅과 에로스가 생겨났다고 주장한 후에(*Sym*, 178b), 에로스는 인간에게 최대의 복리를 증진하게 할 뿐만 아니라 인간으로 하여금 가장 아름답고 훌륭하게 살 수 있도록 지도하고 배려해주는 신이라고 극찬하였다.

파이드로스의 견해에 대해서 파우사니아스(Pausanias)는 에로스가 무차별적으로 아름다운 존재가 아니라 천상의 에로스와 지상의 에로스로 구분되어야 한다고 주장한다(*Sym*, 180d). 모든 행위가 그 자체로서는 선하지도 악하지도 않으며, 아름답지도 추하지도 않은 이른바 가치중립적인 것과 마찬가지로, 에로스도 역시 그 자체로서 아름다운 것이 아니라, 아름답게 사랑하게 하는 에로스는 아름다우며 세속적인 욕정만을 추구하게 하는 에로스는 저속하다는 것이다. 그리하여 파우사니아스는 시간적 경과 없이 너무나 빨리 사랑을 받아들이는 것, 또는 돈과 권력에 의하여 유혹하고 사랑을 베푸는 것은 추악하지만, 사랑하는 사람에 대한 존경심에서 봉사할 경우에는 비록 노예적인 행위일지라도 아름답다고 규정한다. 어떤 성적 행위 자체가 추악하거나 아름다운 것이 아니라, 그것은 바로 그 같은 행위를 하게 되는 마음의 동기에 의하여 결정된다는 것이다.

그리하여 파이드로스는 사랑이 그 자체로서 고매하고 아름다운 신적 존재로부터 비롯된 것이라고 보았지만, 그와 반대로 파우사니아스는 사랑하는 사람들이 가지고 있는 마음의 동기에 의하여 천상의 사랑을 하기도 하고 지극히 세속적이거나 육체의 욕망에 허덕이는 사랑을 하게 된다고 주장하였다. 그리고 천상적인 사랑만이 덕과 지혜를 향한다는 것이다(Sym,184d). 이 사실을 통하여 파우사니아스는 아테네 사람들의 소년애야말로 천상의 사랑에 해당된다는 것을 암시하고 있다.

2) 자기의 한 부분을 찾으려는 열정적인 노력(아리스토파네스)

희극작가로서 『구름』이라는 작품 가운데서 소크라테스를 조롱하였던 아리스토파네스(Aristophanes)의 사랑에 대한 견해는 아주 재미있다. 그는 에로스를 인간의 원초적인 본성에 대한 신화를 바탕으로 설명하고 있다(Sym,189d). 그에 의하면 원초적인 상태에서의 인간은 세 가지 성(性)을 가지고 있었다. 남성, 여성, 그리고 제3의 혼성, 즉 '안드로구노스'(anthrogunos)가 바로 그것이다.

안드로구노스라는 단어는 '아네르'(남성)와 '구네'(여성)의 복합어이다. 당시의 사람들은 등과 옆구리가 온몸에 둘러져 있는 둥근 모습을 하였고, 하나의 머리에 같은 얼굴이 앞뒤로 두 개 달려 있고 귀가 네 개였으며, 팔과 다리도 각각 넷이었고 두 개의 성기가 앞뒤에 달려 있었다. 남성은 그 성기가 모두 남성의 것이고 여성은 두 개 모두가 여성의 것이었으나, 제3의 성을 가진 사람은 남성과 여성의 것을 각각 가지고 있었다. 남성은 태양의 자손이었고 여성은 땅의 자손이었으며 남·여성은 달의 자손이었다. 사람들은 전후좌우를 마음대로 다닐 수 있었으며 엄청난 힘을 가진 존재였다. 그리고 이들은 결국 신들에 대항하여 싸우기 시작하였다.

인간으로부터 공격을 받게 된 제우스는 인간의 문제를 어떻게 처리할 것인가를 고심하게 된다. 인간들을 말살하게 되면 신들에게 예배를 드릴 존재가 없게 되기 때문에 그는 인간을 절반으로 갈라서 힘을 약화시킬 생각을 하게 된다(Sym, 190). 결국 신들은 인간들을 절반으로 분할하여, 그 쪼개진 쪽으로 반 조각의 머리를 돌려놓고 갈라진 살 조각을 모아서 꿰매고 그 상처를 내려다보게 하였다. 그것은 바로 지금 우리가 가지고 있는 배와 배꼽이다. 이 분할로 인하여 인간은 한 개의 얼굴에 두 개의 귀와 두 개의 팔다리를 갖게 되었다. 그리고 이 일이 일어난 이후 인간은 언제나 잃어버린 자신의 반쪽을 찾으려고 몸부림쳤으며, 그들은 서로를 꼭 부둥켜안고 하나가 되려고 하였다. 이들은 서로 만나게 되면 일은 하지 않고 항상 붙어 지내려고 하였으며, 그 때문에 굶주려서 죽게 되었다. 그리고 살아남은 반쪽들은 다른 반쪽들을 찾아서 계속 헤매게 됨으로써 이들의 운명은 비참하게 되었다. 이렇게 되자 제우스는 인간을 불쌍하게 여겨서 그들의 생식기를 앞쪽으로 옮겨주고 다른 반쪽을 찾게 되면 서로 교접할 수 있게 함으로써 그들이 안정을 되찾고 다시 생업에 종사할 수 있도록 하였다. 그리하여 인간은 지금도 잃어버린 자신의 반쪽을 찾기 위하여 열정적으로 된다는 것이다. 어떤 사람들은 남성과 여성이 만남으로써 안정을 찾게 되지만, 어떤 경우에 남성과 남성 또는 여성과 여성이 서로 좋아하는 경우에는 이전에 그들이 남성이거나 여성이었기 때문이라고 동성애를 정당화하고 있다.

사랑은 오래 전에 자기가 가지고 있었던 온전한 상태를 갈망하여 열정적으로 하나가 되려고 추구하는 것이다. 에로스는 근원적인 통일성에로 돌아갈 것을 욕구하는 것이다.

3) 최상의 신으로서의 에로스(아가톤), 그리고 철학적 정신으로서의 에로스(소크라테스)

아가톤의 에로스론은 아름다움과 덕스러움, 그리고 지복적 행위에 집중되어 있다. 그는 에로스가 신들 가운데서 가장 젊고 아름다우며 훌륭하고 행복한 신이라고 주장한다(Sym,195). 그리고 에로스는 부정하지 않으며, 어떤 것으로부터 부정한 일을 당하지 않는다는 것이다. 이처럼 아가톤은 에로스를 가장 적극적이고 긍정적으로만 해석하려고 한다. 그러나 소크라테스는 이와 같은 아가톤의 견해에 논리적인 공격을 시도한다.

소크라테스는 에로스가 어떤 것에 대한 사랑이라면 그것은 어떤 것을 바라고 욕구하는 자에게 부족하고 결핍된 것에 대한 사랑이라는 사실에 동의를 얻어낸다(Sym,200e). 그리고 그는 계속해서 여자 예언가 디오티마(Diotima)와 논의하였던 내용을 소개하면서 사랑에 대한 자신의 입장을 정리하고 있다.

아프로디테의 생일 잔치에 많은 신들이 참석하였다. 술에 취한 포로스(풍요) 신은 제우스의 정원에 잠들었다. 바로 그 때 문간에 서서 구걸하던 페니아(궁핍) 여신은 자식을 얻기 위하여 포로스의 곁에 누웠다. 이로부터 에로스가 태어났고, 그는 아프로디테의 생일날 잉태되었기 때문에 그녀를 추종하게 되었다.

소크라테스가 전하는 바에 의하면 에로스는 그 자체로서는 아름답거나 추하지 않으며 또한 신도 아니고 인간도 아닌 중간적 존재이다. 그것은 바로 에로스가 아프로디테의 생일잔치에 풍요의 신 포로스와 빈곤의 신 페니아 사이에서 태어났기 때문에 언제나 가난하고 아름답지 못한 상태에 있으면서도 지혜를 찾아 나서는 동시에 아름다운 것과 선한 것을 얻으려고 열정적으로 노력하는 삶의 태도를 가지는 사실에서 보다 확연하게 된다(Sym,203). 포로스의 아버지인 메티스(Metis)는 충고, 기술, 지혜를 뜻하고, 포로스(Poros)는 길, 방법, 책략을 뜻한다. 그러므로 에로스는 가난하지도 부유하지도 않은 중간존재이며 지혜와 무지의 사이에 존재한다.

바로 이와 같은 에로스의 중간적 위치를 소크라테스는 철학적 정신으로 비유하고 있다. 철학자는 지혜를 사랑하는 사람들이라는 의미를 가지고 있다. 지혜를 가진 사람이나 무지한 사람들은 지혜를 사랑하지 않는다. 지혜를 가진 사람은 이미 자신이 소유하고 있기 때문에 지혜를 사랑하거나 욕구하지 않으며, 무지한 사람은 지혜가 무엇인지를 알지 못하므로 지혜를 사랑하거나 욕구할 수 없다. 그러나 지혜와 무지의 중간에 위치한 사람들은 언제나 지혜를 사랑하여 보다 지혜롭게 되기를 희망하고 욕구하며, 이들을 소크라테스는 지혜를 사랑하는 철학자라고 부른다. 그러므로 에로스는 언제나 좋은 것과 지혜로운 것, 그리고 아름다운 것을 가지려고 하며(Sym,204), 죽음에의 존재 또는 가사적인 것이 죽음을 넘어서게 되거나 또는 영원히 죽지 않는 불멸의 상태를 요구하게 된다(Sym,207).

죽음에 이르는 존재로서의 인간은 그 힘이 허락하는 한에 있어서 죽지 않고 영원하게 살아남을 것을 희망하게 되는데, 이것은 육체적으로 생식현상을 통하여 구체화된다. 생식이란 오래되고 늙은 것 대신에 젊고 새로운 것을 남아있게 하는 생리학적 현상이다. 그리하여 죽음에 이르는, 그리고 죽어야 하는 존재자는 이와 같은 생식현상을 통하여 죽음을 넘어서서 자신의 것과 닮은 어떤 것을 자신의 뒤에 남겨두어 살아가게 함으로써 불멸성에 참여하게 된다. 또한 죽음에 이르는 존재로서의 인간은 정신적으로 덕과 예지, 절제와 정의 그리고 불후의 명성을 통하여 영원한 삶에 참여하게 된다. 그리하여 에로스는 이제 더 이상 육체적으로나 정신적으로 아름다운 것에 집착하는 데만 그치지 않고, 아름다움 그 자체를 바라보는 길(Weg zur Schau des Schönen)에 이르게 된다(Sym, 210). 그리하여 여기에서 소크라테스는 에로스가 바로 지혜와 진리를 사랑하는 철학자들의 정신이라는 사실을 환기시켜주고 있다. 언제나 그 무엇인가가 부족하고 결여되어 있어서 추하고 불완전한 존재이지만, 동시에 바로 그와 같은 결핍의식 때문에 그것을 성취하고 완성하려는 욕구와 희망을 가지고 살아가고 있는 지혜를 사랑하는 사람들의 모습을 상징적으로 묘사해주며, 또한 결국 영원하고 불변하는 아름다움 그 자체를 바라볼 수 있게 되는 철학적 정신이 바로 에로스인 것이다.

3. 사랑의 변증법(헤겔)

헤겔은 변증법의 근본원리를 '사랑'이란 개념 속에서 포착하였다. 인간의 도덕적 본질과 자연적 성향을 근본적으로 나타내는 사랑의 본질에 대한 물음은 헤겔 철학의 출발점을 이루고 있다. 그에 의하면 변증법은 지극히 구체적이고 현실적인 세계지평 속에서 시작된다. 그리고 그것은 사랑이라는 사건 속에서 보다 극명하게 드러난다. 사랑이 가능하기 위해서는 무엇보다도 먼저 사랑하는 사람, 특히 자기 자신에 대한 존재긍정이 있어야 한다. 자기 자신을 정립하는 것은 사랑의 시작을 이루는 필연적 계기이다. 또한 그와 동시에 사랑하는 대상이 있어야 한다. 사랑하는 사람은 자기 자신으로부터 벗어나서 자신이 사랑하는 사람을 위하여 자신을 망각하고 희생하기를 주저하지 않는다. 그러므로 하나의 사랑을 이루기 위해서는 사랑하는 자신의 정립과 더불어, 다른 사람에 대한 사랑 속에서 자신을 부정하는 반정립이 동시에 설정되는 것이다.

헤겔의 초기 단편 『사랑과 종교』에는 욕망과 현실사이의 분열 가운데 서있는 인간의 고통이 그려져 있다. 그에 의하면 양립되지 않는 것이 하나로 되는 곳에서는 실증성(Positivität)이 자리 잡게 되는데, 이것은 사랑 안에서 발견된다. 자아가 단순한 비자아에 대립하는 한에서 사랑은 객체도 아니고 주체도 아니다. 그러나 사랑 받는 것은 우리에게 대립되어 있지 않으며 우리의 존재와 하나로 있다. 우리는 우리 자신을 사랑 받는 것 속에서만 보게 된다. 헤겔은 이와 같은 사랑을 종교와 동일한 것이라고 생각한다. 그리하여 그는 사랑을 화해(Versöhnung)와 같은 것으로 이해하였다.

인간은 그 내적인 본성에 의하여 보면 자립체이므로, 만일 이 전제가 타당하다면 그는 불멸성을 구하게 된다. 참된 자립성과 참된 통합은 살아있는 것 안에서만 발견되고 죽은 것 가운데서는 찾아지지 않는다. 그리하여 사랑은 살아있는 것 전체와 관련된다. 그러나 사랑 안에서 이러한 전체는 수많은 특수한 것의 총합이 아니라 그 전체 안에 있는 생명 그 자체로서 나타난다. 사랑은 생명을 가진 것 속에서의 통일성을 부여한다. 그리고 발전되지 않은 통일성으로서의 삶은 도야를 통하여 완성된 통일성으로 진행한다. 발전되지 않은 통일성은 분리의 가능성과 세계에 대립하여 있다. 발전 속에서 반성은 항상 만족된 욕망 속에서 합일되는 대립적인 것을 산출한다.

사랑은 객체성을 완전히 극복하고, 대립된 것들이 가지고 있는 낯선 것들을 박탈한다. 그리하여 생명 그 자체는 더 이상의 결함을 느끼지 못한다. 분열된 것은 이제 사랑 안에서 더 이상 분열된 것으로 머무르지 않고 하나의 통일된 것, 그리하여 생명을 가진 것으로 변화된다. 사랑은 살아있는 것이 가지는 감정이므로, 사랑하는 자는 분열을 일으키는 죽은 것과 구분된다. 그러므로 사랑하는 것에는 물질이 없고, 생명을 가진 것 전체로서 존재한다. 사랑하는 것은 죽을 수도 있다. 그러나 사랑은 그저 단순하게 죽는 것이 아니라, 죽게 되는 것과 죽을 수 있는 것들을 죽지 않는 것으로 통합한다. 그것은 불멸성의 맹아, 그 자체로부터 창출되고 발전되는 것의 싹, 즉 살아있는 것으로 되는 것이다. 통합된 것은 다시 분리되지 않는다. 물론 통합된 것이 다시 분리된다 할지라도, 그 후손 가운데서는 통합 그 자체가 분열되지 않고 있다. 이러한 사랑의 통합은 물론 완전하지만, 그것은 분리된 것이 대립되고, 단일한 것이 사랑하는 것인 한에서 그렇다.

그러므로 사랑하는 사람은 그가 사랑을 위하여 헌신하는 다른 존재를 통하여 항상 자기를 부정하고 제한하는 방식으로 사랑하게 되는 것이다. 그가 사랑하는 사람은 그 자신과 대립해 있는 것이 아니다. 그것은 본질적으로 그 자신과 동일하다. 그리하여 그는 그가 사랑하는 사람을 통해서만 그 자신을 볼 수 있게 된다. 사랑은 전체 현실의 개별화된 사건이 아니라, 오히려 현실의 근본적인 진행과정이다. 모든 생명은 사랑하는 관계 속에서만 생성되고 보존된다. 사랑은 생명 그 자체인 것이다. 사랑하는 사람들은 사랑에 의하여 압도되면서 그들 속에서 은연중에 생명이 잉태되고 있음을 예감할 수 있다. 사랑에는 무한한 생명의 신비가 숨어있으며, 그 무한한 생명의 비밀은 절대적인 신 가운데 있다. 헤겔은 초기 철학에서 중요하게 사용한 '사랑'의 개념을 나중에는 '정신'이라는 개념으로 대체한다.

4. 사랑의 존재론(에리히 프롬)

희랍의 철학자들은 사랑을 존재론적 차원에서 이해하였다. 그들에게 사랑은 서로 분리되어 있는 것들을 결합하게 하는 힘으로 이해되었다. 특히 엠페도클레스에서 사랑은 물질을 결합하게 하는 존재론적 힘이다. 플라톤은 사랑을 철학적으로 살아가는 사람이 가져야 할 근본정신으로 묘사하였다. 기독교에서의 사랑 개념도 역시 분리된 것을 재결합시키는 힘과 밀접한 관계를 가지고 있다. 종교란 원초적인 존재로부터 벗어나 떨어져 있는 상태에서 다시 본래적인 모습으로 결합하고 연결하는 것을 뜻한다. 그리고 이러한 종교의 본질은 사랑이다. 틸리히와 프롬은 사랑의 개념 속에 함축된 존재론적 의미를 잘 설명해내고 있다. 사랑은 분리된 것을 다시 결합하게 하는 존재론적 힘인 동시에 존재에 참여하는 하나의 정서 상태를 의미한다.

에리히 프롬(Erich Fromm)이 발표한 『사랑의 기술』은 사랑을 심리학적으로 접근한 대단히 흥미 있는 작품이다. 그는 사랑이 존재론적 분리에서 기인하는 불안을 해소할 수 있다고 말한다. 분리는 불안의 근원이고 수치심과 죄책감을 수반한다. 그리고 이것은 하느님의 존재로부터 분리된 최초의 인간, 아담과 하와가 자신들의 발가벗음에 수치심을 느끼는 신화적 사실에서 정당화되고 있다. 그리하여 사람들은 누구나 존재론적으로 분리된 상태를 극복하려고 안간힘을 쓰게 되고, 바로 이런 사실에서 우리는 분리의식을 비정상적인 방식으로 해소하려는 모든 위험 앞에 노출되고 만다. 사랑은 이러한 분리감정을 정상적으로 해소할 수 있는 유일한 방식이다. 그러나 사람들은 사랑의 힘에 의존하지 않고 즉흥적인 흥분상태 속에서 존재론적 분리로부터 비롯되는 불안감을 해소하려고 한다. 술과 마약에 중독되고 성적 쾌감에 탐닉함으로써 불안을 해소하려고 한다. 이와 같은 도취적 황홀상태는 자극적인 동시에 선정적이고 몸과 마음 전체를 지배하지만 일시적으로 갈증이 해소될 뿐이며, 이 상태를 벗어나게 되면 그 전보다 더 절망적인 상태로 전락하게 된다. 그리고 이 같은 욕구는 우리 인간에게 주기적으로 찾아오는 근원적 현상이기 때문에 그만큼 더 위험부담이 높아지게 된다.

존재론적 분리 상태에서 기인하는 불안감을 해소하려는 일상적인 노력을 우리는 일과 오락에서 찾을 수 있다. 일에 몰두하고 오락에 탐닉함으로써 사람들은 불안으로부터 벗어날 수 있다. 그리고 어떤 사람들은 창조적인 활동에 종사함으로써 자연과 세계에 가깝게 다가설 수 있다. 그러나 이 모든 행위들은 존재론적인 불안의식을 완전하게 해소하지 못한다. 분리를 극복할 수 있는 힘은 사랑이다. 인간은 사랑에 의해서만 분리를 완전하게 극복하고 원초적인 상태로 복귀할 수 있다. 그리하여 프롬은 사랑의 여러 형태와 현상들을 살펴보면서 사랑의 본질이 무엇인가를 이해하려고 고심한다.

사랑은 합일(union)을 추구한다. 그러나 모든 합일이 참되고 이상적인 것은 아니다. '서로 함께 한다'(共棲)는 사실은 생물학적으로 어머니와 태아의 관계에서 확인할 수 있다. 공서적 합일의 수동적 형태는 상대로부터 난폭하게 다루어짐으로써 성적 쾌감을 얻게 되는 매조키즘(masochism)이다. 그리고 여기에서는 위대한 힘 앞에서 복종하는 태도가 주도적으로 나타나게 된다. 공서적 합일의 능동적 형태는 함께 하는 대상에게 성적 폭행을 가함으로써 자신의 내부에 쾌감을 자극시키는 새디즘(sadism)이다. 여기에서는 지배가 주도적인 현상으로 나타난다. 그리하여 새디스트는 성적으로 가학하는 사람으로서 자신과 함께 사는 사람을 명령, 착취, 폭행, 모멸하는 방식으로 쾌감을 획득하고 있으며, 매조키스트는 상대방으로부터 그와 같은 학대를 받음으로써 자신의 생존가치를 확인하는 사람이다. 이러한 사랑은 서로 간에 합일을 추구하고 있으나 원숙하지 못한 비정상적인 사랑이다.

원숙하고 완전한 그리고 보다 이상적인 사랑은 자신의 인격과 개성을 유지하면서 다른 사람과 하나가 되는 사랑이다. 그리고 이 같은 사랑에서는 상대방에게 자신의 것을 주는 측면이 강조된다. 그리하여 프롬은 사랑의 본질을 생리학적인 성의 기능으로부터 추상화하려고 시도한다. 사랑하는 사람들이 성행위를 하는 가운데서 사랑의 본질은 드러나게 된다는 것이다. 프롬에 의하면 사랑은 본질적으로 주는 것(giving)이다. 남성의 성 기능은 주는 데 있다. 그는 자신의 것을 그가 사랑하는 여자에게 준다. 그는 성적 쾌감의 절정에 다가설수록 주고 싶어 하는 마음이 보다 간절하게 된다. 생리학적으로 설명하기가 조금 복잡하기는 하지만 여성의 경우에도 사랑하는 행위를 하면서 자신의 것을 주는 것은 마찬가지이다. 여성은 그가 사랑하는 사람을 받아들이는 행위에 있어서 본질적으로는 자신을 열어주고 있으며 극도의 오르가즘에 도달한 결정적인 순간에는 결국 자신의 것을 주어버리게 된다. 여성 역시 애액을 분출하는 것은 남성과 마찬가지인 것이다. 그러므로 남성이나 여성에 있어서 사랑의 행위는 자신의 것을 사랑하는 사람에게 준다는 데 집중되고 있으며 이것이 결국 사랑의 본질을 이루고 있다는 것이다.

그러나 보다 원숙한 사랑은 '주는 것'이라는 육체관계의 상징성 외에도 상대방에 대한 지속적인 보호(care)와 책임(responsibility), 그리고 존경심(respect)과 지식(knowledge)을 요구하고 있다. 자식을 보호하는 것이 어머니의 사랑이라는 것은 더 이상 설명할 필요가 없다. 진실한 사랑은 보호하는 기능을 가지고 있다. 보호한다는 것은 사랑하는 대상의 생명과 성장에 대해서 적극적인 관심을 기울이는 것을 말한다. 이것은 구약성서에서 나오는 요나서의 중심 주제를 이루고 있다. 하느님이 요나에게 명령한 것은 바로 사랑으로서 니느웨 사람들을 성결하게 하고 보호하라는 것이었다. 그러나 요나는 고립과 폐쇄상태를 상징하는 율법적 가치기준에서 헤어나지 못하고 하느님의 사랑을 이해하지 못하였다. 사랑하는 사람을 보호하려는 마음은 곧 바로 사랑하는 사람들에 대하여 책임을 지는 것으로 자연스럽게 귀착된다. '바라보다'(respicere)라는 어원에서 나온 '존경'이라는 말은 사랑하는 사람을 있는 그대로 보아서 그 독특한 개성을 아는 것을 뜻한다. 그리고 이와 같은 존경은 사랑하는 사람에 대한 지식을 요구하고 있다. 그리하여 주는 것은 보호와 책임, 그리고 존경과 지식에서 비롯되는 경우에만 원숙한 사랑으로 된다는 것이다. 이와 같은 전제조건이 결여된 사랑은 존재론적 불안으로부터 일시적으로나마 도피하려는 변태적 또는 도취적인 것에 지나지 않는다.

사랑이란 무엇인가? 에로스란 무엇인가? 그것은 바로 우리들에게 부족한 것이 무엇인가를 감지하고 우리에게 결핍되어 있는 그것을 충족시키려는 정서 상태를 뜻한다. 그것은 육체적으로는 나에게 부족한 절반의 모습을 찾아 완성하려는 노력으로서 나타나고, 정신적으로는 나에게 주어진 부분적이고 상대적인 것을 전체적인 동시에 절대적인 것과 이으려는 요구로서 주어지며, 이와 같은 모든 시도는 결국 이데아 또는 아름다움 그 자체를 관조하게 되는 철학의 길 속에서 완성되기에 이른다. 이것은 바로 플라톤적인 사랑의 중심내용이다. 사랑은 결핍존재가 자기완성을 향하여 끊임없이 욕구하는 것이다. 에로스는 선한 것, 아름다운 것, 그리고 참된 것을 추구하며 자기를 완성하려는 욕구인 것이다. 그러나 이와 같은 욕구는 아무렇게나 달성되는 것은 아니다. 순간적인 유혹으로 자신을 내주거나 돈 때문에 몸을 맡기는 것이 올바른 사랑은 아니다. 사랑은 본질적으로 자기의 인격과 개성을 유지하면서 상대방을 보호하고 배려하며 책임감을 가지면서 자신을 주는 것이다. 이러한 사랑만이 존재론적 분리로부터 오는 심리적인 불안상태를 궁극적으로 해소할 수 있는 힘을 가진다. 그리고 희생적으로 자기를 내어주는 조건 없는 사랑은 죄인들을 위하여 자신을 십자가에 내주신 하느님의 사랑에서 그 절정에 달한다. 에로스는 자신에게 결핍된 무엇인가를 열정적으로 추구하는 철학적 사랑인 반면에 하느님의 사랑 또는 아가페는 신과 인간의 존재론적 분리를 해소하기 위하여 희생적으로 자기를 내어주는 무조건적인 사랑이다. 에로스는 우리에게 부족한 무엇인가를 찾아 헤매고 추구하는 인간의 정서를 나타내는 반면에, 아가페는 부족하고 결핍된 존재에게 의미와 해방을 가져다주고 충족시켜 주는 절대적인 배려의 특성을 가지고 있다.

정리

1. 고대 희랍철학에서 에로스는 모든 존재자에게 생명력을 불어 넣어주는 힘이었다. 플라톤의 대화편 『심포지온』에서는 에로스에 대한 여러 가지의 정의가 소개되고 있다.
2. 파이드로스는 에로스를 인간으로 하여금 가장 아름답고 훌륭하게 살 수 있게 지도하고 배려해주는 신적 존재라고 정의한다.
3. 파우사니아스는 에로스를 가치중립적으로 묘사하고 마음의 동기에 의하여 고상하거나 추해질 수 있다고 말한다.
4. 아리스토파네스는 에로스는 인간이 잃어버린 자신의 한 부분을 찾으려는 열정적 노력이라고 정의한다.
5. 소크라테스는 풍요의 신 포로스와 빈곤의 신 페니아 사이에 탄생한 에로스는 지혜와 무지의 사이에서 끊임없이 지혜를 추구하는 철학적 정신을 나타낸다고 단정한다.
6. 헤겔은 사랑의 근본을 신의 의식이라고 보고, 사랑을 통하여 분열된 것

이 다시 통일을 이루는 변증법적 계기라고 설명한다.

7. 프롬은 사랑을 존재론적 분리에서 합일을 추구하는 힘으로 규정하면서, 상대방에 대한 보호와 책임, 존경과 지식을 통하여 보다 원숙하고 인격적인 사랑으로 고양된다고 하였다. 사랑은 근본적으로 자신의 것을 내어 주는 것으로 서술되고 있다.

참고문헌

박영식, 「플라톤의 에로스에 대한 논고」, 『희랍철학의 문제들』, 현암사 1993.

Casper, Bernhard: *Liebe*, in: H. Krings (Hrsg.), *Handbuch philosophischer Grundbegriffe*. München 1973.

Fromm, E.: *The Art of Loving*. New York 1956.

Hegel, G.W.F.: *Entwürfe über Religion und Liebe*(1797/1798), in: *Werke I, Frühe Schriften*. Frankfurt 1971.

Kuhn, H. / Nusser, K.-H.: *Liebe*, 4. *Deutsche Klassik und Roman- tik*, in: J. Ritter(Hrsg.), *Historisches Wörterbuch der Philosophie*. Bd. 5, Basel/ Stuttgart 1980.

Platon: *Symposion*. Hamburg 1957.

Tillich, Paul.: *Love, Power and Justice. Ontological Analyses and ethical Applications*. Oxford University Press. London 1954. 남정길 역, 『사랑, 힘, 정의』, 형설출판사 1972.

제3장 진리란 무엇인가

있는 것을 없다고 말하거나 없는 것을 있다고 말하는 것은 거짓이
고, 있는 것을 있다고 말하거나 없는 것을 없다고 말하는 것은 참이다.
아리스토텔레스

진리란 강요하지 않고서도 보편적인 승인을 구하는 독특한 강제이
다. 그러나 진리는 이상적인 언어상황과 결속되어 있다. 그것은 바로
진리가 강요 없이도 보편적인 이해가 가능한 생활양식과 연결되어
있다는 것을 의미한다.
하버마스

1. 흔들리지 않는 토대

우리들은 살아가면서 끊임없이 말을 하고 있다. 말로 할 수 없는 상
황에서는 글을 써서 보내기도 한다. 그런데 이와 같이 우리가 의사소통
을 위하여 직접 사용하고 있는 말과 글의 내용이 잘못된 경우가 있을
수 있다. 어떤 사람들은 처음부터 의도적으로 다른 사람들을 속이기 위
해서 거짓을 말할 수 있다. 그리고 그 거짓에 속아 넘어간 사람들은 그

것이 참인 것으로 알고 받아들이며, 속고 난 다음에야 비로소 자신이 거짓말에 현혹되었다는 사실을 깨닫게 된다. 어떤 사람들은 자기가 가진 지식과 정보가 처음부터 잘못된 것인 줄도 모르고 말을 하였다가 그 정보에 대한 정확한 출처가 판명되면서 자기가 가진 지식이 잘못된 것을 깨닫게 되는 경우도 있다. 비판적인 반성이나 확인 없이 어떤 학자의 주장을 받아들이게 되면, 그 사람의 이론이 거짓으로 판명될 경우, 거기에 기초한 나의 이론도 잘못된 것으로 되어 버릴 수 있다. 학문의 세계에서는 거짓된 내용을 확인하지 않고 자신의 것으로 삼은 데에 대한 책임은 자기 스스로 질 수밖에 없다. 그리고 어떤 책을 저술하면서 다른 학자의 조언을 구하였을 경우에 생겨날 수 있는 오류까지도 그 책의 저자가 책임지는 것이 관례이다.

또한 어떤 사람들은 자신이 직접 보고 확인한 사실인데도 착각인 경우로 판명될 수 있다. 이 경우에는 실제로 자신이 착각한 경우가 있고, 또는 다른 사람이 잘못된 의도를 가지고 착각인 것처럼 왜곡하는 경우도 있을 수 있다. 예를 들면 집에 가는 버스를 잘못 타서 반대 방향으로 가는 경우의 착각이 있을 수 있다. 수많은 재산을 상속받은 그리고 지극히 정상적인 정신을 가진 사람을 주위의 사람들이 공모하여 정신병 환자로 만들어 가는 왜곡된 착각현상도 있을 수 있다. 이와 같은 경우에 우리는 무엇이 참이고 거짓인가를 구별하기가 쉽지 않다. 그리고 우리가 그것을 가릴 수 있는 기준을 어디에서 구할 것인가를 망설이게 된다. 그리하여 우리는 이런 사실들을 깨닫게 되면서 비로소 진리란 무엇인가하고 묻게 되는 것이다.

데카르트(Descartes)가 의심으로 철학을 시작하였다는 이야기는 유명하다. 만일 우리가 사용하고 있는 말과 글 그리고 정보와 지식이 근본적으로 조작되거나 왜곡되어 있고 거짓으로 가득 차 있다면, 우리의 진술내용이 확실하게 참이라고 주장할 수 없게 될 것이다. 왜냐하면 우리는 어떤 것이 사실이고 어떤 것이 거짓인지를 전혀 알고 있지 못하고 있기 때문이다. 그리하여 우리는 첫째로 종교적 또는 신학적인 진리를 의심할 수 있다. 기독교를 믿는 사람들은 마치 우리가 살아있는 것처럼 확실하게 하느님은 존재하고 있다고 믿고 있다. 그러나 교회를 다니는 사람들 가운데서도 하느님의 실재 여부에 회의를 가지고 있는 사람들은 많다. 그들은 하느님의 존재를 의심한다. 그리고 우리가 말하는 자유 역시 우리가 만일 하느님의 창조와 예정, 섭리와 통치를 인정하게 된다면, 그것이 진정한 의미에서 자유인지 그렇지 않으면 하느님의 의지 실현에 불과한 것인지를 되묻게 된다. 그리하여 우리들의 자유가 참된 의미에서의 자유로 인식될 수 있는가를 의심하게 된다. 이렇게 의심하기 시작하면 모든 것이 의심될 수밖에 없다. 둘째로 우리는 과학적 진리를 의심할 수 있다. 옛날에는 태양이 지구의 주위를 돌고 있다는 천동설이 진리였던 시대가 있었다. 그러나 지금 그것을 믿는 사람은 하나도 없다. 그 이외의 수많은 예를 통해서도 우리는 과학적 명제가 진리라는 사실을 받아들일 수 없게 된다. 지금 효력을 지니고 있는 과학이론이 앞으로 어떻게 수정되고 또한 폐기될 것인가를 우리는 알지 못하고 있다. 셋째로 우리는 생활 속의 진리까지도 의심할 수 있다. 우리는 모든 사회제도와 심지어는 교통수단까지도 그 본래적인 지능으로부터 이탈된 우리의 삶을 위협할 수 있다. 예를 들면 우리는 모든 금융기관에 안심하고 돈을 맡기게 된다. 그러나 언제 그 은행이 부도가 나고 또는 전쟁과 같은 비상사태로 인하여 저축한 모든 것이 쓸모없게 되어버릴지 알 수 없다. 그리고 우리는 보다 빠른 여행을 위하여 항공기를 이용할 수도 있다. 그러나 언제 추락할지 모르는 항공기에 대한 불안은 항공산업의 본질적 기능을 의심하게 만든다. 그리하여 우리는 모든 것에 관하여 모든 것을 의심하지 않을 수가 없게 된다.

그런데 데카르트는 이제 더 이상 의심할 수 없는 어떤 사실을 발견하게 된다. 모든 것을 의심할 수 있지만 그것만은 의심할 수 없는 것, 바로 그것은 의심하고 있는 나의 존재이다. 모든 것에 대하여 의심하고 있는 나의 존재에 관해서는 더 이상 의심할 수 없게 된다. 그리하여 의심하고 생각하고 있는 나의 존재는 명석하고 판명한 사실로 드러나게 된다. 만일 우리가 명증적으로 확실한 어떤 지식의 체계를 가질 수 있다면, 그것은 언제나 더 이상 의심될 수 없는 사유하는 존재, 즉 흔들리지 않는 토대(fundamentum concusum)를 출발점으로 해서만 비로소 가능하게 된다는 것이다.

2. 회의주의와 절대주의

데카르트 이전에도 우리가 가지고 있는 지식의 확실성에 관하여 의심한 사람들은 많았다. 일찍이 헤라클레이토스는 자연세계 속에 존재하는 모든 것들은 끊임없이 변화한다고 주장하였다. 다시 말하면 "만물은 흐른다"(panta rhei)는 것이다. 그러므로 우리는 같은 물에 두 번 들어 갈 수 없게 된다. 왜냐하면 물이란 항상 흐르고 있을 뿐만 아니라, 물 속에 들어가는 사람 역시 시간의 흐름에 따라 변화되기 때문이다. 그리하여 우리는 항상 흐르고 있는 이 세계 속에서 어떤 판단을 내릴 수가 없게 된다. 다시 말하면 우리는 감각적 사실만으로는 지식을 가질 수가 없고, 다만 로고스에 비추어 그것을 가질 수 있을 뿐이다.

소피스트들 가운데서 고르기아스의 회의론은 잘 알려져 있다. 그에 의하면 첫째로 비존재는 결코 존재하지 않으며 존재자 역시 존재하지 않는다. 다시 말하면 아무것도 존재하지 않는다는 것이 된다. 그는 여기에서 모든 존재사실과 존재사태, 즉 세계와 자연 그리고 나 자신의 존재까지를 철저하게 의심하고 부정해 버렸다. 둘째로 어떤 것이 존재한다고 가정하더라도 우리에게 인식될 수 없으며 상상될 수도 없다. 비록 존재의 사실이 인정된다 할지라도, 우리에게는 그것이 인식될 가능성이 없기 때문에 아무런 철학적 발전도 없게 되는 것이다. 셋째로 사유를 통하여 어떤 것이 인식된다 할지라도 그것은 다른 사람에게 전달될 수 없다. 내가 비록 존재사실을 인식하게 될지라도, 나는 그것을 내가 알아들은 그대로 다른 사람에게 전달할 수 있는 방법이 없다.

이상과 같은 고르기아스의 회의론적인 철학은 적어도 그 이후의 철학사에서 논의된 존재론과 인식론, 그리고 진리론의 주제들을 철저하게 부정한 셈이 된다. 고르기아스가 일축해 버렸던 문제들 곧, 존재에 대한 철학적 논의의 가능성 조건과 인식과 경험에서 객관적 지식의 가능성 조건은 고대 및 중세와 근대의 철학적 화두였고, 또한 진리전달의 가능성 조건은 후설과 하이데거가 주도하는 현상학적 독아론과 생활세계의 철학, 그리고 아펠과 하버마스가 주도하는 합의이론과 의사소통의 철학을 통하여 근본적으로 재론되었다. 고르기아스 이후 회의주의 철학의 전통은 퓌론과 에네지데무스 등에 의하여 계승되었다.

아우구스티누스는 회의주의의 철학을 극복하려고 노력하였던 사람이다. 그는 우리가 어떻게 확실성에 이를 수 있는가를 제시하려고 고심하였다. 어떻게 유한하고 상대적인 인간들이 절대적이고 초월적인 진리에 접근할 수 있는 것일까? 그리하여 그는 우리들의 감각을 통하여 비롯되는 기만과 잘못에 대한 분석으로부터 회의론 비판을 시도하게 된다. 아우구스티누스는 먼저 우리들의 감각은 실제로 기만당할 수 있다고 말한다. 그러나 만일 우리가 감각이 우리에게 제공하는 그 이상의 정보를 요구할 수 없다는 사실을 알게 되면 더 이상 감각에 대하여 불평할 수 없게 된다. 가령 우리의 시각작용이 물 속에 드리워져 있는 막대기의 모습을 우리에게 굽은 막대기로 전달하게 된다면, 우리의 눈은 그 막대기의 모습을 대단히 정확하게 전하고 있다는 것이다. 물 속에 비친 막대기는 실제로 굽어 있는 것이 아니고 반듯하게 곧은 막대기이다. 그러나 만일 우리의 눈이 그것을 곧은 막대기로 보게 된다면 오히려 그것은 잘못된 것이다. 우리의 눈은 실제로는 곧은 막대기일지라도 빛의 굴절현상으로 인하여 굽은 것으로 밖에 볼 수 없게 된다. 그리하여 감각 그 자체는 결코 우리를 속이지 않는다는 것이다. 그렇다면 잘못은 어디에서 생기게 되는 것일까? 인식과정에서의 오류는 바로 사물이 감각에 드러나는 그대로 있다고 생각하고 판단하는 데서 비롯된다. 그러므로 물 속에 잠긴 막대기가 굽어보인 것은 실제로 감각기관의 잘못이 아니다. 그러나 만일 그 막대기는 실제로 굽은 것이라고 판단하면 잘못을 범하게 된다. 왜냐하면 나의 눈에는 굽은 막대기로 비친 바로 그것은 실제로 곧은 막대기이기 때문이다. 그렇지만 만일 내가 물 속에 담근 막대기는 나에게(für mich) 굽어 있는 것으로 보인다고 말하면 그것은 잘못이 아니다. 하나의 예를 더 들어 보기로 하겠다. 세숫대야에 미지근한 물을 떠놓고 두 사람에게 손을 물 속에 넣어 보고 물이 어떤 상태에 있는지를 판단하게 한다. 한 사람은 아주 더운 방 속에서 나와 그 물에 손을 담그면서 이 물은 시원하다고 말하고, 또 한 사람은 아주 찬바람 속을 지내오다가 그 물에 손을 넣고 나서 이 물은 따뜻하다고 말한다. 상대주의자와 회의론자들은 똑같은 물에 대한 두 사람의 판단이 서로 다르기 때문에 객관적인 진리는 없다고 주장한다. 그러나 아우구스티누스는 이 물은 나에게는 따뜻하게 느껴진다고 말하는 한에서 그 진술은 참이라고 주장한다. 여기에서 아우구스티누스가 확보한 확실성이란 상대적이고 주관적인 확실성에 지나지 않는다.

계속해서 그는 인식의 확실성에 이르는 길을 모색하려고 한다. 그에 의하면 감각작용도 영혼의 활동영역에 속한다. 그러므로 감각활동의 결과를 일방적으로 의심하고 무시할 필요는 없다는 것이다. 그러나 감각이 우리에게 제시한 결과들은 우리를 속일 수 있다. 다시 말하면 우리는 감각결과에 대한 잘못된 판단을 가질 수 있다. 그러나 이와 같은 속임수가 회의론을 정당화하지는 못한다. 왜냐하면 그처럼 속는 것은 감각작용을 지나치게 믿음으로써 나타나는 현상이기 때문이다. 그리하여 아우구스티누스는 만일 내가 속고 있다면 나는 존재한다(Si fallor, sum)라는 결론에 도달하게 되면서, 데카르트의 이른바 "나는 생각한다. 그러므로 나는 존재한다"(Cogito ergo sum)는 명제의 선구를 이루게 된다. 의심을 하게 되고 속임을 당하게 되는 것은 바로 의심하고 생각하는 나의 존재와 속고 있는 나의 존재를 확실하게 드러내 준다. 그리하여 아우구스티누스는 속고 있는 나의 존재를 확실한 사실로 받아들이면서 회의론의 위협으로부터 벗어나려고 하였다. 그와 동시에 그는 판단의 보편적 또는 절대적 기준을 구하기 위하여 결국 하느님으로부터 주어지는 이데아적인 것을 말하면서 이른바 빛의 조명설(Illuminations-theorie)을 주장하게 된다. 결국 의심에 대한 비판으로부터 출발되는 아우구스티누스의 진리론은 하느님에 의한 조명설이라는 새로운 독단주의를 향하고 있다. 그리하여 그는 의심하지 않기 위하여 믿음에 의존하는 결과를 초래하게 되었다.

전통적으로 철학에서는 세 가지 유형의 진리론이 있다. 대응설, 정합설, 합의설이 바로 그것이다. 물론 이와 같은 진리설은 그 나름대로의 한계를 가지고 있으며, 가장 이상적인 진리 기준과 척도를 마련하기 위하여 아직도 많은 철학자들이 고심하고 있다. 진리문제는 인류와 철학이 존재하는 한 계속하여 물어지지 않으면 안 될 것이다.

3. 진리대응설

우리는 말을 하게 된다. 그리고 그 말의 내용이 사실과 일치하는지의 여부를 가리게 된다. 그리하여 어떤 사람의 말이 실제 사실과 일치하면 참이라 하고 어긋나면 거짓이라고 한다. 어떤 진술내용의 진위를 가리게 되는 이와 같은 방법론적 기준은 상당히 오래 전부터 정착된 것이다. 아리스토텔레스는 그의 저서 『형이상학』(Metaphysik)에서 "있는 것을 없다고 말하거나 없는 것을 있다고 말하는 것은 거짓이고, 있는 것을 있다고 말하거나 없는 것을 없다고 말하는 것은 참이다."라고 말한다. 다시 말하면 존재사실과 그 존재사실에 대한 진술의 일치 여부가 그 명제의 진위를 가리게 된다는 것이다. 그런데 여기에 말하는 존재사실이란 객관적으로 있는 실재에 대한 것을 말한다. 그리고 그것에 관하여 진술하고 판단하는 것이란 바로 주관적인 사유활동을 의미한다. 그리하여 판단의 진위는 일반적으로 실재와 판단, 객관적인 대상과 주관적인 사유내용의 일치 여부에 의하여 결정된다는 이른바 진리대응설(Korrespondenztheorie)이 성립되었다. 이와 같은 진리설은 철학에서 지금까지 상당한 영향력을 행사하고 있다. 특히 중세철학에서 토마스 아퀴나스는 진리를 실재 사물과 지성의 일치(veritas est adaequatio rei et intellectus)라고 정의하게 되었다.

근세의 경험론 철학에서는 그들이 전제하는 실재론적 입장 때문에 대응설이 기초적인 학문이론이나 진리론으로 수용되었다. 경험론자들은 주체의 외부에 사물들이 실재한다고 믿는다. 그리고 이러한 사물은 주체에 관계없이 존재한다고 믿는다. 이처럼 실재하는 사물들은 우리의 감각을 통하여 주체 속에 모사되기에 이른다. 칸트의 선험철학도 사실은 진리대응설을 전제하고 있다. 직관은 물자체에 대한 현상적인 모습들을 수용하는데, 칸트는 이 경우에 직관된 것이 직관의 밖에 있는 것과 일치한다는 데 대해서 전혀 의심을 하지 않았다. 현대 철학에서도 러셀이나 비트겐슈타인 등은 인식론에서의 모사설(Abbildungstheorie)을 주장하면서 진리대응설을 지지하였다. 그러나 이와 같은 진리대응설 역시 일정한 한계를 가지고 있는 것이 사실이며, 지금까지 많은 비판을 받아오면서 다른 진리론에 의하여 대체되거나 혹은 그러한 비판들을 극복할 수 있는 새로운 대안을 찾으려고 노력하는 지지자들에 의하여 새로운 형태로 발전되었다.

진리대응설이 비판되는 것은 근본적으로 다음과 같은 어려움 때문이다. 첫째로 대응설의 자체적인 모순이 바로 대응설을 비판하게 만든다. 다시 말하면 대응설이란 대상과 판단, 그리고 사물과 지성의 일치 여부를 비교하여 어떤 판단의 진위를 결정하는 진리론이다. 그런데 실제로 이와 같은 비교는 사실상 전혀 불가능하다. 왜냐하면 두 개의 사실을 비교하기 위하여 우리는 먼저 실재와 대상을 알아야 하고, 그 다음에 그 실재와 대상에 관한 판단의 일치 여부를 결정해야 한다. 그런데 여기에서 직접 비교되는 것은 대상(O)과 판단(U)이 아니라, 그 대상에 대한 판단(Uo)과 판단(U)이다. 따라서 실제로 비교되는 것은 판단과 판단인 것이다. 대상과 판단을 직접 비교할 수 없는 것은 우리의 인식론적 한계로부터 기인한다. 이와 같은 사실은 자연과학의 성과와 함께 더욱 명백하게 되었다. 예를 들면 우리가 현실적으로 보고 있는 빨강과 노랑과 같은 색상들은 객관적으로는 우리에게 보이는 색상이 아니라 빛의 입자나 파장에 지나지 않는다. 로크는 물체의 성질을 크기, 운동, 형태,

정지, 수 등과 같은 일차적 성질(primary qualities)과 색깔, 맛, 소리, 차가움과 따뜻함, 단단함과 부드러움과 같은 이차적 성질(secondary qualities)로 구분하였는데, 사물이 가지는 이차적 성질은 사실상 주관적이기 때문에 모사설이 적용되지 않는 것이다.

둘째로 대응설은 자신이 설정하고 있는 작업영역과 방법에 의한 한계를 노출하고 있다. 다시 말하면 대상과 판단, 사물과 지성이 비교될 수 있기 위해서는 판단내용은 반드시 감각적인 인식에 의한 것이어야 할 것이다. 그러므로 감각적 인식이 아닌 수학적 지식이나 또는 감각적 경험에 의하여 확인할 수 없는 전칭판단들은 진리대응설에서 다루어질 수 없다. 일반적으로 전칭판단은 귀납적인 방식을 통하여 얻어진 것으로서, 실제로는 개별적인 사실들과 전칭판단 사이에는 엄청난 간극이 있다. 다시 말하면 귀납법은 모든 가능한 개별적 사례들을 전부 확인하고서 결론을 내리는 것이 아니고, 특정한 사례들을 통하여 발견되는 진리 사실을 다른 임의의 사례에 적용하여 동일한 결과가 나오는 경우에 전칭판단을 도출하였던 것이다. 따라서 그것은 지금까지는 타당한 것으로 인정되었을지 모르지만, 앞으로도 계속 그럴 것이라고 단언할 수 없는 성격을 가지고 있다.

예를 들면 "모든 사람은 죽는다."라는 전칭판단은 두 가지 사실에서 대응설로 그 명제의 진위를 가릴 수가 없다. 첫째로 그것은 가능한 모든 사람의 죽음 사실을 열거할 수 없기 때문에 불가능하다. 이 판단의 진위를 가리기 위해서는 모든 사람이 죽는 순간들을 일일이 열거하여 확인해야 하는데 우리는 실제로 그렇게 확인할 수 없기 때문이다. 어떤 가능한 세계에서 존재하는 인간이 있다면 그것을 열거할 수 있는 방법은 우리에게 닫혀져 있다. 둘째로 지금까지 우리가 보아온 모든 인간들이 죽었다 하더라도 미래의 모든 인간 역시 죽을 것이라고 단정할 수 없다. 어떤 사람은 죽지 않고 휴거를 맞이할 수도 있고, 예수와 같은 신적 인물이 출현하여 사람들을 부활시킬 수도 있기 때문이다. 그리하여 진리대응설은 전통철학에서의 일정한 공헌과 기여에도 불구하고 자체적인 논리의 결함과 모순으로 인한 한계를 노정하고 있다. 이처럼 진리대응설은 플라톤의 상기설이나 아리스토텔레스의 본질철학에서와 같이 지식의 과거적 성향(Anamnesis)을 단적으로 나타내고 있다.

4. 진리정합설

대응설이 가지고 있는 자체적인 결함을 보완하려는 철학자들의 노력은 정합설(Kohärenztheorie)로 결실을 보게 되었다. 정합설이란 어떤 판단이 이미 존재하고 있는 기존의 판단체계에 부합되고 있는가의 여부에 의하여 그 진위를 결정하는 것을 말한다. 그러므로 여기에서는 이미 완성된 하나의 이론체계가 전제되고 있다. 특히 합리론자들은 "모든 S는 P이다"와 같은 전칭판단은 감각적인 경험에 의하여 그 진위가 판정될 수 없다고 지적한 바 있다. 그러므로 어떤 명제나 진술이 참인가는 그것이 기존의 이론체계와 정합되는가의 사실에 의하여 결정된다. 또한 논리학이나 수학과 같은 형식과학은 사실상 경험적 검증이 불가능하기 때문에, 그에 관련된 명제들의 진위는 정합성에 의하여 판단할 수밖에 없는 것이다. 1+1=2라는 수학명제는 수셈의 체계에서만 참이다. 실제적인 삶의 세계에서 그것은 완전하게 적용되지 않을 수도 있다. 하나의 진흙 공과 다른 하나의 진흙 공을 합하게 되면 그것은 양으로는 두 배가 되지만 수로는 여전히 하나이기 때문이다.

진리정합설은 어떤 진리체계 속에 있는 하나의 특정한 판단이 그 체계 전체와 갖는 관계를 중시한다. 그러나 우리는 그와 같은 이론체계를 어떻게 가질 수 있는가를 묻지 않을 수 없다. 중세의 가톨릭 신학자들은 모든 종교적 행위들을 자신들이 정한 교리체계에 의하여 규정하고 단죄하였다. 그리고 종교개혁을 통하여 그와 같은 교의체계는 일부 신학자들에 의하여 부정되거나 전혀 새로운 교의체계에 의하여 대체되기도 하였다. 그렇다면 우리는 여기에서 과연 교의체계 그 자체를 참이라고 할 수 있는 근거가 무엇인가라고 묻게 된다. 다시 말하면 우리는 기독교에서의 삼위일체설을 진리라고 받아들일 때, 예수 그리스도의 인성을 주장하는 이론은 참이라고 말할 수 있게 된다. 그러나 우리는 삼위일체설이 진리라고 주장할 수 있는 근거에 대하여 다시 묻게 된다. 또한 천동설의 지식체계를 가진 시대에서는 태양이 지구 주위를 돌고 있다는 가설은 참이 될 수 없다.

또 다른 예를 들어보자. 공산주의의 혁명정신으로 무장된 붉은 전사가 온갖 잔혹행위와 살상을 자행하였을 경우에, 그 행위를 강요하고 있는 그 사회 속에서는 도덕적으로 문제되지 않을 뿐만 아니라 오히려 영웅적 행위로서 찬양의 대상이 될 것이다. 그러나 민주주의 사회에서는 바로 그와 같은 잔혹행위가 규탄의 대상이 될 수 있다. 그리하여 우리는 이 순간에서도 붉은 전사의 잔혹행위를 정당화하는 공산주의 혁명이론이 참이라는 근거는 과연 무엇인가라고 묻게 된다.

2001년 9월 11일, 민간 항공기를 납치하여 뉴욕의 국제무역센터 빌딩에 충돌함으로써 수천 명을 살상하였던 오사마 빈 라덴의 알 카에다 조직은 그들 자신의 가치체계 안에서 이 행위에 대한 정당성 근거를 모색하려고 할 것이다. 그러나 그 조직에서 조금만 벗어나더라도 9.11 테러 행위는 비난을 면하기 어려운 것이 현실이다. 이처럼 특정한 행위가 어떤 체계 안에서 정당하다고 하더라도 그것들이 도덕성의 체계에 부합되지 않을 수 있는 것이다.

정합설은 어떤 특정한 명제가 기존의 이론체계와 논리적인 모순 없이 잘 부합되는가의 여부에 의하여 진리가가 판명된다. 여기에서 어떤 특정한 명제의 진술을 판단하는 진리기준은 이론체계이다. 그러나 우리는 그 이론체계 자체가 참된 것인지 또는 그릇된 것인지를 판단할 수 있는 아무런 근거도 확보하지 못한다. 그리하여 최초의 원리와 기준이 되는 이론체계를 정당화할 수 있는 근거를 찾으려고 고심하게 된다. 만일 우리가 그 정당성을 확보하지 못하게 될 때, 그 이론체계에 정합되는 모든 판단들의 진리치는 부정될 수 있기 때문이다. 그리하여 데카르트는 흔들리지 않는 토대를 찾아서 '사유하는 존재'로부터 명석 판명한 지식체계를 수립하려고 하였으며, 대부분의 중세철학자들이 하느님을 인간지성의 표본으로 받아들였던 것과 마찬가지로 신적인 이성으로부터의 연역적 체계를 도출하려고 하였다. 다시 말하면 데카르트나 스피노자, 그리고 라이프니츠와 같은 합리론자들에게 신과 실체가 문제가 되는 것은 이 세상에 존재하는 모든 것들을 그로부터 연역적으로 도출해낼 수 있는 최종적인 제1원리가 되기 때문이다. 그러므로 만일 우리가 정합설을 지지하려고 한다면 이와 같이 흔들리지 않는 토대로서의 제1원리를 확보하지 않으면 안 된다. 그러나 우리는 독단적인 방식을 피하고서 그러한 원리를 확보할 수 있는 길을 알지 못한다. 그러므로 정합설은 어떤 명제가 기존의 특정한 이론체계에 부합되는지의 여부는 분별할 수는 있으나, 그렇다고 하여 그 명제가 참이라고 주장할 수 있는 정당성을 확보하고 있지 못하다. 그리하여 우리는 하나의 동일한 명제가 두 개의 상이한 정합체계 안에서 서로 모순, 상충되는 경우도 생각할 수 있다. 그러나 이렇게 되면 우리는 특정한 체계의 진리성을 보증해 줄 수 있는 상위의 정합체계를 요구하지 않으면 안 되고, 결국 정합체계들의 무한소급, 순환논리, 절차단절 중의 하나를 선택할 수밖에 없다. 이와 함께 우리는 체계들 간의 매개 또는 비교 수단을 가지고 있지 못하기 때문에 상대주의적 또는 회의론적 위기에 빠지게 된다.

5. 진리합의설

대응설이나 정합설이 가지고 있는 결정적인 한계를 피하면서 실제적으로 우리가 도달할 수 있는 범위 안에서 참된 지식을 확보하려는 진리론적 경향이 모색되고 있다. 우리는 이와 같이 실제적인 효용성을 중시하는 진리론을 합의설(Kosensustheorie)이라고 부른다. 오늘날 진리의 합의설은 아펠과 하버마스가 주도하고 있는 의사소통의 철학에서 주로 논의되고 있으며 현대철학의 모든 경향에 광범위한 영향력을 행사하고 있다. 그런데 이와 같은 철학적 논의는 이미 퍼어스에 의하여 구체화되기 시작하였다. 다시 말하면 실제적으로 유용한 명제사실을 진리로 규정하려는 경향은 이미 실용주의 철학에서 발견되고 있는 것이다.

퍼어스는 우리가 어떤 대상에 대하여 갖게 되는 관념의 명석성과 확실성을 바로 그 대상이 직접 미치게 되는 영향과 효과로부터 얻으려고 하였다. 다시 말하면 꽃에 대한 개념의 의미는 꽃 그 자체에 대한 분석보다는 꽃이 실제로 미치고 있는 효과를 통하여 보다 분명하게 드러난다고 보는 것이다. 그리고 어떤 대상에 대한 확실한 개념, 즉 신념에 도달하기까지의 전체적인 사유과정을 탐구라고 한다. 탐구 활동이란 어떤 사실에 대하여 의심을 가지게 되는 것으로부터 시작하여 확실한 생각을 가지게 될 때까지의 전체적인 과정을 의미한다. 그리하여 우리는 만일 어떤 사람이 자기 자신만의 고집을 내세워 주장하거나 또는 정치경제적인 힘과 권위를 배경으로 불합리한 것을 일방적으로 주장하게 될 때, 비록 그것을 어떻게 할 수는 없다 할지라도 우리는 최소한 그것이 참된 것은 아니라는 생각을 가지게 된다. 또한 동시에 우리는 어떤 사람이 이성적인 사유활동을 통하여 특정한 결론을 얻었다 하더라도, 그것이 혼자만의 생각일 경우에는 객관적인 진리로 인정하기 어렵다. 왜냐하면 다른 사람은 거기에 대하여 다르게 생각할 수도 있기 때문이다. 다시 말하면 퍼어스는 선천적인 이성의 사유방법에서도 주관적인 오류의 여지는 남아 있다고 생각한다. 그에 의하면 주관적인 의사의 다양성으로부터 벗어나서 참된 의견의 일치를 가져오게 하는 가장 확실한 신념은 과학적 방법에 의해서만 도달할 수 있다. 왜냐하면 과학적 방법은 모든 주관적인 것을 배제한 객관적 사실들만을 판단의 기준으로 삼기 때문이다. 그리고 과학자 공동체에서 구성원들의 자유로운 의사소통은 객관적인 결과를 바탕으로 이루어진다. 이와 같이 과학자 공동체의 신념체계가 실제적인 유용성과 설득력을 가지는 참된 결론 또는 새로운 진리로 인정된다. 바로 이러한 측면을 아펠은 이른바 그의 의사소통공동체의 철학에 수용하고 있으며, 또한 하버마스에 의하여 다시 진리의 합의이론으로 전개된다.

아펠은 칸트 이후의 선험철학적인 전통을 퍼어스의 실용주의적인 진리관 또는 비트겐슈타인 이후의 언어분석의 철학과 접합시키는 작업을 시도하면서 이른바 '철학의 변형'을 제안한 철학자이다. 본래 칸트의 선험철학이란 경험의 가능성 조건과 실천의 가능성 조건에 대한 철학적 사색의 결과이다. 그런데 아펠에 의하면 칸트 철학에서의 사유주체는 고립된 또는 추상화된 자아, 다시 말하면 독아론적 자아라는 것이다. 그리하여 아펠은 선험철학적인 정신을 살리면서 독아론적 한계를 벗어날 수 있는 길을 찾으려고 고심하면서, 결국 퍼어스의 실용주의 철학에서 과학자 공동체의 개념에 주목하게 된다. 과학자 공동체는 과학적 방법에 의하여 확실한 신념에 도달하려고 집단적으로 노력하는 사유주체이다. 그러므로 만일 칸트의 독아론적 자아 대신에 과학자 공동체를 수용함으로써 이른바 칸트 철학의 변형을 시도한다면, 우리는 경험과 실천의 진리에 보다 쉽게 접근할 수 있다는 것이다. 여기에서도 우리는 단순히 과학자 공동체 개념만으로 경험과 실천의 진리에 도달할 수는 없다는 생각을 가지게 된다. 왜냐하면 과학자 공동체 그 자체가 바로 진리의 가능성 조건은 아니기 때문이다. 그리하여 우리는 과학자 공동체에서 논의되고 합의되는 모든 사실들이 참된 진려이기 위한 가능성 조건들을 다시 작업할 필요가 있으며, 그 가운데서 가장 중요한 것은 바로 과학자 공동체 속에서의 이상적인 대화조건에 관한 것이다. 이와 같은 대화상황은 결국 과학자들이 살고 있는 삶의 세계, 즉 정치, 경제, 종교, 문화, 철학 등에 의하여 구속되거나 결정될 수 있다. 그리하여 과학자 공동체가 실제로 정치적인 강요나 종교적인 억압 때문에 자유로운 의사소통을 수행하지 못하였던 역사적인 사실들을 우리는 구체적으로 지적할 수 있게 된다.

하버마스는 아펠의 과학자 공동체론을 중심으로 한 선험화용론을 대폭 수용하여 이른바 의사소통공동체의 철학과 진리의 합의설을 수립하려고 한다. 그리하여 진리는 의사소통공동체에 소속된 구성원들의 자유로운 토의 및 담화나 또는 의견 교환에 의하여 이루어진 합의에 의하여 도달할 수 있다고 본다. 그러나 이미 아펠의 경우에서와 마찬가지로 하버마스의 의사소통공동체 안에서 논의되는 모든 사실들이 참이기 위해서는 어떤 일정한 조건들이 요구되지 않으면 안 된다. 왜냐하면 모든 사람들의 단순한 합의가 진리는 아니기 때문이다. 무지에 의한 맹목적인 동조나 강제에 의한 거짓된 합의와 같이 진리와는 전혀 동떨어진 왜곡된 합의가 있을 수 있는 것이다. 그리하여 하버마스는 의사소통공동체에서 논의되는 사실들이 진리가 될 수 있는 가능성 조건들이 무엇인가라는 선험철학적인 물음을 제기하게 된다. 다시 말하면 어떤 조건 하에서 도달된 합의가 참된 진리일 수 있는가를 작업하려고 한다. 그러므로 아펠의 선험화용론이나 하버마스의 합의이론은 칸트적인 선험철학의 영향사 아래 있다고 볼 수 있다. 따라서 퍼어스의 실용주의적 관점에서 출발하는 아펠과 하버마스의 합의이론이 새로운 진리론으로서 자리를 굳히기 위해서는 참된 합의를 위한 가능성 조건이라는 선험철학적인 물음이 선결되지 않으면 안 되는 것이다.

그리하여 우리들이 지금까지 논의한 진리론들은 전통적인 철학사에서 가장 포괄적으로 논의된 것이기는 하지만, 그 각각의 이론들은 모든 경우에 타당할 수 있는 명석하고 판명한 진리기준을 제시하지 못하고 있다. 이와 같은 진리론들은 다만 어떤 측면에서는 다른 것들보다 약간 더 효과적일 뿐이다. 그리하여 결국 진리란 아우구스티누스가 말하는 '빛의 조명설'처럼 우리들이 파악할 수 없는 것을 절대적인 하느님이 빛을 비춰줌으로써 알게 되는 것이거나, 또는 하이데거가 말하는 것처럼 우리에게 망각된 것들을 존재 스스로가 자신을 은밀하게 보여 주는 한에서 알 수 있다는, 이른바 '폭로' 또는 '탈은폐성'(Entdecktheit, aletheia), '개시성'(Erschlossenheit)으로 이해될 수도 있다. 그렇지 않으면 진리란 우리가 어떤 방법론을 선택하든지 상관없이 접근할 수 있다는 '방법론적 무정부주의'를 주장하는 사람(Feyerabend)도 있고, 또는 칸트에서와 같이 우리의 내재적인 '합리적 수용 가능성'에 의하여 결정된다고 주장하는 사람(Putnam)도 있다. 그리고 이와 같은 진리론에 대한 논쟁은 실제로 하나의 거대한 방법론 논쟁으로 비약하면서 현대철학의 중요한 쟁점으로 부각된 것이 사실이다.

예를 들면 현상학과 분석철학, 해석학과 사회비판이론, 논리실증주의와 비판적 합리주의, 구조주의와 해체주의, 그리고 마르크스주의에 이르는 학문방법론이 광범위하게 논의되면서 진리란 무엇인가를 규명하려고 시도하고 있는 것이다.

정리

1. 가장 확실하고 명석판명한 진리를 추구하는 것은 철학의 고유한 과제 중의 하나였다. 확실한 진리에 이르기 위하여 아우구스티누스나 데카르트와 같은 철학자들은 방법적 회의를 동원하기도 하였다. 진리론에는 전통적으로 대응설, 정합설, 합의설이 있다.
2. 대응설은 판단(진술 또는 명제)과 실재하는 대상의 일치 여부에 의하여 진위를 판정한다는 학설이다. 고대와 중세, 심지어는 현대에 이르기까지 가장 전통적으로 인정되고 있는 학설이었으나, 명제와 사실과의 비교 불가능성, 전칭판단에 대한 적용불가능성 등의 제약이 있다.
3. 정합설은 한 명제의 진위는 그 명제가 속하는 이론체계에 부합되는가의 여부에 의하여 진위가 결정된다는 학설이다. 그러나 이 경우에 명제와 그 상위체계의 적합성이 검증되기 위해서는 무한으로까지 소급될 수밖에 없으며, 따라서 최종적인 이론체계의 진위 문제는 언제나 해결되지 않고 남게 된다는 약점이 있다.
4. 합의설은 실용주의와 의사소통의 철학에서 주로 논의되는 방식으로서, 논의공동체에서 구성원들의 이성적인 토의와 담론과정에 의하여 합리적으로 도출되는 의사결정을 참된 것으로 받아들이는 학설이다. 여기에서는 왜곡된 의사소통의 구조가 존재할 수 있다는 사실과, 다수결의 방식으로 결정할 수 없는 진리사실이 있을 수 있다는 점들이 지적될 수 있다.

참고문헌

Heidegger, M. : *Vom Wesen der Wahrheit*. Frankfurt 1967.

Puntel, L.B.: *Wahrheit*, in: Krings u.a.(Hrsg.), *Handbuch philosophischer Grundbegriffe*. München 1973.

Stegmuller, W.: *Das Wahrheitsproblem und die Idee der Semantik*. Wien 1968.

제2부

정념과 희망

제4장 성이란 무엇인가

19세기 동안 줄곧 성에 대한 관심이 높아지면서 히스테리 증상을 보이는 여자, 수음을 즐기는 아이들, 산아제한론을 주장하는 부부, 변태적인 어른들에 대한 네 가지 형태의 지식이 하나의 특권적 대상으로 부각되었다. 이것들 하나하나는 어린이, 여자, 남자의 성을 고유한 방식으로 이용하려는 전략과 관련되어 있다. 이 전략들에서는 무엇이 문제가 되는가? 성적 욕망에 대한 투쟁인가, 아니면 그것을 통제하려는 노력인가? [...] 실제로는 성적 욕망 자체의 산출이 문제가 된다. 성적 욕망은 권력이 억누르려고 하는 어떤 자연적인 것이거나 또는 지식이 그 어두운 면을 서서히 폭로하려는 것으로 이해해서는 안 된다. 그것은 하나의 역사적 장치에 붙여질 수 있는 이름이다. 그것은 파악하기 어려운 은밀한 현실이 아니라 육체에 대한 자극, 쾌락의 증대, 담론에의 선동, 지식의 형성, 그리고 통제 및 저항의 강화가 지식과 권력의 몇 가지 중요한 전략에 따라서 연관되는 거대한 표면 조직망이다.

미셸 푸코

1. 비합리주의와 성의 철학

지금 한국의 철학계에 풍미하고 있는 현대사상은 포스트모더니즘이다. 포스트모더니즘 운동은 반지성주의, 반이성주의, 비합리주의, 후기구조주의, 또는 해체주의 등으로 불리어지기도 하는 이른바 현대철학의 주류를 이루고 있다. 근대의 철학정신이 인간의 이성과 정신적 사유 능력을 바탕으로 한 체계적 통일성, 합리성, 객관성, 절대성을 지향하고 있는 것과는 반대로 현대의 철학정신은 그것을 파괴하고 해체함으로써 개별적인 구성분자들의 중요성을 강조하거나 또는 그보다 더 근원적인 토대를 찾으려고 시도한다. 이는 소크라테스 이후 서양의 합리성에 근거한 가치체계의 몰락을 의미한다.

이와 같은 현세기의 반지성주의는 니체와 프로이트에서 그 연원을 찾아볼 수 있다. 니체는 "신은 죽었다"는 말을 통하여 유럽에서의 모든 전통적 가치의 몰락을 예고한 바 있다. 지금까지 사회를 지탱한 모든 가치들이 몰락하게 되면 도덕적 허무주의가 도래하게 될 것이다. 그리하여 니체는 이성이 몰락한 자리에 감성의 공화국을 세우고, '신' 대신에 '초인'의 이념을 주장하였다. 이를 바탕으로 20세기의 철학사조는 갑자기 추상적인 이성과 의식보다는 전체적인 인간의 모습이나 감성적 육체의 신비를 학문적 대상으로 삼기 시작하였다. 실존철학과 정신분석학의 성립과 더불어 인문사회과학의 새로운 전기를 이루게 되었다.

특히 프로이트는 인간의 의식과 이성을 지배하고 있는 것이 바로 무의식적 본능이며, 이것은 꿈을 통하여 드러난다고 주장함으로써 비합리주의 시대의 개막을 예고하였다. 그리하여 칸트와 헤겔에 의하여 절정에 이른 이성주의는 이제 서서히 비이성주의의 도전을 받게 되기 시작한다. 우리는 이제 프로이트가 말한 꿈의 해석을 통하여 인간의 참된 모습에 접근해 보기로 할 것이다.

2. 정신분석학과 철학(프로이트)

1) 꿈의 해석

우리들은 잠을 자면서 꿈을 꾸게 된다. 그리고 우리는 악몽을 꾸게 될 경우에 그 꿈의 내용을 더욱 실감나게 기억하게 된다. 이가 빠지는 악몽에 시달릴 경우도 있다. 꿈속에서 이가 흔들리면서 하나 둘 빠져나가는 고통을 당하게 된다. 그리고 빠져나가는 이들을 주워 모아서 다시 박아 넣으려고 안간힘을 쓰는 모습이 보인다. 그러나 그 이들은 한꺼번에 쏟아지면서 입안에 가득 차게 된다. 이와 같은 꿈을 꿀 때마다 사람들은 대단히 불쾌한 느낌으로 일어나서 오늘 일진은 고약스럽겠다고 걱정하게 된다. 왜냐하면 이가 빠지는 꿈은 매우 불길한 것으로 알려져 왔기 때문이다. 우리는 이와 같은 꿈을 꾸게 되면 가족 중의 한 사람이 죽게 된다고 믿어왔다.

그렇다면 '이가 빠지는 꿈'은 도대체 무엇을 의미하는가? 프로이트 (Sigmund Freud 1856~1939)의 『정신분석학 강의』에서는 이가 빠지거나 뽑히게 되는 꿈은 일반적으로 자위행위나 또는 그에 대한 형벌을 지시하고 있다. 다시 말하면 그것은 '거세에 대한 공포'를 상징한다. 즉, 이가 빠지는 꿈은 자위행위에 대한 정서불안에서 기인되는 현상이라는 것이다. 자위행위는 나무를 잡고 뒤흔드는 것으로 상징되고 있으며, 이가 뽑히는 것은 실제로 자위행위에 대한 형벌로서 자신의 성기가 뽑혀버리고 거세당할지도 모른다는 불안한 정서를 나타내고 있는 것이다.

프로이트에 의하면 많은 민족들이 행하고 있는 할례식(남근의 표피를 잘라내는 예식)은 민속학적으로 거세를 상징하며 오스트레일리아의 어떤 부족은 할례 대신에 '이를 뽑는다'는 것이다.

꿈이란 도대체 무엇인가? 프로이트는 꿈을 일종의 노이로제 증상이라고 말한다. 꿈은 항상 수면상태 속에서 일어나는데 이 경우에 잠을 자는 것은 일반적으로 외부에 대한 관심을 차단하고 휴식하는 것을 의미한다. 그리하여 잠은 원초적으로 우리가 태어나기 전의 고향상태, 즉 모태 속으로 복귀하는 것을 뜻하는 것이다. 그런데 우리는 잠을 자는 동안에도 끊임없이 어떤 미지의 자극을 받고 있으며, 이와 같은 자극은 꿈을 유발시켜서 수면을 방해하게 된다. 프로이트에 의하면 이와 같은 자극은 바로 본능 또는 잠재의식에서 비롯되며, 그런 자극들을 해소하려는 무의식적 갈등이 꿈으로 표출된다는 것이다. 따라서 프로이트는 우리가 기억하고 있는 꿈속의 이야기를 분석하여 우리가 알지 못한 상태에서 억압된 본능적 욕구나 잠재의식의 갈망을 해독하려고 시도하게 된다. 그는 우리에게 직접 '드러난 꿈의 내용'(manifester Trauminhalt)에서 '꿈속에 잠재되어 있는 사상'(latente Traumdeutung)을 포착하려고 한 것이다. 꿈은 본능적인 충동이 수면상태 속에서 심리적으로 자극하는 것을 환상적인 경험으로 해소하려는 현상이다. 그렇기 때문에 꿈속에서는 성적 본능의 충동이 직설적으로 표현되지 않고 상징이나 비유로서 왜곡된다.

프로이트는 1885년 10월부터 1886년 2월까지 파리에서 체재한 사실이 있다. 신경의학자인 쟝 샤르꼬(Jean Charcot)의 지도아래 이곳에서 그는 최면술과 히스테리 증세의 연관성을 작업하였던 것이다. '히스테리'란 본래 '자궁'(hystera)을 뜻하는 희랍어에서 유래된다. 그러나 샤르꼬는 히스테리 현상을 주로 생리학적 측면에서만 설명하려고 시도하였다. 같은 해에 프로이트는 비엔나에서 병원을 개업하게 되는데 그 곳의 외과의사 브로이어(Josef Breuer)는 환자들이 불안한 증상들을 스스로 발설함으로써 극복한다는 이른바 '카타르시스 치료법'을 개발하였다. 프로이트는 이와 같은 사실들을 바탕으로 히스테리의 주요 원인이 '성욕'이라고 주장하게 된다. 그리하여 프로이트는 꿈과 리비도의 관계를 집중적으로 추적하면서 정신분석학을 독자적으로 개척하게 되었고 1900년에는 그의 가장 위대한 저작인 『꿈의 해석』을 출판하게 된다.

그렇다면 우리가 무의식적으로 갈망하고 있는 성적 충동이 꿈속에서는 어떤 모습으로 드러나는 것일까? 프로이트는 우리들의 꿈을 구성하고 있는 어떤 요소들이 실제로 잠재의식적 관념들을 상징한다는 사실을 포착하게 된다. 꿈이란 바로 수면상태 속에서 잠재적 본능에 의한 자극이 꿈의 내용으로 영상화되는 현상을 총칭한다. 우리는 지금 잠재의식의 내용이 무엇인지를 전혀 알지 못한 상태에서 그것이 드러난 상징들만을 꿈의 내용으로 받아들이게 된다. 그러므로 우리는 억압된 본능적 욕구를 알기 위해서 드러난 꿈의 내용을 분석하지 않으면 안 된다. 다시 말하면 드러난 꿈의 내용에 나타난 여러 가지 상징과 영상들이 가지고 있는 의미가 무엇인지를 살펴야 하는 것이다. 그러나 이와 같은 작업을 수행하기 전에 우리가 알아두어야 할 몇 가지 사실들이 있다. 그것은 바로 '꿈의 작업'(Traumarbeit)에 대한 가설이다.

꿈을 정확하게 해석하고 이를 바탕으로 정신질환을 치료하려면 우리의 무의식 속에서 성적 충동이 어떤 모습으로 드러나는가를 알아야 한다. 다시 말하면 드러난 꿈의 내용에 나타난 여러 가지 상징과 영상들이 가지고 있는 의미가 무엇인지를 살펴야 하는 것이다. 꿈은 잠재된 여러 가지 콤플렉스 가운데서 어떤 특정한 요소가 드러나는 것이다. 그러므로 어떤 꿈속에서 모든 잠재의식이 드러나는 것이 아니고, 그 중의 어떤 특정한 공통적인 요소들만이 드러난 꿈의 내용으로 부각되는 것이다. 이러한 현상을 프로이트는 '압축'(Verdichtung)이라고 부른다. 우리는 날마다 꿈을 꾸지만 그 사실을 깨닫지 못하고 있다. 그러다가 우리의 꿈속에서 압축된 요소들이 선명하게 드러나게 될 경우에 어떤 특정한 내용의 꿈 이야기를 하게 되는 것이다. 그런데 이와 같은 압축된 내용의 꿈 이야기는 실제로 잠재의식의 본능적 욕구를 직접적으로 표현하지 못하고 어떤 다른 사실로서 우회적으로 표출하게 될 경우가 많다. 이것을 우리는 '전위'(轉位, Verschiebung)라고 부른다. 잠재적인 성적 본능의 직접적인 표출은 지금까지 문화나 도덕에 의하여 통제 받아 왔기 때문에 꿈속의 이야기에서는 전도된 모습으로 나타나게 되는 것이다. 또한 꿈속에서 드러난 이야기는 흔히 알아볼 수 없는 상징과 환상들로 가득 차 있다. 프로이트는 이것을 '조형적 언어서술'(plastische Darstellung) 때문에 기인되는 현상이라고 설명한다. 다시 말하면 잠재의식 속에서 걷잡을 수 없이 흐트러진 성적 본능들이 영상으로 처리되는 과정에서 환상으로 나타나는 것이다.

그렇다면 우리에게 드러난 꿈의 내용은 어떤 잠재적인 의미를 함축하고 있는 것일까? 프로이트의 『꿈의 해석』이 나오기 수십 세기 전, 2세기경에 아르테미도르는 『해몽의 열쇠』라는 책을 저술한 바 있다. 이 책에서는 성적인 행위에 대한 꿈을 법률에 적합한가, 위배되는가, 자연에 위배되는 가라는 세 가지 사실에 의하여 해석하고 있다.

법률에 부합되는 성행위는 아내, 애인, 창녀와의 관계이다. 아내나 애인과 관계하는 꿈은 길몽이고, 창녀와 관계하는 꿈은 악몽이거나 죽음을 의미한다. 우연히 만난 여자와 관계하는 경우에 그 여자가 부유하고 지성적이면 길하고 그렇지 않은 경우에는 불길한 징조를 예고한다. 또한 하인과 행위를 할 경우에 꿈꾸는 사람이 아래에 위치한 경우에는 사회적 지위가 전도되는 불길한 꿈이다. 가장 좋은 꿈은 미혼이면서 부자인 여성과 관계를 맺는 꿈이다.

법률에 위배되는 성행위로서는 근친상간이 있다. 아버지가 자기 딸이나 아들과 관계하는 꿈은 아이의 죽음이나 병을 예고하며 자신의 정액을 소비하는 무익한 행위이다. 그러나 어머니와의 근친상간은 성공과 번영을 뜻하는 길조이지만, 만일 병자들이 그런 꿈을 꾸게 될 경우에는 죽음을 의미하게 된다. 자연에 위배되는 성행위는 체위와 관계된다. 예를 들면 말, 당나귀, 염소, 소, 사슴, 그리고 네 발 짐승들은 암컷의 뒤에서 교미해야 한다. 살무사, 족제비, 비둘기 같은 것들은 우선 서로의 입을 합친다. 물고기의 암컷은 수컷이 사정한 정액을 모은다. 이처럼 동물에게는 자연에 알맞은 체위를 가지고 있다. 인간의 경우에는 남자가 여자 위에 있는 자세가 자연적이다. 자연적이지 못한 체위가 꿈속에 나타나는 것은 적대감과 같은 불완전한 사회관계들이나 불운이 닥쳐오는 것을 의미한다. 또한 신과의 성관계, 수간, 송장과의 관계, 수음, 두 여자 사이의 관계 등은 빈곤과 고통을 예고한다. 아르테미도르는 성에 관계된 꿈으로부터 미래의 사실을 포착하려고 한다.

그러나 프로이트는 이와 반대로 그의 정신분석학에서 꿈속에 나타나는 모든 사건과 요소들을 성적인 본능으로 환원하려고 시도한다. 꿈속에서 상징되는 것은 신체의 부분이나 혹은 나체, 그리고 부모 형제 자식과 같은 가족관계, 분만과 죽음과 같은 현상들이다. 분만과 출생은 주로 물과 관계가 있다. 그리하여 물에서 아이를 건져내는 것은 출생을 뜻한다. 죽음은 꿈속에서 주로 여행하는 것으로 비유된다. 어둡고 긴 터널을 지나가는 것도 죽음을 상징한다. 돌출한 것들은 대개 남성의 성기를 상징하고 오목한 것들은 여성의 성기를 나타낸다. 특히 3이라는 숫자는 남성의 성기를 지시한다. 나신은 옷이나 제복으로 전도되어 나타난다. 계단을 뛰어 오르거나 피아노를 연주하는 것, 그리고 교통사고와 무기에 의한 협박은 성행위를 상징한다. 춤과 승마, 그리고 등산과 같은 숨찬 행위들도 성교를 비유한 것이며, 나무나 이를 뽑는 것은 자위행위를 상징한다.

이제 이와 같은 사실을 바탕으로 흔히 나타나는 두 가지 종류의 꿈을 해석해 보기로 한다. 한 젊은 여성이 꿈을 꾸었다. 그녀의 꿈속에서는 "어떤 여자가 책상 서랍 앞에 앉아 있다. 그리고 그 서랍 속은 잘 정리되어 있었다." 이와 같은 젊은 여성의 꿈은 어떻게 해석되어야 하는 것일까? 프로이트에 의하면 '서랍'은 여자의 성기를 상징한다. 그러므로 이 여자는 자신의 성기를 잘 간직하고 있다는 사실을 꿈을 통하여 확인한 것이다. 순결과 정조에 대한 강박관념이 꿈속에서 잘 정돈된 서랍으로 왜곡되어 나타난 것이다. 여성의 성기는 대체로 무엇인가를 그 속에 넣을 수 있는 비어있는 것으로 묘사된다. 웅덩이 동굴 항아리 상자 달팽이 조개 호주머니 선박 교회와 같은 것들은 자궁을 상징적으로 비유한 것이다. 사과 복숭아와 같은 과일들은 여자의 가슴을 상징하고 있으며 음모(陰毛)는 대부분 숲으로 묘사된다. 그리고 바위 숲 물이 어우러져 있는 풍경도 역시 여성의 성기를 상징한다. 꽃은 여인들의 처녀성을 상징한다.

다음은 수위로 일하는 남편을 가진 어떤 부인의 꿈이다: "누군가가 집을 부수고 들어왔다. 그 여자는 무서워서 수위인 남편을 불렀다. 그러나 수위는 두 악한과 함께 교회로 가버렸다. 교회에 가려면 계단을 올라가야 했으며, 그 교회의 뒤에는 산과 울창한 숲이 있었다. 수위는 헬멧을 쓰고 넥타이를 매고 외투를 입고 있었다." 이 꿈이 상징하는 것은 무엇인가? 프로이트에 의하면 이 꿈속에서는 성행위가 상징적으로 묘사되고 있다. 수위와 두 악한을 합하면 세 사람이 된다. 3은 남성의 성기를 상징한다. 집과 교회, 그리고 산과 숲이 있는 풍경은 모두 여성의 성기를 상징한다. 지금도 해부학에서는 여성의 음부를 '비너스의 산'(mons veneris)이라고 부르고 있다. 가파른 계단을 오르는 것은 숨찬 성교를 상징한다. 넥타이는 분명히 남성의 성기를 상징할 것이다. 외투는 역설적으로 나체를 의미한다. 그 부인은 남편과 성행위를 즐기고 있는 사실을 이렇게 왜곡하고 있는 것이다. 일반적으로 돌출한 모든 것은 남성의 성기를 상징하고 있다. 지팡이 우산 막대기 칼 권총 연필 등과 같은 것이 바로 그렇다. 파충류와 어류도 남자의 성기를 상징한다고 한다. 풍선 비행기 같이 날아다니는 것들은 발기현상을 상징한다.

이와 같이 꿈속에서는 우리가 직접 발설할 수 없는 성적 본능들이 아무런 억압 없이 자연스럽게 표출되고 있다. 그러나 그와 같은 잠재의식은 일상적인 삶의 세계나 문화 속에서는 엄격하게 통제되고 있기 때문에 왜곡된 모습으로 나타나게 된다.

2) 성적 본능과 자아

그렇다면 어떤 근거에서 모든 사물과 사실들은 성적 상징으로 환원될 수 있는 것일까? 프로이트에 의하면 원초적인 인간에게는 성행위와 노동이 똑같은 쾌락을 가져다주었다고 한다. 그리하여 모든 것들은 성적인 언어로 묘사될 수 있었다. 동양에서 모든 것이 음과 양의 원리로서 설명되는 것과 비슷하다. 그러나 노동이 보다 세련되고 문화가 발달되면서 성적인 관심은 노동으로 대체되기 시작하였고, 이로 인하여 성적 본능에 대한 억압이 역사 속에서 자연스럽게 이루어졌다는 것이다. 그리하여 인간에게 가장 원초적인 생명력이라고 할 수 있는 성적 본능의 힘(Libido)은 잠재의식(Unterbewußtsein)의 영역에 갇혀 버렸다는 것이다. 이러한 성적 에너지가 우리들의 꿈속에서는 왜곡된 모습으로 표출된다. 리비도는 어떤 것의 통제나 억압도 거부하면서 쾌락의 원칙만을 수행하는 삶의 충동이다. 그런데 인간사회가 이룩한 문명이 리비도를 억압하고 있으므로 그것은 이제 잠재의식 속으로 자신의 모습을 은폐하게 되었다는 것이다. 그렇다면 프로이트가 이해한 인간의 의식은 어떻게 구성된 것일까?

프로이트에 의하면 인간의 의식은 3중 구조를 이루고 있다. 본능과 자아 및 초자아가 바로 그것이다. '이드'(Id)란 잠재의식을 이루고 있는 원초적 본능이다. 이드는 근본적으로 '쾌락의 원칙'(Lustprinzip)만을 집요하게 추구한다. 그러므로 이드는 문명사회에서 소중하게 생각하는 도덕적 가치와 선악을 구분하지 않는다. 그것은 다만 자신의 비합리적 충동적 욕구에 충실하고 모든 규칙이나 억압으로부터 벗어나려고 한다. 그리하여 본능은 철저한 자족주의(Narzißmus)만을 추구한다. 이드 속에는 모든 본능적 충동이 저장되어 있으며 신체적 과정으로부터 그 에너지가 축적된다. 이와 같은 근거에서 프로이트는 이드를 통하여 정신과 신체가 매개된다고 이해한다. 한편 이드는 불안을 가져오는 자극에 대해서는 즉각적으로 반응한다. 그리고 이 반사작용을 통하여 외부로부터 유발되는 긴장을 해소하려고 한다. 우리들이 재채기나 기침을 하는 것과 눈을 깜박거리는 행위는 모두 이드가 가지고 있는 원초적인 반사작용에 속한다. 그리하여 프로이트는 이드가 욕구하는 충동적인 직접성을 가리켜 '일차적 과정'(Primärprozeß)이라고 부른다. 이와 같은 일차적 과정에서는 현실에 전혀 구애되지 않은 채로 오직 자기 자신만의 쾌락을 추구하게 된다. 프로이트는 잠재의식을 구성하는 일차적 본능을 처음에는 '리비도'라고 하였으나, 나중에는 '자기보존 충동'과 '자기파괴 충동', 또는 '에로스'(Eros)와 '타나토스'(Thanatos) 등으로 대체하기도 하였다.

이드와는 반대로 자아(Ego)는 개체의 자기보존과 안전을 위하여 심리적 현상과 실제적인 현실을 구분하려고 시도한다. 자아는 우리가 실제로 살고 있는 현실 속에서 이드가 갈망하는 모든 충동들이 성취될 수 없다는 사실을 감지하게 된다. 다시 말하면 이드가 가지고 있는 성적인 욕구는 모든 여자들을 동등하게 생각한다. 그리하여 자신의 애인이나 어린 초등학생, 그리고 심지어 자신을 낳은 어머니까지도 성적 본능의 충족대상으로 삼으려고 한다. 왜냐하면 이드는 이성적인 분별력을 처음부터 가지고 있지 않으며 오직 쾌락원칙에만 충실하기 때문이다. 그리하여 자아는 만일 우리가 현실세계 속에서 이드가 명하는 대로 살아간다면 틀림없이 거세되고 말 것이라는 사실을 깨닫게 된다. 그리하여 자아는 이드의 본능적인 충동을 조절하고 승화시켜서 이드와 현실 사이의 갈등을 최소화하려고 노력하게 된다. 자아의 통제작용에 의하여 이드의 본능적 요구들은 억압(Verdrängung)되지만 자아는 그와 같은 억압을 통하여 현실원칙(Prinzip der Realität)에 충실함으로써 자기 자신을 안전하게 보호하려고 한다. 물론 이와 같은 행위는 학습이나 사고, 또는 지각과 추론, 기억과 결정 등과 같은 고도로 발달된 인지능력들을 요구한다. 그리고 자아는 이것들을 자기보존의 목표를 달성하기 위하여 현실적인 환경세계에서 체득하게 되는 것이다. 그리하여 자아는 이드가 본능적으로 추구하고 있는 쾌락을 통제하고 지연시키는 일을 하게 된다. 그리고 이러한 본능적 욕망체계는 그 욕구실현을 위한 적절한 대상이나 환경이 성숙될 때까지 통제된다. 이것을 프로이트는 '이차적 과정'(Sekundärprozeß)이라고 정의한다. 예를 들면 일차적 과정에서 대상을 가리지 않고 자신의 본능을 충족하려는 이드의 성적인 욕망은 이제 자아라는 이차적 과정을 거치면서 적절한 상대자나 조건이 성숙될 때까지 통제되고 지연되는 것이다.

그런데 자아가 이드를 통제하는 것은 초자아(Superego)에 의해서이다. 초자아는 마치 어린아이에 대한 부모와 같은 위상으로서 자아 위에 군림하고 있다. 인간이 사회생활을 영위하려면 그 사회에 부합되는 도덕과 가치 및 관습체계를 습득해야 한다. 이와 같은 사회적 규범은 초자아 속에 형성되면서 양심으로 나타나게 된다. 그러므로 초자아는 사회규범과 행동기준이 성격 속에 내면화된 것이라고 말할 수 있다. 프로이트에 의하면 초자아는 선천적인 것이 아니고 사회 속에서의 상호작용에 의하여 성격의 내면에 형성된다는 것이다. 그리하여 자아는 이제 초자아의 도덕적 문화적 명령을 바탕으로 이드에 대한 억압을 실행하게 된다. 리비도를 중심으로 이드가 추구하는 쾌락의 원칙은 이제 초자아의 지휘감독을 받고 있는 자아의 현실원칙에 의하여 대체되면서 프로이트의 억압이론이 체계화되기에 이른다.

3) 리비도의 발달과정

성적 본능인 리비도는 이제 자아에 의하여 통제를 받게 된다. 이런 이유 때문에 성적 본능은 한정된 모습으로 자신을 드러낼 수밖에 없게 된다. 본능은 우선 크게 나누어 삶과 죽음의 본능으로 나눌 수 있다. 삶의 본능은 종족번식을 목적으로 하며, 특히 성본능에 내재한 에너지인 리비도 또는 에로스에 의하여 특징적으로 드러난다. 이와 함께 프로이트는 인간의 무의식에 도사리고 있는 공격성과 잔인성, 그리고 자살이나 살인과 같은 파괴적 본능을 총괄하여 죽음에의 본능인 타나토스로서 주제화하고 있다. 프로이트에 의하면 모든 삶의 목표는 바로 죽음에 있으며 사람들은 누구나 죽음을 무의식적으로 희망하고 있다. 그리하여 죽음은 억압에서 궁극적으로 벗어나는 것을 상징한다. 그러므로 리비도나 에로스 혹은 타나토스가 끊임없이 추구하는 것은 억압으로부터의 자유와 해방이다. 이 때문에 리비도는 인간의 발달과정에 따라서 끊임없이 자신을 표출하려고 노력하게 되고, 그것은 바로 프로이트가 말하는 네 가지 단계의 발달이론을 구축하게 된다.

생후 1년간의 유아에게 리비도가 표출되는 곳은 입술과 혀이다. 유아는 젖을 빨면서 성적 쾌감을 만족시킨다. 입술과 혀는 어린아이들이 자신이 속한 사회적 또는 물리적 환경을 최초로 경험하게 되는 일차적인 장소이며, 바로 그곳에서 대부분의 성적 쾌감을 충족하게 된다. 그러므로 프로이트는 이 시기를 구강기라고 부른다. 실제로 입술과 혀는 평생 동안 성감대로서 활용되는 가장 민감한 부분이다. 이와 같은 구강기에서 유아에게 만족을 주는 대상은 어머니의 젖이나 우유병이다. 그러므로 이 때에 아이에게 젖을 물리거나 이유식을 어떻게 하는가의 문제는 그 어린아이의 성격형성에 결정적으로 작용한다. 만일 어린아이의 구강부위에 너무 과도한 자극을 주게 되면 다른 사람에게 의존하거나 지나치게 낙천적인 성격을 갖게 되면서 남에게 쉽게 속아 넘어갈 수 있다. 그러나 이 시기에 젖이 부족하여 충분한 만족을 얻지 못한 아이들은 비판적 또는 반항적인 성격을 갖게 되거나 정서가 불안정한 사람이 된다.

프로이트는 생후 1년 이상 2년 이하의 아이들을 항문기로 분류한다. 이 시기의 어린아이들은 배설에서 얻는 쾌감을 최대화하려고 한다. 그들은 대장의 운동을 억제하거나 지연시켜서 배설의 쾌감을 최대화하는 방법을 스스로 터득해 나가기 시작한다. 그리고 이와 같은 과정에서 어린이들은 즉각적인 배설을 통하여 만족을 얻으려는 이드의 요구와 부모의 통제에 의하여 배설욕구를 조절하게 되는 사회성 훈련을 조화시켜 나가는 지혜를 터득해 나간다. 그리하여 이드에 대한 자아의 통제는 이미 항문기에서 시작되고 있는 것이다. 그러나 부모가 너무 강압적인 방법을 사용하여 통제하게 되면 항문 보유적 성격이 형성되어 변비현상으로 나타나면서 지나치게 고집 세고 인색한 사람으로 굳어질 수 있다는 것이다.

생후 4~5세의 어린아이들은 자신의 성기에 각별한 관심을 가지게 된다. 그리하여 자신의 성기를 만지면서 성적 쾌감을 탐닉하게 되고 자신의 출생과 성에 대하여 질문하게 된다. 그리고 우연하게 부모의 성행위를 목격할 경우에 어린 아이들은 그것을 어머니에 대한 아버지의 공격 행위로 해석하여 적개심을 가지게 된다고 본다. 특히 이 시기의 아이들에게 나타나는 현상을 프로이트는 '외디푸스 콤플렉스'(Ödipuskomplex)라고 부르고 있다. 이것은 외디푸스가 아버지인 왕을 살해하고 그 왕비를 취하게 되는 소포클레스의 한 비극작품에서 기인된다. 그러나 외디푸스는 자신이 죽인 왕이 어렸을 때 헤어진 아버지였으며 그가 범한 왕비는 실제로 그의 어머니였다는 사실을 깨닫고 비관하여 자살하게 된다. 프로이트는 이 신화를 어린아이들이 이성의 부모를 독점하기 위하여 동성의 부모를 적대시하는 잠재의식의 상태를 설명하기 위한 단서로서 이해하려고 한다. 특히 남자아이는 그의 어머니를 최초의 성적 대상으로 여기면서 아버지와 경쟁관계에 들어서게 된다는 것이다. 그러나 아이는 곧 아버지와의 경쟁 속에서 열등감을 갖게 되며, 심지어는 자신이 어머니에 대한 성욕을 지속적으로 표출할 경우에는 아버지가 자신의 성기를 잘라 버릴지도 모른다는 두려움까지 갖게 된다는 것이다. 이와 같은 거세불안 때문에 어린아이는 어머니에 대한 성적 욕구를 억압할 뿐만 아니라 자신과 아버지를 동일시하면서 외디푸스적 갈등을 해소하려고 한다는 것이다.

성적 리비도는 6~7세의 아이들에게는 수면상태에 이르게 되면서 이른바 잠재기를 맞이하게 된다. 이 경우에 성적 관심은 주로 지적 관심이나 운동 또는 우정으로 대체되거나 승화되는 현상을 보여주게 된다. 그러나 일단 사춘기에 들어서게 되면서부터 리비도는 생식기에 집중된다. 그리하여 생식기에 이상 현상이 나타나게 되고 가장 급격한 심리학적 변화를 유발하게 된다. 남자아이들에게는 턱수염이 자라게 되고 여자아이들에게는 젖가슴이 커지고 월경이 시작된다. 그리고 이 시기에 성적 본능에 대한 자아의 통제가 그 절정에 달하게 되어 적합한 시간과 장소 및 대상이 주어질 때까지 성적 본능의 욕구분출을 자제하는 방법을 터득하게 된다.

3. 프로이트좌파의 억압이론(라이히와 마르쿠제)

우리는 지금까지 프로이트의 정신분석학을 살펴보았다. 그렇다면 프로이트의 정신분석학이 가지고 있는 철학적 의미는 과연 무엇일까? 그리고 프로이트의 사상은 그 이후의 철학에 어떤 영향을 끼쳤던 것일까? 일반적으로 프로이트는 생물학적인 결정론자로 평가되고 있다. 다시 말하면 인간의 사고와 행위 및 감정은 강력한 성적 본능에 종속되며 결정된다는 것이다. 그리하여 인간의 모든 행위는 성적 본능에 의하여 필연적으로 지배되는 것처럼 설명된다(Pansexualismus). 그러므로 인간의 행위가 잠재의식 속에 은폐된 본능적인 힘이나 공격성에 의하여 결정된다는 사실을 지나치게 강조하게 되면 인간에게 주어진 자유의지나 도덕적 결단의 가능성까지 무의미하게 되어버릴 수 있다. 그리고 이와 같은 사실은 프로이트를 비합리적인 사상가라고 일축하게 되는 근거가 되어왔다. 왜냐하면 자아가 도저히 통제할 수 없는 의식의 근저에 은폐된 성적 본능이 인간의 행위를 결정한다면, 자아에게 부여된 모든 합리적인 판단근거도 역시 이드에 종속되어 버리기 때문이다. 그러므로 문제는 프로이트가 동시에 제시하고 있는 이드의 무절제한 욕구와 자아의 합리적인 통제작용의 우위를 어떻게 정할 것인가라는 사실에 달려 있게 된다. 이와 같은 사실을 바탕으로 두 가지의 대립된 프로이트학파가 성립된다.

그리하여 만일 프로이트의 정신분석학에서 리비도의 역할을 절대화하게 되면 필연적으로 그의 사상은 숙명론과 염세주의에 빠질 수밖에 없게 된다. 이와 같은 시각에서 프로이트를 결별하고 나섰던 사람들이 바로 개체심리학을 창시한 아들러(Alfred Adler)와 분석심리학을 발전시킨 융(Carl Gustav Jung)이다. 또한 1940년대에 미국에서 설리번(Sullivan)과 에리히 프롬(Erich Fromm)을 중심으로 형성되었던 신프로이트학파(Neofreudismus)에서도 사회문화적인 요인이 성격을 결정하는 데 크게 작용한다는 사실을 강조하여 성적인 리비도의 역할을 축소하였다. 그리하여 이들은 프로이트의 리비도 이론이 가지고 있는 중요성을 약화시키는 반면에 인간의 자발적인 노력으로 새로운 인격을 형성할 수 있다고 보았던 것이다.

그러나 프로이트 학설을 마르크스주의적인 시각에서 해석하려는 노력이 1920년대부터 시작되면서 신프로이트 학파의 입장과는 반대되는 이론이 제시되어 왔다. 그 가운데서 우리는 빌헬름 라이히(Wilhelm Reich)와 허버트 마르쿠제(Herbert Marcuse)를 손꼽을 수 있다. 라이히는 정신분석을 통하여 마르크스주의를 보다 발전시키려고 노력한 인물이다. 그는 프로이트의 정신분석학을 마르크스의 혁명이론과 결합한 사상가였다. 그에 의하면 자본주의는 노동자 계급에게 좋은 음식을 제공하는데 실패하였고, 가부장제도는 노동자에게 좋은 성을 제공하는데 실패하였기 때문에 이와 같은 사회질서는 변혁되어야 한다고 주장한다. 그는 자본주의가 성적인 억압을 촉진하고 세련화한다고 생각하였기 때문에 계급투쟁이론을 성해방 정책으로 대체할 것을 강력히 주장하였다.

마르쿠제는 그의 저서 『에로스와 문명』에서 프로이트에 대한 새로운 해석을 제시하고 있다. 그는 프로이트의 억압이론이 정당하다고 보며, 성의 억압이라는 사실은 실제로 혁명적인 잠재력을 보유하고 있다고 역설한다. 그리하여 마르쿠제는 프로이트의 사상 속에 함축된 문명비판적 성향과 해방적 기능을 발굴하려고 한다. 물론 그는 문명이 이룩되고 합리적인 사회가 가능하기 위해서는 성적 본능이 어느 정도 억제되어야 한다는 사실을 인정한다. 그러나 그는 문명이 이룩되는 우리의 구체적인 역사 속에서 인간이 원초적으로 가지고 있는 성적 본능은 지나칠 정도로 과잉억압을 당해 왔다는 것이다.

마르쿠제는 1930년대에 "권위와 가족에 관한 연구"에 참여한 바 있다. 그는 이 시기에 벌써 육체적 억압 특히 성적인 억압이 착취적인 사회질서의 가장 중요한 특성이라고 생각하였다. 그리하여 성욕의 억압은 전체의 억압적 질서를 유지하는 데 크게 기여한다는 사실을 강조하였다. 그는 성적 본능에 대한 욕구가 노동으로 왜곡되는 사실을 지적한다. 왜냐하면 모든 가치가 노동에 근거하고 있는 사회에서 쾌락은 필연적으로 평가절하 되기 때문이다. 지배계급은 일찍이 성욕의 혁명적 잠재력을 알고 있었으므로 청교도적인 윤리를 강조하거나 혹은 스포츠 오락과 같은 대체적인 수단을 이용하여 성적 본능을 상쇄하려고 하였다. 프로이트 사상의 외형적인 염세주의와 결정론, 그리고 보수적 성향의 기저에는 기존문명의 병폐에 대한 결정적인 고발과 궁극적인 해방에의 약속을 동시에 포함하는 비판적 경향이 있음을 지적하려고 하였던 것이다. 다시 말하면 프로이트의 정신분석학 속에 감추어져 있는 문명비판적 또는 해방적 메시지를 발굴하려고 하였다. 그리하여 마르쿠제는 프로이트의 정신분석학 속에서 문명은 필연적으로 억압적일 수밖에 없다는 사실을 주제화하였다. 마르쿠제에 의하면 프로이트는 사회의 역사적 유형들 속에 존재하는 모든 차이점들의 배후에는 인간에 의한 인간의 지배라는 본능적인 구조나 잔인성에 기초하는 억압적 통제가 작용하고 있다는 사실을 간파하고 있었다. 그러나 신프로이트학파에서는 프로이트가 강조하였던 부정적인 측면들, 곧 죽음 본능과 억압이론 및 무의식의 이론들을 단념하거나 축소하려고 하였다.

마르쿠제는 이와 같은 프로이트 해석을 반대하면서 『에로스와 문명』이라는 책에서 새로운 프로이트 해석을 시도한다. 그가 이 책에서 시도한 프로이트 해석을 의미 있게 한 두 개의 개념이 있다면 그것은 바로 과잉억압(surplus repression)과 실행원칙(the performance principle)일 것이다. 과잉억압이란 경제적 정치적 지배로부터 결과되는 성욕의 양적 억압을 말한다. 이것은 마르크스의 잉여가치에 의한 착취현상과 같은 것이다. 프로이트는 문명을 이루기 위해서는 최소한 일정한 양의 성적 본능을 억제하지 않으면 안 된다는 사실을 간파하고 있었다. 이와 같은 사실을 마르쿠제 역시 인정한다. 그러나 마르쿠제는 실제로 문명의 역사가 진행되면서 인간의 기본적인 성본능이 필요 이상으로 억압받아 왔다는 사실을 지적한다. 다시 말하면 현대문명에 있어서 대부분의 성적 억압은 과잉억압이라는 것이다. 그것은 문명을 이루기 위하여 최소한 요구되는 기본억압의 수위를 지나치게 넘어선 것이다. 그리하여 마르쿠제는 억압이 없는 문명의 실현가능성을 위한 조건명제로서 성적 해방을 주장하게 된다. 우리는 이와 같은 입장을 좌파 프로이트주의 또는 프로이트 좌파(Freudische Linke)라고 부른다.

4. 미셸 푸코와 성의 역사

현대의 포스트모더니즘에서 주도적인 위치를 차지한 미셸 푸코는 프로이트와 프로이트 좌파의 억압가설은 잘못되었다고 비판하고 있다. 푸코에 의하면 인간의 성적 욕구는 문명의 발달과 자본주의의 성립으로 억압되는 것이 아니라 보다 활발하게 전개된다. 프로이트 좌파들이 억압의 시대가 특징적으로 시작된다고 규정하였던 17세기는 자본주의 시대가 개막되는 시점이다. 이 때부터 섹스는 부부의 침실 속으로 은폐되기 시작한다. 일상적인 언어 속에서는 성에 대한 직설적인 표현이 사라지기 시작하였고 금기시되기조차 하였다. 빅토리아 시대를 살아가는 사람들에게 청교도 정신은 확실하게 성적 관심을 차단하는 것처럼 보였다. 그러나 미셸 푸코는 사회나 정치가 성을 억압하는 것처럼 보이는 이 시기에 실제로는 성에 대한 언설이 가장 풍요로웠다는 사실을 지적한다.

예를 들면 트랑트 종교회의(1545~1563) 이후에 발전된 기독교의 고백성사를 통하여 사제들은 신도들의 성행위에 대하여 자유롭게 논의할 수 있었다는 것이다. 이 시기에 사제들의 질문은 주로 신체에 관련된 것들이었다. 성행위를 하면서 당사자들의 체위, 몸짓, 손을 댄 부분, 정확한 만족의 순간 등이 심문의 대상이었다. 그러나 종교개혁을 거치면서 성에 관한 물음은 신체에서 정신적 동기로 이행되었다. 모든 불순한 눈길과 관능적인 접촉, 욕망과 관능으로 얼룩진 생각들, 열락, 영혼과 육체의 순차적 움직임 등이 고해성사의 내용으로 되었고, 이 같은 성에 대한 생각들이 거론되면서 성에 대한 잡담들이 번창하게 되었다.

18세기에 들어서면서 성은 권력기제 속에서 인구와 경제문제로 귀착된다. 이러한 정책을 시행하기 위하여 출생률, 결혼적령, 성행위의 빈도, 피임방법 등이 연구조사 됨으로써 국민의 성행위는 국가적 간섭의 표적이 되었다. 그리하여 국가는 법률과 도덕이 허용하는 정상적인 범위에서 성행위를 할 수 있도록 통제한 것도 사실이었다. 그러므로 동물이나 죽은 사람의 시체에 대한 성행위나 근친상간, 그리고 수녀를 유혹하는 행위 등과 같은 비도덕적인 경우가 아니면 특별한 제재를 받지 않았다.

19세기에 진입하면서 성의 과학화가 이루어진다. 성의 문제는 이제 법률과 도덕의 영역을 넘어서서 심리학적 의학적 연구의 대상이 된다. 프로이트의 정신분석학적 성과를 토대로 성의 문제는 연구소나 병원 안으로 제도화되기에 이른다. 여기에서 최소한 다음과 같은 네 가지 특징들이 드러나게 된다. 첫째로 여성의 육체는 히스테리로 가득 차 있는 것으로 규정되었다. 둘째로 모든 어린이들은 성 충동에 빠질 수 있다는 자연적인 동시에 자연을 거스르는 현상이 일반적으로 밝혀지게 되면서 어린이의 수음방지에 전력을 기울이게 되었다. 셋째로 출산행위를 사회화함으로써 부부간의 성행위를 합법화하면서 산아제한의 효과도 거둘 수 있었다. 넷째로 잘못된 형태의 쾌락을 추구하는 모든 변태적인 행위를 정신의학적으로 감시 보호하는 체제를 확립하였다.

그리하여 푸코는 역사적으로 성이 억압되고 있는 가라는 물음에 회의적인 태도를 보인다. 근대사회는 성행위를 밀폐시킨 것이 아니라 오히려 성을 그 내밀한 곳에 숨겨둔 채로 무한정으로 다루었다는 것이다. 물론 그것은 외설의 형태로서가 아닌 정당한 정치권력에 의하여 이루어진다는 것이다. 다시 말하면 성은 역사 속에서 정치권력의 기제를 통하여 보호된다는 복지가설을 푸코는 주장하고 있다.

푸코에 의하면 성에 대한 억압은 성을 죄악시하는 태도에서가 아니고 성에 대한 본질적인 이해 속에서 시도된 것이다. 기원전의 고대 그리스나 기원 후 최초 1-2세기에 제시되고 있는 성에 대한 규범은 대단히 엄격하다. 인류는 오래 전부터 성을 위험하고 제어하기 힘든 부담스러운 것으로 간주해 왔으며, 육체와 건강에 대한 배려와 여지 및 결혼에 대한 관계, 그리고 소년들에 대한 관계 속에서 엄격한 도덕으로 체계화되기에 이른다. 그러므로 성적 활동은 자기를 배려할 수 있는 도덕의 시발점이 되어야 한다.

5. 라캉의 거울단계론과 탈주체적 주체

자크 라캉(Jacques Lacan 1901~1981)은 푸코와 더불어 현대 프랑스의 지성계를 대표하는 철학자이다. 그는 파리대학에서 의학을 전공하였고 「편집증적 정신병과 성격과의 관계」(1932)라는 논문으로 박사학위를 취득하였다. 초창기의 라캉은 주로 정신분석학의 분야에서 활동하였고 1936년에는 '거울단계'에 대한 학설을 발표하여 주목받기 시작한다. 1952년 파리철학회를 통하여 프랑스 현상학을 대표하는 메를로 퐁티와 문화인류학의 대가로 알려진 레비-스트로스와 친분을 맺게 되면서 그의 존재가 철학계에도 알려지기 시작하였다. 1966년에 그의 강의록 모음집 『에크리』(*Écrits*)가 출간되면서 프로이트 이후 시대의 새로운 프로이트로 부각되었다.

라캉의 거울단계 이론은 프로이트의 고전주의적 정신분석학에 새로운 전기를 마련하고 있다. 거울단계란 생후 6개월에서 18개월 사이의 어린 아이가 거울 속에 비친 자기 모습을 보고서 거울 앞에 있는 자신과 구별하지 못하고 동일시하는 현상을 말한다. 어린 아이는 자기 자신이 거울에 의하여 내비친다는 사실을 자각하지 못한다. 이처럼 자신이

'보인다'는 사실을 아직 깨닫고 있지 못한, 그리고 자기 자신을 객관화하기 이전 상태의 자아를 라캉은 '이상적 자아'(Ideal-I)라고 부르고, 이러한 거울단계를 '상상의 세계'(the Imaginary)라고 규정한다. 라캉에 의하면 거울단계에서의 의식은 상상의 세계에 고착된 까닭에 가상을 실재로 오인하게 된다. 그리고 대부분의 신경증 환자는 이 같은 거울단계에 머물러 있으면서 오인과 환상의 구조에 빠져있다. 특히 히틀러와 같은 독재자는 자기 의견만이 절대적 진리라고 착각하는 오인의 구조 속에서 광기를 유발하고 있다. 이처럼 거울단계에서는 의식이 오인의 구조에 갇혀있기 때문에 데카르트의 사고하는 주체나 현상학에서와 같은 명증적 주체, 그리고 실존철학에서의 실존적 주체를 설정하는 것은 잘못이라고 비판한다. 거울단계에서 보듯이 처음부터 그와 같은 절대적 주체는 존재하지 않는다는 것이다. 거울단계에서의 이상적 자아는 타자와의 관계 속에서 객관화되기 이전의 주체이고, 언어가 그 보편구조 속에서 주체 기능을 부여하기 이전의 주체이다.

데카르트는 방법적 회의를 통하여 "나는 생각한다. 그러므로 나는 존재한다"라는 명제를 흔들리지 않는 토대로 확정하였다. 그러나 라캉은 생각하는 자아가 대상으로 정립된 경우에만 주체를 확정할 수 있다는 데카르트의 견해를 반박한다. 왜냐하면 나의 존재는 내가 생각하지 않는 곳에도 있기 때문이다. 프로이트는 이미 '무의식'이라는 개념을 발굴하면서 데카르트적 사유주체가 하나의 허상에 지나지 않을 수도 있다는 것을 보여주었다. 의식이라는 거울에 비쳐진 나를 보면서 그것을 자기 자신과 동일시하게 되면 전체로서의 나를 간과하게 된다. 왜냐하면 자유롭게 생각할 수 있는 곳에서 나는 항상 내가 아니며, 의식적으로 생각할 수 없는 곳에서만 나는 나일 수 있기 때문이다. 그리하여 라캉은 "나는 내가 아닌 곳에서 생각한다. 그러므로 나는 내가 생각할 수 없는 곳에 존재한다"라는 반데카르트적 명제를 확정하기에 이른다. 거울에 비친 이상적 자아나 데카르트의 사유하는 주체는 '바라봄'의 차원만을 강조한 데서 기인한다. 여기에서는 자기 자신이 타자에게 '보인다'는 사실이 간과되고 있는 것이다. '바라보는' 나의 존재와 더불어 타자에게 '보이는' 내가 동시에 존재한다. 자신이 타자에게 보인다는 사실을 모르는 거울단계의 주체는 왜곡되고 고착된 상황 속에 차폐되어 있기 때문에 신경증 환자처럼 자신으로부터 소외되어 있다. 자기가 바라보는 대상이 허구라는 사실을 깨닫게 되면서 어린아이는 이처럼 고착된 거울단계에서 벗어나서 언어와 상징과 질서의 세계로 진입하게 되고, 점차적으로 사회적 자아로 발달하게 된다.

라캉이 말하는 자아는 근본적으로 오인의 구조로부터 출발한다. '바라봄'의 주체는 그 자신의 '보임'으로부터 분열되어 있다. 그러므로 이와 같은 주체의 존재론적 특성은 결핍이다. 이러한 주체는 언제나 고착된 상태에서 소외된 자기를 추구하기 위하여 대상으로부터 탈출하는 과정을 반복할 수밖에 없다. 라캉은 이처럼 결핍된 주체가 고착된 대상으로부터 벗어나서 새로운 대상을 요구하는 것을 '욕망'이라고 부른다. 욕망은 순수한 결핍이 갖는 힘이다. 그것은 주체를 대상에 대한 왜곡된 집착, 즉 고착과 오인의 구조로부터 탈출하게 하여 '타자 의식'을 갖도록 한다. 인간은 어떤 경우에도 결핍이 없는 완전한 존재가 될 수 없다. 정신분석학에서 욕망은 주로 성적 욕구와 그 억압의 문제로 전개되고 있다. 프로이트는 외디푸스 콤플렉스와 거세 콤플렉스를 통하여 어머니의 남근이 되기를 갈망하여 아버지를 적대하는 아들이나, 또는 아버지의 남근을 선망하여 어머니를 질시하는 딸의 의식상태를 설명하려고 하였다.

그러나 라캉은 남근을 생물학적 성의 기관이 아닌 다른 어떤 것, 즉 무의식의 기표로 이해하였다. 그런데 이처럼 욕망하는 주체의 특성은 '보임'이라는 사실에 있다. 지금까지 인간은 언제나 바라봄의 주체라고 생각하였다. 그러나 인간은 또한 동시에 보이는 존재이다. 우리는 세계의 무대 위에서 타자에게 보이고 있으며, 그런 사실 앞에서 비로소 타자의 시선을 의식하게 된다. 욕망하는 주체는 자신이 보이는 존재라는 것을 깨닫고 자신에게 결핍된 것을 요구하는 과정을 무한하게 반복한다. 이러한 과정 속에서 욕망하는 주체는 타자 의식을 갖게 되고 사회성을 체득하게 된다. 그리하여 라캉은 주체를 해체함으로써 주체적 욕망의 근거, 즉 탈주체적 주체를 발굴하게 된 것이다.

성에 대한 이상과 같은 입장들을 살피면서 우리는 프로이트를 어떻게 이해할 것인가라는 물음을 다시 물을 수밖에 없게 된다. 프로이트는 이드와 리비도에 관한 학설을 제시하면서 인간은 근본적으로 성적 본능에 의하여 결정된다는 사실을 강조하였다. 그러나 그는 동시에 자아와 초자아의 통제적인 힘에 의하여 이드의 무분별한 본능적 욕구가 제어될 수 있다는 사실을 분명히 하였다. 그런데 후대의 프로이트학파에서는 이 두 사실 중의 어느 한 방향만을 강조하면서 그 이론의 독창성을 왜곡하는 경향을 보여 왔다. 우리는 이와 같은 현상을 철학의 다른 영역에서도 발견하게 된다.

가다머와 하버마스가 주도하였던 해석학 논쟁에서 "전통이냐 비판이냐"라는 대립이 있었으며, 비판적 합리론자(Karl Popper와 Hans Albert)들과 프랑크푸르트학파(Theodor Adorno와 Herbert Marcuse) 사이에는 "개혁이냐 혁명이냐"라는 논쟁이 있었다. 이러한 논쟁들은 제각기 두 가지 상반된 요소들을 비판적으로 수용하는 차원에서 마무리되거나 새로운 해결국면을 보여 주었다. 프로이트에 의하여 발굴된 성적 본능과 그에 대한 자아 또는 문명의 억압이라는 새로운 사실들은 현대철학에서 대단히 중요한 의미를 가지고 있다. 특히 프랑크푸르트학파를 중심으로 한 사회철학의 분야와 미셸 푸코를 중심으로 한 후기 구조주의에서는 결정적인 의미를 차지하고 있다. 그리고 과거적인 프로이트의 잠재의식(Unterbewußtsein)에 대하여 희망의 철학자 에른스트 블로흐는 미래적인 아직-아닌-의식(Noch-Nicht-Bewußtsein)을 발굴함으로써 인간 의식에 대한 다양한 철학적 접근의 가능성을 열어 주었다.

정리

1. 탈레스 이후의 철학자들은 이성적 사유에 기초한 합리성을 중요하게 생각하였다(본질주의 또는 이성주의).
2. 니체와 프로이트는 이성의 밑바닥에 흐르는 감성과 무의식이 근원적이라고 주장하였으며(반이성주의 또는 비합리주의), 특히 프로이트는 인간의 모든 의식이 성적 본능인 리비도에 종속된다고 생각하였다(Pansexualismus).
3. 라이히와 마르쿠제와 같은 프로이트는 좌파는 억압된 성적 본능이 자본주의적 모순을 상징한다고 보고 이의 해방을 주장하였다.
4. 푸코는 억압가설을 비판하는 동시에 성은 역사 속에서 권력기제를 통하여 합리화되고 있다고 주장한다.
5. 라캉은 프로이트의 이론을 보완하여 거울이론을 제시하였다. 거울단계에 속한 어린 아이는 대상화된 자기 모습과 자기 자신을 구별하지 못하며, 신경증적 환자들은 대부분 이 단계에 머물러 있다. 나는 바라봄의 차원을 넘어서서 보임의 단계가 있다는 것을 자각하면서 비로소 타자의식과 사회성을 획득하게 된다.
6. 성에 대한 철학은 이성주의와 반이성주의의 갈등을 적나라하게 보여준다. 성 그 자체는 가치중립적인 것이다. 그것을 규정하고 해석하는 도덕적 주체에 따라서 성에 대한 언설은 다른 모습을 띠게 된다. 가장 중요한 것은 지나친 억압은 스트레스를 유발하고 지나친 탐닉은 건강을

해친다는 것이다. 억압과 해방은 언제나 자기제어와 자기배려의 통제 하에서 이루어져야 한다. 이와 같은 원리는 철학의 다른 영역에도 적용 된다.

참고문헌

권택영 편, 『자끄 라캉 - 욕망이론』, 문예출판사 1994.

Foucault, Michel: *Historie de la sexualité.* Gallimard 1976; 독어판: *Sexualität und Wahrheit.* Frankfurt 1983; 이규현 외 역, 『성의 역사』, 나남 1990.

Freud, Sigmund: *Die Traumdeutung.* Leipzig und Wien 1900; *The Interpretation of Dreams.* London 1953.

— : *Vorlesungen zur Einführung in die Psychoanalyse.* Frankfurt 1977(London 1961).

Marcuse, H.: *Eros and Civilization. A Philosophical Inquiry into Freud.* The Beacon Press 1955. *Eros und Kultur.* Frankfurt 1957; danach: *Trieb- struktur und Gesellschaft.* Frankfurt 1979; 김문환 역, 『에로스 와 문명』, 나남.

Robinson, P.A.: *The Freudian Left.* New York 1969.

제5장 죽음이란 무엇인가

우리는 죽음과 아무런 관계가 없다. 왜냐하면 우리들이 살아 있을 때에는 죽음이 있지 않고, 죽음이 있을 경우에는 우리가 있지 않기 때문이다.
　　　　　　　　　　　　　　　　　　　　　　　　　　　　에피쿠로스

1. '죽음'이라는 현상

죽음은 우리에게 매우 기이한 현상이다. 우리는 사람들이 모두 죽는다는 사실을 알고 있다. 그리고 우리는 주변에서 많은 사람들이 죽어가는 모습을 실제로 보고 있다. 그러면서도 그것을 언제나 다른 사람의 죽음으로만 생각하고 자기 자신의 일로는 생각하지 않으려고 한다. 우리는 죽음 앞에서 크게 두 가지 형태의 태도를 취하게 된다. 그 중 하나는 죽음을 거의 망각하고 지내면서 의식적으로 진지하게 생각하지 않으려는 태도이다. 대부분의 일상적인 사람들은 자신들의 죽음에 대하여 고민하지 않으며 영원히 살 것처럼 행동하기도 한다. 그러나 어떤 이들은 죽음이라는 현상에 철저하게 집착하여 그것을 피해보려고 안간힘을 쓰기도 한다. 진시황이 불로초를 구하려고 노심초사한 것이나 톨스토이의 작품 『이반 일리노이치의 죽음』에서 죽음의 사자를 피하기 위하여 페르시아까지 도망치는 주인공의 모습이 이에 해당된다.

　죽음이란 우리가 아무리 의식적으로 잊으려고 해도 잊혀질 수 없고, 아무리 피하려고 해도 회피할 수 없는 우리에게 가장 일반적인 현상이다. 죽음은 삶의 자연스런 일부분이며, 살아있는 것이면 언젠가는 한번씩 감수하지 않으면 안 되는 필연적인 사건이다. 이와 같은 사실은 소걀 린포체가 저술한 『삶과 죽음에 대한 티베트의 서』(민음사 1999)에서 보다 극명하게 드러나고 있다. 린포체는 '존귀한 존재'라는 뜻으로 위대한 스승에게 붙이는 호칭이다. 그는 자신의 스승 잠양 켄체로부터 자신이 퇴르뙨 소걀(13대 달라이 라마의 스승)의 환생이라고 인정받았던 사람이다. 그런 환생의 내력을 가진 소걀 린포체는 이 책에서 **겨자씨 이야기**를 통하여 죽음의 사실이 가장 일반적이고 보편적인 현상이라는 사실을 우리에게 보여주고 있다. 그 이야기의 내용은 다음과 같다. 인도에서 출생한 고타미(Gotami)라는 소녀가 있었다. 그녀는 장성하여 결혼을 하였고, 아들을 낳아서 행복에 젖어 있었지만, 그 아이는 곧 죽고 말았다. 그녀의 슬픔은 너무나 컸으며, 죽은 아이를 살리기 위하여 여러 의원들을 찾아다녔다. 그녀의 행동에 대하여 사람들은 비웃을 뿐이었다. 그 때 그녀는 한 현자를 만나게 되었다. 그 현자는 그녀에게 마을로 가서 고통을 당하지 않거나 사람이 죽지 않은 집이 있으면, 그 집에 들어가 겨자씨를 얻어오라고 하였다. 그녀가 들린 집집마다 고통과 죽음이 있었고, 따라서 겨자씨를 얻을 수 있는 집은 결코 찾을 수가 없었다. 그녀는 자기 아들만이 죽음을 당하였던 것이 아니고, 그것은 모든 인류에게 공통된 법칙이라는 사실을 깨닫게 되었다.

　이 이야기에서 우리가 확인할 수 있는 것은 죽음이 모든 이들에게 공통적이고 일반적으로 주어진다는 사실이다. 사람들은 죽는다. 그리고 누구든지 예외 없이 죽는다. 그래서 몽테뉴는 일찍이 "우리가 지구 어느 곳에 있든지 죽음이 찾아내지 못하는 곳이란 없다"고 말하였다. 그리고 이런 사실이야말로 우리가 그것을 의식하고 있는가에 관계없이 우리를 불안하게 만든다. 우리가 죽는다는 것은 절대적으로 확실한 사실이다. 그러나 우리가 언제 어떻게 죽을지는 전혀 확실하지 않다. 이처럼 우리가 언제 죽을지를 전혀 알 수 없는 불확실성은 우리를 극도로 불안하게 만든다. 죽음은 우리에게 친숙한 모든 것과의 교통을 일시에 단절시키기 때문에 더욱 더 우리를 불안하게 만든다. 자신이 가지고 있는 모든 것들로부터의 완전한 분리, 이것이 바로 죽음이라는 현상이 던지는 파문이다. 우리들이 자신과 다른 사람을 구분할 수 있는 것은 독자적이고 개인적인 정체성 때문이다. 그리고 이와 유사한 기능을 가지고 있는 것들은 이름, 일대기, 배우자, 가족, 집, 일, 친구, 신용카드 등이다. 우리에게 삶이 주어져 있다면 이런 모든 것들은 나를 나로서 드러내주는 구조적 계기들이다. 삶은 우리에게 자아정체성과 관련된 모든 것을 보존하려는 성향을 가지고 있다. 그런데 죽음이라는 현상은 바로 이런 모든 것들을 일시에 빼앗아 감으로써 우리를 근본적으로 불안하게 한다.

그렇다면 우리는 죽음을 극복할 수 있는가? 극복할 수 있다면 그것은 도대체 어떤 방식으로 가능한 것일까? 대부분의 종교인들이 죽음이라는 현상을 넘어서서 삶 이후의 삶, 즉 영원한 생명이 있다고 믿는 것과는 달리 철학자들은 다양한 입장을 나타내고 있다. 죽음 이후에 새로운 삶의 세계가 존재하는가? 철학자들, 특히 칸트와 같은 철학자에게 이 물음은 이론적 지식의 문제가 아니고 실천적 지혜 또는 요청의 문제이다. 삶 이후의 삶에 대한 신앙은 도덕적 요구에서 비롯되며, 도덕적 행위들에 대한 결과적 희망을 달성하게 할 수 있는 조건들로서 이해되고 있다. 그러나 칸트가 삶 이후의 삶의 세계를 도덕적 행위를 정당화할 수 있는 요청적인 사실로 이해한 것과는 달리, 동양에서는 윤회 또는 환생의 문제가 사실적인 차원에서 이해되고 있다. 심지어 3세기경 그리스 출신의 교부철학자 오리게네스조차도 현세 이전에 영혼이 존재하였다는 사실을 인정하였다. 이와 같은 사실은 기독교의 교리와는 배치된다. 그에 의하면 모든 영혼은 그 이전의 삶에서 겪었던 승리로 강화되거나 패배에 의하여 약화된 상태로 지금의 세계에 태어난다.

종교인들의 경우는 대체로 삶 이후의 삶을 전제하고 있다. 티베트 지방에는 지금 우리가 『티베트 사자의 서』라고 부르는 비밀 경전이 전수되고 있고, 고대 이집트에서도 이와 유사한 『이집트 사자의 서』가 전해지고 있다. 이 두 권의 책은 모두 윤회와 환생을 설파하고 있으며, 영원한 자유에 이르는 비책을 전수하려고 한다. 티베트 지역에서는 우리가 죽는 순간의 마음상태가 윤회로부터 벗어나는 결정적인 계기가 된다고 믿어 왔다. 어디에서 어떻게 다시 태어나는가의 문제는 일반적으로 카르마에 의하여 결정되지만, 죽음의 순간에 갖는 마지막 생각이 그 다음 환생의 성격을 결정적으로 좌우한다는 것이다. 따라서 죽음을 맞이할 때 자신의 생각을 올바르게 통제하는 것이 중요하다고 가르치고 있다.

이제 보다 구체적으로 동서양의 대표적인 철학자들과 종교사상에서 죽음의 이해를 살펴보기로 하겠다. 철학자들의 경우에 플라톤과 하이데거와 블로흐를 중심으로, 그리고 종교사상은 티베트불교의 경우를 집중적으로 살펴보기로 할 것이다. 마지막으로 현대인의 임사체험을 바탕으로 죽음의 현상에 접근해보기로 한다.

2. 플라톤: '죽음에의 연습', 그리고 에르의 신화

플라톤(427~347 BC)에 의하면 영혼은 불멸적인 것이고, 죽음은 영혼과 육체의 완전한 분리를 뜻한다. 프란츠 로젠츠바이그는 『구원의 별』(*Stern der Erlösung*)이라는 주저에서 죽음의 공포는 모든 것에 대한 인식을 말살한다고 하였으나, 플라톤의 경우에는 그와 전적으로 반대되는 입장이 개진되고 있다. 죽음은 참된 지혜에 이르기 위한 필연적인 계기이기 때문이다. 우리의 영혼은 탄생 이전부터 이미 이데아의 세계에 존재하고 있었으며, 이 세상에서는 육체 속에 갇혀 지내도록 되었다. 물론 고대 그리스의 영혼설은 고대 이집트의 사상과 매우 유사하며, 그로부터 영향 받은 것이 분명하다. 현세적인 삶은 영혼이 육체와 더불어 존재하는 방식이다. 이와 같은 결합은 죽음이라는 현상을 통해서만 극복될 수 있다. 다시 말하면 죽음을 통해서만 영혼은 육체로부터 벗어나서 자유로워질 수 있다. 그러나 고대 이집트인들은 육체를 보존해야 영혼들이 다시 돌아올 수 있다고 믿었다.

『파이돈』에서 소크라테스는 철학을 통하여 죽음에의 연습을 수행해야 한다고 강조하였다. 그에 의하면 인간은 언제나 죽음을 추구하고 있으며, 죽음의 현상에 점점 더 근접해 가고 있다고 하였다. 그런데 이와 같은 죽음이란 영혼과 육체의 분리에 다름 아니다. 죽음은 그러한 분리의 완성이고, 영혼이 그 스스로 존립하게 될 경우에, 그것은 육체로부터 완전히 자유롭게 된다. 소크라테스는 영혼의 특성을 천상의 이데아의 그것과 유비적인 것으로 이해하였다. 따라서 영혼은 신적인 것을 닮아 있으며, 불멸적이고 예지적인 동시에 불변적인 단일의 것인 반면에, 육체는 가사적이고 비지성적이며 가변적인 수다성을 특징으로 한다.

그리하여 소크라테스는 진정한 철학적 영혼은 '죽는 연습'을 수행하여 왔으며, 이를 통하여 육체로부터 완전하게 해탈하기를 원해 왔다고 보았다. 이는 영혼을 깨끗하게 정화한 사람에게만 신들의 세계에 들어가 함께 사는 것이 허용된다고 믿었기 때문이다. 따라서 그에게 있어서 죽음은 바로 그의 철학의 완성이라는 의미를 갖는다. 그는 사람이 죽은 후에 그 영혼은 더 좋은 세계, 즉 하데스에 머물게 된다고 생각하였다. 그리고 그의 주인이 되는 선한 신의 곁으로 간다고도 생각하였다. 물론 그것은 객관적으로 확실한 사실이 아니라 그 자신의 희망일 수 있다. 따라서 그는 자신이 반드시 좋은 사람에게로 간다고 장담할 수는 없지만 그렇게 되기를 바랐던 것이다. 소크라테스는 사후세계의 존재를 믿었을 뿐만 아니라 죽은 이후에 그의 영혼이 선한 신과 함께 있을 수 있다는 희망을 바탕으로 태연하게 독배를 마실 수 있었다.

플라톤은 우리에게 죽음 이후의 세계에 대한 또 하나의 이야기를 들려주고 있다. 우리는 일반적으로 탄생 이전이나 죽음 이후의 삶을 전혀 기억하지 못하고 있다. 그것은 망각(lethe)이라는 현상 때문이다. 그런데 플라톤은 그의 주저 『국가』에서 '에르(Er)의 신화'를 통하여 사후세계의 모습을 우리에게 보여준다.

아르메니오스의 아들 에르는 싸움터에서 죽었는데, 열흘이 지난 후에 이미 썩어가는 시체더미 속에서 멀쩡한 상태로 발견되었다. 그래서 그를 집으로 운반하여 열이틀 째에 장사를 지내려고 하던 중에 화장하기 위하여 쌓아둔 장작더미 위에서 다시 살아났다. 그리고 그는 저승에서 본 모든 것을 말하였다. 그는 혼이 육신을 벗어난 후에 다른 많은 혼들과 함께 여행을 하다가, 심판자들이 앉아서 하늘과 땅으로 보내는 신비스러운 곳에 이르게 되었다. 그에게는 이 모든 사실들을 보고 사람들에게 알리라는 지시가 떨어졌다. 그는 각각의 혼들이 어떻게 자신들의 삶을 선택하게 되었는 가를 직접 보고 들을 수가 있었다. 그는 많은 혼들과 함께 나무도 없고 땅에서 자라는 것이라고는 아무것도 없는 '망각(lethe)의 평야'에 이르러 야영을 하게 되었다. 이 냇물은 어떤 그릇으로도 담을 수가 없었다. 어느 정도까지는 마실 수가 있지만 분별이 없는 자들은 그 이상으로 많이 마시기도 하였다. 물을 마신 자들은 모든 것을 잊어버리게 되고, 그 후 자신들의 출생을 향하여 마치 유성처럼 순식간에 위로 사라져 갔다. 그러나 에르는 그 물을 마시지 못하도록 제지당하였고, 그래서 그가 깨어난 후에도 모든 것을 기억할 수가 있었다는 것이다(『국가』, 614b-621d).

이 신화가 우리에게 주는 교훈은 무엇인가? 우리의 영혼은 영원히 죽지 않는 것이며, 따라서 우리는 분별을 갖고서 올바른 길로 나아가 신과 더불어 화목할 수 있는 삶을 선택해야 한다는 것이다. 우리의 영혼이 죽어 없어지는 것이 아니라고 한다면, 우리는 다음 세상에서 보다 나은 위상과 지위를 갖기 위해서라도 신성성을 향한 무한 접근을 시도해 볼 가치가 있을 것이다.

3. 하이데거와 '죽음에의 존재'

하이데거(Martin Heidegger)는 그의 대표적인 저서 『존재와 시간』(Sein und Zeit 1927)에서 인간을 '죽음에의 존재'로 규정하고 있다. 이와 같은 개념 규정은 인간 존재의 구조분석과 긴밀한 관계를 가지고 있다. 인간은 모든 존재자들 가운데서도 유일하게 존재가 무엇인가를 묻고 있는 존재자이다. 그런데 이와 같은 인간 존재들은 이 세계 속에 내던져져 있다. 그리하여 사람들은 그저 아무 생각 없이 주어진 일상적인 삶만을 살아가는 것이다. 하이데거는 이와 같이 자기 자신의 존재에 관하여 별다른 의문을 제기하지 않고 아무런 생각 없이 살아가는 사람들을 타락한 상태에 있다고 생각한다. 그렇다면 우리는 어떻게 타락한 일상적인 삶에서 벗어나 본래적인 자기를 찾게 되는 것일까? 하이데거에 의하면 우리가 자신의 고유한 본래성을 자각하게 되는 것은 죽음의 사실로부터 비롯된다는 것이다. 우리는 도처에서 죽음을 보게 되지만, 한 번도 그것을 자기의 것으로 경험하지 못하고 있다.

우리는 나 자신의 죽음을 직접 경험하지 못한다. 그래서 나는 죽음이 나에게 무엇인지를 알지 못하면서도, 다른 사람들의 죽음을 통하여 죽음의 사실을 확인하게 된다. 이를 통하여 우리들은 모두가 '죽음에 이르는 존재'라는 사실을 깨닫게 된다. 그런데 죽음을 우리에게 드러내 주는 것은 바로 불안이다. 사람들은 누구나 불안을 느낀다. 그러나 그들은 도대체 무엇 때문에 불안해하고 있는지를 알지 못한다. 하이데거는 바로 불안이 우리에게 죽음을 예시해 준다고 말한다. 불안이란 무엇인가? 불안은 근본적으로 공포와 다른 것이다. 공포란 어떤 것에 대한, 그리고 어떤 것 앞에서의 무서움을 의미한다. 그러므로 우리는 어떤 특정한 대상이나 사건들 앞에서 무서움을 느끼게 될 수 있다. 그리고 그것이 일상적인 상식을 넘어선 끔찍한 것일수록 공포의 느낌은 더해 간다. 그와 반대로 불안은 이처럼 일정한 대상으로부터 주어지는 무서움과는 다른 것이다. 불안이란 우리가 무엇 앞에서 그리고 무엇 때문인지는 모르지만 우리의 실존을 근본적으로 뒤흔드는 이름 모를 두려움이다. 우리는 항상 두려워하고 있다.

그러나 우리는 왜 그처럼 두려워하는지를 알지 못한다. 이 이름 모를 두려움이 바로 우리에게 죽음을 드러내 준다. 다시 말하면 불안은 인간 실존에게 무, 곧 '아무것도 아닌 것'을 드러나게 한다. 그렇다면 '아무것도 아닌 것'이란 도대체 무엇인가? 하이데거의 전기 사상에서 말하는 무란 바로 불안을 통하여 우리에게 드러나고 있는 '죽음'이다. 그러나 그의 후기 철학에서 무는 '존재'로 이해되고 있다. 우리는 죽음을 통하여 아무것도 아닌 것으로 된다. 인간 실존에서의 죽음은 그야말로 아무것도 아닌 것, 곧 무를 의미한다. 모든 사람들은 태어난 순간부터 죽음을 향하여 다가서고 있다. 그리하여 우리는 살아가고 있는 것이 아니라 죽어 가고 있다고 말해야 할 것이다. 그래서 우리의 실존은 죽음을 향하고 있다. 하이데거는 우리가 이와 같은 사실, 곧 인간이 죽음에의 존재이고 죽음에 이르는 존재라는 사실을 바르게 깨닫게 될 때, 우리들은 일상적으로 타락한 자기를 버리고 본래적인 자신을 찾게 된다고 말한다. 그리하여 죽음이라는 사실이 바로 우리의 참된 본래성과 인간성을 드러내 준다. 다시 말하면 우리들은 모두 죽는다는 사실이 바로 나의 현재와 과거를 되돌아보게 하면서 내가 이렇게 엉터리로 아무 생각 없이 살아서는 안 되겠구나 하는 결단이 생기게 된다는 것이다. 그리하여 죽음은 실제로 우리를 죽이는 것이 아니라, 오히려 그것을 통하여 우리의 본래적인 자아를 되찾게 된다. 죽음은 우리의 일상존재를 죽이면서 우리의 참된 존재를 드러나게 한 것이다. 불안이란 우리가 그 동안 일상적인 삶을 살면서 전혀 생각해 보지 못하였던 죽음, 곧 우리의 존재가 아무것도 아닌 것으로 되어 버린다는 사건이 갖는 진정한 의미를 알지 못한 상태에서 비롯되는 것이다. 그러므로 참된 자기 존재를 찾은 사람들은 불안에 대하여 걱정할 필요가 없다. 오히려 불안은 죽음이라는 사실을 통하여 우리에게 참된 자신을 발견하게 하는 실존적인 계기가 되기 때문이다.

하이데거의 후기철학에서의 무, 곧 아무것도 아닌 것은 마치 죽음이 우리의 참된 존재를 드러내 주는 것처럼, 모든 존재자들을 존재하게 하는 '존재 그 자체'를 드러나게 한다. 이와 같은 '존재'는 구체적인 '존재자'들의 '아님', 곧 존재자들의 '부정'을 절대화하는 과정에서 그 모습을 드러낸다. 그러므로 하이데거가 말하는 존재란 이 세상에서 존재하고 있는 그 어떤 것도 아니므로, 그것은 바로 어떤 존재자도 아닌 것, 즉 '무'와 같은 것이다. 그러나 동시에 존재는 이 세상에 존재하고 있는 모든 것들을 존재하게 하는 것이다. 그리하여 아무것도 아닌 것은 존재자들을 부정하는 데서 바로 존재를 드러내고 있다. 이를 통하여 모든 존재자들은 무, 곧 아무것도 아닌 것의 존재론적 충격 앞에서 그것이 존재할 수 있는 근거로서의 '존재'를 확인하게 된다. 하이데거에서의 존재와 무는 결국 같은 것이며, 이것들은 모든 존재자들의 자기 부정 속에서 그 모습을 드러내는 것이다.

그렇다면 모든 존재자들을 있게 하는 근거로서의 존재와 무처럼 일상인을 본래적 인간으로 각성시키는 죽음이란 도대체 어떤 특성을 지니고 있는 것일까? 하이데거는 죽음의 특징을 다섯 가지로 제시하고 있다. 죽음은 자기 자신만의 고유한 가능성, 관계를 차단하는 가능성, 뛰어넘을 수 없는 가능성, 확실한 가능성, 무규정적인 가능성을 가지고 있는 현상이다.

하이데거에 의하면 죽음이란 항상 실존적으로 자기 자신이 죽음에의 존재라는 사실을 알고 있는 존재 속에 있다. 죽음이란 인간 존재에게서만 그 철학적인 의미를 갖게 된다. 그러므로 죽음은 현존재(인간)에게서만 찾아볼 수 있는 본래적인 가능성이다. 인간존재는 태어나면서부터 이미 죽을 수밖에 없는, 이른바 죽음에의 존재로 규정되어 있다. 그래서 사람이면 누구든지 예외 없이 다 죽기 마련이다. 우리는 매일 매일을 죽어 가고 있다.

이와 같은 죽음은 그 자신만의 것으로 다가오는 고유한 현상이다. 아무도 자신의 죽음을 대신해 주지 못한다. 우리는 항상 다른 사람의 죽음을 보아 왔다. 그러나 그런 죽음은 자신과는 아무런 상관이 없으며 그 자신의 것이 아니다. 반대로 나의 죽음은 언제나 나 자신만의 것이다. 그러므로 우리는 다른 사람들의 죽음을 통하여 죽음이 무엇인지를 결코 이해할 수 없다.

이처럼 자기 자신에게만 고유한 가능성으로서의 죽음은 결정적인 순간에 우리가 세계와 맺고 있는 모든 관계들을 일시에 단절시켜 버리는 특성을 가지고 있다. 죽음은 세계와의 모든 관계, 그리고 다른 사람들과의 모든 관계들을 일시에 차단해 버린다. 그리하여 내가 사랑하는 모든 사람들과 더 이상 관계하고 교제할 수 없게 만들어 버린다.

이처럼 자기 자신에게만 고유하고, 일시에 모든 관계를 차단해버리는 가능성으로서의 죽음은 뛰어넘을 수 없다는 특성을 가지고 있다. 아무도 죽음을 벗어나지 못한다. 그 어느 누구든지 간에 사람들은 죽음으로부터 도피할 수 없다. 그리고 어떤 사람도 그 자신의 죽음을 타인에게 양도할 수 없다. 그와 마찬가지로 나 역시 다른 사람의 죽음을 대신해서 맡아줄 수 없다. 그리하여 우리는 다른 사람을 위하여 대신 죽어줄 수도 없고, 다른 사람에게 나의 죽음을 넘겨 줄 수도 없는 것이다. 그리하여 죽음은 어느 누구에게든지 예외를 인정하지 않으며, 그래서 아무도 죽음을 회피할 수 없다.

이처럼 자기 자신에게만 고유하고, 일시에 모든 관계를 차단해버리며, 결코 뛰어넘을 수 없는 가능성으로서의 죽음은 확실하다는 특성을 가지고 있다. 죽음은 아무도 부정할 수 없는, 따라서 절대적으로 확실한 사건이다. 우리가 죽는다는 사실, 모든 사람들은 죽게 되며, 살아 있는 모든 것들조차도 결국에는 모두 죽게 된다는 사실은 아무도 부정할 수 없는 가장 확실한 사실이다. 바로 내가, 그리고 또한 우리가 죽음이라는 사실을 통하여 다른 사람들과의 모든 관계가 단절된다는 것은 절대적인 확실성을 갖게 된다.

이처럼 자기 자신에게만 고유하고, 일시에 모든 관계를 차단해버리며, 결코 뛰어넘을 수 없고, 확실한 가능성으로서의 죽음은 무규정적인 것이다. 죽음은 우리 모두에게 확실한 사건이지만 그것이 언제 나를 엄습해 올 것인가는 아무도 모른다. 그리하여 우리는 죽음이 무엇인가를 알지 못할 뿐만 아니라 또한 그것과 언제 마주치게 될 것인지를 알지 못한다. 말기 암을 선고받았던 환자가 죽었다는 소식을 접하게 되면 그가 암으로 죽었다고 생각할 수 있다. 그러나 그는 암으로 죽은 것이 아니라 병원 앞의 도로에서 교통사고로 죽었다. 이처럼 나에게 확실하고 나의 것으로서 다가오는, 그리고 결코 뛰어넘을 수 없는 가장 확실한 가능성으로서의 죽음은 언제 그리고 어떻게 나를 찾아올 것인지를 전혀 예측할 수 없다.

그러므로 죽음은 모든 인간에게 일반적이고 보편적이며 근원적인 사건이다. 그리고 일상적으로 살아가는 사람들은 자기가 죽는다는 사실을 망각한 채로 퇴락한 삶을 영위하고 있다. 그러나 자신이 바로 죽음에의 존재라는 사실을 각성한 사람들은 과거의 삶을 후회하고 반성하면서 앞으로 주어진 나의 미래만큼은 보다 더 의미 있게 살려고 결단하게 된다. 그러므로 하이데거에서의 죽음은 현존재를 폐기시켜 버리는 것이 아니라, 오히려 그가 자신의 본래적인 실존을 되찾게 하는 데 더 큰 의미가 있는 것이다.

4. 에른스트 블로흐: 붉은 영웅과 실존의 원핵

하이데거의 죽음에 관한 논의는 참된 실존의 발견과 존재의 근원을 밝히려는 데서 그 철학적 의미를 가질 수 있다. 그러나 희망의 철학자 에른스트 블로흐(Ernst Bloch)는 그의 주저 『희망의 원리』(*Das Prinzip Hoffnung*)에서 하이데거에게서는 발견되지 않는 죽음의 사회 혁명적인 의미를 심도 있게 다루었다.

사회혁명을 강조해 왔던 마르크스주의 철학과 프랑크푸르트학파의 사람들에게 가장 설명하기 어려운 문제가 하나 있었다. 그것은 바로 혁명을 수행하다가 사라져 간 수많은 희생자들을 어떻게 설명할 것인가 라는 문제였다. 제아무리 혁명의 당위성을 주장하게 될지라도 혁명의 불길이 타오르는 와중에서 죽어 간 사람들은 혁명 이후에 얻어질 이상적 가치들과는 아무런 관계가 없기 때문이다. 죽어 버리면 바로 그와 동시에 모든 것이 끝나 버리기 때문이다. 그렇기 때문에 혁명을 위하여 산화된 붉은 영웅들을 어떻게 이해하고 설명해야 할 것인가가 가장 어려운 문제로 제기된다. 블로흐는 바로 이런 문제들을 설명하려고 시도한 바 있다.

블로흐는 우리가 항상 마주치고 있는 죽음으로부터의 위협을 극복하려고 노력한다. 왜냐하면 블로흐에서의 죽음은 바로 이상사회를 이룩하려고 노력하는 인간들에게는 가장 처참한, 그리고 가장 극단적인 반-유토피아이기 때문이다. 죽음은 우리의 모든 희망들을 송두리째 탈취해 가는 악마적인 것으로 이해된다. 그리하여 블로흐는 우리가 죽음을 넘어설 수 있다는 희망의 이론들을 제시하려고 한다. 이와 같은 노력이 그의 초기 철학에서는 영혼불멸성에 관한 이론으로 나타난다. 영혼불멸성에 관한 이론은 이집트나 인도 사상, 그리고 기독교 사상에 이르기까지 대부분의 문명권에서 받아들여졌던 일반적인 종교사상이었다. 그러나 어느 누구도 그것을 증명할 수는 없다. 그렇다고 해서 영혼불멸성 주장이 거짓이라고 논박할 수도 없다. 우리는 실제로 죽어 가고 있는 사람들을 구체적으로 바라보면서 나의 영혼이 불멸한다고 자신 있게 주장할 수 없다. 왜냐하면 영혼불멸성에 관한 모든 명제들은 종교적인 것이며, 이론과학적인 것은 아니기 때문이다. 그리하여 블로흐는 우리들이 실제로 생활하고 있는 사회현실을 보면서 납득할 수 있는 이론을 제시하기 위하여 불멸성에 관한 논의를 사회철학적으로 해석하려고 고심한다. 그리하여 그는 이제 영혼불멸성에 관한 이론을 '연대정신'이라는 사회학적 의미로 대체하기에 이른다.

블로흐가 제시하는 연대정신에는 수평적인 연대정신과 수직적인 연대정신이 있다. 수평적인 연대정신을 가장 잘 설명해 주는 것은 바로 '붉은 영웅'의 혁명 의식이다. 붉은 영웅은 혁명의 임무를 수행하는 과정에서 비겁하게 행동하거나 죽음을 두려워하지 않는다. 왜냐하면 그는 영원히 죽지 않는다는 사실을 미리 알고 있기 때문이다. 붉은 영웅의 실존 속에는 항상 혁명정신이 깃들어 있으며, 이것은 다른 동료와의 수평적인 연대의식을 형성하고 있다. 비록 그가 혁명 전선에서 죽게 되더라도, 그는 헛되이 사라지는 것이 아니라 다른 동료들의 혁명적인 정신 속에 연대하며, 그 수평적 연대의식 속에서 영원히 함께 살아가게 되는 것이다. 그러므로 혁명적인 붉은 전사는 영원히 살아남게 된다.

수직적인 연대의식을 잘 설명해 주는 것은 바로 가족관계이다. 나는 가족을 가지고 있다. 가족관계를 통하여 나의 아버지와 어머니는 영원히 죽지 않고 내 속에서 그리고 나와 더불어 살아간다. 그리고 또다시 나는 내가 낳은 어린 자식들을 통하여 살아간다. 그러므로 블로흐가 말하는 영혼불멸성이란 다른 어떤 것이 아니고, 사회혁명적인 연대의식과 가족적인 연대의식 속에서 나의 존재가 그 영원한 존재의미를 가지게 된다는 사실을 말해 준다.

그러나 블로흐는 이와 같은 자신의 이론만으로 죽음의 문제가 깨끗하게 해결될 수 없다는 생각을 하였다. 아무리 사회적 또는 수평적 연대의식과 가족적 또는 수직적 연대의식이 강하게 작용한다 할지라도 우리들은 혁명의 과정에서 허무하게 죽어 가는 동료들의 죽음과 희생을 실제로 인정하지 않을 수 없으며, 또한 동시에 수직적인 계보가 나의 존재를 완벽하게 계승할 수 없다는 사실을 무시할 수 없기 때문이다. 그리하여 블로흐는 죽음의 문제를 완결할 수 있는 이론적 대안을 제시하려고 고심하게 된다. 만일 그가 죽음을 극복할 수 있는 이론적 대안을 제시하는데 실패하게 된다면, 그가 지금까지 말해 온 희망의 철학은 물거품이 되어버릴 수 있다. 다시 말하면 인간이 죽음 앞에서 헤어날 수 없다면, 그것은 바로 모든 인류의 이상과 꿈, 그리고 유토피아가 죽음이라는 절대적인 위협 앞에서 산산조각으로 부서져 버리기 때문이다. 바로 그 때문에 블로흐는 인간이 지금까지 설계해 왔던 자유의 왕국과 같은 유토피아적 고향이 실현될 수 있는 가능성 조건의 하나로서 인간이 죽지 않고 영원히 살 수 있다는 희망의 이론을 개진하려고 하였던 것이다. 그리고 그는 이와 같은 가능성을 에피쿠로스의 다음과 같은 명제 속에서 발견하게 된다: "우리는 죽음과 아무런 관계가 없다. 왜냐하면 우리들이 살아 있을 때에는 죽음이 있지 않고, 죽음이 있을 경우에는 우리가 있지 않기 때문이다." 블로흐가 에피쿠로스의 명제에서 착안한 것은 바로 우리들 인간은 절대로 죽음과 마주치지 않는다는 사실이었다. 그리하여 블로흐는 이른바 '실존의 원핵'이라는 말을 쓰게 된다. 이것은 하이데거가 말하는 본래적 실존이나 불교인들이 말하는 아뢰야식과 같은 의미 기능을 가지고 있다. 다시 말하면 인간의 내밀한 부분에 위치한 실존의 원핵은 죽음과는 아무런 관계를 갖지 않는다는 것이다. 그것은 영원히 살아 있으며, 육체적인 인간이 없어질 경우에도 해체되지 않고 살아 있는 것이다. 그러므로 인간의 실존 원핵에는 죽음이 들어설 자리가 없다는 것이다. 죽음이 들어설 자리가 없는 실존의 원핵은 우리로 하여금 영원히 살아 있게 하는 것이다. 이로써 블로흐는 영혼불멸성 이론을 실존의 원핵이라는 마르크스주의적 희망주체론으로 전회시켰던 것이다.

5. 티베트인의 '바르도' 이론

『티베트 사자의 서』는 동양적 죽음 이론의 선구적 저술인 동시에 사후세계론의 압권이라고 할 수 있다. '파드마삼바바'라는 인도인 스승은 티베트에서 100여권의 신비한 책들을 집필하여 히말라야 동굴 속에 한 권씩 숨겨 놓았다. 그는 수 백 년 후에 제자들로 하여금 한 명씩 이 세상에 돌아와서 숨겨진 경전들을 찾아내게 하였다. 이들은 테르퇸, 즉 '보물을 찾아내는 자'로 불리고 있다. 『티베트 사자의 서』는 테르퇸 가운데서도 가장 뛰어난 릭진 카르마 링파가 티베트 북부지방의 한 동굴에서 발견하였으며, 그 원제목은 바르도 퇴돌(Bardo Thosgrol)이었다. 바르도는 '둘'(do), '사이'(bar)를 뜻하며 죽음과 환생 사이의 중간상태를 뜻한다. 그리고 퇴돌(Thödol)은 '듣는 것으로(thos) 영원에 이르는 것 (grol)'을 의미한다. 따라서 이 책은 사후세계의 중간상태에서 듣는 것 만으로도 영원한 자유에 이르게 하는 가르침을 뜻한다. 파드마삼바바 가 숨겨 놓은 이 책은 옥스퍼드 대학의 종교학 교수인 에반스 웬츠에게 입수되었고, 1919년에 라마 카지 다와삼둡에 의하여 영어 번역이 이루어짐으로써 1927년 옥스포드 대학출판부에서 간행되었다.

'바르도'(bardo)는 일반적으로 죽음과 환생 사이의 중간상태를 말한다. 이것은 사람이 죽고 나서 다시 태어나기 직전까지의 단계, 즉 중음신의 상태를 말한다. 일반적으로 사후 49일까지로 산정된다. 그러나 바르도는 이보다 더 넓은 의미로 사용되기도 하는 데, 다시 말하면 그것은 삶과 죽음을 통하여 실재가 지속적으로 드러나는 모든 현상들을 뜻한다. 인간은 분명한 의식을 가진 채로 마음의 평정을 이룬 상태에서 죽음을 맞이해야 한다. 육체의 고통과 질병을 정신적으로 초월할 수 있는, 바르게 훈련된 지성을 갖고 있어야 한다. 이처럼 죽기 직전의 사람들에게 그 의식을 인도하여 육체로부터 순조롭게 빠져나가도록 도와주는 기술을 '포와'(phowa)라고 한다.

바르도는 일반적으로 세 단계로 구분된다. 죽음의 순간에 일어나는 정신현상을 다루는 치카이 바르도와 사후에 곧바로 일어나는 카르마의 환영들을 다루는 초에니 바르도, 그리고 환생을 갈구하는 사자의 본능과 환생 직전에 일어나는 사건들을 다루는 시드파 바르도가 바로 그것들이다.

칼 융은 1938년의 스위스 초판본에서 이 책에 대한 해설문을 실었는데, 그는 특히 사람이 죽은 직후에 영원한 자유를 얻을 수 있는 가장 좋은 상태에 있고, 시간이 경과될수록 환생의 윤회에 빠지게 되는 사실에서 기독교 문화와의 차이를 읽어내었다. 또한 그는 이 책이 프로이트 이후의 심리학적 분석작업을 역으로 수행하는 것과 같다고 하였으나, 심리학은 자궁 속 이전의 의식존재를 규명하는 작업을 처음부터 포기하였다고 지적한다. 특히 바르도의 세 가지 단계 중에서 마지막 단계인 시드파 바르도는 남녀 성행위에 대한 환상에 이어 자궁에 착상되는 과정과 함께 성별이 확정되는 과정에서 새로운 생명체가 어머니나 아버지에 대하여 적대적 또는 선호적인 입장을 드러낸다는 사실을 보여줌으로써 마치 프로이트의 외디푸스 콤플렉스와 유사한 측면이 있다고 경탄하였다.

이제 바르도의 세 단계를 살펴보기로 하자.

죽음의 순간의 사후세계는 '치카이 바르도'라고 불린다. 처음 단계에서는 죽음의 순간에 존재의 근원에서 나오는 최초의 투명한 빛이 사자로 하여금 태어남이 없는 근원의 세계로 들어가게 한다. 이 때문에 모든 존재 중에서 인간이 깨달음에 가장 유리한 입장을 가지고 있는 것이다. 죽는 순간 일상적인 미혹은 사라지고, 그 갈라진 틈으로 끝없는 하늘과도 같은 우리 마음의 성품이 드러나는 데, 이것이 곧 부처의 마음이다. 이를 깨닫게 되면 곧 바로 윤회를 벗어나게 된다. 그러나 이 빛을 깨닫지 못한 사람은 호흡이 완전히 정지되고 약 30분이 지난 뒤에 투명한 빛을 보게 된다. 이 때 사자의 영혼은 자신이 죽었는지 살았는지 알지 못하는 상태에서 육신을 빠져 나와 자신의 가족들과 친척들의 울부짖는 모습을 보게 된다. 그러나 사자가 이 경우에 빛을 인식하게 되면 카르마의 지배를 벗어나 자유를 얻게 된다.

두 번째 단계의 사후세계는 존재의 근원을 체험하는 '초에니 바르도'이다. 여기에서는 살아있을 때 쌓은 카르마가 만들어내는 환영들이 빛나기 시작한다. 이 시점에 사자의 곁에는 음식물이 차려지고 깨끗한 잠자리 위에 수의로 갈아 입혀지게 된다. 그리고 식구들이 울부짖는 소리를 들으면서 매우 당황스러워 하게 된다. 따라서 죽은 자에게 세 가지 단계의 사후세계, 즉 죽음의 순간의 사후세계, 존재의 근원을 체험하는 사후세계, 환생을 원하는 사후세계가 각각 진행된다는 사실을 알려주고, 사자로 하여금 그가 이미 죽음의 순간의 사후세계를 경험하였으며, 그가 존재의 근원에 나오는 투명한 빛을 붙잡지 못하여 지금 방황하고 있다는 사실을 깨닫게 해야 한다.

대부분의 사람들은 사후세계에서 49일을 보내게 된다. 처음 7일 동안에는 평화의 신들이 나타난다. 첫째 날은 자기가 죽었다는 사실을 알고 환생의 길로 나아가기 시작한 때로부터 계산하는데, 대개 사후 3일 반에서 4일경부터이다. 첫째 날에는 바이로차나(비로자나)불에게서 발산되는 진리의 빛, 진리의 세계로부터 나오는 지혜의 빛을 받아들이면 부처의 경지를 얻게 된다. 둘째 날에는 이를 받아들이지 못한 자에게 다시 악쇼비야(아촉불), 바즈라사트바(금강살타), 크쉬티가르바(지장보살), 마이트레이야(미륵보살) 등이 나타나서 사후세계의 공포와 두려움으로부터 구원하고자 할 것이다. 셋째 날에는 이를 받아들이지 못한 자에게 다시 라트나삼바바(보생불)가 나타나서 귀의할 수 있는 기회를 마련해준다. 그리고 넷째 날에는 아미타바(아미타불), 첸라지(관세음보살), 잠팔(문수보살) 등이, 다섯째 날에는 아모가싯디(불공성취불), 여섯째 날에는 바이로차나, 바즈라사트바, 아미타바 등이, 그리고 일곱째 날에는 성스런 극락세계들로부터 지식을 가진 신들이 각각 사자에게 나타나 영원한 자유에로 인도하고자 한다. 그러나 사자가 이를 받아들이지 못하였을 경우, 두 번째의 7일 동안에는 분노의 신들이 나타난다. 이 신들은 평화의 신들이 다른 모습과 다른 장소에 나타난 것으로서 공포와 전율을 느끼게 한다. 14일째까지 초에니 바르도의 단계가 모두 끝난다.

세 번째 단계의 사후세계는 환생의 길을 찾는 사후세계, 즉 '시드파 바르도'이다. 여기에서는 영혼이 다시 세상에 태어나는 환생의 순간까지를 다루고 있다. 빛의 인도와 신들의 초대를 거부하여 결국 자유의 세계로 들어가지 못한 이들은 이제 환생할 수밖에 없다. 여기에서도 전생의 카르마에 의하여 여러 가지 모습으로 환생하게 되지만, 스스로의 노력을 통하여 보다 나은 환생을 선택할 수도 있다. 따라서 이 책은 죽은 자가 스스로를 통제할 수 있도록 자궁으로 들어가지 않거나 자신이 들어갈 자궁 문을 닫아버리는 방법 등을 가르치고 있다. 예를 들면 악한 행위를 생각하지 않거나 성교 행위의 환영에 빠져들지 않으려고 노력하는 등의 방식으로 자궁문을 닫는 법을 소개하고 있는데, 그 세 번째 방법을 소개하는 곳에서 칼 융이 프로이트의 외디푸스 콤플렉스와 비교하였던 대목이 나온다. "성교하는 남녀의 환상이 그대 앞에 나타날 것이다. 만일 이 때 집착과 거부감에 이끌려 자궁으로 들어간다면 그대는 말이나 개나 닭이나 또는 사람으로 태어나게 될 것이다. 이 때 그대가 만일 남자로 태어날 예정이라면 남자의 느낌이 차츰 들기 시작할 것이다. 더불어 아버지가 될 사람에 대한 강한 증오심이 생기며, 어머니가 될 사람에 대해서는 애착과 매력을 느낄 것이다. 만일 그대가 여자로 태어날 예정이라면 여자라는 느낌이 서서히 들기 시작할 것이다. 그리고 어머니에 대한 강한 증오심과 아버지에 대한 강한 매력과 애정을 느낄 것이다"(『티베트 사자의 서』, 418쪽). 20세기의 가장 위대한 심리학자들이 밝혀낸 사실들을 티베트인들은 이미 오래 전에 터득하고 있었던 것이다.

또한 어떤 자궁을 선택하여 들어갈 것인가도 자신의 의지에 달려 있다. 할 수 없이 자궁으로 들어가는 유혹을 떨치지 못한 경우에도 눈에 보이는 대로 취할 것이 아니라 최대한 잘 선택하여 들어가는 것이 중요하고, 또한 선한 의지의 파동을 보내 자궁을 하늘의 집으로 탈바꿈시켜야 한다. 이 경우에 죽은 자의 환생은 물론 카르마에 의하여 구속되지만, 사자의 의지가 능동적으로 작용할 수 있는 여지를 열어놓고 있다.

6. 임종과 사후세계의 문제

1926년 스위스 출신의 엘리사벳 퀴블러로스(Elisabeth Kübler-Ross)는 미국으로 건너가서 임종환자들을 돌보면서 1969년에 『인간의 죽음』(*On Death and Dying*)이라는 책을 냈다. 이 책은 사망선고를 받은 환자들이 자신들의 임종사실을 어떻게 수용하는가를 단계적으로 밝혀준다. 퀴블러로스는 환자들이 죽음을 선고받을 경우에 부정, 분노, 타협, 우울, 순응이라는 다섯 가지 단계의 반응을 보인다고 보고하였다. 환자가 중병을 선고받았을 경우에 대부분의 사람들은 그 사실을 믿지 못하고 다른 병원을 찾거나 의사의 오진이라고 생각하는 경향성을 보이고 있다. 사실을 사실대로 받아들이지 않고 의심하고 부정하는 것이다. 그러다가 자신의 중병을 사실로 확인하게 되면 자신에게만 닥친 불행에 대하여 참지 못하고 분노하게 된다. 그러나 이 단계가 지나면 하느님이나 부처님과 같은 초월적 존재에게 조건부적 소망을 빌면서 자신의 병이 낫게 되기를 간구한다. 그렇지만 그는 곧 자신의 처지가 개선될 기미가 없다는 사실을 깨닫고 체념하게 되고, 심한 우울증에 사로잡히게 된다. 그러다가 마지막 단계에서는 결국 자신의 죽음을 더 이상 어쩔 수 없다는 사실을 받아들이면서 평온을 찾게 된다. 대부분의 환자들은 죽음의 순간에 하느님이나 예수님과 같은 성스러운 존재를 보거나 환한 빛을 보게 된다.

또한 세계적으로 유명한 여론조사기관으로 알려진 갤럽여론연구소의 소장인 조지 갤럽(George Gallup)은 1980년부터 1년 반 동안 18세 이상의 미국시민을 대상으로 실시한 사후세계에 대한 여론조사 결과를 바탕으로 『불멸에의 모험』(*Adventures in Immortality*)이라는 저서를 발표하였다. 이 책에서도 상당수의 사람들은 사후세계의 존재를 인정하고 있는 것을 볼 수 있다.

갤럽의 조사결과에 의하면 우리는 흔히 사고, 출산, 병원에서의 수술(약물중독 또는 마취상태), 병원 외 질환, 범죄의 희생, 임종, 종교적 환상 또는 영적 체험 등을 통하여 사후세계를 들여다보게 된다. 실제로 임사체험을 하였던 수많은 사람들의 보고에 의하면 사후세계가 존재한다는 사실을 알 수 있는데, 갤럽은 다음과 같은 몇 가지 특징적인 사실들을 열거하고 있다. 생사의 갈림길에서 방황하던 미국 성인들의 9%에 해당된 200만 명이 자신의 영혼이 육체로부터 빠져나오는 이른바 유체이탈의 현상을 경험하였다. 영화 "사랑과 영혼"이나 "천국보다 아름다운"에서 주인공들이 자신의 몸을 빠져나오는 장면은 바로 이런 사실들을 바탕으로 한 것이다. 또한 비슷한 수의 사람들이 죽음의 순간에 어디선가 부르는 소리를 들었으며, 그보다 더 많은 수의 사람들은 매우 평화롭고 고통이 없는 편안한 느낌을 받았다고 말하였다. 그 중의 5%에 달하는 40만 명의 사람들은 죽음의 순간에 하나 또는 여러 개의 밝은 빛을 보았으며, 12%에 해당되는 300만 명의 사람들은 매우 짧은 동안에 자신의 과거 인생을 돌아다보거나 긴 터널을 통과하는 느낌을 받았다고 말한다. 이는 자동차 사고를 당한 사람들이 흔히 느끼는 현상이다. 이런 사실들은 죽음 이후에도 또 다른 삶의 세계가 있다는 것을 말해 준다. 미국 사람의 약 70%는 천국의 존재를 믿고 있으며, 이런 믿음은 죽음에 대한 두려움을 없애는 역할을 할 뿐만 아니라 삶 그 자체를 보다 풍요롭고 의미 있게 만들어 줄 수 있다. 놀라운 사실은 앞에서 열거한 대부분의 현상들이 아무런 역사적, 문헌적 연관성도 없는 『티베트 사자의 서』에서 기술된 것들과 그대로 일치하고 있다는 점이다.

죽음은 우리들 모두에게 보편적인 현상이다. 혹자는 죽음을 두려워하기도 하고, 혹자는 죽음의 순간을 적극적으로 기다리기도 한다. 철학자들은 여러 가지 이론들을 제시하면서 죽음으로부터 비롯되는 불안을 해소하고자 노력하였다. 그리고 종교인들은 삶 이후의 또 다른 삶의 세계에 대한 비전을 제시하면서 죽음의 공포를 극복할 수 있게 하였다. 이러한 모든 노력에도 불구하고 죽음의 문제는 우리들 모두에게 여전히 그대로 남아 있다. 왜냐하면 죽음이라는 현상은 어느 누구에게도 아직 실현되지 않은 사실로서, 우리는 미지의 것에 대한 두려움을 그대로 가지고 있기 때문이다. 죽음을 어떻게 볼 것인가는 삶의 태도의 문제이고 세계관적인 문제이다. 우리는 죽지 않음으로써 죽음을 극복할 수 있는 것이 아니다. 그보다는 오히려 우리가 죽음에의 존재라는 사실을 받아들이면서 죽음을 준비하는 삶을 살아갈 경우에만 진정으로 죽음을 극복할 수 있는 것이다. 죽음은 죽음의 문제가 아니라 삶의 문제인 것이다. 죽음을 어떻게 이해하고 바라보는 가의 문제는 앞으로 자신에게 주어진 삶을 어떻게 설계하고 기획할 것인 가라는 세계관, 가치관, 인생관의 문제와 직결되어 있기 때문이다.

정리

1. 플라톤은 그의 두 세계론에 기초하여 죽음이 영혼의 순수성을 회복하는 계기라고 보았고, 따라서 철학은 '죽음에의 연습'이라고 규정하였다. 사후세계의 모습을 보여주는 '에르의 신화'에서도 인간의 영혼은 죽지 않는다는 사실을 보여주며, 이는 단테가 쓴 『신곡』의 중심 주제가 된다.
2. 하이데거는 인간, 즉 현존재가 자기 자신의 참된 본래성을 자각하게 되는 계기를 죽음이라는 현상에서 찾는다. 인간은 근본적으로 '죽음에의 존재'이며, 죽음 앞에서의 선구적인 결단을 통하여 실존 자각이 가능하게 된다는 것이다. 하이데거는 죽음을 자기 자신만의 고유한 가능성, 모든 관계를 차단하는 가능성, 결코 뛰어넘을 수 없는 가능성, 확실한

가능성, 무규정적인 가능성을 가진 현상으로 이해하였다.

3. 에른스트 블로흐는 죽음을 가장 극단적인 반유토피아로 규정하면서, 그가 이상적인 삶의 목표로 제시하는 자유의 왕국이 실현 가능하기 위하여 필연적으로 극복해야 할 대상으로 인식한다. 이를 위하여 그는 영혼 불멸성 사상, 수평적인 연대의식과 수직적인 연대의식, 실존의 원핵 등의 이론을 제시하였다.

4. 파드마삼바바는 티베트 불교의 죽음 이해를 소개하고 있으며, 인간의 영혼은 죽음 이후에 특정한 절차를 거쳐 윤회를 벗어나거나 환생한다고 기술하였다. 칼 융은 서구심리학에서 자궁 속 이전의 의식존재에 대한 규명 작업을 일찍부터 포기한 것과는 반대로 티베트 불교에서는 그러한 노력이 오래 전부터 시도된 것에 대하여 놀라움을 금치 못하였다.

5. 퀴블러로스는 환자들의 임종사실을 관찰한 결과 죽음을 선고받은 사람들은 처음에는 그 사실을 부정하고 분노한 후에 사실을 변경하기 위하여 여러 가지 타협을 시도하다가, 그 불가능성에 우울증에 빠지게 되고, 결국에는 이를 순응한다는 다섯 가지의 단계를 보고하였다.

6. 갤럽은 상당수의 사람들은 사고, 출산, 병원에서의 수술(약물중독 또는 마취상태), 병원 외 질환, 범죄의 희생, 임종, 종교적 환상 또는 영적 체험 등을 통하여 사후세계를 경험한 사실이 있다고 보고하였다.

참고문헌

갤럽, 조지, 『사후의 세계』, 문학세계사, 서울 1992.
파드마삼바바, 『티벳 사자의 서』, 류시화 역, 정신세계사 1995.
페넬름, T., 『사후세계의 철학적 분석』, 서광사, 서울 1991.
포그리믈러, H., 『죽음: 오늘의 그리스도교적 죽음 이해』, 바오로딸, 서울 1982.
플라톤: 『파이돈』, 『국가』
한국종교학회 편, 『죽음이란 무엇인가: 여러 종교에서 본 죽음의 문제』, 창 출판사, 서울 1990.

Bloch, E.: *Das Prinzip Hoffnung.* Frankfurt 1959.

Ebeling, Hans(Hrsg.): *Der Tod in der Moderne.* Frankfurt 1992.

Heidegger, M.: *Sein und Zeit.* Halle 1927, Tübingen 1986;『존재와 시간』, 이기상 역, 까치 1998.

Kübler-Ross, Elisabeth: *On Death and Dying.* 1969;『인간의 죽음』, 성염 옮김, 분도출판사, 칠곡 1979.

Paus, Ansgar(Hrsg.): *Grenzerfahrung Tod.* Frankfurt 1980.

Scherer, Georg: *Das Problem des Todes in der Philosophie.* Darmstadt 1979.

Singer, Peter: *Rethinking Life and Death. The Collapse of our traditional Ethics.* New York 1994.

제6장 허무주의란 무엇인가

헛되고 헛되며 헛되고 헛되니 모든 것이 헛되도다.

「전도서」 1장 2절

내가 말하려는 것은 다음에 오게 되는 두 세기의 역사이다. 다가오게 되는, 그러나 결코 다르게는 다가오지 않을 그런 사실들을 나는 기술하려고 한다. 그것은 바로 허무주의가 도래하고 있다는 사실이다.

프리드리히 니체

1. 허무주의란 무엇인가?

희망에 가득 찬 삶을 살아온 사람들에게 그 모든 힘과 소망을 앗아가 버리는 얼굴 없는 유령이 있다. '허무주의'(Nihilismus)라는 이름의 질병이다. 뜨거운 열정으로 타는 목마름을 참고 일으킨 혁명의 불꽃이 스러지는 곳에 어김없이 우리를 엄습해 오는 것은 바로 허무주의이다. 그 수많은 사람들의 외침과 죽음의 자리에 들어선 것들은 혁명이전의 것과 다른 것이 없기 때문이다. 그리하여 우리에게 뜨거운 힘이 솟구쳤던 그 순간들이 일단 지나가게 되면 혁명의 열기는 다시 사라지고, 그 본래의 의미마저 잊혀져 버리게 된다. 우리의 모든 수고와 노력은 헛되고 덧없는 것으로 되어버리고 만다. 우리는 가치 있다고 생각되는 많은 일을 하고 나서도, 일단 일을 마치고 나면 부질없는 무상감을 느끼게 되는 경우가 많다. 무엇 때문에 지금까지 온갖 고생을 다 감내해 왔던가를 생각하면서, 우리는 어쩔 수 없이 '성취한 후의 멜랑코리'에 사로잡히게 된다. 오래 전에 그 찬란한 부귀영화를 모두 누렸던 솔로몬 왕은 "헛되고 헛되며 헛되고 헛되니 모든 것이 헛되도다"(「전도서」 1장 2절)라고 탄식하였다. 이 세상에서 가치를 두었던 모든 일들이 한마디로 무상하고 허무하다는 것이다.

사람들은 누구나 자기에게 주어진 삶을 살고 있다. 그리고 모든 사람들은 자기에게 주어진 삶을 의미 있게 살아보려고 노력하게 된다. 보다 값지고 의미 있는 삶을 꾸리기 위하여 사람들은 다른 사람보다 더 열심히 공부하고 일하면서 미래를 설계한다. 아름다운 여인을 찾아서 고뇌하거나 진리를 좇기 위하여 여러 종교의 문턱을 기웃거리기도 하는 것은 바로 남다른 삶을 살기 위해서인 것이다. 우리는 가치 있는 것들, 곧 아름답고 착하고 고귀한 것을 찾아 헤매는 삶을 살아간다. 그리하여 모든 사람들은 이상적인 목표와 의미를 추구하게 된다.

그러나 절대적인 것을 찾아 나서는 우리들 앞에 허무가 들어서게 되면, 지금까지 우리가 의미 있다고 생각하였던 모든 것들의 가치는 순간적으로 괴멸되어 버린다. 모든 것은 이제 한갓 헛된 것으로 되어버린다. 그리하여 파괴와 몰락, 그리고 환멸과 무상함만이 자리에 남아있게 된다. 그리고 이 세상에 내던져진 우리는 이제 삶의 비애와 무상을 뼛속 깊은 곳까지 체험하게 된다. 사람들은 이제 삶을 비관하고 학대하면서, 이른바 걷잡을 수 없는 불안과 체념에 사로잡히게 된다.

그렇다면 우리의 삶에서 허무란 도대체 무엇일까? 도대체 왜 우리는 인생의 무상함을 느끼게 되고, 허무주의라는 얼굴 없는 유령에게 시달림을 당하게 되는 것일까? 우리는 이와 같은 문제들이 이미 불교철학이나 쇼펜하우어의 비관주의 철학 속에서 집중적으로 다루어지고 있다는 사실을 잘 알고 있다. 그러나 우리는 특히 니체가 다루고 있는 허무주의의 본질과 그 극복의 방법에 관하여 이해를 가지는 것으로 논의를 제한하려고 한다.

니체는 『권력에의 의지』(Wille zur Macht)라는 그의 유고(遺稿) 첫머리에서 허무주의의 도래를 이렇게 묘사하고 있다. "내가 말하려는 것은 다음에 오게 되는 두 세기의 역사이다. 다가오게 되는, 그러나 결코 다르게는 다가오지 않을 그런 사실들을 나는 기술하려고 한다. 그것은 바로 허무주의가 도래하고 있다는 사실이다." 그렇다면 도대체 허무주의란 무엇인가? 그것은 바로 "최상의 가치가 박탈당하는 것"을 의미한다. 왜 우리는 허무와 무상을 느끼게 되는가? 허무란 우리가 지금까지 가장 가치 있다고 여겨온 것들이 일시에 무너지고 파괴될 경우에 느끼게 되는 감정이다. 나에게 가장 의미 있는, 그리고 내가 그것을 위하여 죽을 수도 있다고 생각해왔던 최고의 가치들이 아무런 의미가 없게 될 경우에 느끼게 되는 정서상태가 바로 허무인 것이다. 그런데 니체에 의하면 유럽문명의 문턱에 바로 허무주의가 도래하고 있다. 다시 말하면 지금까지 유럽 사람들이 최상의 가치와 의미를 부여해왔던 것들이 이제는 부질없는 것으로 몰락하게 되었다는 것이다. 그리하여 서구의 도덕과 철학 그리고 종교는 이제 헛되고 헛된 것이 되어버렸으며, 한갓 무상한 것의 이름으로 전락하게 된 것이다. 유럽 사람들은 기독교의 몰락으로 인하여 최상의 가치를 박탈당하게 되었던 것이다. 니체는 유럽의 허무주의를 "신(神)은 죽었다"(Gott ist tot) 라는 한마디로 압축하였다.

2. 희랍의 비극정신과 소크라테스의 합리주의

그렇다면 도대체 허무주의는 어디로부터 그리고 어떻게 오는 것일까? 허무주의가 유럽에 도래할 수밖에 없는 원인을 니체는 무엇보다도 먼저 서구의 철학정신을 지배하고 있는 합리성에서 찾으려고 한다. 대부분의 철학사가들은 서구철학에서의 가장 중요한 전환점을 소크라테스에서 찾는다. 그리고 소크라테스의 영향 속에서 이루어진 플라톤과 아리스토텔레스 철학을 서구의 철학사에서 가장 찬란한 업적으로 평가하고 있다. 그러나 니체의 평가는 이와 상반된다. 그는 철학에서의 가장 찬란한 시대는 적어도 소크라테스의 등장과 더불어 퇴락하기 시작하였다고 본다. 희랍의 정신사 속에서 가장 탁월하고 매혹적이었던 '비극문학'의 시대가 불행하게도 소크라테스의 윤리적 합리주의 때문에 막을 내리게 되었다는 것이다. 앞으로 유럽을 휩쓸게 되는 허무주의의 도래는 희랍비극의 몰락에 이은 소크라테스주의의 성립과 밀접한 연관을 갖게 된다.

니체는 앞으로 우리가 유럽의 전역에 도래하게 되는 허무주의를 효과적으로 극복하기 위해서는 무엇보다도 우선적으로 소크라테스 철학의 비판을 수행해야 한다고 강조한다. 그리고 우리는 니체의 소크라테스 비판을 『비극의 탄생』(*Die Geburt der Tragödie* 1872)에서 살펴볼 수 있다.

소크라테스는 합리성을 바탕으로 도덕철학을 정초한 사람이다. 그는 지행합일설을 주장하여 덕과 지식을 동일한 것이라고 생각하였다. 그리고 덕이 있는 사람은 행복하다고 말한다. 그러나 니체는 소크라테스의 도덕주의로부터 오히려 도덕의 몰락이 시작된다고 주장한다. 소크라테스는 감정이나 욕망을 벗어난 이성적인 삶을 가장 이상적인 것으로 간주하였다. 그렇다면 구체적으로 니체가 비판하려고 하였던 소크라테스의 철학 또는 소크라테스주의란 무엇일까? 소크라테스주의는 낙천주의와 이성주의 및 도덕철학을 바탕으로 한다. 낙천주의는 희랍정신의 근원적 힘이라고 할 수 있는 비극정신을 파괴하는 직접적인 원인이 된다. 니체는 도저히 넘어설 수 없는 고통 앞에 적나라하게 노출된 인간이 한갓된 환상과 종교적 초월로 도피하지 않고, 오히려 고통 그 자체를 삶의 가장 근원적인 요소로 받아들이는 디오니소스적 열정 속에서 바로 희랍정신 또는 희랍비극의 위대성을 간파하였다. 고통이 자리하는 삶 속에는 항상 불안과 공포가 도사리고 있다. 그리고 희랍비극에서는 바로 이와 같은 공포와 불안이 위대한 영웅적인 인간을 창출하고 있다. 그런데 소크라테스의 낙천주의는 바로 이와 같은 삶의 근원적 힘이 되는 비극정신을 축출해 버렸다. 그리고 소포클레스나 아이스킬로스에서 나타나는 위대한 비극정신은 유리피데스의 희극과 같은 천박한 낙천주의에 의하여 대체되어 버린다. 그리하여 희랍적 생동감과 디오니소스적인 열정, 그리고 자기도취가 이제는 영원히 소멸되어 버린 것이다.

소크라테스의 이성주의는 뜨거운 감정과 열정을 배척하고 차가운 이성과 논리를 우선적인 것으로 여긴다. 그것은 신화 속에서 생동하는 신비적인 힘을 배격하고 과학적이고 논리적인 사유활동을 적극적으로 희구한다. 그리하여 합리주의는 뮈토스적인 것보다는 로고스적인 것을 더 좋아하고, 디오니소스적인 것보다도 아폴론적인 것을 추구한다. 그리고 바로 여기에서 생동감에 넘치는 희랍적 비극의 가치가 소크라테스를 정점으로 희극적이고 합리적인 것에 의하여 압도되어 버리는 가치의 전도가 일어나게 된다. 이전의 가치가 새로운 가치에 의하여 대체되어 버린 것이다. 그리하여 니체는 소크라테스의 철학에 의하여 성립된 이와 같은 가치전도가 결국 유럽의 허무주의를 도래하게 하는 근본적인 원인이 되었다고 생각한다.

3. 도덕적 가치변혁의 철학

허무주의란 무엇인가? 그것은 바로 최상의 가치가 그 의미를 박탈당하는 것을 말한다. 최고의 절대적인 가치가 붕괴되는 것을 의미한다. 전제정치의 권좌가 찬탈 당하고 절대적인 하느님의 권위가 추락하는 바로 그 곳에서 허무주의가 시작된다. 사람들은 지금까지 최상의 가치와 권위에 봉사하고 헌신해왔다. 그리고 그 절대적인 권위와 가치들은 인간 위에 군림하였다. 기독교의 계명이나 칸트의 도덕법칙처럼 절대적인 무상명령으로서 우리들을 지배해 왔다. 그러나 사람들이 절대적인 것이라고 믿어왔던 것들이 몰락하기 시작하면서 허무주의가 그 자태를 나타내기 시작하는 것이다. 가장 가치 있는 것들이 허물어지게 되면서 사람들은 실망하고 자학하는 자포자기의 상태로 전락해 버리게 된다. 그리고 이 세상에서 일어나는 모든 일들은 한갓 부질없고 무상한 것이라고 말하게 된다. 그리하여 지금까지 우리가 최고최상의 것, 절대적인 가치를 가진 것이라고 믿어왔던 것들이 몰락하는 곳에서 허무주의가 시작되는 것이다.

그렇다면 도대체 도덕이란 무엇인가? 니체에 의하면 도덕이란 삶의 조건들을 규정해주는 가치평가의 체계이다. 그렇다면 누가 도덕적 가치를 부여하는 것일까? 그리고 도덕적인 것의 본래적인 모습은 도대체 어떤 것이었을까? 이와 같은 물음을 통하여 니체는 기존의 도덕과 윤리학을 비판하고 있다. 니체는 윤리학에서 강조하고 있는 덕목이란 원래 하나의 생리학적 상태에 지나지 않는다고 생각한다. 덕이란 유기체가 자기의 생존 또는 보존을 위하여 필수적으로 요구하게 되는 기능이라는 것이다. 윤리학에서 말하는 덕이란 인간의 근원적인 본능과 충동, 그리고 격정과 같은 것이 세련된 상태를 표현하고 있는 것에 지나지 않는다. 예를 들면 인류애는 성욕에서 비롯된 것이고, 공정과 정의는 본능적인 복수심에서 세련된 것일 뿐이다. 그러므로 니체에 의하면 근원적으로 그리고 자연상태에 처음부터 덕이라고 말할 수 있는 어떤 절대적인 기준이 명시된 것은 아니다. 처음에는 본능적인 자기보존의 정서만이 있었을 뿐이다. 그렇다면 도덕이란 도대체 무엇인가? 그것은 어떤 특정한 원근법에 의한 가치평가에 지나지 않는다. 다시 말하면 도덕은 어떤 특정한 개인, 집단, 종족, 국가, 교회, 신앙, 문화의 보존을 위하여 요청되는 이데올로기적인 산물에 지나지 않은 것이다. 그리하여 어떤 구체적인 선행을 실제로 분석해보면 거기에는 반드시 어떤 특정한 집단의 생존과 보존을 위한 가치평가의 기준이 들어있다. 이와 같이 도덕적 가치평가는 모든 감각적 충동과 생존에의 본능을 함축하고 있다. 도덕은 마치 세계를 화폭 위에 그려내는 물감과도 같다. 그것은 화선지 위에 선과 악을 마음대로 규정하고 채색한다.

그러므로 도덕적 가치평가 또는 윤리적 판단기준이 자주 번복되는 사실을 의아해 할 필요가 없게 된다. 도덕이란 특정한 집단과 계급의 자기보존을 위한 정당화이며 이데올로기에 지나지 않기 때문이다. 그러므로 어제는 악한 것으로 간주되어 금지되던 것들이 오늘에는 완전히 개방되고 허용될 수 있는 것이다. 그리고 어제의 죄인이 오늘의 영웅으로 부각되는 것은 도덕이 실제로는 어떤 힘에 의하여 조종되고 있다는 사실을 확인해 준다. 이와 같은 이유에서 도덕은 가장 비도덕적인 것일 수도 있다. 니체는 지금까지의 도덕은 기만과 조작의 산물이라는 사실을 고발하려고 한다. 왜냐하면 어떤 사회 속에서 지배적인 역할을 하고 있는 도덕적 가치의 배후에는 반드시 비도덕적인 욕구가 숨어있기 때문이다. 예를 들면 성직자들이 강조하는 순종과 겸손이라는 도덕적 가치기준의 배후에는 교회적 권위의 확장과 궁극적 승리라는 엄청난 힘에의 의지가 은폐되어 있다. 그리하여 니체는 모든 지상적 가치는 실제로 권력에의 의지가 발현된 특수한 경우라고 이해한다. 도덕 그 자체가 가장 비도덕적인 착상의 산물이라는 것이다. 심지어 칸트가 이른바 '심정의 윤리학'에서 그토록 강조한 우리의 주관적 가치감정인 양심의 역할에 대해서도 니체는 대단히 회의적인 입장을 표명한다. 일상생활 속에서 우리의 양심은 어떤 행위를 비난한다. 그러나 니체에 의하면 그와 같은 양심의 가책은 습관적 판단에 지나지 않는다. 양심이 어떤 행위를 비난하는 것은 그와 같은 행위가 전통적으로 비난의 대상으로 간주되어 왔기 때문일 뿐이며 실제로 우리의 양심은 가치 창조적 또는 행위 규범적인 판단능력을 가지고 있지 않다는 것이다. 그러므로 양심이 가책을 일으키게 되는 것도 실은 비도덕적 원인이나 사회적 충동에 근거하고 있다.

그렇다면 왜 유럽의 전역에 허무주의가 도래하는 것일까? 그것은 유럽인들이 지금까지 절대적인 가치와 의미를 부여해왔던 도덕이 몰락하고 있기 때문이다. 유럽을 지배해왔던 종래의 도덕을 니체는 바로 노예도덕(Sklavenmoral)이라고 규정한다. 이것은 군주도덕(Herrenmoral)에 반대되는 개념이다. 유럽의 초창기인 희랍의 비극시대를 일관하고 있었던 원래의 도덕은 힘센 영웅들을 위한 도덕이었다. 여기에서 도덕이란 가장 고귀한 품성을 가지고 자신의 운명을 스스로 개척해 나가는 신적인 영웅들의 행위를 정당화시켜주는 그 이상의 의미가 없었다. 그리하여 힘의 상징인 영웅들의 의지에 합치되는 것은 좋은 것이었고, 그들의 뜻에 거슬리는 것은 나쁜 것으로 간주되었다. 영웅들은 자신들의 의지를 실현하기 위하여 비극적인 삶까지를 회피하지 않았던 것이다. 이와 같이 영웅들을 위한 도덕, 초인을 위한 도덕, 즉 군주도덕이야말로 원초적인 도덕의 이상이었던 것이다. 선이란 바로 강한 것과 힘센 것을 의미하고 악이란 나약하고 비열한 것, 아첨과 위선을 지칭한다.

그런데 니체는 이와 같은 도덕적 가치관이 우리의 역사 속에서 가치전도를 일으킨 사실이 있으며, 그것은 바로 유대인들에 의하여 자행되어졌다고 고발하고 있다. 유대인들은 군주도덕에 속하는 모든 적극적 가치들을 소극적인 노예가치들로 전도시켜 버렸다. 가난하고 힘없고 비천한 사람들을 착한 사람으로 만들어 버렸다. 괴로움을 당하고 있으며, 자기의 부족한 것을 알고 있는, 그리하여 병들고 추한 사람들이나 불쌍한 사람들만이 신적인 구속의 대상이 될 수 있다는 믿음을 그들은 전 유럽에 보편화시켰다. 그와 반대로 힘 있는 사람들이나 고귀한 사람들은 악하고 탐욕에 가득 차 있으며 음행하는 사람들로 규정하여, 신의 뜻에 거슬리는 저주의 대상으로 설정하게 되었다. 그리하여 지금까지의 서구도덕은 힘을 숭상하는 군주도덕이 노예도덕으로 전도되면서 결국 필연적으로 허무주의에로 귀착되었다는 것이다. 그러므로 허무주의를 극복하는 새로운 시대의 철학은 도덕적 가치변혁의 철학으로 정착되어야 하는 것이다.

4. 기독교적인 최고가치의 몰락 - "신은 죽었다"

허무주의는 어디로부터 오는 것인가? 앞으로 유럽을 뒤엎게 될 허무주의는 기독교문명의 몰락에서 비롯된다. 기독교는 노예도덕을 기초로

하여 성립된 종교이다. 그것은 약하고 병든 사람을 위한 종교이며, 강하고 위대한 인간들을 배척한다. 그리하여 기독교는 모든 지상적인 가치를 배척하고 초월적인 천상의 가치를 제시하였다. 그리하여 초월적 또는 절대적인 기독교의 하느님은 우리의 모든 현실적인 삶을 부정하는 종교적 상징으로 나타난다. 그런데 바로 그 최상의 가치가 죽음을 당하게 된 것이다. 그리하여 유럽의 허무주의는 기독교적인 신의 몰락으로부터 그 절정에 달하게 된다. 지금까지 우리에게 절대적인 가치와 의미로 군림하였던 기독교적인 신의 '죽음'은 근본적인 가치상실과 혼란을 초래하여 허무주의에 이르게 한 것이다. 허무주의는 "신은 죽었다"는 사실로서 완성되는 것이다.

니체가 "신은 죽었다"라는 말을 처음으로 사용한 것은 바로 『즐거운 학문』(*Die fröhliche Wissenschaft* 1882)에서였다. 그 표현은 『차라투스트라는 이렇게 말하였다』와 『권력에의 의지』에서도 일관성 있게 유지되고 있다. 니체는 신이 죽은 이야기를 이렇게 들려준다. 한 미친 사람이 거리를 헤매면서 신을 찾고 있었다. 그리고 한참동안 방황하다가 그는 자기를 비웃는 사람들 앞에서 우리가 신을 죽였다고 말하게 된다. 그리고는 계속 절규한다. "우리는 아직도 신이 썩는 냄새를 전혀 못 맡고 있는가? 신들도 역시 썩는다! 신은 죽었다! 신은 죽어버렸다! 사실은 우리가 그를 죽였다!" 그리하여 사람들은 신이 죽었다는 소식을 듣고 소스라치게 놀라게 된다. 그렇다면 여기에서 말하는 '신'(神 Gott)이란 무엇을 의미하는가? 그것은 바로 지상적 가치를 벗어난 초감성적 세계에 속한 모든 것을 지칭한다. 그것은 바로 소크라테스적인 합리성에 기인하고 있는 유럽의 형이상학과 절대적인 하느님을 신앙하는 기독교적인 가치의식의 몰락을 의미하는 것이다. 다시 말하면 그것은 바로 유럽인들의 최고가치가 몰락하는 것을 의미한다.

그런데 기독교는 독특한 방식으로 세계를 지배하기 위하여 소크라테스의 합리주의와 스토아적인 금욕주의를 수용하게 된다. 그리고 노예도덕으로 세계를 실질적으로 장악하였다. 그리하여 기독교는 이전의 모든 적극적인 가치들을 부정하게 된다. 자긍심과 열정(파토스), 책임과 지혜, 활력과 동물성, 본능과 격정, 탐욕과 집념, 영웅심과 탐험정신, 신적인 이상 등과 같은 모든 적극적인 가치들이 부정되어 버린다. 힘과 권력을 상징하는 모든 것들이 부정된다. 그 대신에 기독교의 자기존속을 위하여 가난과 절제, 겸허와 인내, 순종과 감사, 찬송과 기도 등과 같은 노예적 덕목들을 요청하게 되었다는 것이다. 따라서 기독교의 도덕은 이제 니체에게 동정과 경멸의 대상밖에 되지 않게 된다. 그리하여 힘찬 영혼은 교만으로 간주되어 신에게 대적하는 것으로 단정된다. 힘을 기르는 것은 죄악이 된다. 따라서 다른 사람에게 해를 가하지 않고 겸허하게 몸을 숙이고 낮추는 것이 가장 아름다운 인간의 모습이 된다. 이와 같이 기독교는 이제 아름다운 것과 빛나는 것, 힘과 권력을 지향하는 사람들을 모두 허약하게 만들어 버리면서 인류의 역사에 영원히 빛날 모든 가치와 문화를 철저하게 파괴하여 굴욕과 비열함에 가득 찬 폐허만을 유산으로 남기고 있다. 그런데 그 노예도덕의 최후가치였던 신마저 죽어버린 것이다.

니체는 십자가 위에 달렸던 하느님이 무엇을 의미하는지를 사람들이 아직도 제대로 이해하지 못하고 있다고 지적한다. 이것은 무엇을 상징하고 있는가? 십자가 위에 매달려 진통을 겪고 있는 모든 것이 신적인 것이라는 사실을 사람들은 알아차리지 못하고 있다. 그렇다면 십자가에 달려 죽은 자는 무엇 때문에 누구를 위하여 그와 같은 고통을 감수하였던가? 그것은 바로 인간의 죄를 해방하기 위하여, 그리고 인류를 구원하기 위한 것이 아니었던가? 그렇다면 십자가에 달려있는 것은 바로 인간의 죄악인 동시에 인간 그 자신들인 것이다. 그리하여 니체는 우리들이 바로 신적인 것이라고 말하게 된다. 따라서 니체는 신의 죽음에서 인간의 위대한 승리를 보게 된다. 확실히 신은 죽었다. 그리고 우리는 기독교를 지켜왔던 바로 그 하느님의 죽음을 지켜보았던 것이다. 신의 죽음은 그것만을 절대적인 것으로 믿어왔던 유럽문명권에 암울하고 참담한 허무의 그림자를 드리우게 만들었다. 최상의 가치가 그 의미를 박탈당했기 때문이다. 그러나 니체는 바로 그 신의 죽음 속에서 강한 힘을 발휘할 수 있는 위대한 인간, 즉 초인의 탄생을 보았던 것이다.

5. 차라투스트라와 초인의 철학

허무주의는 어떻게 극복될 수 있는가? 이 물음 속에 바로 니체 철학의 핵심이 들어있다. 그는 허무주의에 사로잡혀 있는 소극적인 태도를 벗어나서 그것을 근본적으로 극복할 수 있는 철학적 대안을 발굴하려고 노력한다. 그리고 이와 같은 노력의 결과를 우리는 '권력에의 의지'와 '영겁회귀설'에서 찾을 수 있다.

사람들은 니체철학의 핵심을 흔히들 '힘에의 의지' 또는 '권력에의 의지'라는 말마디 속에서 찾는다. 그렇다면 도대체 힘에의 의지란 무엇일까? 니체는 우리가 살아가고 있는 삶 그 자체를 힘에의 의지라고 부른다. 그것은 세계를 형성하고 지탱하고 있는 근본적인 에네르기인 동시에 형이상학적 근거인 것이다. 힘에의 의지는 존재와 변화 또는 작용을 떠받치고 있는 열정이다. 이와 같은 파토스적 의지는 마치 적자생존의 법칙을 연상하게 한다. 삶의 의지란 근본적으로 낯설고 약한 것들을 수탈하고 강압하는 힘이다. 그리고 그것은 본능적으로 권력을 지향하면서 약한 것들 위에 군림하려고 한다. 힘을 추구하는 것이 바로 삶의 본질이다. 그것은 충동과 본능과 정욕 앞에서 정직하다. 삶의 의지는 약한 것들을 자기 속에 흡수 통합하여 동화시켜 버리면서 철저하게 강탈하고 착취한다. 그것은 이 세계의 끝까지 자기 자신을 확장하고 힘을 축적하면서 다른 모든 것들을 지배하고 장악하려고 한다. 그리하여 힘에의 의지는 자신보다 강한 것에 대해서는 반항하고 자신보다 약한 것은 덮치려고 하는 힘의 관계 속에서 자기 자신을 정립해 나간다. 힘에의 의지는 스스로를 하나의 신적인 존재자로 확장하려고 한다. 그러므로 앞으로의 인간은 이미 죽어버린 하느님 대신에 권력에의 의지를 신뢰하면서 살아가야 한다는 것이다.

『차라투스트라는 이렇게 말하였다』라는 니체의 책은 이 세상에서 가장 탁월하고 아름다운 작품 중의 하나로 평가된다. 여기에서는 바로 하느님이 죽어갔던 자리에 다시 강력한 힘을 가진 사람을 내세우는 철학적 작업이 수행되고 있다. "사람이 하느님처럼 되는 것"은 유럽의 철학이나 한국의 종교철학에서 공통되는 중심주제이다. 특히 니체가 말하는 차라투스트라의 철학은 초월적인 신의 죽음 또는 저 위에 존재하는 하느님의 존재 가치가 추락하는 자리에 들어설 수 있는 강력한 영웅적 인간 혹은 초인의 이념을 구현하려고 한다. 그것은 원초적인 가치관을 전도하고 변질시켜 버린 기존의 가치철학을 파괴하고 새로운 가치질서를 구축하려는 철학적 노력을 형상화하고 있다고 평가할 수 있다. 차라투스트라는 전통적인 가치를 송두리 채로 파괴하고 가치변혁을 시도하면서 힘에의 의지에 충실한 지상적인 또는 현세적인 삶을 살려는 사람의 이념이다. 그리하여 차라투스트라는 우리들에게 이상적인 인간상으로서 초인(超人, Übermensch)의 철학을 제시하고 있다.

초인이란 바로 '대지'(大地)라는 뜻이다. 최근에는 독일어 그대로 위버멘쉬로 부르기도 한다. 초인이란 초월적인 천상의 가치를 추구하지 않고 지상적인 삶을 살아가는 사람을 뜻한다. 지상적인 삶은 바로 현세적인 가치에 충실한 삶을 의미하며, 권력에의 의지를 스스로 구현하는 삶인 것이다. 그리하여 초인의 이념을 바탕으로 살아가는 사람들은 "신은 죽었다"라는 말에 현혹되거나 흔들리지 않고, 현실 속에서 다가오는 모든 고통을 감내하고 극복하는 삶을 살아간다. 그리하여 초인은 이전의 모든 가치가 몰락해 버릴지라도 결코 실망하거나 좌절하지 않고 새로운 가치를 창조하면서 꿋꿋하게 살아가게 된다. 그리하여 초인은 세계에 대한 새로운 이해를 가지게 되며, 그의 삶을 새로운 가치에 의하여 확장시켜 가는 것이다.

니체는 여기에서 인간의 영혼이 발달하게 되는 세 단계를 소개하고 있다. 그는 영혼의 발달단계를 낙타, 사자, 어린아이로 비유한다. 가장 낮은 단계의 인간영혼은 낙타로 비유되고 있다. 낙타는 사막의 뜨거운 햇볕아래서 모든 고통을 감내하면서 무거운 짐을 운반하는 동물이다. 그것은 의무와 복종이라는 미덕아래서 모든 고통을 인내심을 가지고 견디어 내고 있는 인간을 상징하고 있다. 이것은 바로 힘센 것에 예속되어 살고 있는 노예적인 단계를 의미한다. 이와 같은 노예적 예속의 상태에서 탈출한 두 번째 인간영혼의 단계는 사자로 비유되고 있다. 사자는 자유와 해방을 의미하며, 힘과 권력을 뜻하고 있다. 그는 권력에의 의지를 마음껏 발휘하려고 한다. 그리하여 사자는 이전의 모든 도덕과 가치를 파괴하고 전복시켜 버린다. 가장 이상적인 인간영혼의 단계는 어린아이로 비유되고 있다. 어린아이는 순진하기 이를 데 없고 그야말로 천진난만하다. 어린아이는 새로운 시작을 의미한다. 그것은 파괴의 고통을 이미 망각한 존재이며, 새로운 출발이고 환희에 가득 찬 생명의 약동을 상징한다. 그것은 스스로 운행하는 영원의 수레바퀴 속에서 항상 새롭게 자신을 긍정하는 새로운 출발이며, 그 신성한 긍정을 바탕으로 새로운 미래의 가치창조를 담당하는 역사적 주체인 것이다. 결국 니체가 지향하고 있는 이상적 삶은 여기에서 구현된다.

그런데 지금까지의 모든 가치를 변혁하면서 새로운 가치를 창출하고 있는 초인은 전통적 기독교가 강조하고 있는 것과는 전혀 다른 방식으로 지상적 삶을 실현하려고 한다. 세계에 대한 그의 인식은 완전히 다르다. 초인은 이제 초월적 존재자 대신에 '영원한 반복'[永怯回歸說]을 신앙하게 된다. 우리가 살고 있는 이 세계가 영원한 반복과 변화 속에 있다는 사실이 전혀 새로운 것은 아니다. 우리는 이미 지나간 서구철학사 속에서 "모든 것은 흐른다"(panta rhei)고 하였던 헤라클레이토스를 알고 있다. 또한 우리는 불교철학 속에 영혼윤회설이 있고, 고대 이집트의 신화 속에도 영생불멸의 사상이 깃들어 있음을 알고 있다. 심지어 기독교의 경전인 「전도서」에도 영원한 반복이 주제화되고 있는 것이 사실이다. 이와 마찬가지로 니체는 이 세상에 존재하고 있는 모든 것들은 영원한 변화 속에 있으며 항상 다시 반복된다는 사실을 간파하였다. 이와 같은 착상은 그가 1881년 8월 어느 날, 실바푸라나의 호수를 따라 숲 속을 거닐고 있는 동안에 불현듯이 뇌리를 스치고 지나가는 순간에 얻어진 것이다.

모든 것은 가고, 모든 것은 다시 되돌아온다. 존재의 수레바퀴는 영원히 굴러간다. 모든 것은 죽고 모든 것은 또 다시 꽃을 피운다. 존재의 연륜은 영원히 달린다. 모든 것은 부서지고, 모든 것은 새롭게 이루어진다. 존재의 똑같은 집은 영원히 스스로를 세운다. 모든 것은 헤어지고, 모든 것은 다시 서로 만난다. 영원히 스스로에게 충실하게 존재의 원환은 계속된다. 모든 순간에 있어서 존재는 시작된다. 모든 '지금'의 언저리를 '저쪽'이라는 공이 굴러간다. 중심은 도처에 있다.

영원의 길이란 곡선으로 되어 있다.

　이 세계는 특정한 의미나 목적을 가지고 있는 것이 아니다. 이 세상에 존재하는 모든 것은 영원한 반복을 되풀이하면서 항상 제자리를 찾아서 되돌아온다. 영원한 반복의 의미는 모든 사라진 순간이 되돌아온다는 것을 의미한다. 삶의 목적은 개인의 행복이나 사회주의적 교설을 실현하는 데도 있지 않다. 그것은 그 삶이 언제 다시 나를 찾아오게 될지라도 항상 즐기는 마음으로 다시 한 번 새롭게 삶을 시작하려는 자기 운명에 대한 긍정과 사랑 속에서 의미를 가지게 된다. 만일 모든 것이 영원한 반복 속에 있는 것이라면 이 세계 속에서 어떤 새로운 사건이 발생하는 일은 불가능하게 될 것이다. 실제로 그렇다면 우리들 인간은 무엇 때문에 살고 있는 것일까? 영원한 반복은 우리에게 권태로움과 싫증을 가져오는 것은 아닐까? 그럼에도 불구하고 니체는 우리 인간들에게 가장 중요한 삶의 목표는 바로 초인이 되는 데 있다고 말한다. 초인이란 자신의 뜻에 따라서 가치를 창출하는 사람이다. 그는 모든 것은 항상 또 다시 돌아온다는 신앙을 바탕으로 미련을 느끼지 않고 용기 있게 살 수 있게 된다. 그는 자신의 삶을 이 지상 위에 실현하기 위하여 힘과 권력을 추구하게 된다. 그리고 바로 그와 같은 삶을 살고 있는 그에게 영원한 반복은 언제나 못다 한 자신의 삶을 다시 시작할 수 있다는 신념을 가져다주게 된다. 다시 말하면 초인은 자기 자신의 운명을 긍정하고 애착을 갖게 된다는 것이다. 자신의 운명에 대하여 사랑하라(amor fati). 그리고 언제라도 나에게 새로운 삶이 주어지면 다시 한 번 살아보려는 태도를 가지는 것이 중요한 것이다.

정리

1. 니체는 지금까지 유럽 문명에서 최상의 가치로 군림해 온 것이 철저하게 박탈당하는, 이른바 허무주의 시대의 도래를 예고하고 있다.
2. 합리성에 기초한 유럽문명은 소크라테스의 윤리학에서 기인되고 있다. 그는 생동감에 넘치는 희랍적 비극의 가치를 희극적이고 합리적인 것으로 전도시켰다.
3. 도덕은 어떤 특정한 집단의 이익을 옹호하는 이데올로기에 지나지 않으며, 진정한 도덕은 현재의 노예도덕이 아니라 신화적인 영웅들의 이야기에 나오는 군주도덕이다.
4. "신은 죽었다"는 니체의 명제는 기독교적 최상의 가치가 몰락하면서 가치 전도가 일어났다는 것을 뜻한다. 니체는 기독교적인 신의 죽음 속에서 희랍적인 영웅적 인간상을 그려내고 있다.
5. 초인은 권력에의 의지를 지상에 구현하려고 한다. 힘을 추구하는 것은 바로 삶의 본질이다. 초인은 자신의 의지에 따라서 가치를 창출하고 자신에게 주어진 운명을 사랑하는 존재이다.

참고문헌

강대석, 『니체와 현대철학』, 한길사 1986.
박준택, 『니체 사상과 그 주변』, 대왕사 1990.
Frenzel, Ivo: *Friedrich Nietzsche*. Hamburg 1966. 박준택 역, 『니체의 생애와 사상』 박영사 1977.
Löwith, K.: *Nietzsches Philosophie der ewigen Wiederkehr des Gleichen*. Berlin 1965.
Nietzsche, F.: *Der Wille zur Macht. Versuch einer Umwertung aller Werte*. Stuttgart 1964. 강수남 역, 『권력에의 의지』, 청하 1988.
— : *Die Geburt der Tragödie*. Stuttgart 1976(1872). 박준택 역, 『비극의 탄생』, 박영사 1976.

- : *Also sprach Zarathustra.* Stuttgart 1969(1883-85). 정동호 역, 『차라투스투라는 이렇게 말하였다』, 책세상 2000.
- : *Die fröhliche Wissenschaft.* Stuttgart (1882). 박준택 역, 『즐거운 지식』, 박영사 1985.

제7장 희망이란 무엇인가

신앙은 사실의 한계를 넘고 초월하는 것, 그리고 '탈출'에 가담하는 것을 의미한다.

위르겐 몰트만

유일한 신앙은 하느님이 없는 메시아적인 하느님의 왕국에 대한 것이다(Glaube ist einzig der an ein messianisches Reich Gottes — ohne Gott).

에른스트 블로흐

1. 희망이란 무엇인가?

지난 1989년 9월 11일, 헝가리 정부는 자국의 난민 수용소에 몰려온 동독의 시민들이 자유롭게 서독으로 갈 수 있도록 국경 통과를 허용하였다. 그와 같은 조치로 인하여 수만 명에 달하는 동독 사람들은 자유를 찾아서 서독으로 갈 수 있게 되었다. 북한의 주민들도 역시 압록강을 넘어서 중국으로 탈출하고 있다. 그렇다면 도대체 무엇 때문에 그들은 친척과 고향을 등지고 조국을 배반하면서까지 그토록 필사적으로 탈출하려는 것일까? 무엇이 그들로 하여금 지금까지 이루어 온 모든 것을 버리고 새로운 시작을 하도록 강요하는 것일까? 그들의 삶과 희망은 과연 무엇인가?

독일인들은 일찍이 그들의 땅 위에 하느님의 왕국을 건설하기 위하여 제2차 세계대전을 일으켰다. 그리고 그들의 희망을 달성하기 위하여 유대인들에 대한 대학살을 단행하였다. 위대한 독일제국에 대한 그들의 희망 때문에 600만 명에 달하는 유대인들이 처참하게 학살되었다. 독일인들의 보다 나은 삶에 대한 희망은 유대인들의 일상적인 삶의 권리마저 박탈하였던 것이다. 그 후 제2차 세계대전에서 패배한 독일은 동독과 서독으로 분리된다. 소련은 마르크스 레닌주의 이념을 바탕으로 독일인들이 그처럼 소망하였던 하느님의 왕국을 그들의 러시아 벌판 위에 프롤레타리아트 왕국으로 대체하려고 하였다. 그리고 새로운 러시아인들의 희망은 독일인들의 낡은 희망을 구축하게 된다. 그리하여 동독은 소련의 정치적 배경을 바탕으로 새로운 사회주의 국가건설에 대한 꿈과 희망으로 부풀게 되었다.

이와 같은 외중에서 많은 사람들이 소명의식을 가지고 새로운 이상적인 국가 건설에 참여하게 된다. 오늘날 우리에게 희망의 철학자로 잘 알려진 에른스트 블로흐(Ernst Bloch)와 같은 대철학자도 역시 그 중의 한 사람이다. 유대인이었던 그는 히틀러의 학살을 피하여 약 10여 년 동안 미국에서 망명생활을 하게 된다. 그리고 전쟁이 끝나면서 그는 미국에서의 생활을 청산하고 동독에 있는 라이프치히 대학의 철학부 정교수로 취임하면서 새로운 독일 건설을 위한 철학적 기틀을 작업하게 된다. 그리하여 사회주의 이념에 입각하여 독일 민주주의 공화국(DDR)이 건설된 것이다.

그러나 동독 정부는 유토피아 사상가의 지식활동을 불온하다고 여겨서 규제하기 시작하였으며, 1961년에 서독에서 강연 여행을 하고 있었던 희망의 철학자 블로흐는 그 해 베를린 장벽이 건설되는 것을 계기로 하여 동독으로 돌아갈 것을 포기하였다. 지금까지 그가 동독에서 구축해 왔던 희망이 좌절되었기 때문이다. 그동안 수많은 동독 사람들은 이 장벽을 넘어서 자유가 있는 땅으로 탈출하였다. 그와 같은 시도 속에서 많은 사람들이 사살되고 투옥되기도 하였다. 새로운 국가에 대한 그들의 희망이 좌절된 것이다. 그리고 그로부터 거의 30여 년이 지난 오늘에 와서 수만 명에 달하는 동독 시민들이 집단적으로 탈출을 시도하다가, 결국에는 1990년에 동독이 몰락하고 서독에 흡수 통합되기에 이른다. 이와 비슷한 일들이 지금 한반도에서도 일어나고 있다.

모든 사람들은 자기의 고유한 희망을 가지며 살고 있다. 희망은 억압적인 상황과 저주 속에 감추어져 있는 은밀한 것이다. 그리고 희망은 우리들이 살고 있는 현재 순간의 어두움을 물리치는 신비한 힘을 가지고 있다. 그러나 희망은 직접적으로 그 자태를 드러내지는 않는다. 그럼에도 불구하고 그것은 항상 우리를 새롭게 만드는 창조적이고 개방적인 '새것'(Novum)에의 힘을 행사한다.

희망이란 우리에게 무엇인가? 우리는 이 물음을 오늘날 살아가는 바로 우리들의 처지를 생각하면서 철학적으로 정리해 보기로 한다. 모든 사람들은 그들 나름대로의 희망을 가지면서 살고 있다. 그러므로 사람들의 희망은 서로 모순될 수도 있고 상충될 수도 있을 것이다. 그렇다면 대립적인 이해관계 속에 비롯되어 그와 같이 서로 모순되기도 하는 희망 내용은 어떻게 조정될 수 있는 것일까? 무엇 때문에 사람들은 모두 정치적 불이익을 감수하면서도 지배층에 타협하지 않고 투쟁하는 것일까? 그리고 그와 같은 우리의 희망과 주장은 어떻게 정당화될 수 있는 것일까? 독일인들은 그들의 희망을 성취하기 위하여 유대인들의 기본적인 삶의 권리를 박탈해도 되었던 것일까? 만일 유대인들이 지금처럼 팔레스타인 학살을 정당화한다면 그들은 과연 그들 자신에 대한 독일인들의 행위를 규탄할 수 있는 것일까? 유대인들의 팔레스타인 사람들에 대한 폭력은 정당화되는가?

희망은 약육강식과 적자생존을 합리화하는 처방인 것인가? 그리하여 희망은 한 독재자나 독재정권의 욕구 충족을 위한 심리학적인 기제가 될 수 있는 것일까? 확실히 희망은 부정적인 힘과 긴밀한 관계를 가지고 있다. 희망은 인간에게 가능한 모든 재난과 억압, 그리고 착취적 상황 속에서 생각될 수 있는 마지막 가능성이다. 우리에게 희망이란 무엇인가? 이 물음에 대한 답은 희망이라는 선물을 최초로 우리에게 가지고 왔던 아름다운 여인 '판도라'의 이야기 속에서 찾을 수 있을 것이다. 희랍인들에게 희망은 역설적인 것이었다. 핀다로스나 헤시오도스는 희망을 지극히 부정적이고 회의적으로 이해하였다. 판도라가 우리에게 가져온 희망도 부정적 해석과 적극적 해석으로 양립되고 있다.

2. 희랍적 희망과 판도라 신화

고대 희랍에 있어서 '희망'(ἐλπίς)이라는 말은 주로 미래와 관련된 중립적 개념인 '기대'(Erwartung)라는 뜻으로 이해되었다. 그러나 이 말은 사람에 따라서 때로는 부정적 또는 적극적으로 해석되어졌다. 헤시오도스와 핀다로스는 '기대'를 거의 부정적으로 받아들였다. 아무것도 하지 않으면서 미래에 대한 낙관적인 기대를 하는 이른바 '허망한 희망'은 일종의 기만(Täuschung)이어서 결코 정당화되어서는 안 된다고 생각했기 때문이다. 그것은 미지의 미래 속에서의 우연성을 신뢰하는 망상

(Illusion)에 지나지 않는다.

그러나 호머나 아이스킬로스는 이와는 반대로 희망을 합리적으로 생각될 수 있는 개연성이라고 적극적으로 해석하였다. 소포클레스는 처음으로 "주관적 관심에 의하여 이끌어진 미래의 적극적인 가능성에 대한 신뢰감"(ein vom subjektiven Interesse geleitetes Vertrauen auf positive zukünftige Möglichkeiten)이라고 희망을 내용적으로 규정하였다. 투키디데스도 희망이란 위험한 상황에서의 위안이라고 해석하였다. 그리고 데모크리토스와 플라톤은 좋은 희망과 나쁜 희망을 구분해서 말하였다. 플라톤은 특히 '최고선' 혹은 에로스만이 가장 큰 희망에 대해서 권리를 가진다고 주장하였다. 그는 대화편 『필레보스』(Philebos)에서 현재 사실과 관련되어 있는 '지각'(Wahrnehmung), 그리고 과거 사실과 관련된 '기억'(Gedächnis)과 대비하여, 미래의 사실과 관련된 영혼의 개념 활동, 즉 '요구'(Verlangen)와 '미리 즐거워 함'(Vorfreude)을 희망이라고 이해하였다. 플라톤의 제자인 아리스토텔레스도 이와 같은 개념 설정을 수용하고 있다. 그리하여 희망은 죽음을 넘어서 이데아의 세계를 향하고 참된 진리와 선의 이데아가 지배하는 불멸성의 세계를 관조하게 한다. 그러나 희망에 대한 희랍적 전승에 있어서 가장 특기할만한 사실은 판도라 신화이다.

고대의 희랍에서 전승되는 신화 가운데 희망을 주제로 하는 판도라 신화가 있다. 제사를 드리는 문제로 신들과 인간사이의 의견의 대립이 나타나면서 이야기는 시작된다. 다시 말하면 짐승의 어떤 부분을 신들에게 제물로 바쳐야 하고, 사람들은 어떤 부분으로 식사를 해야 할 것인가를 정의하는 문제를 두고서 서로 갈등을 보이고 있었다. 이 때 인간을 돌보아 주는 프로메테우스가 중재를 서게 된다. 그는 소를 한 마리 잡아서 살코기는 가죽에 싼 후에 그 위에다가 창자를 얹어서 겉으로 보기에 흉하게 만들어 한 곳에 두었고, 그리고 뼈만을 고른 후에 그것을 기름진 비계로 아름답게 장식하여 다른 한 곳에 놓아두었다. 그런 후에 프로메테우스는 제우스신에게 둘 중 하나를 택하게 하였다. 제우스신은 보기에 아름다운 기름진 비계를 택하였는데 알고 보니 앙상한 뼈만 들어 있어서 진노하게 되었다. 화가 난 제우스는 인간에게서 불을 빼앗아 버렸다. 그러나 프로메테우스는 또다시 불을 훔쳐서 사람들에게 가져다주었다. 그리고 인류에게 문화생활을 할 수 있는 기초적인 지혜와 지식을 전달해 주었다 이에 대하여 진노한 제우스는 프로메테우스를 사슬로 묶어서 큰 바위 사이에 붙들어 매놓고 날마다 독수리가 그의 간을 파먹도록 하였다.

그래도 화가 풀리지 않은 제우스신은 직접 인간들에게 재앙을 내릴 궁리를 하게 된다. 그리하여 제우스는 대장장이 헤파이스토스 신에게 진흙으로 예쁜 여자를 빚게 한다. 그리고 그녀의 머리에 금관을 씌우고, 아테네 여신과 아프로디테 여신이 선물한 여러 가지 장식품으로 화려하게 치장하게 한다. 이 여인의 이름이 바로 '판도라'이다. 판도라는 '모든 선물을 한데 모은 여인'이라는 뜻을 가지고 있다. 제우스는 이 아름다운 여인을 프로메테우스의 동생 에피메테우스에게 보내어 그의 마음을 사로잡게 한다. 판도라는 여러 신들이 그녀에게 준 선물을 담은 그릇을 가져 왔는데, 이 그릇은 속을 들여다볼 수 없도록 밀봉되어 있었다. 호기심에 찬 에피메테우스는 마침내 그것을 열어 보게 되었는데, 그 속에서는 온갖 질병과 재앙들이 쏟아져 나왔다. 그러나 동작이 느린 '희망'은 아직 그 속에 남아 있었다. 이에 놀란 판도라는 그 뚜껑을 급히 닫게 되었으므로, 희망은 그릇 속에 그대로 갇혀 있게 되었다.

그러므로 희랍 신화에 나오는 희망이란, 신들이 사람들을 괴롭히려고 판도라에게 선물한 것 중의 하나에 지나지 않는다. 그리고 이 희망은 불행인지 다행인지 알 수 없으나 아직도 판도라의 상자 속에 갇혀 있는 것으로 되어 있다. 그 반면에 모든 질병과 재앙들은 인류를 적극적으로 괴롭히고 있다. 희망이 바깥세상으로 나와서 적극적으로 활동할 수 있게 되었을지라도, 우리는 그 희망이 인류에게 도움이 될 것인지 아니면 다른 질병과 똑같은 하나의 장난스러운 재앙에 지나지 않은가를 단정할 수 없다. 왜냐하면 희망 역시 다른 모든 재앙과 마찬가지로 신들의 짓궂은 선물에 속하기 때문이다. 그러나 아직 희망은 그 자태를 드러내지 않고 있다. 그것은 인류에게 모든 재앙으로부터 탈출할 수 있는 유일한 가능성을 제시한다. 그러나 그것은 항상 가능성일 뿐이지 확실성은 아니다. 그러므로 인류는 장차 모든 고통으로부터 해방될 수 있다는 가능성을 가지고 살아가면서도, 다른 한편 그것이 인류의 절멸을 의미할 수도 있다는 불안을 떨쳐 버릴 수가 없는 것이다. 실제로 헤시오도스와 아이스킬로스는 판도라의 희망이 재앙이라고 말한다. 그러나 테오그니스는 희망의 여신은 모든 선한 신들이 지상을 떠나버린 후에 유일하게 인간에게 남아있는 가장 고상하고 품위 있는 신이라고 주장한다. 희망의 여신은 고통 속에 있는 인간에게 위로하고 행복의 메시지를 전하고 있다.

희망은 언제나 고통 속에서 자라나고, 그것은 지금 새로움의 범주인 '아직-아님'(Noch-Nicht) 가운데서 그 무엇으로서의 성취 가능성을 가지며, 또한 동시에 그것은 다가오는 미래 속에서 '아무것도 아닌 것'(Nichts)으로 될지도 모른다는 불안과 더불어 있다. 그러므로 희랍적인 희망 개념은 사람들의 꿈과 소망이 앞으로 우리에게 다가오는 미래 사건 가운데 확실하게 성취될 것이라는 약속을 전혀 전제하고 있지 않다. 희랍적인 희망의 개념은 다시 소크라테스에 이르면 신적인 세계에 대한 도덕적인 열망을 반영하게 된다. 인류의 덕에 대한 이상을 신적인 세계에서 찾으려고 하였던 그의 노력은 확실히 프로메테우스가 제우스에게 저항하면서 인간의 고유한 자리를 지키려고 하였던 사실에 비추어 보면 퇴보한 감이 적지 않다.

3. 히브리적 희망과 기독교의 본질

희망은 우리에게 개연적이고 가능적인 것인가, 그렇지 않으면 필연적이고 확실한 것인가? 희망은 우리에게 또 하나의 재앙인가, 위안적 소망인가? 나의 희망을 성취하려는 구체적인 시도와 노력이 다른 사람들에게는 그들의 희망을 철저하게 파괴하는 악마적인 것으로 되지는 않을까? 나만이 잘 살겠다는 욕심으로 다른 사람들과의 공존 가능성을 실질적으로 말살하는 작태는 우리에게 또 하나의 재앙은 아닌가? 희망은 우리에게 가장 확실하고 이상적인 꿈인가? 하느님이 우리에게 약속하는 그의 나라는 참으로 이상적인 세계이고 그것은 우리에게 확실하게 주어질 수 있는 것인가? 천국이 우리에게 주어진다면 지옥에 들어가게 되는 또 다른 우리는 누구인가? 일시적인 행위 결과나 또는 신의 예정으로 인하여 지옥에 배정된 우리들에게 천국에 대한 그 확실한 희망은 또 하나의 새로운 저주를 잉태하는 것은 아닌가?

그렇다면 인간은 어떤 행위를 하였을 경우에 보다 나은 삶의 조건을 희망할 수 있으며, 또한 희망해도 좋은 것일까? 희망에 대한 우리들의 생각은 어떻게 질서 있게 정리될 수 있는 것일까? 모든 관습과 이데올로기, 그리고 종교의 차이를 초월하여 우리가 마땅히 보다 나은 삶을 희망해도 좋은 그런 행위 조건은 무엇일까? 인간은 모두 희망을 가지고 희망과 더불어 살고 있다. 그러나 누구에게나 희망이 성취되도록 허용되는 것은 아니다. 그리고 도덕적으로 행위하는 사람들에게 반드시 그에 준하는 희망이 성취되는 것도 아니다. 거짓말을 하고 형편없이 추악한 생활을 하는 사람에게도 보다 나은 삶의 조건이 허용되는 경우도 많다. 이와 같은 세계의 불합리한 현상을 우리는 어떻게 설명할 수 있을까?

희랍적인 희망의 개념과 반대되는 히브리적인 희망의 이야기가 있다. 히브리 사람들, 곧 유대인들의 삶 속에서 전승되고 있는 희망의 이야기는 미래적 사건 속에서의 확실한 성취를 약속하고 있다. 그것은 개연성이나 가능성이 아니고 필연성과 확실성으로서 선포되고 있다. 그것은 좋은 미래에 대한 기다림이 아니고 화해를 뜻하고 있다. 묵시록에 나타난 선지자들의 음성은 그대로 하느님의 메시지이다. 최초에 천지를 창조하신 하느님, 그리고 그에 의한 인간의 창조와 그 위에 드러난 신의 영광, 인류의 타락과 하느님의 진노, 그리고 그에 수반되는 인류의 고통, 인간의 고통에 대한 하느님 그 자신의 고통 등, 이러한 모든 사실들은 인류에게 하나의 구체적이고 가장 확실한 희망으로 모아지고 있다.

구약성서에 나타난 희망 개념은 이집트의 노예상태로부터 이스라엘 백성들을 해방시키려는 여호와 하느님의 화해와 구원의 메시지로 나타난다. 희랍적 희망이 현재 사실로부터 미래 사실에 대한 개연성이나 가능성을 합리적으로 예측하는 것임에 반하여, 히브리적 희망은 현재의 사실과 가능성을 초월하여 신과의 절대적 화해를 지향하고 있다. 희망되어진 미래는 결코 현재로부터의 예측이 아니다. 오히려 희망의 활동은 화해가 이루어질 미래를 현재 상태로 가져오는 이른바 '예견'(Antizipation)이라고 할 수 있다. 구약성서에서의 희망은 하느님과의 화해라는 측면 이외에도 개인들과 민족이 질병과 기근과 전쟁으로부터 구제한다는 현실적인 내용도 담고 있다. 이와 같은 물질적 축복이나 기적과 같은 요소들이 구약성서의 곳곳에서 찾아질 수 있다. 그리고 이와 같은 축복내용은 결국 현세의 멸망 이후에 올 미래적인 천국의 개념이나 또는 천년왕국 사상과도 긴밀하게 연결된다.

그러나 신약성서에서의 희망내용은 특히 바울에 의하여 인간의 죄를 대속하기 위하여 하느님 그 자신이 사람의 모습으로 나타나서, 십자가에서 죽임을 당하심으로 인간의 모든 죄를 청산하고, 또다시 그 죽음으로부터 탈출하는 부활의 사건 속에서 구체적으로 제시되고 있다. 그리고 그는 항상 우리와 함께 하시면서 결국 우리 모두를 구제하기 위하여 다시 오신다는 것이다. 그리고 이 모든 사실들은 앞으로 다가오는 미래적인 사건 속에서 반드시 성취된다는 필연성과 확실성을 전제로 하고 있다. 구약성서의 희망내용이 현재 사실로부터 미래적 가능성을 향하고 있다면, 신약성서의 희망내용은 화해하는 미래적 현실들로부터 현재적 가능성을 지향하고 있다. 기독교에서의 결정적인 희망내용은 플라톤에서의 영혼불멸성과 같은 것이 아니라 죽은 자들이 부활하여 심판에서 구제를 받고 하느님의 나라에 머무르게 된다는 사실에 있다. 이와 같은 하느님의 나라는 세계로부터의 도피가 아니라 현실 세계에서 발견되는 모순들을 신과 화해를 이룬 자유와 정의, 그리고 생명력을 가지고 점진적으로 변화시켜 나가면서 무한적으로 확장해 가는데서 현실화 될 수 있다.

4. 나는 무엇을 희망해도 좋은가?(칸트)

희망의 개념에 대한 철학적인 논의는 우선 칸트(Immanuel Kant)에게까지 소급될 수 있다. 그는 희망의 문제를 철학에서 가장 긴급하게 다루어져야 할 네 가지의 물음 가운데 하나로 채택하고 있다. 그리하여 칸트는 "나는 무엇을 희망해도 좋은가?"(Was darf ich hoffen?)라고 묻는다. 이 물음은 가장 기초적인 인간학적 물음 중의 하나이다. 칸트에서의 희망에 대한 물음은 도덕적인 행위와 종교적인 믿음의 문제를 매개하고 있다. 다시 말하면 희망의 물음은 칸트철학에서 도덕으로부터 종교에로의 이행 원칙을 바탕으로 하고 있다. 그는 먼저 계시종교에서의 희망의 문제는 도덕적인 행위와는 아무런 연관성 없이 논의되고 있으며, 심지어는 타율적이고 기복적인 의미에서의 행복 개념과 결부되어 있다고 비판한다. 다시 말하면 계시신앙에서는 인간의 자율적인 도덕행위 그 자체보다는 오히려 타율적인 은총이 우선적으로 강조되고 있다는 것이다. 그리하여 칸트는 이제 희망의 물음을 도덕철학적으로 다시 구성하면서, 한 인간이 도덕적으로 행위하였을 경우에, 다가오는 미래적인 세계에서 그는 무엇을 희망해도 좋은가를 물으려고 한다.

칸트의 윤리학은 도덕적인 자율성을 강조하는 형식 윤리학이다. 그러므로 칸트에서 도덕적 행위란 한 개인의 행위 의지가 보편적인 도덕법과 일치되는 경우에만 인정될 수 있다. 그리고 바로 이 사실에 칸트 철학의 어려움이 놓여 있다. 만일 어떤 사람이 그의 명예를 위해서나 또는 만족감을 위해서 좋은 일을 했을 경우에 칸트는 그 사람의 행위를 도덕적이라고 여기지 않기 때문이다. 어떤 행위의 동기 가운데 도덕성 이외의 불순한 요소가 개입되었을 경우에는 도덕적 행위로 인정되지 않는다. 이런 경우에 우리는 과연 칸트가 말하는 완전한 도덕적 행위의 가능성 여부에 대하여 의문을 가질 수 있다. 왜냐하면 도덕적으로 불완전한 인간이 순수하게 도덕적으로 행위하는 것은 실제로 불가능한 것처럼 생각되기 때문이다. 모든 사람들은 일정한 목표와 의도를 가지고 살아가고 있으며 모든 행위 또한 이와 같은 삶의 목표를 달성하기 위하여 이루어지고 있다. 그리고 이 목표들 가운데서 행복이 차지하는 비중은 가히 절대적이다. 모든 사람은 그들의 행복을 달성하기 위하여 행위한다. 그런데 칸트는 삶의 목표인 행복을 달성하기 위하여 좋은 행위를 하더라도 그것을 도덕적이라고 하지 않는다. 그러므로 사람들이 내세에서 지복을 얻기 위하여 행하는 모든 종교적 선행들은 도덕적이라고 할 수 없다.

그와 반대로 칸트는 모든 행복은 우리가 도덕적인 행위를 하는 경우에만 비로소 희망해도 좋은 것이라고 말한다. 천국에 가기 위하여 선행하는 것은 도덕적인 행위가 아니지만, 도덕적인 행위를 하는 사람들에게는 그 행위에 부합되는 행복이 주어져야 한다는 것이다. 그러나 이 주장에도 어려움이 제기된다. 우리는 이 세상에서 매우 착하게 사는 사람들이 불행하게 되는 것을 자주 보아왔고, 또한 지금도 역시 보고 있다. 그리고 그와 반대로 자기의 목적을 달성하기 위하여 수단과 방법을 가리지 않고 나쁜 일을 저지르는 사람들이 훨씬 더 큰소리를 치고 정의를 말하면서 잘 사는 것을 목격하게 된다. 그러므로 우리가 과연 순수하게 도덕적인 동기만으로 행위할 수 있는가라는 어려움 이외에도, 비록 우리가 도덕적인 동기를 가지고 행동하였을지라도 그에 부합되는 행복이 실제로 이 세상에서는 전혀 보장되지 않는다는 또 다른 어려움이 제기되는 것이다. 칸트는 바로 이와 같은 어려움을 극복하기 위해서만 종교의 가치를 인정한다. 다시 말하면 어떤 인간이 도덕적인 행위를 하려고 끊임없이 노력할 경우에 그의 도덕성의 정도를 헤아려서 그에 부합되는 행복을 새로운 세계에서 보장해 줄 수 있는 하느님의 존재에 대한 믿음이 허용된다. 그러므로 도덕적인 행위만이 종교적인 희망을 가질 수 있게 한다. 우리는 도덕적으로 행위하였을 경우에만 미래에 주어지는 우리의 삶 속에서 그에 부합되는 행복을 얻을 수 있다는 사실을 희망해도 좋은 것이다.

5. 희망의 원리(블로흐)

희망의 철학자 블로흐(Ernst Bloch)는 서독 망명 이후 튀빙겐 대학에서 가진 첫 강의에서 "희망은 좌절될 수 있는가?"(*Kann Hoffnung enttäuscht werden?* 1961)라는 물음을 제기하였다. 실제로 그는 새로운 국가로서의 이상적인 동독을 재건하려는 그의 희망이 좌절될 수밖에 없었던 개인적인 체험을 가지고 있었다. 우리들의 개인적인 희망은 역사의 과정 속에서 때로는 쓰라린 좌절을 체험하게 될 수 있는 것이다. 그러나 그는 유토피아적 전체를 이루는 최후적인 것에 대한 궁극적인 희망은 우리의 과거 역사 속에서 아직 실현되지 않았다는 것이다. 다시 말하면 우리가 과거와 현재 속에서 경험하고 있는 좌절이란 우리의 희망 그 자체를 상쇄하지 못하는 것이다. 우리는 과거와 현재 속에서 좌절을 체험하여 왔다. 네로의 대학살이나 히틀러의 대학살과 같은 끔찍한 절멸의 위기를 수없이 당해 왔다. 그럼에도 불구하고 그것은 아직 모든 희망을 압도할 수 있는 절대적인 좌절이 아니다. 우리는 아직까지 살아 있으며 세계는 아직도 열려 있는 상태에서 진행되고 있기 때문이다. 그러므로 우리의 희망은 세계의 역사가 진행되고 있는 한 지속될 수 있다. 그리고 미래는 우리에게 '아직-아님'으로서 개방되어 있다. 지금까지 그 어느 것도 아직 우리와 세계를 '아무것도 아닌 것', 즉 무(Nichts)로 만들지는 못하였다. 그러므로 모든 것이 유토피아적인 고향 상태에서 제자리를 찾게 되는 우리의 궁극적인 희망은 아직 좌절되지 않았다고 보아도 좋은 것이다. 그리고 그 '모든 것'(Alles)에 대한 희망은 동시에 '아무것도 아닌 것'과 함께 가능적으로 존재하고 있다.

그렇다면 블로흐가 설정하고 있는 희망 내용이란 무엇인가? 그의 세계 이해에 의하면 이 세상은 악한 하느님에 의하여 창조되었다. 이 세계를 창조한 하느님은 지금 우리가 보고 있는 것과 같이 악한 세상을 만들어 놓고 보시기에 아름답다고 말한 악한 하느님이다. 악한 하느님에게 보기 좋은 이 세상은 바로 악한 세상이다. 그러므로 우리의 궁극적인 희망은 이 악한 세상으로부터 탈출하는 데 있다. 그와 같은 희망을 우리는 새롭게 우리에게 다가오는 선한 하느님에 대한 믿음과 실천적인 연대의식으로 키워나갈 수 있다. 그리하여 세계의 역사는 이 세상을 만든 악한 하느님과, 도래하는 세계를 우리에게 약속하는 선한 하느님과의 절대적인 대립과 투쟁으로 전개된다. 그리고 이 투쟁 과정에서 악한 하느님은 우리가 선한 하느님과 더불어 새로운 이상세계를 이룩하지 못하도록 철저하게 방해한다는 것이다. 예를 들면 악한 하느님은 에덴 동산에서 최초의 인간들이 하느님처럼 되기 위하여 선악을 알게 하는 실과를 따먹은 데 대한 형벌을 내리게 되는데, 블로흐는 만일 그 하느님이 진실로 선한 하느님이었다면 그의 형상대로 창조된 인간들이 그와 같이 되려는 의지를 가졌다면 오히려 칭찬했을 것이라고 해석한다. 그리고 하느님과 같아지려고 바벨탑을 건축하려는 인간들에게 언어의 혼란과 함께 징벌을 내리는 사건 역시 하느님은 인간이 하느님처럼 완벽해지는 것을 싫어하는 증거라고 본다. 이러한 하느님은 악한 하느님이다.

그러므로 이제 인간들은 그와 같은 악한 하느님으로부터 탈출해야 한다. 그리고 이와 같은 악한 세상과 악한 하느님으로부터의 탈출은 바로 블로흐의 희망 내용을 구성한다. 그는 이 탈출을 최초로 성공시킨 사람이 바로 예수 그리스도라고 본다. 예수는 악한 하느님인 아버지의 보좌를 혁명적으로 찬탈한 후에 그의 낡은 세계로부터 탈출에 성공한 유일한 그리고 최초의 사람이다. 그러므로 이제 우리 인간들은 예수처럼 악한 세상과 악한 하느님으로부터의 탈출을 시도하여 새로운 자유의 왕국을 이룩해야 한다는 것이다. 그리고 이 자유의 왕국은 바로 인간을 위한 인간의 왕국으로서 우리들의 궁극적인 희망 내용이 된다. 다시 말하면 그것은 하느님이 없는 하느님의 왕국인 것이다. 이와 같이 블로흐에 의하여 주창된 희망의 철학은 기독교를 페르시아적인 이원론과 마르크스의 철학으로 재해석하려는 시도이며, 그로부터 제시된 인간을 위한 무신론 사상에서 그 절정을 이루고 있다.

6. 희망의 신학(몰트만)

위르겐 몰트만(Jürgen Moltmann)은 희망의 신학자로 널리 알려진 인물이다. 한국의 신학자들 가운데서도 그의 사상적 영향을 받은 이들이 대단히 많다. 몰트만은 기독교 신학에서 종말론적 신학의 위상을 크게 부각시키려고 하였다. 그리하여 기독교에서의 종말론적 사건들은 지엽적인 연구 주제가 아니라 핵심적인 교의체계들과의 관계 정립 가운데에서 연구되어야 한다는 것이다. 다시 말하면 종말론은 예수의 십자가 죽음과 부활 사건의 맥락 속에서 새롭게 접근되어야 한다는 것이다.

몰트만은 그의 저서 『희망의 신학』(Theologie der Hoffnung)에 대한 한국어판 서문에서 그의 생각을 단적으로 반영하고 있는 성서의 한 구절을 한국인에게 소개하고 있다. 그것은 바로 신약성서에 실린 「베드로전서」 1장 3절의 말씀이다. 이 메시지에 나타난 핵심적인 내용은 예수 그리스도의 부활과, 그 사실을 바탕으로 한 우리들의 새로운 삶에 대한 희망이다. 이것은 우리의 개역판 성서보다는 마르틴 루터가 번역한 독일어판 성서를 그대로 직역하면 그 의미가 보다 분명하게 드러난다. "우리 주 예수 그리스도의 아버지이신 하느님께 찬양을 드립시다. 하느님은 예수 그리스도를 죽은 자들 가운데서 부활하게 하심으로 우리들을 살아 있는 희망 안에 다시 태어나게 하시는 큰 자비를 베푸셨습니다." 기독교에서의 종말론은 최후적인 것, 즉 역사의 마지막에 일어나는 모든 사건과 사실들에 대한 신학적 이론이다. 이 종말론은 지금까지 기독교 신학의 한 부분으로만 연구되어 왔으며, 그 때문에 그 참된 의미가 간과되어 왔다. 그리하여 몰트만은 종말론에 대한 새로운 의미를 발굴하려고 한다. 다시 말하면 종말론은 기독교 신학의 핵심이며, 따라서 그것은 바로 희망의 신학을 이루고 있는 토대라는 것을 밝히려고 한다. 그리고 우리에게 희망을 제시해 주는 것은 바로 예수 그리스도의 죽음과 부활이다. "그는 우리의 희망이다"(「골로새서」 1:27). 그리하여 우리의 희망은 미래에 대한 하느님의 약속에 기초하고 있다. 그리고 이 약속은 다시 그리스도의 죽음과 부활을 통하여 우리들 앞에서 입증되었다. 그리스도를 통하여 현시된 과거사건은 우리에게 다가오는 미래 사건을 다시 예시하고 있다. 약속에 관한 희망의 진술은 미래를 예견한다. 그리고 아직 성취되지 않은 미래적 사건은 하느님의 약속을 통하여 이미 선포되고, 그 약속 안에서 각성된 우리의 희망을 통해서 현재의 생활에 영향력을 행사하게 된다. 그런데 약속의 희망에 대한 사실 내용은 우리가 지금 경험하고 있는 현실과 절대적인 모순 속에 있다. 다시 말하면 현재적인 것과 미래적인 것, 그리고 경험과 희망은 기독교 종말론 안에서 서로 모순 속에 있다. 그러므로 예수 안에서 가지게 되는 희망의 내용은 바로 모순이다. 그것은 바로 십자가에 대한 부활의 모순이다. 그리고 이와 같이 우리의 현실적인 경험과 지식에 모순되는 내용들이 우리의 희망을 이루고 있으며, 하느님의 약속에 의한 희망 내용은 곧 우리에게 새로운 경험들의 가능성을 위한 조건으로서 종교적 믿음을 전제로 하고 있다. 그러므로 기독교 종말론은 부활의 희망에 대한 우리들의 믿음을 전제한다.

희망은 신앙 또는 믿음을 전제로 한다. 믿음은 경험적인 사실의 한계를 넘고 초월하는 것, 그리고 '탈출'에 가담하는 것을 의미한다. 그러나 믿음은 현실적인 고통과 죽음을 회피하려고 하지 않았다. 또한 그것은 현실 속에서의 아픔과 굶주림을 신비주의적 수단에 의하여 도피하고 초월하는 것을 의미하지도 않는다. 믿음은 우리의 실존적인 한계성과 죽음의 사실을 부정하지 않는다. 인간이면 누구든지 죽음을 회피할 수 없다. 죽음을 뛰어넘을 수는 없다. 그러나 우리는 고난과 죽음, 그리고 음부의 권세를 이기고 다시 살아나신 그리스도에 대한 믿음으로 새로운 하느님의 세계에 대한 약속과 희망을 예견할 수 있다. 그리하여 믿음은 희망의 자리가 되고 희망은 믿음을 자라게 한다.

그러나 믿음과 희망은 인간을 속이고 현재의 행복을 빼앗아 가는가? 그리고 희망은 인간의 현재적인 것 모두를 부정하고 파괴하면서 미래만을 주장하는가? 지금의 순간을 부정하는 믿음과 희망은 바른 것이 아니다. 현재는 바로 미래가 우리에게 드러나는 시간 장소이다. 그러므로 현재는 영원을 매개하며, 거룩한 것 그 자체가 드러나는 지금이며 카이로스(Kairos)이다. 기독교의 희망은 지금의 행복을 넘어서서 영원한 지금을 이루고 있는 매듭이 된다. 그리고 이와 같은 맥락에서 기독교의 현실참여에 대한 소명의식과 의무가 구체화된다. 기독교의 희망은 현실에 대한 실천적인 저항과 창조적 개혁을 통하여 지금의 사실에 의문을 던지고 미래적인 새것이 드러나게 해야 한다. 그것은 지금의 것을 우리에게 약속된 새것으로 향하게 한다. 그러므로 기독교의 종말론은 우리에게 창조적인 기대감과 예견을 제시하며, 현재적인 것에 비판과 변혁을 바탕으로 성취될 수 있는 하느님의 나라에 대한 희망을 주제로 한다. 그리하여 부활에 대한 우리의 희망은 세계를 전혀 새롭게 이해하게 한다. 즉 우리의 세계는 이미 완성된 것이 아니고 미래의 역사적 지평 위에서 아직도 열려 있는 가능성의 세계이다. 그러므로 그것은 우리에게 약속된 희망 내용, 그리고 하느님의 정의와 평화가 미래의 지평 위에서 성취될 수 있도록 적극적으로 참여할 수 있는 가능성의 세계이다. 바로 여기에서 미래에 대한 우리의 희망은 현재 사건 속에서 이미 성취되어진 것으로서 예견될 수 있다.

7. 희망과 요청

우리에게 희망이란 무엇인가? 만일 희망이 도덕적으로 정제되지 않은 욕구체계의 성취라고 한다면, 그것은 확실히 우리에게 또 하나의 새로운 저주임에 분명할 것이다. 나의 욕망과 행복을 달성하기 위하여 수단과 방법이 고려되지 않고 다른 사람들의 일상적인 욕구를 희생시킬 수 있기 때문이다. 그러므로 희망이란 칸트가 주장한 바와 같이 도덕적인 제약을 받을 필요가 있다. 다시 말하면 도덕적인 행위를 하였을 때 나는 그에 부합되는 행복을 바래도 좋다고 허용될 수 있다. 그러나 어떤 하나의 사회 체계나 종교 안에서 인정될 수 있는 도덕법칙 그 자체는 이데올로기화 될 수 있는 가능성이 있는데, 이 경우에 참된 희망은 그 악한 세상과 그것을 만든 이데올로기로부터 탈출하는 데 있다. 그러나 우리는 그것을 어떻게 분별할 수 있는가? 몰트만이 강조하는 기독교적인 희망의 내용을 블로흐는 마르크스주의적인 관점에서 비판하고 있지 않는가? 그렇다면 그 무엇이 우리의 희망을 도덕적으로 가늠할 수 있는 올바른 척도가 될 수 있는 것일까? 이 물음은 또 다시 희망의 철학을 처음부터 다시 시작하게 만든다.

예를 들면 불교에서도 희망의 철학이 논의될 수 있으며, 그러한 가능성은 미륵신앙에서 찾아질 수 있다. 미륵은 아직 오지 않은, 그러나 앞으로 반드시 오게 될 부처님이며, '아직-아닌-부처님'이다. 그 분은 석가모니 부처님 다음으로 이 세상에 태어나실 부처님이다. 대부분의 불교인들은 기독교적인 희망 내용과 마르크스적인 희망 내용 대신에 미륵에 대한 희망을 가지고 있다. 불교적인 희망 내용은 미륵과, 그리고 인간이 부처님으로 되는 데 있다. 그러므로 불교에서의 희망의 철학은 성불(成佛)의 가능성을 위한 조건으로 주제화되어야 할 것이다. 그리고 한국 민중들의 희망 내용은 한(恨)을 절대적으로 해체하는 데 있다. 그러므로 한국 민중론에서의 희망철학은 한의 절대해체를 위한 가능성 조건을 작업하는 데 집중될 수 있을 것이다. 이와 마찬가지로 칸트철학과 블로흐의 마르크스주의적 희망의 철학에서도 그 궁극적인 최후 및 최선의 희망 내용이 성취될 수 있는 가능성 조건이 핵심적으로 다루어져야 할 것이다. 그러므로 희망의 철학이란 희망 내용의 완전한 실현을 위한 가능성 조건을 탐구하는 철학적 작업이라고 할 수 있다. 그리고 이와 같이 궁극적인 희망이나 최고선의 실현 가능성을 위한 이론적인 조건명제를 탐색하는 철학을 우리는 요청철학(Postulatsphilosophie)이라고 한다.

정리

1. 희랍인들의 희망 개념은 가치 중립적이다. 희망은 현재 사실로부터 미래 사실의 개연성과 가능성을 합리적으로 예측하는 것이다. 물론 판도라 신화에서 묘사된 희망은 인간에 대한 신들의 저주 가운데서 아직 개봉되지 않은 마지막 선물이다. 그것이 인류에게 좋은 것인가는 아직 정확하게 예측할 수 없으며, 그것은 인간의 고통을 극대화 할 수 있는 가장 결정적인 저주일 수도 있다. 그러나 이같은 회의적인 희망 개념은 플라톤에 이르게 되면 이데아 세계에 대한 관조를 가능하게 하는 적극적 기능을 갖게 된다.
2. 히브리인들의 희망은 하느님이 인간을 죄와 죽음으로부터 해방하여 부활과 생명으로 약속하는 복음을 그 내용으로 한다. 특히 신약성서에서는 신과 절대적 화해를 이룬 미래적 사건을 현재적 삶 속에서 예견하는 측면이 강조되고 있다.
3. 칸트에서의 희망은 인간이 도덕적으로 행위한 경우에 그에 부합되는 행복을 미래 세계에서 기대해도 좋다는 위안적 성격을 가지고 있으며, 도덕적 인간의 희망내용은 하나의 요청으로서 설정되고 있다.
4. 블로흐에서의 희망은 성서에 대한 전복적인 해석을 바탕으로 한 페르시아 이원론에 기초하고 있다. 그는 성서에서 나타난 창조의 하느님은 실제로 악한 하느님이므로, 인간이 도덕적 행위를 하기 위해서는 악한 하느님과 그가 만든 악한 세상으로부터 탈출하여 스스로 하느님과 같은 존재가 되려고 노력하는 동시에 하느님 없는 하느님의 나라를 이룩해야 한다고 강조한다.
5. 기독교 신학자로서 희망의 신학을 제창한 몰트만은 십자가의 죽음과 부활의 모순은 인류로 하여금 하느님의 정의와 평화가 미래의 지평 위에서 성취되는 가능성의 세계에 대한 확신을 갖게 한다고 말한다.
6. 각각의 개별적 인간들의 희망은 제각기 다양할 수 있다. 그리고 나의 희망은 다른 사람의 희망을 압살할 수 있다. 그러므로 희망의 현상학은 도덕성을 바탕으로 비판적으로 논의되어야 한다.

참고문헌

김진, 『칸트·순수한 이성의 한계 안에서의 종교』, 울산대학교출판부
　　1999.

Bloch, E.: *Das Prinzip Hoffnung*. Frankfurt 1959.

Kant, I.: *Kritik der reinen Vernunft*. Darmstadt 1983(1781,1787). 전원배
　　역,
　　『순수이성비판』, 삼성출판사 1990.

－ : *Kritik der praktischen Vernunft*. Darmstadt 1983(1788). 백종현 역,
　　『실천이성비판』, 아카넷 2002.

－ : *Die Religion innerhalb der bloßen der Vernunft*. Darmstadt
　　1983(1793). 신옥희 역,『이성의 한계 안에서의 종교』, 이화여자대학
　　교출판부 1984.

Link, H.-G.: *Hoffnung*, in: J. Ritter(Hrsg.), *Historisches Wörterbuch
　　der Philosophie*. Bd. 3, Basel/Stuttgart 1974.

Moltmann, J.: *Theologie der Hoffnung*. München 1969.

－ : *Das Experiment Hoffnung*. München 1974. 전경연 역,『희망의 실험』,
　　삼성출판사 1990.

－ : *Im Gespräch mit Ernst Bloch. Eine theologische Wegbegleitung*.
　　München 1976.

Post, W.: *Hoffnung*, in: H. Krings(Hrsg.), *Handbuch philosophischer
　　Grundbegriffe*. München 1973.

제3부
담론과 질서

제8장 이데올로기란 무엇인가

> 지배계급의 사상은 어느 시대에나 지배적인 사상이다. 즉 한 사회의 지배적인 물질적 힘을 가진 계급은 동시에 그 사회의 지배적인 정신적 힘도 가지고 있다.
>
> 칼 마르크스

1. 진보와 보수, 그리고 의식화

만일 왼손잡이와 오른손잡이가 있다면, 이 둘 가운데서 손을 바르게 사용하는 사람은 누구인가? 도대체 우익과 좌익, 그리고 자본주의와 공산주의 가운데서 그 어떤 것이 우리를 궁극적으로 행복하게 만드는 것일까? 모계사회에서 결정적인 권리를 행사하였던 여성의 존재가 오늘날 이처럼 위축된 것은 무슨 까닭인가? 그리고 우리는 왜 우리의 역사와는 아무 관계도 없는 기독교를 믿게 되었고, 또한 동시에 우리의 선조들이 믿었던 신앙들을 미신이라고 일축하고 있는가? 왜 우리는 학교교육을 받아야 하고, 지금에 와서는 또 다시 학생들을 가르쳐야 하는 것일까? 무엇 때문에 학교 선생님들은 실정법을 어기고 그 가혹한 처벌을 감수하면서까지 교원조합을 결성하였던 것일까? 어떤 근거에서 한 개인의 살인은 범죄로 다루어지고, 종교 집단이나 국가 조직에 의한 살인은 방조되는 것일까? 왜 내가 가진 것은 나의 것이고, 다른 사람들이 내 것을 가져가면 안 된다고 생각하게 되었을까? 안정과 평화가 좋은 것인가, 그렇지 않으면 변화와 실험이 좋은 것인가? 기존의 것을 그대로 유지하는 것이 좋은가, 그렇지 않으면 진보적인 태도를 취하는 것이 좋은가? 우리에게 나의 존재, 사회와 국가의 존재, 종교와 정치 이념의 존재는 어떤 의미와 구속성을 가지는 것일까?

이상과 같은 물음들은 모두 '의식화'와 '이데올로기'라는 용어에 관계된 것이다. 내가 지금 생각하고 행동하고 좋아하고 사랑하는 것들이 내 자신의 독자적인 기호형성과 의사결정에 이루어진 것이 아니고 그렇게 행위하도록 미리부터 길들여졌으며, 더구나 그런 사실을 이제서야 각성하게 되었다면, 어떤 태도를 취해야 하는 것일까? 어떤 사람이 행한 범죄 행위가 실제로는 그가 그런 범죄를 행하지 않으면 안 되도록 교육을 받았거나 또는 그런 행위를 하고서도 전혀 범죄 의식을 갖지 않도록 도덕의식이 결여된 상태에서 이루어졌다면, 그는 결코 그것을 범죄행위라고 생각하지 않을 뿐만 아니라, 그 행위에 대한 책임도 회피하려고 할 것이다. 같은 맥락에서 우리는 동일한 행위가 자유 민주주의 사회에서는 이적 행위이지만 공산주의 국가에서는 영웅적 행위가 될 수 있으며, 그 역도 성립된다고 생각할 수 있다. 그러나 하나의 행위가 이처럼 상반된 평가를 받게 될 수 있다면, 그 행위의 도덕성을 잴 수 있는 기준은 무엇이며, 또한 누가 그것을 판정할 권리를 갖게 되는 것일까? 그리고 그와 같은 결정들에는 어떤 논리가 숨어 있는 것일까?

우리는 주변에서 의식화라는 말마디를 너무나 자주 들어 왔다. 우리나라가 일본의 식민지 통치로부터 벗어나면서 곧바로 시작되었던 좌우

사상의 극단적인 대립을 통하여 의식화라는 중립적인 용어는 좌파적으로만 사용되어 왔다. 그리하여 1960년대의 정치상황에서 발아되기 시작하였던 민중론적 시각은 같은 역사적 맥락에서 좌파적 또는 용공적인 의식운동으로 매도되었으며, 1970년대의 민중신학 운동 역시 마르크스주의의 이념을 방법론으로 한 라틴 아메리카의 해방신학과 구별되지 못한 채로 비판의 대상이 되어 왔다. 특히 노동운동에 헌신적인 노력을 기울여 왔던 일부 학생들과 지식인들의 위장 취업은 가장 대표적인 의식운동의 일환으로서 당국으로부터는 엄청난 지탄과 비난의 대상이 되었던 반면에, 노동자 계층과 일부 뜻이 있는 인사들에게는 매우 가치 있는 실천적 계몽운동으로 대조적인 평가를 받아 왔다.

많은 국민들은 지금까지 우리를 억압하고 강제하여 왔던 반민주 악법을 폐지하거나 개정할 것을 요구하고 있다. 그리고 대부분의 국민들은 이제 더 이상 우리의 정부가 자유 민주주의 이름으로 폭정을 계속하거나 양심적인 의식운동을 탄압하지 말고 우리의 법률과 정치제도들의 민주화를 능동적으로 추진할 것을 요구하고 있다. 그리하여 정부가 잘못된 체제를 맹목적으로 수호할 것이 아니라 점진적으로 개혁해 나갈 것을 요청하고 있다. 개혁을 추진하면서 개혁의 절차와 목표가 도덕적이고, 그리하여 절차적 정의에 부합되기를 희망하고 있다. 그리하여 이제 우리는 우리가 생각하고 행동하고 평가하는 모든 근거와 기준들이 이데올로기의 문제와 직결되어 있다는 사실을 확인하게 된다. 우리는 의식화, 이데올로기, 철학의 관계항들을 알아보기 위하여 플라톤과 베이컨, 그리고 마르크스와 만하임의 철학을 중점적으로 살펴보기로 하겠다.

2. 동굴의 이야기(플라톤)

고대 희랍의 대철학자인 플라톤은 그의 저서 『국가』에서 인식의 한
계와 교육의 의미에 관한 '동굴의 비유'(*Politeia* 제7권)를 소크라테스의
입을 통하여 들려주고 있다. 우리는 플라톤의 동굴 이야기에서 의식화
와 교육의 참된 의미를 살펴보게 될 것이다. 하나의 거대한 동굴 속에
사람들이 갇혀 살고 있다는 가정으로부터 동굴의 이야기는 시작되고
있다.

동굴의 이야기 제1막은 동굴 속의 정황에 관한 설명으로 구성되어
있다. 이 동굴 속에 갇힌 사람들은 손과 발이 사슬에 묶여 있고 목을
고정시켜 놓은 채로 동굴의 끝 벽만을 바라보도록 되어 있다. 따라서
그들은 뒤를 돌아볼 수도 없을 뿐만 아니라 동굴의 끝 벽에서 일어나는
일 이외의 사건에 대해서는 어떤 정보도 가질 수 없도록 차단되어 있는
것이다. 이 사람들의 뒤쪽에 위치한 동굴의 한가운데서는 불이 활활 타
오르고 있고, 불과 묶여 있는 사람들 사이에는 높은 뚝 길이 있어서 많
은 사람들이 그곳을 지나가게 되어 있으며, 여기에서는 마치 인형극에
서와 마찬가지로 돌과 나무, 동물들, 생활가구 등과 같은 것들이 배치
되어 있다. 이와 같은 동작들은 불빛을 받아서 동굴의 끝 벽에 있는 자
막에 그림자를 드리우게 된다. 이 끝 벽만을 보아 왔고 그것만을 볼 수
있도록 통제된 채로 사슬에 묶여 있는 사람들은 그 그림자들이 실재의
사물이고 현실이라고 생각하게 된다. 그리고 뒤쪽에 있는 뚝 길을 지나
치는 동물들과 사람들이 내는 온갖 소리와 음성들조차도 그 그림자에
서 나는 것이라고 인식하게 될 것이다. 이 동굴의 끝에 갇혀 있는 사람
들은 그들의 뒤쪽에 불길이 타오르고 있는지 또는 뚝 길로 모사품들이
지나치고 있는지에 관해서 어떤 지식과 정보도 가질 수 없기 때문에 벽

에 비친 그림자들의 희미한 형상들을 실재적인 것이라고 믿게 되고, 그 중에서 약간 현명한 자들은 뒤쪽에서 들려오는 소리와 그림자의 동작을 연상하여 유사성을 찾으려고 할 것이다.

이 동굴 속의 삶은 우리에게 닫힌 사회의 모형을 보여 주고 있다. 여기에서는 모든 정보와 지식이 통제되어 있고 사물과 사건의 진상은 깊은 베일 속에 은폐되어 있으며 조작된 사실만을 받아들이도록 통제되어 있다. 동굴의 사람들은 그림자를 사실로 인식하도록 조작된 삶을 살고 있다. 플라톤은 이상과 같은 비유에서 대부분의 인간은 실제로 동굴의 세계와 같은 어두움의 세계, 빛이 없는 흑암의 세계에 살고 있다는 사실을 시사해 주고 있다. 실제로 플라톤의 이데아론을 보면 그는 우리들이 살고 있는 현상세계를 실재적인 이념의 세계인 이데아의 세계와 구분하고 있다. 즉 우리들이 살고 있는 현상의 세계는 가상의 세계이고 이데아의 세계만이 참되고 실재적인 세계라는 것이다.

동굴의 이야기 제2막은 이 동굴로부터의 탈출과 혼란에 관한 것을 묘사하고 있다. 동굴의 끝에 갇혀 있는 사람들 가운데서 어떤 한 사람이 사슬로부터 벗어나서 자유롭게 움직일 수 있게 되었다고 가정해 보기로 한다. 이제 그 사람은 점점 밖으로 나오면서 지금까지 그가 전혀 체험할 수 없었던 사실들을 접하게 될 것이다. 그는 그가 살고 있었던 동굴의 입구를 향하여 움직이면서 지금까지 그가 세계의 전부라고 생각해 왔던 것보다 더 큰 새로운 세계가 잇대어 있다는 사실에 놀라게 될 것이다. 그러나 그는 불타는 뚝 길과 마주치면서 그의 앞에서 작열하는 불빛에 눈을 뜰 수 없어서 그가 동굴의 끝 벽에서 바라보았던 그림자보다 사물을 더 정확하게 식별할 수 없는 대혼란에 빠지게 될 것이다. 그는 새로운 세계에로 접근하는 도정에서 뚝 길의 위로 지나다녔던 많은 것들의 실체를 보게 될 것이다. 그리하여 그가 지금까지 실재적인 것이라고 믿어 왔던 그림자들이 사실은 그 뚝 길 위로 지나게 되는 사물들의 자취에 지나지 않았다는 점을 깨닫게 될 것이다.

이와 같은 과정을 거쳐서 그는 계속하여 동굴의 입구 쪽으로 인도된다. 불빛이 점점 사라지면서 사물들의 모습은 다시 흐려질 것이다. 그러나 다시 입구에서 비쳐 오는 햇빛에 의하여 어두움이 밀려나면서 그에게는 걷잡을 수 없는 인식의 혼란이 계속될 것이다. 결국 동굴 밖으로 나온 그는 눈부신 햇살로 인하여 눈을 뜰 수 없을 정도로 고통과 혼란에 몸서리를 치게 될 것이다. 그러나 시간이 경과함에 따라서 그는 사물들의 존재를 다시 확인하게 되고, 우리의 인식이 실제로는 태양의 햇살에서 기인된다는 사실을 확실하게 깨닫게 될 것이다.

이상과 같은 플라톤의 동굴 이야기 제2막은 교육의 역할과 인식의 상승작용을 설명하고 있다. 교육은 어두움에 만족해 있는 사람에게 충격을 주어서 어두움으로부터의 탈출을 가능하게 도와주는 의식화 작업이다. 모든 의식화 작업이 교육인 것은 아니지만, 모든 교육은 의식화 작업이다. 교육은 바로 어두움의 세계에 살고 있는 사람들을 계몽하고 의식화하면서 어두움의 세계에서 탈출하여 빛의 세계에로 인도하는 가르침이다.

여기에서 플라톤은 어두움에 익숙해 있는 한 사람이 빛의 세계로 들어서기까지의 전체적인 과정에서 감당하게 되는 고통과 회의를 시사해 주고 있다. 그것은 마치 이스라엘의 백성들이 애굽(이집트)을 탈출하면서 경험하였던 고통과 회의를 연상하게 한다. 탈출의 과정에서 그들은 굶주리게 되고, 끊임없이 계속된 다른 민족들의 공격 앞에서 삶의 위협을 느끼게 된다. 그리하여 일부의 사람들은 오히려 애굽의 노예생활을 그리워하고 복귀하고자 하였다. 현실적으로 아직 실현되지 않은 가나안을 위하여 현실의 기반이 되는 애굽을 포기하고 탈출하는 것은 매우 위험한 발상이기 때문이다. 이 탈출을 실행에 옮기기 위해서는 반드시 가나안에 대한 확신이 있어야 한다. 대부분의 사람들은 그와 같은 확신이 없이 애굽의 생활에 안주하게 마련이고 동굴의 어두움에 익숙하도록 길들여져 있다. 참된 교육운동으로서의 의식화 작업에는 엄청난 고통과 회의, 그리고 자기모순이 항상 뒤따르게 된다. 그리고 그 과정에서 많은 사람들은 처음부터 그와 같은 위험을 회피하거나 또는 중도에서 탈락하기를 희망하는 것도 사실이다. 그러나 진리의 빛은 그와 같은 고통과 회의를 감내하고 극복한 극소수의 사람들에게만 발견될 수 있다는 것이 바로 플라톤의 가르침이다.

동굴의 이야기 제3막은 빛의 세상을 확인한 그 사람이 동굴 속에 갇혀 지내는 그의 동료들에게 사실을 알리기 위해서 되돌아가는 교육자적인 사명이 주제화된다. 이데아의 세계에서 다시 현상의 세계를 향하는 하강의 길이 소개되고 있다. 그리고 진리의 빛을 본 사람이 동굴 속에서 살고 있는 그의 동료들에게 비난당하고 업신여김을 당하는, 이른바 이데올로기 논쟁에 관한 장면이 극적으로 묘사되고 있다. 진리는 나만의 것이 될 수 없다. 그러기에 많은 사람들은 진리의 이름아래 순교를 당하여 왔다. 빛의 세계로 인도된 그 사람은 이제 자신이 체험하였던 모든 사실들을 동굴 속에 남아 있는 그의 동료들에게 알리고 싶은 충동과 교육적 사명감을 갖게 된다. 그리하여 그는 동료들이 살고 있는 동굴 속으로 돌아간다. 그는 갑자기 빛의 세계에서 어두움의 세계로 돌아왔기 때문에 아무것도 볼 수 없게 된다. 그럼에도 불구하고 그는 자신이 체험하였던 모든 사실들에 관해서 설명하고 전달하려고 노력할 것이다. 동굴 속의 사람들은 이런 친구가 잠깐 어디를 다녀오더니 정신이 이상하다고 공박한다. 그리고 그들이 바라보게 되는 그림자에 관해서도 물었다. 그러나 이 친구는 밝은 곳에서 어두운 곳으로 갑자기 옮겨왔기 때문에 그의 동료들이 확실하게 볼 수 있는 그림자의 존재마저 식별할 수 없게 되었으며, 이를 확인한 그의 동료들은 그를 미친 사람으로 여겨 죽이려고 한다. 그는 이제 진리를 전하려고 하다가 오히려 무식하고 미친 사람으로 몰려 개죽음을 당하는 위기에 처한 것이다.

동굴의 이야기 마지막 부분은 교육자의 사명과 역할이 얼마나 위험하고 중요한 것인가를 단적으로 드러내 주고 있다. 교육이 의도하고 있는 의식화 작업은 항상 어떤 의식상태에서 다른 어떤 의식상태로의 전환을 목표하고 있으며, 모든 의식교육은 반드시 특정한 교육목표를 성취하고자 노력하는 특정한 의식형성을 지향하고 있다.

플라톤은 우리가 상정해 볼 수 있는 여러 가지 계기들 가운데서 두 가지 사실만을 대비시킨다. 즉 동굴을 탈출해서 빛의 세계를 직접 체험한 사람과 동굴의 세계에서 계속 살아왔던 사람들을 대비시킨다. 따라서 여기에서는 두 개의 상반된 이데올로기가 대립한다. 진보와 보수가 바로 그것이다. 진보적인 사람은 동굴의 어두움을 고발하고 그림자의 정체를 규명하여 인식의 틀을 바꾸려고 하지만, 보수적인 사람들은 동굴의 어두움이 주는 편안함에 안주하여 기득권을 포기하려고 하지 않는다. 이와 같은 투쟁과정에서 진보적인 이데올로기를 주장하는 동굴의 탈출자는 그의 옛 동료들에게 그가 체험한 사실들을 효과적으로 설명하지 못한 채로 어두움에 익숙해 있는 체제 수호자들에 의하여 제거될 것이다. 우리는 이러한 경우에 두 개의 이데올로기 가운데서 어떤 것이 더 합리적인 것인지 식별할 수 있는 판단근거를 가지고 있지 않다는 사실을 인정해야 할 것이다. 물론 플라톤의 이야기를 듣는 사람들은 동굴을 탈출한 사람의 교육적 사명감을 높이 평가하겠지만, 동굴의 어두움에 젖어 있는 사람들은 그들이 살고있는 현실 속에서 탈출자를 체제의 반역자로 단죄하여 아무런 도덕적 갈등을 느끼지 않고 그를 처형하게 될 것이다. 그리하여 결국 이데올로기는 도덕을 무력하게 만든다.

플라톤의 '동굴의 이야기'를 보다 확장해서 해석해 보기로 하자. 이제 한 사람만이 동굴에서 탈출한 것이 아니라 여러 사람들이 동시에 집단적으로 탈출을 시도하였다고 가정해 본다. 그들은 동굴의 입구에서 각각 흩어지게 되었고, 따라서 그들의 구체적인 경험도 제각기 다를 것이다. 한 사람은 오른손만을 사용하는 나라를 구경하고 돌아왔다. 그역시 오른손만을 쓰게 되었다. 다른 어떤 사람은 하느님을 섬기는 나라를 둘러보았고, 또 다른 사람은 불교를 믿는 나라를 살펴보게 되었다. 그들은 각각 그들의 옛 고향인 동굴로 돌아와서 그들이 본 것을 말하게 되고 또한 그 자신이 직접 체험한 것만이 진리라고 주장하게 될 것이다. 그리하여 사람은 항상 오른손만을 사용해야 한다고 말하는 사람도 있고, 예수를 믿어야만 구원을 얻을 수 있다고 주장하는 사람도 있을 것이다. 그러나 다른 사람은 불교가 참된 종교라고 주장할 것이다. 그들은 각각 그들이 빛의 세계에서 직접 체험한 것을 말하고 있기 때문에 어떤 양심의 가책도 느끼지 않고서 그들의 진리를 관철하기 위하여 성스러운 전쟁을 수행하려고 할 것이다. 그 어느 누가 이와 같은 이데올로기의 대립적인 논쟁을 해소하고 화해시키며 또한 그 우선 순위를 결정할 수 있겠는가?

3. 이데올로기와 '네 개의 우상'(베이컨)

베이컨은 플라톤의 동굴의 비유를 세분화하여 인간이 가질 수 있는 네 가지 종류의 우상(idola, Götzenbilder)을 제시하고 있다. 우상이란 인간이 잘못 가질 수 있는 거짓된 개념과 환상이다. 여기에는 종족의 우상(idola tribus), 동굴의 우상(idola specus), 시장의 우상(idola fori), 극장의 우상(idola theatri)이 있다. 종족의 우상(Götzenbilder des Stammes)이란 인류 자체가 그 종(種)의 특성상 근본적으로 가지고 있는 어두움이다. 그것은 곧 우리의 감각과 지성의 한계를 의미한다. 그러므로 인간의 감관이 사물의 척도가 된다는 주장은 잘못된 것이다. 우리는 항상 사물이나 사건을 그 자체로서 알지 못하고 우리들의 감각과 지성에 받아들여진 것으로서만 이해하게 된다. 예를 들면 우리의 감각은 지구의 자전 속도를 전혀 감지하지 못하며 아주 낮은 소리 역시 듣지 못한다. 우리는 우리에게 알려진 것만을 알 수 있을 뿐이고 우리의 지각에 나타나지 않은 사실에 대해서는 알지 못한다.

동굴의 우상(Götzenbilder der Höhle)은 플라톤이 묘사한 동굴의 비유를 뜻한다. 이것은 개별적인 인간이 가지고 있는 잘못된 생각을 뜻하고 있다. 전혀 교육받지 못한 무지의 상태에 갇혀 있거나 또는 일정한 지식과 정보를 가지고 있을지라도 그것이 완전하게 통제된 상태에 있기 때문에 그것만을 절대적인 권위로 신봉하는 단계를 지칭한다. 동굴 속에 사는 사람들은 그들이 바라보는 그림자의 모습을 비교할 수 있는 다른 가능성을 전혀 갖지 못한다. 사람들은 교육이나 다른 사람과의 특정한 교제, 그가 읽은 책이나 그가 존경하고 따르는 권위에 의하여 선입견을 가질 수밖에 없게 된다. 그렇기 때문에 인간은 학문을 공통된 넓은 세계에서 하는 것이 아니라 그 자신의 좁은 세계에서 한다고 말한 헤라클레이토스의 지적은 대단한 의미를 가진다.

시장의 우상(Götzenbilder des Marktes)은 사람들이 공동생활을 하면서 사용하는 언어의 불확실성과 애매성을 의미한다. 사람들이 사용하는 언어는 마치 시장에서 유통되는 화폐와 마찬가지로 사실적이고 자연적인 사물의 가치를 나타내는 것이 아니라, 관습적인 가치만을 드러낼 뿐이다. 언어 그 자체가 사물들의 참된 관계를 왜곡하는 경우가 많다. 뿐만 아니라 일상언어의 애매모호함은 과학적인 지식의 가능성을 약화시킨다. 특히 유언비어의 경우에 그 애매성은 극도에 달하게 된다.

극장의 우상(Götzenbilder des Theaters)은 종교적인 교의나 철학적인 체계가 줄 수 있는 사이비성과 마비적 기능을 의미한다. 어떤 종교에 깊이 몰두하게 되면 그 사람은 객관적인 판단의 기준을 잃게 되면서 그 종교의 교리가 주장하는 바를 진리라고 믿게 되고 그 이외의 다른 모든 것들을 완강하게 배척한다. 마찬가지로 어떤 한 철학자의 사상만이 참된 진리라고 주장하게 될 경우에도 그는 이제 더 이상 창조적인 철학적 사유활동을 하지 못하게 되면서 그 철학자의 일정한 철학체계 속에 안주하게 된다. 어떤 혁명가가 특정한 이데올로기를 광신적으로 받아들이게 될 때에도 역시 그는 더 이상 공존하는 다른 이념의 가치를 보지 못하고 그 독무대 속에서 헤어나지 못하게 된다.

이와 같이 베이컨이 제시한 네 가지 우상은 결국 인간이 쉽게 빠지기 쉬운 오류의 가능성과 타성을 지적해 준다. 참된 철학의 역할은 바로 이상과 같은 네 가지의 우상을 파괴하고 동굴의 어두움으로부터 탈출하게 한다. 그러나 그와 같은 길을 제시하는 철학 자체가 또다시 새로운 극장의 우상으로 전락할 가능성은 얼마든지 있다. 그리고 지금 우리에게 유토피아를 제시하는 현행 이데올로기도 우리의 삶을 억압하는 새로운 극장의 우상이 될 수 있다.

의식화는 어떤 동굴에 살고 있는 사람에게 그곳의 어두움에서 탈출하도록 그보다 나을 것이라고 생각되는 다른 이데올로기에로 전향할 것을 권고한다. 그러나 우리는 탈출의 성과가 항상 낙관적이라는 보장을 전혀 가지고 있지 않다. 왜냐하면 그것은 의식화 교육을 담당하는 계층의 이데올로기에 의하여 수행되고 있기 때문이다. 그와 같은 새로운 이데올로기 역시 하나의 이데올로기임에 틀림이 없다. 그리고 실제로 의식화 작업에 의한 행태수정은 부정적인 결과를 얼마든지 초래할 수 있다. 비도덕적이고 반국가적인 사상에 청년들이 유혹 당할 수 있는 가능성은 언제나 도사리고 있다. 따라서 그것 역시 우리에게 새로운 극장의 우상이 될 수 있고 닫힌 체계일 수 있다. 베이컨이 말하는 것처럼 인간의 정신은 순수한 빛이 아니고, 의지와 감정에 의하여 쉽게 영향받을 수 있기 때문에, 항상 비판적인 태도를 취하지 않으면 안 된다.

4. 헤겔의 정신철학과 외화론

오늘날 대부분의 사회사상과 현대철학은 주체와 객체, 그리고 이론과 실천의 문제를 가장 심도 있게 다루어 낸 헤겔의 영향권 속에 있다. 헤겔의 정신철학에 근원적으로 움직이고 있는 두 개념은 바로 '운동'과 '노동'이다. 아리스토텔레스 철학에서도 운동은 결정적인 역할을 수행한다. 자연이 가지고 있는 그 엄청난 잠재적 가능성은 이제 헤겔에 이르게 되면 정신의 자체활동과 전개로 표현된다. 헤겔의 『정신현상학』(*Phänomenologie des Geistes*)은 바로 절대정신의 자기운동과 노동을 서술한 것이다. 후일에 헤겔을 연구하였던 사람들은 대개 이 두 가지 문제를 집중적으로 논하게 되었으며, 루카치는 그의 탁월한 저서 『청년헤겔』(*Der Junge Hegel*)에서 헤겔은 노동이라는 주제를 철학적 사유의 출발점으로 삼아서 인간의 실천문제를 중요한 철학적 주제로 등장시켰다고 논평하고 있다. 실제로 헤겔의 『정신현상학』은 '의식경험의 학'으로서 학문일반 또는 지식일반의 생성과정에 대한 자기 술회적 체계인 것이다. 그것은 정신의 가장 단적인 그리고 원초적인 상태로부터 시작하여 절대정신에 이르기까지의 자기운동과 정신노동을 체계적으로 서술한 것이다. 헤겔은 『정신현상학』에서 이렇게 말한다. "최초단계의 지식이나 직접적인 정신은 정신이 결여되어 있는 것이며 감성적 의식이다. 이것은 이제 본원적인 지식으로 되거나 혹은 순수한 개념자체인 학문의 요소를 산출하기 위하여 기나긴 여정을 노동하게 된다."

그렇다면 헤겔철학에서 노동이란 도대체 무엇일까? 헤겔은 그의 노동 개념을 일반적으로 정신의 개념 활동으로 이해하고 있다. 그에 의하면 노동은 바로 개념의 이론적인 노동이며, 이에 의하여 참된 사유와 학적인 통찰에 지식의 보편성이 부여된다는 것이다. 그러므로 노동이란 바로 정신운동의 근본구조이며 엄청난 사유의 힘이다. 그리고 이와 같은 사유의 힘은 정-반-합이라는 헤겔 자신의 고유한 변증법적 전개과정에서 항상 자리하고 있는 엄청난 부정적인 것의 힘이다. 다시 말하면 즉자적인 단계에서 대자적인 단계로 이행하는 정신의 자기운동이 바로 노동인 것이다.

그런데 정신현상학에서 개념적 사변적인 정신원리로서 이해되고 있는 노동 개념은 자연과의 교섭활동이라는 의미를 함축하고 있으며, 이로부터 우리가 현실적으로 이해하고 있는 노동 개념으로 변형된다. 『예나 실재철학』(Jenenser Realphilosophie)에서 헤겔은 노동을 자연과 대립된 것으로 이해하고 있다. 다시 말하면 노동이란 자연에 대한 정신의 부정적 태도 또는 부정적 생동성으로서 자연적인 충동이나 본능과 구별되는 이성적인 정신의 한 양식인 것이다. 인간은 노동을 통하여 자연을 수단으로 이용한다. 인간은 노동에 의하여 자기 자신을 사물적 존재자 안에 드러내며, 그리하여 한 개인의 노동행위는 실제로 모든 사람들이 욕구를 충족시키기 위한 일반적 노동의 의미를 갖게 된다.

노동 자체는 일종의 행위일 뿐만 아니라 또한 내적으로 반성된 산출이며 주관적 내용이 객관적으로 드러난 형식이다. 다시 말하면 노동은 바로 "자기 자신을 사물로 만드는 것"을 뜻하거나 혹은 보다 구체적으로 또는 필연적으로 "나를 사물로 만드는 것"을 의미하게 된다. 그리하여 충동적 존재의 자아분화는 "자기 자신을 대상으로 만드는 것"으로 구체화된다. 이와 같이 인간에 의하여 주도되는 노동은 정신과 자연을 매개하는 역할을 수행한다. 그리하여 크로너(Kroner)는 노동을 인간과 세계 사이에 있는 중간적 매개자라고 해석하였다.

그리하여 이제 정신의 노동은 정신의 순수한 자기운동이며 정신이 자기 자신을 도야하고 형성하려는 기나긴 싸움으로 파악된다. 그리고 정신의 자기운동을 통한 확장전개의 과정에서 정신이 보다 추상적인 단계로 이행하게 되면 노동의 추상화 현상도 보다 현저하게 드러나게 된다. 일반적으로 말하는 노동의 추상화란 원시적인 자연력의 노동, 다시 말하면 자립적 생존수단으로써 자연상태에서의 생활근거가 되는 구체적 노동과 그리고 사용가치를 위한 노동력으로부터 추상화되는 현상, 그리고 노동 그 자체로부터 소외당하게 되는 현상을 말한다. 헤겔은 모든 대상세계의 현존을 정신의 물화현상으로 이해하면서 또한 동시에 모든 현실계의 운동, 변화, 생성을 사물의 정신화 또는 이성적인 것으로 환원하려고 하였다. 그리하여 헤겔은 인간의 자아동일성으로부터 사물과 대상으로 특수화된 자연으로의 외화 운동을 노동 또는 인간의 주체적 행위라고 하였다. 이에 대하여 뢰비트(Karl Löwith)는 개인의 직접적인 필요에 의하여 시작되는 노동이 그의 특정한 욕구충족 대신에 한갓 일반적 충족의 보편적 가능성에 입각해서 일하게 된다는 사실에 의하여 이제 그것은 추상화된 일반적 노동으로 되어버렸다고 헤겔을 비판한다. 다시 말하면 헤겔은 개인의 필요에 의한 구체적인 노동활동을 절대정신의 보편적인 노동으로 추상화하였다는 것이다. 이른바 헤겔의 정신현상학 체계에서 나타나는 물상화된 정신과 정신화된 사물, 주관의 객체화와 객관의 주체화는 구체적이고 개별적인 노동개념에서 사변적이고 추상적인 개념으로 변화되었다는 것이다.

블로흐는 그의 저서 『주관-객관』(Subjekt-Objekt)에서 헤겔의 정신현상학이 제시하는 노동의 여정을 주관이나 대상세계에 변증법적으로 상호작용하여 외화의 산출과 지양의 반복을 계속하는, 그리하여 실제로는 노동을 통하여 인간을 만들어내고 드러내는 역사발전의 진행이라고 해석한다. 그러므로 정신현상학은 지식이 생성되고 발현되는 역사일 뿐만 아니라 역사의 수권자인 인간이 결단하는 역사를 서술하고 있는 것이라고 본다. 그러나 결단이란 무엇인가? 우리는 결단을 통하여 우리의 구체적인 의지를 표명하고 자기를 실현시켜 나갈 수 있다. 결단은 우리를 우리답게 만들어 간다. 그러나 바로 그 결단에 의하여 우리는 우리가 원초적으로 가지고 있는 다른 가능성들을 박탈당하며 본래적인 우리로부터 고립되고 소외되기에 이른다. 그러므로 결단이란 항상 어떤 것을 실현할 수 있는 계기가 되면서 또한 동시에 다른 모든 가능성으로부터 단절되는 것을 의미하듯이, 헤겔에서의 자아실현 또는 주체적 실현 역시 자기 자신을 어떤 것으로 만드는 대신에 바로 그 사실에 의하여 자기 자신이 제약되는 부정적인 소외를 유발하기에 이른다. 그리하여 절대정신의 자기운동은 그 시작과 더불어 운명적으로 소외를 산출하게 되는 것이다.

5. 칼 마르크스의 철학

마르크스는 1818년 5월 5일, 독일의 트리어(Trier)에서 태어났다. 이론철학의 영역에서 코페르니쿠스적인 혁명을 수행하였던 칸트가 탄생한 1724년으로부터 약 100여년이 경과한 후였다. 칸트가 수행하였던 것과는 전혀 다른 사고방식의 혁명, 이른바 마르크스에 의한 실천철학의 혁명이 예고되고 있었던 것이다. 실제로 1848년에 발표된 마르크스의 공산당선언은 세계를 온통 혁명의 도가니 속에 몰아넣고 말았다. 그리고 세계의 절반이 그가 예견하였던 정치실험으로 몸살을 앓게 된다. 그렇다면 그의 철학적 이상은 실현되었다고 말할 수 있는가? 결과적으로 말한다면 마르크스주의를 채택한 대부분의 국가에서는 현재 새로운 개혁을 시도하고 있다. 또한 그렇다면 그의 철학적 이상은 이제 좌절되었다고 말할 수 있는 것일까? 우리는 이러한 물음들을 경박하게 다루어서는 안 된다. 왜냐하면 그런 물음들은 마르크스의 철학적 이상이 무엇인가를 살핀 후에야 비로소 대답될 수 있기 때문이다. 그러면 마르크스가 입안하였던 세계실험의 궁극적인 이상과 목표는 과연 무엇이었을까? 그것을 단 한마디로 규정하라고 한다면 인간을 위한 참된 자유의 왕국을 건설하는 것이다. 이제부터 우리는 마르크스의 철학적 이상이 어디에 있었는가를 보다 상세하게 살펴보기로 하겠다.

마르크스의 철학은 참된 인간의 본질이 무엇인가에 대한 물음으로부터 시작된다. 인간에 대한 물음은 이미 포이에르바흐와 모제스 헤쓰의 사상에서 그 단초적인 윤곽이 드러나고 있다. 이미 포이에르바흐는 종교의 본질을 인간의 본질로부터 이해하려고 하였다. 그리고 종교적인 세계는 세속적인 세계에 기초하고 있으며, 하느님과 신은 단순히 인간적인 표상의 산물에 지나지 않는다는 사실을 밝혔다. 하느님이 인간을 만든 것이 아니라 인간이 하느님을 만들었다는 것이다. 그리하여 포이에르바흐는 종교를 인간학적으로 전환시키는 데 성공하였다. 한편 마르크스와 함께 라인신문에 기고하였던 헤쓰는 외부적인 강요로부터 자유롭고자 하는 인간의 본성에 관하여 작업하였다. 인간이 추구하고 향유하려는 유일의 것은 바로 자유였다. 이러한 자유는 인간에게 하나이며 전체인 것이다. 그런데 만일 우리가 이와 같은 자유를 취할 수 없게 되면 동물적인 삶으로 전락하게 되고 비참한 불행의식에서 헤어나지 못하게 된다. 그리고 이와 같이 전락한 인간에게 요구되는 것이 바로 마취적인 수단으로서의 술 아편 종교라는 것이다. 그리하여 인간은 참된 자유의 이념을 말살한 채로 모든 종류의 종교적인 위선에 침몰된다는 것이다. 이와 같은 생각들은 마르크스의 종교비판에 상당한 영향력을 가지고 있다. 마르크스는 인간의 정치적 해방을 위한 수단으로서 종교비판을 수행한다. 그에 의하면 인간은 고립되어 있는 개체의 추상물이 아니라 사회적 관계의 총체성이다. 그러므로 인간은 그가 살고있는 세계와 국가, 그리고 사회성 속에서 이해되어야 한다. 그런데 이와 같은 전체적인 세계 및 사회총체성을 근본적으로 반영하고 있는 것이 바로 종교이다. 종교는 전도된 세계이며 인간존재의 환상이 실현된 것이기 때문이다. 그러므로 세계현실을 비판하려면 우선 그것을 반영하고 있는 의식세계, 곧 종교를 비판해야 한다는 것이다.

마르크스에 의하면 종교적 비참은 현실적인 비참을 표현한 것이다. 다시 말하면 민중의 환상이 반영되고 있는 종교는 바로 현실의 처참함을 단적으로 드러낸다는 것이다. 그것은 바로 궁핍한 피조물의 탄식이며 참혹한 현실과 냉혹한 세계정서가 표현된 것이다. 그런데 민중은 그와 같은 참혹한 현실을 변혁하려 하지 않고 오히려 종교적인 환영에 매달리게 된다. 종교 속에서 현실세계가 몰각된다. 그래서 마르크스는 종교를 '민중의 아편'(Opium des Volkes)이라고 불렀다. 종교를 비판하는 것은 민중의 환상적인 행복의식이 가지고 있는 허구성을 드러내고 민중의 현실적인 행복을 촉진시키려는 데 그 목적이 있다. 그리하여 마르크스에서의 종교비판은 눈물의 골짜기인 현세에 대한 비판을 의미한다. 하늘에 대한 비판은 결국 지상에 대한 비판으로 되며, 종교와 신학에 대한 비판은 실정법과 현실정치에 대한 비판으로 되는 것이다. 그러므로 우리는 마르크스가 수행하고 있는 종교비판이 결국에는 인간의 참된 본질인 자유를 회복하려고 한다는 사실을 염두에 두어야 할 것이다.

인간은 자연적 존재인 동시에 인간적인 자연존재이다. 인간은 자연 속에서 자연의 한 부분에 지나지 않으면서도 자연전체를 재생산하면서 살아간다. 그리고 인간은 이 자연 속에서 생산하고 산출함으로써 삶 그 자체를 창조적으로 만들어나가는 자신의 실천적 행위를 통하여 인간화된 자연을 창출하려고 노력한다. 그리고 이와 같은 인류 전체의 보편적인 노력이 인간의 자연사를 형성하고 인간의 노동에 의하여 전체적인 세계사가 서술된다. 그와 반대로 자연의 인간적 본질 역시 사회적 인간에 맞서 존재한다. 그리하여 인간과 직접 맞서서 관계를 맺고 있는 자연은 인간을 바로 그곳에 있게 하는 고유한 토대로서의 의미를 가지게 된다. 여기에서 자연은 이제 인간에게 인간적인 것으로 나타나게 된다. 우리가 살아가는 사회는 인간의 자연주의와 자연의 인간주의의 완전한 일치를 지향하고 있다. 마르크스는 자연의 인간화(Humanisierung der Natur)와 인간의 자연화(Naturalisierung des Menschen)의 완전한 합일에 도달한 유토피아를 추구하였다.

이처럼 인간과 자연의 변증법적 일치는 마르크스 철학의 이상이며, 그것은 바로 자유의 왕국 속에서 실현될 수 있다고 본다. 그리고 모든 인간은 역사 속에서 실천적 노동을 통하여 자연 위에 자기 자신을 실현하려고 한다. 그러나 우리는 곧 인간의 자유로운 의식활동과 실천을 저해하는 요소가 있다는 사실을 깨닫게 된다. 인간은 소외와 착취로부터의 위협아래 노출된다. 마르크스는 이와 같은 문제들을 사회 혁명적인 차원에서 해결하려고 시도한다. 그리하여 종교비판은 이제 현실비판으로 향하게 된다. 마르크스의 현실에 대한 이해는 상부구조와 하부구조의 관계 속에서 시작된다. 우리들 인간은 항상 어떤 특정한 역사와 사회 속에서 살고 있으며, 어떤 특정한 생산관계 속에서 살아가고 있다. 이와 같은 생산관계는 사회의 정치경제적인 구조를 결정하게 된다. 지금까지의 역사 속에서 생산력의 변화는 생산양식을 변화시켜 왔으며, 바로 이 생산력과 생산양식 사이의 관계가 사회의 실재적인 토대인 하부구조 또는 물질적 경제구조와 일치한다. 그리고 물질적 경제적 하부구조는 법과 정치체제 또는 의식형태까지를 총괄하는 상부구조를 결정한다. 그리하여 물질적인 삶의 생산양식이 사회적 정치적 또는 정신적 생활과정을 일반적으로 제약하게 된다. 인간의 의식이 그 존재를 규정하는 것이 아니라 인간의 사회적 존재가 그 의식을 결정한다. 이와 같은 역사과정 속에서 인간은 끊임없이 노동을 통하여 자신을 실현하고자 노력하며, 자신의 자유로운 삶을 대상 속에 표출하려고 한다.

그러나 이와 같이 자유로운 실천행위는 곧 자본주의적 생산관계 속에서 기인되는 상품의 물신숭배 현상으로 말미암아 자기소외를 경험하게 된다. 그리고 노동하는 인간 자신도 이제는 단순한 상품으로 전락되기에 이른다. 노동자들은 더 많은 노동을 하면 할수록 더 많은 내적 궁핍을 경험하게 된다는 것이다. 또한 사회적인 부가 축적될수록 실업을 당하게 되는 산업예비군이 증가하며 프롤레타리아트의 수가 증대된다. 소외와 착취로서 억압을 상징하고 있는 프롤레타리아트의 해방은 참된 인간과 새로운 사회의 창조를 위한 긴급한 과제로 부각되고 모든 계급을 철폐하려는 구체적인 실천운동, 즉 프롤레타리아트 혁명을 일으키게 된다. 마르크스가 말하는 프롤레타리아트 혁명이란 실제로 현실적인 역사 속에서 소외와 착취의 대상으로 전락된 인간을 해방하는데 그 이상과 목표가 있다고 말할 수 있는 것이다. 인간이 자유롭게 자기를 실현하면서 살 수 있는 자연의 나라를 이룩하는 것이 그의 철학적 이상이었던 것이다. 그리고 이와 같은 목표를 효과적으로 달성하기 위하여 그는 잠정적으로나마 공산주의 정치체제와 프롤레타리아트 독재를 설정하게 되었던 것이다. 그러나 그가 너무나 쉽게 이야기하였던 공산주의 혁명과 프롤레타리아트 독재는 현실정치 속에서 이상적으로 실현되기에는 너무나 많은 문제들을 가지고 있었다. 왜냐하면 혁명은 폭력과 희생을 요구하고 독재는 탄압과 숙청을 전제하기 때문이다. 그리하여 마르크스 이후의 사회주의 또는 공산주의 철학 노선에서는 어떤 방식으로 자유의 나라를 이룩할 것인가라는 문제가 가장 큰 논쟁점으로 부각되면서 수정주의와 정통주의의 이념이 대립하게 되는 정치적 상황으로 급진전하게 된다.

6. 사회적 존재구속성: 이데올로기와 유토피아

콩디약(Condillac)과 트라시(Destutt de Tracy)와 같은 이데올로그들은 생리학과 심리적인 체계와 그 표상 내용에 대한 분석을 통하여 인간에게 필요한 실천적 규준인 교육, 도덕, 법률, 정치를 규정하려고 시도하였다. 마르크스는 이데올로기를 어느 한 특정계급의 사회적 견해의 총체라고 파악하였다. 그리고 특히 자본주의 사회계급의 이데올로기는 환상적 허위적 특성을 가진 왜곡되고 전도된 의식을 반영하고 있다고 보았다. 이데올로기는 언제나 그 사회의 주도적인 물질적 생산구조와 결부되어 있다.

그렇기 때문에 마르크스는 지배계급의 사상은 어느 시대에 있어서나 지배적인 사상으로 군림하게 된다고 파악하였는데, 그 이유는 어떤 사회에서 주도적인 물질적 힘을 지배한 계급은 동시에 그 사회의 주도적인 정신적 힘까지를 지배하기 때문이었다. 다시 말하면 한 사회의 물질적 생산구조는 주도적인 정신과 의식을 규정한다. 이 경우에 이데올로기는 물질적 구조를 반영한 것에 지나지 않는다. 그런데 마르크스에 의하면 자본주의 계급의 이데올로기에서는 그들 자신의 계급 이익이 전체 사회의 이익인 것처럼 나타난다. 따라서 그들은 자신들의 목적과 이해관계를 달성하는 것이야말로 억압받는 계층들을 포함한 모든 사회구성원의 이해관계를 충족시키는 것으로 해석한다. 그러므로 이데올로기란 사상가가 일종의 허위의식을 가지고 수행하는 하나의 지배과정에 지나지 않는다. 지배계급은 그 권력을 유지하려는 목적 하에 이데올로기의 현실적 토대를 위장한다. 다시 말하면 이데올로기가 물질적 토대로부터 독립된 것이라고 왜곡한다는 것이다. 자본주의 계급에 의하여 지지된 이데올로기는 언제나 그들만의 이익을 반영하고 사회현실에 맹목적으로 대처한다. 그러나 노동자 계급의 이데올로기는 노동자 계급이 갖는 객관적인 위치와 그 역사적 사명감에서 기존의 모든 사회를 분쇄하는 동시에 인간이 의식적으로 사회적 생산을 조직화하는 해방적 사회를 창출하려고 한다. 그 때문에 마르크스는 노동자 계급의 이데올로기를 객관적이고 과학적인 이데올로기라고 단정하였다. 사회주의의 이데올로기는 착취 받고 억압 받는 모든 사람들의 이데올로기로 되는 것이다.

만하임(Karl Mannheim 1893~1947)은 마르크스의 이론을 사회학 이론에 전면적으로 도입하여 지식사회학(Wissenssoziologie)이라는 새로운 영역을 개척하였다. 이러한 사상은 1929년에 출판된 그의 저서 『이데올로기와 유토피아』(*Ideologie und Utopie*)에서 잘 정리되고 있다. 그가 발굴하였던 '사회적 존재구속성'(soziale Seinsgebundenheit)이란 개념은 바로 인간의 의식이 인간의 존재를 규정하는 것이 아니라 그 사회적 존재가 인간의 의식을 규정한다는 마르크스의 명제에서 착안된 것이다. 그러므로 지식사회학에서는 어떤 사상가가 사회적 삶에 결부되어 있는 사실이 그의 사유과정과 결과에 어떤 영향을 주는가, 그리고 이러한 측면에서 지금까지의 정신사는 어떻게 다시 구성될 수 있는가가 다루어진다. 이를 위하여 만하임은 인식과정의 내재적 법칙보다는 사회적 존재구속성이 각자의 사상형성과 전개에 결정적인 역할을 한다는 사실에 천착하고 있다.

그러나 만하임의 사회적 존재구속성은 마르크스의 이데올로기 개념과는 달리 계급적 성격을 가지고 있지 않은 가치중립적인 개념이다. 사회적 존재구속성은 무차별적인 동시에 가치중립적 개념이므로 계급뿐만 아니라 민족과 국가, 가족과 사회계층, 학파와 종파 등과 같은 모든 영역에 적용될 수 있다. 이러한 관점에서 볼 때 각각의 개인은 사실상 그가 속한 집단과 사회가 공유하고 있는 개념을 받아들일 수밖에 없다. 그리하여 한 개인이 가지는 생각은 그가 속한 사회 전체의 이념과 관계를 가지고 있다는, 이른바 '상관주의'(Relativismus)가 성립된다. 만하임이 사회사상의 변화를 계급 관계의 변화와 관련시키는 점에서는 마르크스를 계승하고 있다고 볼 수 있다. 그에 의하면 인간의 사유는 모든 당파들에 있어서, 그리고 모든 시대에 걸쳐서 이데올로기적이라는 것이다. 그리하여 만하임은 이것을 '총체적인 이데올로기 개념'(totaler Ideologiebegriff)이라고 부른다.

여기에서 그는 기존질서를 유지하려는 이데올로기 개념과 기존질서를 변혁하려는 유토피아 개념을 구분한다. 지배집단이 가지고 있는 이데올로기는 현실상황에서의 변혁적인 요소를 무의식적으로 은폐하여 기존의 가치체계가 가지고 있는 적극적인 요소만을 안정적으로 조장하는데 기여하고 있다. 그러나 유토피아적 의식은 기존의 지배 권력으로부터 억압받는 사람들의 것이고, 그들은 사회를 변혁하려고 하기 때문에 기존의 가치체계가 가지고 있는 부정적 요소들만을 지적하려고 한다. 이와 같은 두 가지 서로 다른 당파적 이데올로기들의 대립 속에서 사회는 전체적인 방향을 정하게 된다. 그는 현대 문명을 지식사회학적 관점에 서서 위기와 몰락의 시대라고 진단하면서, 이처럼 병든 사회를 치유하기 위해서는 자유방임의 사회로부터 계획경제의 사회로 이행할 것을 주장한다. 그가 말한 계획사회는 '사회공학'(Sozialtechnik)에 의하여 중앙집권적으로 통치하여 대중사회를 합리적으로 통제하는 것을 그 내용으로 한다. 이러한 사회공학적 시도는 나중에 칼 포퍼의 사회철학에 결정적인 영향력을 행사하게 된다.

어떤 철학체계나 특정한 이데올로기가 그 자체만으로 완벽할 수는 없다. 모든 이데올로기는 이데올로기로서의 한계를 지니고 있으며 그 불완전성이 바로 이데올로기의 얼굴이고 숙명이다. 그러므로 보수와 진보는 서로 투쟁하고 반목할 것이 아니라 변증법적인 통일을 지향해야 할 것이다. 그리고 철학은 바로 하나의 추상적인 세계 설명으로서의 철학체계와 그 구체적인 실현으로서의 이데올로기가 담고 있는 대립구조를 풀어헤쳐야 한다. 의식화는 우리에게 새로운 이데올로기를 제시하지만 철학은 그 새로운 이데올로기 속에 함께 하고 있는 어두움을 드러내어 비판하는 일을 수행한다.

7. 유토피아론의 사상사적 궤적

유토피아는 문자적으로 '어디에도 없는 곳'(u-topos)을 뜻한다. 따라서 그것은 언제나 현실에 대한 반대상의 이념으로서 기능한다. 그것은 어떤 특정한 현실 속에 살고 있는 사람들의 눈에 비친 불완전성을 비판적으로 지양한 이상향을 내용으로 서술한다. 그러나 그와 같은 구체적인 내용이 실현되더라도 유토피아가 실현된 것은 아니다. 그것은 또 하나의 구체적인 현실에 지나지 않으며, 그와 같은 현실구조에서 필연적으로 제기되는 모순과 억압에 대한 새로운 비판이 출현할 수 있기 때문이다. 그리하여 유토피아는 보다 나은 사회에 대한 인류의 꿈이지만, 그것은 언제나 우리에게 부정적인 표상에 지나지 않게 된다. 인류의 유토피아적 이상은 크게 자유와 평등, 자유와 질서의 이념에 대한 갈망으로 집약되고 있다. 이 개념들은 구체적인 역사 현실 속에서 변증법적 갈등을 극대화하는 반대적인 것으로서 기능한다.

고대 유토피아론의 대명사, 즉 플라톤의 이상국가는 스파르타의 정치현실을 이상화하여 전제적인 질서를 구현하려고 한 것이다. 여기에서는 정의국가 실현을 위하여 지배계층의 사유재산과 결혼을 허용하지 않았지만, 이와 같은 엄격성은 『법률』 편에서 다소 완화되고 있다. 아리스토텔레스는 그의 『정치학』에서 플라톤의 이상정치론이 갖고 있는 정치제도적 결함을 비판하였으며, 칼 포퍼 역시 플라톤주의에서의 전체주의적 요소를 간과하지 않았다.

스토아의 유토피아는 자연과의 일치를 통한 밝은 사회의 건설을 지향하였으나, 기독교의 유토피아는 자연에 대한 비판과 지배를 통하여 살기 좋은 세상을 만들려고 하였다. 하느님에 대한 신앙을 근거로 한 새로운 세계질서의 구축, 그것은 분명히 기독교인이 생각하기에는 유토피아였으나, 이교도들에게는 전형적인 압제의 상징이기도 하였다. 중세의 신 중심적 유토피아는 5세기의 아우구스티누스와 12세기의 요아킴 드 피요레가 특징적이며, 특히 요아킴은 내세의 희망을 역사 속으로 이행하게 한 점에서 아우구스티누스의 신국사상과 대비된다.

고전적인 의미에서의 유토피아 사상은 토마스 모어의 『유토피아』(1516)에서 시작된다. 토마스 모어는 유토피아를 "어디에도 없는 좋은 곳"이라는 의미로 사용하였다. 영국의 수상이었던 토마스 모어는 가장 바람직한 국가상을 새로운 섬 유토피아를 대상으로 기술하였다. 그가 당시 발견된 신대륙을 모델로 생각했는지는 논란의 여지가 있으나 아메리고 베스푸치의 여행기를 참고하였던 것은 사실이다. 그는 플라톤과 베스푸치의 공산주의 사상을 비판적으로 수용하여 이 섬에서 지상적인 행복을 추구하는 쾌락주의, 즉 자유의 이념에 기초한 평등사회를 구현하려고 하였다.

17세기에는 수공업의 생산양식이 매뉴팩처 중심으로 개편되기 시작하면서 강력한 경제체제를 갖춘 왕권국가가 출현하게 된다. 신흥 상인계층들은 절대적인 권력을 갖고 있는 군주국가를 선호하였으며, 이와 같은 기대는 캄파넬라의 『태양의 나라』(1623)에 그대로 반영되고 있다. 강력한 전제국가를 중심으로 한 권력집중과 질서유지가 봉건적인 제후정치의 혼란상이나 장원경제의 한계를 극복할 수 있는 이상으로 제시된 것이다. 또한 이 시기에 그로티우스는 세계적으로 구속성을 가질 수 있는 자연법을 강조하였으며, 로크 역시 인간의 자연적인 선성(善性)을 강조하고 각 개인의 자유와 평등을 보존하기 위하여 국가가 필요하다고 역설한다.

이와 같은 정치사상가들을 전제로 하여 18세기에는 자연법 사상이 유토피아주의를 대체하게 된다. 루소는 그의 사회계약론에서 결코 타인에게 양도할 수 없는 기본권적 자유를 보호하기 위하여 국가가 필요하다고 역설하였다. 루소의 일반의지는 국가 권력의 운용을 유토피아적으로 인도하는 근본원리이다. 칸트가 영원한 평화를 구축하기 위하여 요구한 세계정부 역시 루소로부터 영향받은 것이다. 이와 반대로 이성에 입각하여 사회주의적 행복을 추구하는 피히테의 국가 개념은 폐쇄적인 형태의 자급자족 경제체제를 이상으로 하고 있으며, 라살레의 노동조합주의에 영향을 주었다.

19세기는 엥겔스가 지적한 것처럼 유토피아 사회주의가 절정에 이른 시기였다. 로버트 오웬, 푸리에, 생시몽, 카베와 같은 유토피아 사상가들이 출현하였기 때문이다. 이들 가운데 오웬과 푸리에는 비교적 규모가 작은 공동체에 기초한 이상적인 사회체계를 구상하였고, 생시몽과 카베는 중앙집권적 유토피아를 지향하였다.

연방적 사회주의를 주창한 오웬은 사유재산, 결혼제도, 종교를 죄악의 삼위일체로 규정하면서 농업과 수공업에 토대를 둔 소규모의 공산주의적 공동체 운동을 전개하였다. 푸리에는 신용금고와 보험조합 등을 구상하였으며, 이와 같은 소규모 공동체들은 역사적으로 특별한 기능을 하지 못하였으나 이스라엘의 키부츠 운동 등에서는 약간의 성과를 얻을 수 있었다.

카베는 조직화된 산업과 계획경제로부터 유래되는 중앙집권적 미래국가를 구상하였으나 실제로는 '이카리'라는 소규모의 집단부락을 모델로 하였다. 생시몽은 거대한 기업에도 사회주의적 요소를 담을 수 있다는 신념을 바탕으로 기술관료 중심의 행정관리체제를 사회주의적으로 작동시키기 위하여 노력하였다. 소규모의 조합보다는 거대 조직이 사회주의에 더 근접할 수 있다는 것이다. 이와 반대로 슈티르너, 푸루동, 바쿠닌과 같은 개인적 이상주의 및 무정부주의자들은 개인의 자유를 절대시하면서 착취와 억압의 근본 원인이 국가라고 주장하였다.

이와 같은 유토피아적 사회주의 사상을 과학적 사회주의로 고양시킨 사람들은 마르크스와 엥겔스였다. 유토피아적 사회주의는 구체적인 역사현실과 매개되지 않은 점에서 공상적이다. 그러나 마르크스는 사회주의를 구체적인 역사현실과 매개된 것으로 이해하는 동시에 그것을 앞당겨 실현할 수 있는 프로그램들을 준비하였다. 특히 마르크스는 자연과 인간이 조화롭게 통일된 자유의 왕국이라는 초기 철학적 개념에다가 사회주의적 채색을 가미한 이상세계를 제시하였다. 그리고 세계는 마르크스의 공산주의 이념에 의하여 작동된 지난 80여 년 간의 역사적인 유토피아 국가를 경험하였다. 그러나 그것은 인류에게 너무나 반유토피아적인 것이었다.

공산주의 사상권에서 이 문제를 가장 날카롭게 직시한 인물은 에른스트 블로흐였다. 지나간 마르크스주의적 실험의 실패는 체계조직과 전략을 앞세운 차가운 마르크스주의가 인간의 존엄성을 훼손한 필연적 귀결이었다. 블로흐는 유토피아를 추상적인 이상향에 대한 이해로부터 구체적인 역사현실과의 매개를 시도하였던 철학자로서, 유토피아론을 희망철학의 차원에서 새롭게 조망하였다. 그는 『희망의 원리』에서 마르크스와 기독교의 유토피아 개념을 통합하여 인간과 자연이 함께 생산활동을 하고, 인간기술이 자연주체와 제휴할 수 있는 '자유의 왕국', 또는 '하느님 없는 하느님의 나라'가 구체적인 역사와 매개되어 실현될 수 있는 가능적인 희망을 제시하였다. 그와 함께 유토피아 개념은 일상적인 것이 되었으며, 유토피아는 모든 물질적 잠재성 가운데서 궁극적인 것을 성취해 나갈 수 있는, 그러나 현실로는 여전히 드러나지 않고 있는 아직 아닌 것으로 기능하게 된 것이다. 유토피아는 이제 우리가 항상 바라는 낮꿈들 속에서 구체적으로 실현되고 있는 것이다.

정리

1. 이데올로기는 어떤 특정한 사회가 가지고 있는 지배적인 이념이다.
2. 플라톤은 동굴의 이야기를 통하여 인간이 특정한 사유 및 실천구조에 갇혀 지내고 있다는 단면을 희화화하였다. 이것은 그의 이데아론과 두 세계론에 대한 비유이기도 하다.
3. 베이컨은 인간이 근본적으로 가지고 있는 네 가지 잘못된 개념들을 제시한다. 종족의 우상, 동굴의 우상, 시장의 우상, 극장의 우상이 바로 그것들이다.
4. 마르크스는 이데올로기를 어떤 특정한 계급이 가지고 있는 사회적 견해의 총체라고 파악하였으며, 특히 자본주의자들의 이데올로기는 자기 이익에 대한 추구를 마치 모든 사람들의 전체이익을 위하는 것으로 왜곡하는 특성이 있음을 지적한다.
5. 만하임은 모든 인간은 그가 속한 사회의 지배이념에 종속되는 사회적 존재구속성을 가진 존재라고 파악하고, 기존 사회의 가치를 조장하는 이데올로기적 측면과 이를 철저하게 비판하고 변혁하려는 유토피아적 측면이 대립 발전함으로써 사회 전체의 방향이 결정된다고 설명한다.
6. 유토피아는 '어디에도 없는 곳'(u-topos)을 뜻하며, 현실에 대한 반대상 또는 부정적인 것의 이념으로 기능한다. 인류의 유토피아적 이상은 크게 자유와 평등, 자유와 질서의 이념에 대한 갈망으로 집약되며, 이들은 구체적인 역사 현실 속에서 변증법적 갈등을 극대화하는 반대적인 것으로서 기능한다.

참고문헌

Bacon, F.: *Neues Organon*. Berlin 1870.
Bloch, E.: *Das Prinzip Hoffnung*. Frankfurt 1959.
— : *Geist der Utopie*. München und Leipzig 1918.
Buber, M.: *Pfade in Utopia*. Darmstadt 1985; 『유토피아사회주의』, 남정

길 역, 현대사상사 1993.

Lenk, Kurt(Hrsg.): *Ideologie. Ideologiekritik und Wissenssoziologie.* Neuwied und Berlin 1961.

Mannheim, K.: *Ideologie und Utopie.* Frankfurt 1929.

Manuel, Franke E.: *Utopian Thought in the Western World.* Harvard University Press, Cambridge 1979.

Platon, *Politeia.* Hamburg 1958.

Schlette, H.R.: *Ideologie,* in: H. Krings(Hrsg.), *Handbuch philosophischer Grundbegriffe.* München 1973.

Voßkamp, W.: *Utopieforschung.* Frankfurt 1985.

제9장 국가철학이란 무엇인가

정의란 강자의 이익이다.   트라시마코스

합의만이 세계의 모든 합법적인 지배의 단초를 제공할 수 있다.
로크

1. 국가란 무엇인가?

우리는 거대한 힘을 가진 조직, 즉 국가의 지배하에 살고 있다. 어느
누구도 이러한 국가체계를 거부하고서 온전하게 생존할 수 없다. 모든
사람들은 특정한 국적을 가지고 있으며, 그 나라의 한 국민으로서 살고
있다. 그리고 우리들은 대한민국의 국민으로서 일상적인 삶을 영위하
고 있다. 우리들은 국가라는 하나의 거대한 조직체 속에서 살고 있으면
서 때로는 행복과 기쁨을 누리기도 하고 때로는 공포와 좌절을 경험하
기도 한다. 어떤 경우에는 국가가 국민을 위험으로부터 구출하기도 하
지만 적지 않은 경우에 그들을 희생시키기도 한다.

모든 국가들은 거기에 속하는 국민들에게 애국심을 호소하고 여러

종류의 의무 조항들을 이행하게 한다. 물론 그것들은 국가가 국민생활을 보호하고 사회질서를 유지하는 데 필요한 최소한의 것으로서 요구되고 있다. 그렇다면 국가는 어느 정도까지 국민에게 의무를 요구할 수 있으며 얼마만큼의 권력을 행사할 수 있는 것일까? 국가는 어떤 특정한 지역에서 자신에게 주어진 고유한 권리를 행사하면서 살고 있는 개인들의 전체 집합체이다. 따라서 개인들이 가지고 있는 어떤 고유한 권리가 미리부터 주어져 있다는 사실은 국가가 무엇인지를 이해하는 데 중요한 관건이 된다.

그렇다면 개인들이 기본적으로 누릴 수 있는 권리란 무엇이며, 개인들은 어떤 종류의 특정한 권리들을 국가에게 위임한 것일까? 도대체 국가는 국민들로부터 어떤 권리들을 행사할 수 있도록 위임받았으며 또한 그것들은 어떤 절차를 거쳐서 사용되어져야 하는 것일까? 그리고 국가는 어떤 경우에 개인들의 고유한 권리와 자유를 통제할 수 있는 것일까? 만일 국가권력을 행사하는 주체가 국민들이 위임한 권리를 넘어서서 국민들을 불법적으로 제재할 경우에는 어떻게 대처해야 하는 것일까? 그리고 국가권력을 집행하는 기관이 위헌을 하고 불법적인 통제를 자행하며 비도덕적으로 전락하였을 경우에 그것을 막을 수 있는 제도적인 장치는 무엇일까? 국가에 대한 이러한 물음들은 고대 그리스의 폴리스론에서부터 찾을 수 있을 것이다.

2. 고대희랍의 도시국가

고대 희랍의 국가 및 정부 형태가 도시국가(Polis)였다는 사실은 상식에 속한다. 그리고 이 도시국가는 민주제로 운용되었던 아테네와 참주제로 통치되었던 스파르타로 크게 나누어 생각할 수 있다. 다시 말하면 이 시대의 도시국가들 사이에도 이미 이데올로기의 대립이 발견되고 있다. 그리고 실제로 이 두 개의 이데올로기는 인류 역사상 최초로 집단적인 이념의 대립으로 기록되는 이른바 펠로폰네소스 전쟁, 즉 30년 전쟁으로 치닫게 된다. 그렇다면 민주주의의 원형이라고 할 수 있는 아테네에서는 어떻게 정치가 이루어졌을까?

아테네에서는 이미 기원전 508년부터 클라이스테네스를 중심으로 민주정치가 시작되었다. 그러나 민주정치에의 참여가 금지된 사람들, 곧 전체 인구의 1/3이 넘는 노예와 외국에서 온 이주민, 그리고 그들과 내국인 사이에서 태어난 혼혈을 제외한다면, 실제로 민주주의에 동참하는 사람은 인구의 절반에 해당된 자유시민들이었다. 이들 자유시민 가운데서도 20세 이상의 남자 시민들만이 시민의회를 구성하고, 이 시민의회에서 다시 500인 평의회를 선출 구성한다. 여기에서는 10개의 부족에서 각각 50인이 선출되고, 전체성원 500인 가운데에서 다시 윤번제로 50인 위원회가 구성되어 십여 차례에 걸쳐 공무를 분담해서 집행토록 하였다. 그러므로 모든 행정적 정치적 기능은 실제로 50인 위원회가 주도한 셈이다.

그런데 이 기관의 통제를 담당하면서 입법기능과 사법기능을 수행하는 것이 바로 6000명으로 구성된 배심원 제도이다. 여기에서는 500인 평의회에 속하는 모든 공직자들에 대한 적부심사를 주관하며, 그들의 정책집행 결과를 보고 받고 회계 감사를 실시하는 정치적 통제기능을 가지고 있다. 또한 배심원 제도는 시민재판을 담당하며, 한 사건에 최소한 201인 이상의 배심원으로 구성된 사법부가 판결을 하고, 이 심판은 1심으로서 상소는 절대로 인정되지 않는다. 소크라테스는 바로 500인의 배심원으로 구성된 이 재판제도에 의하여 사형언도를 받았다.

이와 같은 아테네의 민주제도는 시민의 정치참여를 적극적으로 보장하지만, 두 개의 거대한 정치조직이 운용될 수 있었던 것은 바로 주변의 식민지 도시국가로부터의 경제적 착취를 기반으로 하였다는 비판적인 지적도 있다. 그렇지만 아테네 사람들은 권력의 집중을 막을 수 있는 제도적인 장치를 모색하였으며, 또한 도시국가에 대한 위험 인물을 추방할 수 있는 제도, 즉 패각추방제도를 가지고 있었다. 그들은 선거를 할 때마다 가장 싫어하는 사람을 동시에 투표함으로써 정치인의 독주를 방지할 수 있는 제도적인 장치를 가지고 있었다.

도시국가의 배심원 제도는 이미 미국에서 효율적으로 활용되고 있다. 우리의 정치상황에서 만일 민주주의의 발전에 걸림돌이 되는 사람에게 반대표를 행사할 수 있는 패각추방제도와 같은 방안이 시행된다면 상당한 정치적 효과가 있으리라는 생각도 든다. 아테네 사람들은 이런 제도들을 효율적으로 운용하여 공권력을 부당하게 사용하는 정권으로부터 시민의 기본적인 자유를 지키고자 하였다.

3. 플라톤의 이상국가론과 그 비판

소크라테스는 그 이전의 소피스트들이 취하였던 주관성의 한계를 극복하고 보편적 원리와 근거를 확보하려고 노력하였다. 그는 모든 것이 선(das Gute)이라는 보편자를 지향하고 생각하였다. 그리고 선을 인식하는 경우에는 그것을 실천할 수 있다는 지행합일설을 주장하였다. 무엇이 좋은가를 안다면 사람들은 당연히 그것을 행하고 또한 행할 수 있다는 것이다. 그러나 소크라테스는 그가 인식할 수 있다고 말한 선이 실재하는 현실 속에 어떻게 주어질 수 있는가를 밝혀주지 못하였다. 비록 어떤 한 개인에게 선한 것이라 할지라도, 그것이 전체의 국가 사회에서 선한 것이라고 말할 수 있는가? 어떤 개인에게 선한 것이라 하더라도 그것이 어떤 근거에서 국가 전체에 대해서도 선한 것일 수 있는가를 소크라테스는 아직 확실하게 제시하지 못하였다.

플라톤은 소크라테스가 발견하지 못한 선에 대한 보편적 근거를 '이데아' 개념에서 찾으려고 하였다. 다시 말하면 그는 '선의 이데아'라는 보편적인 존재근거를 마련하여 모든 존재자에 대한 인식과 실천의 근거를 구축하였다. 이같은 선의 이데아는 그의 대화편『국가』,『정치가』,『법률』등에서 구체적인 사회현상으로 존재론화되고 있으며, 이를 '사회존재론'(Sozialontologie)이라고 부르기도 한다. 플라톤에서의 법(Recht)은 소크라테스가 말한 주관적 차원에서의 '선'의 원리가 사회제도 안에서 객관화되어 나타난 형태라고 할 수 있다. 그리고 이러한 법을 자유롭게 실현하는 이데아는 바로 정의(Gerechtigkeit)이다. 또한 사회적 이데아는 국가의 형태로 실현되며, 여기에서 정의의 이데아가 구현된다. 그런데 플라톤은 국가 제도에 의하여 실행되는 힘이 누구에게 이익이 되는가는 전혀 고려하지 않으며, 다만 어떻게 개개인이 국가에게 기여할 수 있는가 만을 다루고 있다. 각자에 부여된 천혜의 품성, 즉 덕을 최대한으로 활용하는 것이야말로 국민이 국가에 봉사할 수 있는 정의로운 삶이라고 규정하였다. 이와 같은 플라톤의 사회철학 내지는 국가철학의 이념에는 지배계급의 기득권을 옹호하려는 이데올로기적 의지가 함축되어 있는 것처럼 보인다.

플라톤의 국가철학은 바로 도시국가에서 시행하였던 민주제도에 대한 반동이라고 할 수 있다. 그는 아테네의 민주주의가 이상적으로 운용되지 않고 대표적인 우민정치로 타락하였다고 본다. 그리고 그것은 바로 소크라테스에 대한 재판에서 여실히 드러났다고 강조한다. 플라톤은 한 국가의 이상적인 통치는 미련한 다수가 아니라 바로 한 사람의 현명한 철학자에 의하여 달성될 수 있다고 하였다. 그리하여 이른바 플라톤의 철인정치론(哲人政治論)이 성립된다.

플라톤은 민주주의 제도가 가지고 있는 두 가지의 큰 결함을 다음과 같이 지적하고 있다. 첫째로는 민중들의 무지와 무능력, 즉 통치자의 자질에 관한 문제이고, 둘째로는 사회를 혼탁하게 하는 제도적인 결함이다. 그는 한 국가 안에서 극단적인 폭력과 당파적인 이기주의의 발생 원인을 경제적인 요인, 즉 빈부의 차이에서 찾으려고 하였다. 좋은 국가를 만들기 위해서는 국가 안에 있는 두 개의 대립적인 세력, 즉 있는 자와 없는 자를 제거하여 국민들의 일체감을 조성하는 것이 필요하다는 것이다. 그리하여 플라톤은 훌륭한 지도자가 되는 데 있어서 이기주의를 유발하여 장애가 될 수 있는 요소들을 제도적으로 방지할 것을 주장하였다.

국가는 정의의 집행자이다. 정의는 국가를 구성하는 여러 계층들의 기하학적 균형이나 조화로서 나타난다. 그리고 국가의 여러 계층들은 정의 개념 이외에 인간이 기본적으로 가져야 하는 세 가지 덕으로서 비유되고 있다. 지혜, 용기, 절제가 바로 그것들이다. 지혜를 덕목으로 가지는 이성은 통찰과 반성, 추리작용을 주도한다. 지혜를 가져야 할 계층은 특히 철인왕으로 대표되는 통치계급으로서 국가를 다스리고 교육을 담당한다. 용기를 덕목으로 가지는 가슴은 의지와 정욕을 주도한다. 분노와 명예, 수치심, 혐오감 등이 여기에 속한다. 용기를 가져야 할 계층은 군인계급으로서 명예와 권력을 공유하기는 하지만 사리사욕과 향락을 멀리해야 하는 도덕적 의무감을 가져야 한다. 또한 군인과 지도자 계급에 한해서 국가의 통제에 의하여 사유재산과 가족제도가 철폐되고 공산주의적 공동체 생활을 영위한다. 따라서 그들은 개인 재산을 가질 수 없으며 한 여자와 결혼 및 가정생활을 가질 수 없다. 여자와 아이들은 국가에서 공동 관리하며 필요한 경우에 훌륭하고 건강한 아이를 낳게 하기 위하여 우생학적인 성관계가 배려될 수도 있다. 그들에게서 태어난 자녀들은 국가가 교육하며, 이 가운데서 우수한 자들은 통치계급으로 선정된다. 이와 같은 제도의 목적은 지도자 계급의 타락을 막기 위한 것이었다. 마지막으로 절제를 덕목으로 가지는 배의 부분은 성욕이나 물욕과 같은 욕구구조를 상징적으로 나타낸다. 절제를 덕목으로 가져야 할 계층은 생산계급으로서 물질적인 수요를 충족하게 하는 데 종사한다. 이상의 세 가지 계층이 각각의 고유한 덕을 발휘하게 되는 경우에 정의로운 국가가 성립되는 것이다. 그리하여 플라톤이 말하는 이상국가는 모든 사람들이 그에게 부합되는 일과 역할을 맡아서 정의를 실현하는 조화로운 국가체제이다. 이러한 정의국가는 곧 선의 이데아가 지상에 실현된 것을 뜻한다.

　플라톤의 국가가 이데아의 세계를 그 이상으로 하고 있다면, 아리스토텔레스의 국가는 인간의 최고선, 즉 행복이 최고도로 발현된 공동체를 지향하고 있다. 우리 인간들이 근원적으로 공동체를 이루고 살아가는 존재라는 사실에서 아리스토텔레스는 인간을 '정치적 동물'(Zoon politikon)이라고 규정한다. 국가는 구성원을 도덕적으로 훈련하여 최상의 행복을 구현하는데 그 목적이 있으며, 이는 정의의 덕에 의하여 이루어져야 한다. 아리스토텔레스에서의 덕은 지나침과 부족함의 가운데 상태를 뜻하는 중용 개념에 의하여 특징지어진다. 아리스토텔레스의 실천철학은 윤리학과 정치학으로 구분된다. 그는 윤리학에서 사회 안에서 개인이 어떻게 도덕적으로 선을 실천할 수 있는가를 작업하고, 정치학에서는 선한 삶을 가능하게 하는 사회적 제도가 무엇인가를 제시하려고 한다. 그러므로 선의 이데아는 윤리학의 전제인 동시에 사회적 행위의 목표이고, 정치학적으로는 사회제도의 최고원리로 설정된다. 이같은 최고선은 윤리학적으로는 '행복'(Glückseligkeit) 개념으로, 정치학적으로는 '자족성'(Autarkie) 개념으로 파악된다. 특히 자족성 개념은 '경제적인 자급생활을 위한 힘이나 가능성'(F. Tomberg)을 의미하고 있다. 아리스토텔레스에 의하면 좋은 국가형태로서는 군주제, 귀족제, 공화제, 입헌제 등이 있고, 이런 제도들 역시 전제정치나 우민정치로 전락할 수 있다.

플라톤의 국가철학에 정면으로 도전하는 사람이 바로 칼 포퍼(K. Popper)이다. 포퍼는 플라톤이 민주주의 발전의 역사적 흐름을 막아 전체주의 국가의 이데올로기를 미화하고 있다고 반박한다. 다시 말하면 플라톤은 어떤 사람이 국가를 통치할 경우에 정의로운 국가를 만들 수 있는가라는 물음에만 집착함으로써 권력을 한 사람의 현명한 철인 왕에게 집중시켜서 전체주의적인 유토피아 왕국을 설계하고 있다는 것이다. 그러나 만일 이 철인 왕이 타락하여 불의한 정치를 할 경우에 국민들이 그것을 막을 수 있는 제도적인 장치가 전혀 없다는 사실을 포퍼는 비판한다. 그리하여 포퍼는 '누가' 통치해야 하는가라는 문제보다는 국가 지도자들의 불의한 정치를 방지할 수 있고 개선할 수 있는 정치제도를 '어떻게' 조직할 수 있는가라는 물음이 보다 중요하다고 본다. 포퍼의 '열린 사회'는 바로 어떤 통치자나 정당이 부패하여 불의한 정치를 하는 경우에 피를 흘리지 않고 국민들이 그 정권을 축출할 수 있는 제도상의 뒷받침이 되어 있는 사회이다. 따라서 열린 사회에서는 개인의 기본권이 보장되어 있어서 사회 구성원의 자율적인 판단과 의사가 존중되고 또한 현실정치에서 문제가 되는 부분을 점진적으로 개혁해 나가는 것을 그 이상으로 한다. 플라톤의 이상국가론과 포퍼의 열린 사회론 가운데서 어떤 정치제도가 더 효율적인지 우리가 단번에 판단하기란 어렵다. 왜냐하면 아무리 제도가 좋더라도 정치하는 사람이 국민을 기만하면서 억압하고 공작정치를 할 경우를 예상하지 않을 수 없고, 또한 반대로 완전하게 사심을 버리고 사회정의를 실현하고자 하는 이상적인 인간을 찾기란 매우 어렵기 때문이다. 그럼에도 불구하고 우리는 플라톤과 포퍼의 국가철학에서 사회정의를 실현하는 데 장애가 되는 요인들을 미리 제거할 수 있는 제도적인 장치를 마련하려고 고심하였던 사실을 유의해야 할 것이다.

4. 계몽주의 시대의 국가철학(홉스, 로크, 루소)

마키아벨리(Niccolo Machiavelli 1469~1527)가 국민국가라는 근대적 국가개념을 최초로 주장한 이래, 국가와 정치 형태에 대한 철학적 논의가 활발해지기 시작하였다. 특히 계몽주의 시대에 이르게 되면서 인간의 존엄성과 사회적 위상의 문제가 거론되면서 국가 및 정치에 대한 광범위한 연구가 진행되었다. 홉스와 로크, 그리고 루소는 대표적인 정치사상가들이다. 이들의 논의는 칸트와 독일관념론 철학에서의 실천철학에 중대한 영향력을 가지고 있으며, 현재 미국에서 다시 활기를 찾고 있는 국가철학의 분야에 근원적 모티브가 되고 있다.

홉스(Thomas Hobbes 1588~1679)의 국가 및 사회철학적 특징은 '사회적 원자론'(sozialer Atomismus)에 있다. 근원적으로 적대적인 개별자들의 집합체가 자연상태로 상정된다. 자연상태에서 각자는 다른 사람들과 고립되어 있고 인간은 그 이기적 충동에 의하여 "만인에 대한 만인의 투쟁"을 전개한다. 모든 사람들과의 투쟁은 각자가 만물에 대한 권리를 갖는다는 인식에서 출발한다. 각자가 자연에 대하여 절대적 소유권을 주장하게 됨으로써 자연적으로 대립적인 적대관계가 형성된다. 그러므로 자연상태에서는 '공포'라는 근본경험이 지배적이다. 자연상태에서의 이 같은 투쟁은 자연적 동등성과 상호간의 적대관계 속에서 극단에까지 치닫게 되어, 결국에는 각 개인이 가지고 있는 이기주의적 자유를 총체적으로 위협하기에 이른다. 결국 자연상태에서 사람들은 안전이나 자기보존의 문제를 심각하게 받아들일 수밖에 없게 된다. 단지 자신의 욕구에만 의존하는 개인들은 자기가 할 수 있는 한 모든 방법을 동원하여 자신을 보호하기 위한 원천적인 투쟁의 권리를 행사하게 된다. 그리하여 각각의 모든 사람들은 각각의 모든 사람들과 투쟁할 수밖에 없다.

그러나 이제 사람들은 이 투쟁이 자신에게 이익과 행복을 보장해 줄 수 없다는 사실을 알고서부터, 상호간의 계약을 체결하여 자신의 자유를 제한하는 동시에 자신의 권리와 이익을 보장받을 수 있는 국가를 형성하게 된다. 자연에서 얻지 못한 안전을 인위적인 노력, 즉 예술을 통하여 얻으려고 한다. 사람들은 이제 자발적으로 자신의 자연적 권리를 제한하고, 서로에게 소유권을 양도한다. 이처럼 자신에게 주어진 권리를 양도하는 것을 '사회계약'(Gesellschaftsvertrag)이라고 한다. 이 계약은 개인의 권리를 거대한 인격적 조직체에 양도하는 일종의 종속협정이다. 그러므로 이 계약은 인간에게 자연상태의 부정일 수밖에 없으며, 따라서 언제나 계약이 파기될 위험이 도사리고 있다. 결국 이러한 계약이행을 감시하고 통제하기 위해서는 개인들로부터 권리를 양도받아 여러 가지 법적 권한들을 행사할 수 있는 제도적 장치가 요구된다. 다시 말하면 각 개인들의 합의와 일치를 지속적으로 유지하기 위해서는 계약 이외에도 무엇인가 강력한 것이 요청되지 않으면 안 된다. 이것이 바로 '거대한 레비아단'(Leviathan), 또는 '가사적인 신'이라고 불리는 인격체로서의 국가이다. 레비아단은 바닷속의 거대한 괴물로서 국가가 신의 통치질서에서와 같은 절대적인 권력을 행사한다는 것을 상징적으로 드러내고 있다. 홉스는 국가가 계약을 준수하고 국가 구성원들의 의지를 통합하기 위해서는 전제 군주정치가 가장 이상적인 제도이며, 이 경우에 지배자인 군주가 절대적인 권력을 행사해야 한다고 생각하였다. 홉스의 국가 개념은 그것이 각 개인으로부터 인간의 본질과 영혼까지 양도받는다는 사실에서 가히 전체주의적이라고 할 수 있다. 그리하여 인간은 계약을 통하여 주어진 시민권을 안전하게 보존하기 위하여 인간으로서의 자연권을 포기한다. 자신의 핵심적인 권력을 타자에게 양도하여 자기 자신을 재구성하고, 자기의 주체성을 지키기 위하여 타자에게 자신의 권위를 내맡기게 된 것이다.

로크(John Locke 1632~1704)가 상정한 자연상태는 홉즈가 상정한 것과는 정반대다. 최초의 자연상태에서의 인간은 선의와 상호협조에 의하여 생명과 자유, 그리고 재산의 권리를 보존하여 행복한 생활을 영위하였다고 가정한다. 인간이 누릴 수 있는 것 가운데서 가장 이상적인 '완전한 자유의 상태'가 바로 자연상태인 것이다. 그러나 인간이 자신의 권리에 지나치게 집착함으로써 자의적이고 무법적인 자유를 행사하게 되면서 자연상태의 평화가 훼손되기 시작하였다. 그리고 인간은 고독하게 되었고 동물적으로 전락하였다. 이기적인 자의성과 폭력이 난무하는 개체화의 과정은 바로 전쟁상태를 의미한다. 인간은 비참한 지경에 빠질 수밖에 없게 되었다. 그리하여 이제 사회계약이 필연적으로 요구되는 지점에 이르게 된 것이다. 이를 극복하기 위하여 사람들은 자연법 가운데서 입법과 행정의 한정적 권한을 국가에 부여하는데 동의하였다. 로크의 국가 역시 홉스의 국가처럼 거대한 힘을 가진 레비아단임에 틀림없다. 그러나 로크의 국가는 절대적 군주가 아니라 각각의 고유한 재산권을 가진 시민들이 그 권력을 장악하는 것이 다를 뿐이다. 자연상태에서 하나의 사회를 결합하기 위해서는 전체 권력을 그 공동체 다수에게 양도한다는 것이 전제되어야 한다. 그렇게 된다면 권력은 우리의 외부에 있는 것이 아니라 우리 자신에게 있다. 특히 로크는 시민들의 지배를 강화하기 위하여 계약국가의 권력을 입법부와 행정부의 형태로 분할하는 권력분립(Gewaltenteilung)을 주장하였다. 그리고 국가 지도자가 폭정을 행하는 경우에 대비하여 시민들에게 저항권을 부여하기도 하였다.

루소(Jean-Jacques Rousseau 1712~1778)도 역시 사회현실을 개선하기 위하여 자연상태로부터 출발되는 사회계약론을 지지한다. 그는 언어와 이성이 없는 동물적 인간들의 세계를 자연상태로 파악한다. 인간이 동물과 구분되는 자유는 자연상태에서는 아직 실현되고 있지 않다. 그러다가 역사의 흐름에 이어서 자연과 자유가 구분되기에 이른다. 인간이 자유를 행사하게 되면서 두 가지 측면이 뚜렷하게 부각된다. 각각의 인간은 개체와 종족을 보존하려는 자기애(amour de soi)를 가지고 있는데, 이것은 타자를 위한 동정심(Commisération)에까지 연결되는 감정이다. 다른 한편으로 이들은 종족이나 타자 존재에 대하여 이기심(amour propre)을 가지게 된다. 이러한 측면들은 결국 인간으로 하여금 자연으로부터 이탈하여 사회화하게 하는 요인으로 작용한다. 루소는 사회를 단순하게 조직된 원시사회와 복합적으로 조직된 문명사회를 구분하고, 전자를 보다 이상적인 것이라고 규정한다. 루소에게 특히 유목사회는 가장 이상적인 사회조직이다. 계급 없는 사회로서의 유목사회에서는 원시적 형태의 자기보존과 사회적으로 발전된 형태의 종족보존이 중첩되어 있으며, 타자 존재를 위한 동정심이 지배적으로 나타나고 있기 때문이다. 유목사회가 분업을 통한 분화된 사회로 이행하면서 계급구조가 발생한다. 사회의 지속적인 발전과정은 결국 분업을 촉진하여 노동에 의한 자연획득을 개별화하고, 각 개인이 가지고 있는 재능의 차이가 재산축적에 그대로 반영되면서 불평등을 초래한다. 그러나 이러한 발전을 루소는 부정적으로 파악한다. 그것은 인간의 주된 관심이 자기애에서 이기심으로 퇴보하는 것을 뜻하기 때문이다. 그리하여 각자가 재산권에 대한 주장을 강화하게 되면서 인간의 사회는 전쟁상태로 치닫게 된 것이다. 이러한 전쟁상태에서 루소가 제시한 대안도 역시 사회계약이다. 루소의 사회계약에는 모든 사람들의 자유와 평등이 전제되어 있다. 그러나 이러한 형식적 규정은 구체적인 사회현실에서의 물질적 자유와 평등의 조건들에 모순된다. 그렇기 때문에 사람들은 실질적으로는 이미 전제되어 있는 불평등 속에서 계약을 체결할 수밖에 없는 운명에 예속되어 있다. 그리하여 형식적으로 언표된 평등은 물질적 불평등을 은폐하고 있다. 루소에 의하면 현실사회에서의 물질적 불평등은 사회계약을 형식적으로 구속하고 있는 법률에서도 그대로 노정되고 있다. 사실상 법률은 가진 자들에게 유리하고 무산자들에게 불리하게 규정한다.

루소가 말하는 사회계약은 자기 자신을 일반의지에 의하여 다시 구성하는 것을 뜻한다. 이러한 자체 입법과정을 통하여 인간은 주권과 도덕성을 갖게 된다. 계약은 인간으로 하여금 도덕화, 집단화, 그리고 지배를 가능하게 한다. 인간은 계약을 통하여 자연적 물체를 양도하고 인위적 특성을 가지는 도덕적 집단적 물체를 새롭게 구축함으로써, 원천적으로 지배와 주권을 창출한다. 여기에서 말하는 주권은 이기심을 가진 개인의지가 아닌 공공적 일반의지에 기초한 지배형식을 말한다. 계약에 의하여 주권이 창출되고, 다시 이 주권에 의하여 새로운 사회상태, 즉 도덕적이고 집단적인 인간의 상태가 성취되는 것이다. 그러므로 루소의 사회계약론은 단적으로 국민주권에 대한 이론이라고 할 수 있다. 원천적 권위로서 군림하는 주권이 구현된 국가 구성체는 하나의 의지를 가진 도덕적 존재로 고양된다. 그리하여 공민들은 이제 보편의지가 충족되기를 바라기 위하여 자신들의 개별의지가 보편의지 속에서 발전되고 지양되도록 행위하게 된다.

5. 롤즈의 사회정의론과 노직의 최소국가론

오늘날 미국에서 논의되고 있는 국가철학 분야에 있어서 대표적인 철학자로서 우리는 존 롤즈(John Rawls)와 로버트 노직(Robert Nozick)을 들 수 있다. 이들의 출발점은 사회계약 이전의 인간들에게 주어져 있다고 생각되는 원초적인 자연상태이다. 이로부터 인간은 자신의 고유한 권리를 침해받지 않기 위하여 국가를 만드는데, 문제는 바로 개인이 누려야 할 권리와 그것을 지키기 위하여 개인이 국가에게 위임해야 하는 권리의 조화가 어떻게 고려될 수 있는가라는 점이다.

롤즈는 한 국가를 통치하는데 있어서 근본적으로 고려되어야 하는 정의의 원칙을 두 가지로 제시한다. 정의의 제1원칙은 '평등한 자유의 원칙'이다. 사람들은 다른 모든 사람들이 가질 수 있는 기본적인 자유를 평등하게 가져야 한다는 것이다. 자유 민주주의의 헌법상에 보장된 인간의 기본권이 바로 그것이다. 따라서 사상과 학문의 자유, 신체의 자유, 양심의 자유 등과 같은 기본적인 권리는 모든 사람에게 평등하게 보장되어야 하며, 어떤 이유로도 훼손될 수 없다. 정의의 제2원칙은 분배적인 정의 개념에 입각한 '차등의 원칙'이다. 제1원칙이 평등의 원칙이라면 제2원칙은 불평등의 원칙이다. 이와 같은 사회적 경제적 불평등은 반드시 개개인의 능력과 역할, 직위 및 직책과 같은 공개된 사회구조의 배분적인 특성을 반영해야 한다. 차등의 원칙은 최소 수혜자에게 최대 이익을 보장하고 기회균등의 원칙이 선행되는 조건 하에서만 정당화될 수 있다. 다시 말하면 만일 일정한 사회 안에서 불평등의 원칙을 적용하지 않으면 안 될 경우, 그것은 그 체계 안에 있는 모든 사람에게 최대의 이익을 줄 수 있을 때만 정당화될 수 있다. 그리하여 모든 당사자들이 그 불평등으로부터 이익을 받을 수 있어야 한다. 그리고 이 경우에 특수한 이익을 가지게 되는 모든 직위와 직책은 반드시 공정한 경쟁을 통하여 얻어져야 한다. 다시 말하면 차등의 원칙은 반드시 공정한 기회균등의 원칙을 전제로 해야 하는 것이다. 가령 하나의 기업을 운영할 경우에 그 기업에 속하는 모든 사람들이 똑같은 위치에서 같은 일을 하고 얻을 수 있는 이익보다도 불평등의 원칙을 적용하여 어떤 특정한 사람에게 능력과 천부성을 발휘하게 하고 그 직책에 맞는 특혜를 주는 것이 다른 구성원들에게도 보다 큰 이익을 가져올 경우에는 차등의 원칙이 정당화될 수 있다는 것이다.

이와 같은 정의의 원칙이 적용되고 있는 자유주의 국가의 사회 안에서도 어떤 소수의 사람들은 부정의한 법의 준수를 강요받을 수가 있는데, 이와 같은 경우에 롤즈는 '시민 불복종의 권리'를 부여하고 있다. 시민 불복종의 권리는 헌법상에 규정된 인간의 기본권이 오랜 기간 동안 불의한 권력주체에 의하여 고의적으로 침해당하고 있으며, 시민들의 지속적인 시정 요구에도 불구하고 고의적으로 거부되고 있으며, 해당 사안이 평등한 자유의 원칙을 위반하고 또한 기회균등을 우선적으로 보장해야 하는 차등의 원칙조건을 위반하였을 경우에 정당화된다. 그리고 시민 불복종의 자유를 행사할 경우에 예측되는 모든 사회혼란의 책임은 저항하는 사람에게 있지 않고 권력을 남용한 당국자들에 있다는 것이 바로 롤즈의 지론이다.

　국가 안에서의 지배적인 정의의 두 원칙을 적용하여 이른바 분배적 정의를 실현할 수 있을 경우에 사회정의와 정의로운 국가를 이룰 수 있다는 롤즈의 입장을 비판한 철학자가 바로 노직이다. 그는 모든 사람에게는 어떤 이유로도 침해받을 수 없는 인간의 기본권이 부여되어 있으며, 이 권리들은 소유한 개인들의 자발적인 의사결정에 의해서만 교환되거나 규제될 수 있다고 주장한다. 그러나 지금과 같은 광역국가에서는 어떤 유형으로든지 인간의 기본권이 침해받을 수 있는 소지가 있으며 따라서 현행제도와 같은 국가이론은 정당화될 수 없다는 것이다. 노직이 인정하는 국가란 '한 지역 안에서의 지배적인 보호협회'로서 그 지역 안에서 살고 있는 모든 개인들의 기본적인 권리를 보호하기 위하여 결성된 최소한의 이상적인 기구이며, 이와 같은 '최소국가'는 강압, 절도, 사기행위로부터의 보호와 같은 가장 구체적이고 현실적인 위험을 방지하는 야경국가의 의미만을 가진다.

　그리고 이와 같은 최소국가에서는 정의원칙의 단순한 실행여부가 중요한 것이 아니고 정의의 원칙이 어떤 절차를 거쳐서 실행되는 가라는 사실이 보다 큰 의미를 가진다. 예를 들면 정의로운 실정법이 실제로 집행되는 절차상에 불의한 의지나 불법적인 방법, 그리고 의혹의 요소가 개입될 수 있기 때문이다. 그러므로 최소국가는 신뢰할 수 없는 다른 사람들이 정의를 집행하는 일이 없도록 통제하고 정의가 실행되는 절차 그 자체를 감독하는 일을 담당한다. 그러나 정의를 집행하는 절차의 적법성을 판단하는 권리는 특정한 기관이나 국가에게 독점적인 것이 아니고 그 최소국가의 구성원 모두에게 주어져야 한다.

　이와 같이 노직은 현실적으로 절차적 정의의 실행 여부를 판정하는 일은 지배적인 권력기관에 의하여 '실제적인 독점'을 당하고 있는 것이

예사라고 인정한다. 그럼에도 불구하고 모든 사람들은 자신에게 적용될 정의의 절차가 믿을 만하고 공정하다는 것을 충분하게 입증할 수 있는 정보를 가질 권리가 있으며 또한 동시에 그와 같은 정보체계와 절차적 정의가 부당한 방법에 의하여 운용되었을 경우에는 거부하고 저항할 수 있는 권리를 가질 수 있다. 그러므로 실정법을 적용하는 절차가 불법적이거나 조작되었을 경우에 국민들은 그 판정에 불복할 수 있는 권리를 가진다. 이와 같이 롤즈와 노직의 국가철학은 보수적인 자유주의의 입장을 개진하고 있기는 하지만 그 어떤 경우에도 인간의 기본권이 침해당해서는 안 된다는 상식을 되풀이하고 있는 것이다.

6. 인권, 그리고 그 보편성 주장에 대하여

포스트모더니즘과 다문화주의와 같은 가치상대주의적 진리주장들이 난무하는 현 시대에 있어서도 인권 문제만큼은 여전히 보편주의적 관점에서 조망해야 할 철학적 화두로 남아 있다.

인간에 의한 인간의 차별현상은 아직도 세계 도처에서 광범위하게 관찰되고 있으며, 집단학살과 인종청소, 정치박해와 국외추방, 불법감금과 고문, 강제노역과 인간실험, 그리고 무차별 융단폭격이나 테러와 같은 비인간적인 만행이 그치지 않고 있다. 이와 같은 인권침해 행위들은 그 동안 인종, 민족, 종교, 국가, 이념 등의 이름으로 이루어졌다. 그러한 까닭에 오늘날 인권은 국가전체주의와 종교절대주의에 대항하는 권리, 즉 저항권으로 인식되고 있다.

인간은 바로 그가 인간이기 때문에 존엄한 가치를 갖는 존재이다. 스토아학파에서 토마스 아퀴나스와 그로티우스, 그리고 로크, 몽테스키

외, 홉즈, 루소에 이르는 천부인권론자들과 자연법 사상가들은 인격성이 자연이나 신에 의하여 부여된 고유가치라는 사실을 강조하면서, 모든 인간은 태어나면서부터 다른 사람에게 결코 양도할 수 없는 고유한 권리를 가지고 있다고 선언하였다. 이처럼 인권선언은 기나긴 투쟁과정을 통하여 쟁취한 가장 소중한 인류의 유산인 것이다.

절대주의에 대한 투쟁경험을 통하여 인류는 미국 헌법(1787)과 프랑스 인권선언(1789)을 성취하였고, 인간의 기본권 존중을 국가의 존재근거로 확정하게 되었다. 세계 최초로 인권을 기본권으로 천명한 미국의 버지니아 권리장전(1776)에서는 인권을 국가보다 우선한 것으로 선언하였다. 전후 독일학자들은 기본법의 국가, 즉 인권에 바탕을 둔 인간존엄의 국가로 선언하고 있는 그들의 헌법에 대하여 자부심을 표명해왔다. 이로써 인권(자연법)은 국가의 모든 실정법의 근본토대가 된 것이다.

이를 바탕으로 칸트는 근대적인 인권 개념의 척도를 마련한다. 아우토노미, 즉 자율성 개념이 바로 그것이다. 인간은 도덕적 선의지를 가지고 있으며, 스스로 결정하고 규제할 수 있는 법칙을 가진 존재이다. 따라서 인간은 결코 수단으로 여겨질 수 없으며, 언제나 그 자체로서 존재하는 고유 목적으로 간주되어야 한다. 그러나 자유가 무제한적인 것은 아니다. 자유가 그런 것이라면 인류는 결코 자연상태를 벗어나지 못했을 것이다. 자유는 일반원칙에 의하여 모든 사람의 자유와 양립할 수 있는 한에서 다른 강제적인 자의로부터 독립할 수 있는 권리를 뜻한다.

그렇다면 인권은 어떤 근거에서 제한될 수 있는가? 엄밀한 의미에서 인권은 어떤 경우에도 제약되거나 위축되어서는 안 된다. 그것은 인간이 인간이기 위해서 필연적으로 요구되는 최소한의 것, 가장 기본적인 것이기 때문이다. 여기에서 제한될 수 있는 것은 인권이 아니라 인간의 자유이다. 사회계약론자들은 인간이 자연상태에서 벗어나기 위하여 자율적인 규제를 바탕으로 국가를 수립하였다고 주장한다. 인간의 자유는 일반의지, 즉 법에 의해서만 제약될 수 있다. 이 규정은 칸트에서도 타당하다. 인간의 자유는 다른 모든 사람들의 자의와 양립될 수 있는 한에서 최대한 허용되어도 좋을 것이다.

롤즈의 사회정의론은 개인의 평등한 자유권과 사회의 기본구조를 매개하려는 시도로서, 최소수혜자에게 최대이익을 보장하는 공리주의적 요구에 의하여 사적 권리의 제한이 정당화될 수 있음을 보여주고 있다. 반대로 칸트는 시민들의 권리가 최대한 보장되는 국가를 최고의 지배형태라고 생각하였다. 공리주의적 이념에 따른 행복국가는 독재화와 우민화를 초래할 위험이 있기 때문이다. 그러나 칸트의 이성국가는 인간을 궁핍으로부터 자유롭게 할 수 없다는 한계를 안고 있다.

그리하여 자유와 평등의 조화를 추구하는 자유의 질서는 이제 구체적인 유토피아론으로 전개된다. 블로흐는 자연법유토피아를 지향하는 정치구상에서 인권과 경제적 해방의 조화를 동시에 추구하였다. 인간의 존엄성이 결여된 경제적 해방이나 또는 착취의 종결 없이 인권을 언급하는 것은 아무런 의미도 없기 때문이다. 그리하여 블로흐는 인간의 행복을 추구하는 사회유토피아와 인간의 존엄성으로부터 나온 자연법 국가이념이 결합된 법유토피아국가를 꿈꾸었던 것이다.

기본권(법)과 민주주의(정치)의 우선성에 대한 하버마스와 드워킨의 논쟁 역시 인권 문제의 보편성 주장과 관련되어 있다.

드워킨은 이미 존재하고 있는 공동체의 한 구성원이라는 사실에서 출발하며, 기본권과 민주주의의 상호관계에 대한 그의 논변은 현실주의적 해석에 바탕을 두고 있다. 개인의 권리와 기본권은 법국가의 헌법

속에 이미 전제되어 있어야 하며, 각 개인은 그러한 공동체 안에서만 민주적인 의사결정 과정에 참여할 권리를 얻게 되고, 다른 주장들에 대하여 이의를 제기하면서 그들의 집단적 결정에 대해서는 도덕적 독립성을 유지할 수 있다. 따라서 그는 민주주의적 절차만을 강조하는 입장에 대해서는 회의적이다. 기본권을 보호하고 효율적으로 관철시키기 위하여 민주주의적 절차가 필요하겠지만, 민주주의적 절차가 기본권에 대한 최선의 해석도 제공한다고 믿을 수는 없기 때문이다. 또한 민주주의적 다수가 언제나 기본권을 보호한다고 볼 수도 없다. 민주주의의 전제조건으로서 기본권과 인권을 보장하는 헌법국가가 존재해야 한다. 따라서 객관적인 법이 강조되어야 하고, 민주주의적 정치는 이 법에 대한 최선의 해석을 위한 노력으로 이해되어야 한다. 기본권은 민주주의와 모순되는 것이 아니라 민주주의의 본질적인 전제조건에 속한다. 그는 공동체적 민주주의를 위한 전제조건으로서 각 개인은 국회대표를 선출하는 정치적 의사결정에 참여해야 하고, 그 과정에서 각 개인의 이해관계가 표출되어야 한다는 사실을 중시한다. 그러나 드워킨의 주장은 모든 공동체가 구성원의 권리를 동등하게 존중하지 않을 뿐만 아니라, 더 나아가서 시민들의 권리와 의무가 특정한 공동체에 속한 구성원들의 자격으로부터 정당화될 경우에는 전체주의적 결정을 승인할 위험이 있다는 비판에 직면하게 된다.

절차적 해석을 강조하는 하버마스에게는 국가공동체의 존재 사실보다는 공공적인 여론화 및 민주적인 의사결정을 위한 제도보장이 더 중요한 의미를 갖는다. 그와 같은 의사결정 과정에 기본권을 가진 시민들의 참여라는 민주적인 절차문제가 보다 우선적이며, 따라서 그는 법공동체의 존속을 중시하는 헌법재판소의 기능에 대해서 회의적이다. 하버마스는 의사소통적 주체가 도덕적 자기규정(자율)의 이념에 입각하여 개인의 기본권을 행사할 수 있는 존재라고 생각하는 점에서 칸트주의자이다. 따라서 그는 사적 자율성에 의한 권리가 공동체적 규정에 앞선다고 믿고 있다. 시민들의 사적인 자율을 보장하는 기본권이 없다면, 시민들에게 자신들의 공적인 자율을 사용할 수 있게 하는 조건들을 제도화할 수 있는 어떤 수단도 있을 수 없기 때문이다. 그러므로 사적 자율성(인권)의 영역에서 공적 자율성(국민주권)의 영역으로의 이행은 이성의 공적 사용, 즉 정치참여와 의사소통의 권리실현을 통하여 가능하게 되는 것이다.

법의 제국(드워킨)과 의사소통구조(하버마스)의 존재요청에도 불구하고 세계 곳곳에서 인권침해사태가 여전히 계속되는 것은 분명히 하나의 역설이다. 이로부터 잘못된 국가권력에 대한 불복종의 권리, 즉 저항권의 문제가 제기된다. 이 같은 위험을 미리 간파한 홉즈는 국가가 시민의 보호기능을 수행하지 못할 경우에 지배자에 대한 시민의 의무 역시 소멸된다고 하였다. 그러나 칸트는 전제정치에 대한 저항권의 물음에서 딜레마에 빠지고 말았다. 칸트는 프랑스혁명을 예찬하면서도 국가원수의 불법행위에 항거할 수 있는 국민의 저항권은 인정하지 않았다. 법적 저항권을 인정하게 되면 이론적으로 최상의 입법규정인 헌법 그 자체를 부정하는 모순을 범한다고 생각하였기 때문이다. 우리는 국가권력이 그 시정요구에도 불구하고 불의를 반복적으로 수행할 경우에 불복종의 권리를 선택할 수 있다는 롤즈의 정의론에 이르러서야 칸트의 역설에서 비롯되는 당혹감을 떨칠 수 있게 된다. 칸트가 정치적 최고선을 촉진하기 위하여 세계국가공동체의 수립을 제안하였음에도 불구하고, 국가권력의 타락과 불법에 대한 적절한 대책을 제시하지 않은 것은 그의 한계라고 지적하지 않을 수 없다.

그렇다면 인권문제와 더불어 궁극적으로 보호되어야 할 대상은 누구인가? 인권이 물어지는 곳에서 우리는 언제나 구체적인 개인의 권리주장이 우선적으로 존중되어야 한다는 원칙을 확정해야 한다. 개인이 일차적이고 국가는 이차적이다. 인권과 주권이 대립하는 곳에서는 인권이 우선적으로 보호되어야 한다. 칸트와 헤겔의 역사이해에 의하면 인간의 반사회성이나 이성의 간지에 의하여 역사는 낙관주의적으로 전개된다. 그러나 이와 같은 발상은 적어도 인권문제에 있어서만큼은 물리쳐야 한다. 인권이 유린되고 인간이 억압받고 있는 현장에서 지금 당장 보호되어야 할 일차적인 대상은 인간성이나 국민주권과 같은 추상적 개념이 아니라 구체적으로 살아 숨쉬는 개별적인 인간들이기 때문이다. 인간의 생명은 환원이나 대체가 불가능하다. 그것은 일단 훼손되면 치명적인 손상을 입게 되고, 그에 대한 어떤 보상도 의미를 갖지 못하는 특성이 있다.

이 점에서 알랭 투렌의 지적은 매우 타당하다. 시민권의 기초를 이루고 민주주의에 적극적인 내용을 부여하는 것은 주체라는 것이다. 민주주의는 스스로에 대항하여 스스로를 보호한다. 여기에서 주체가 없다면 민주주의는 민중민주주의나 사회민주주의와 같은 새로운 억압체제로 전락할 수 있다. 인권의 보편성 주장, 그것은 바로 인간의 기본권은 다른 어떤 것으로도 환원될 수 없는 일차적인 것이라는 사실에 있다.

정리

1. 고대 그리스의 도시국가(Polis)에서는 민주정치가 부분적으로 시행되었다.
2. 플라톤의 이상국가 및 철인정치론은 당시의 민주정치제 속에 함축된 부정성에 대한 비판적 대안으로 제시되었다. 그러나 포퍼는 플라톤의

대안이 더 나쁜 선택일 수 있다고 비판하면서, '열린 사회'의 개념을 제시한다.

3. 홉스는 만인에 대한 만인의 투쟁을 자연상태로 설정하고, 종속적 사회계약을 통하여 확립된 거대한 국가조직(레비아단)을 묘사한다.

4. 로크는 인간에게 가장 이상적인 삶의 가능성이 주어진 최초의 자연상태를 설정하고, 이기적 개인들이 자유를 오용함으로써 자연상태가 훼손되고 결국에는 파국적 갈등상황으로 전개되는 과정에서 이루어지는 사회계약이 시민국가를 가능하게 한다고 지적한다.

5. 루소는 이성과 언어를 갖추지 못한 직접적인 원시사회를 자연상태로 설정하고, 사회의 발달과정에서 조장된 이기심과 분업에 의하여 형성된 불평등을 해소하기 위하여 사회계약이 필요하다고 역설한다. 계약을 통하여 인간은 일반의지를 회복하고 주권을 가질 수 있게 된다.

6. 롤즈는 거대국가론을 지지하고, 이를 운용하기 위한 원칙으로서 사회정의론을 제시한다. 모든 사람이 평등하다는 정의의 제1원칙과, 최소수혜자에게 이전 상태보다 더 큰 이익을 보장한다는 전제 하에서 불평등이 인정될 수 있다는 정의의 제2원칙을 제시하였다.

7. 노직은 최소국가론을 지지하고, 정의의 원칙은 절차적 정의에 이르기까지 세세하게 확립되어야 한다고 주장한다.

8. 천부인권론자들과 자연법 사상가들은 자연이나 신에 의하여 부여된 인간의 고유가치, 즉 모든 인간은 태어나면서부터 다른 사람에게 결코 양도할 수 없는 고유한 권리를 가지고 있다고 선언하였다. 이는 미국의 버지니아 권리장전(1776), 미국 헌법(1787), 프랑스 인권선언(1789)을 통하여 확고한 위치를 갖게 되었다.

참고문헌

이진우, 『탈이데올로기 시대의 정치철학』, 문예출판사 1993.

Baruzzi, A.: *Einführung in die politische Philosophie der Neuzeit.* Darmstadt 1983. 이진우 역, 『정치철학』, 서광사 1991.

Dworkin, Ronald: *Law's Empire*. Harvard University Press, Cambridge 1986.

Habermas, J.: *Die Einbeziehung des Anderen. Studien zur politischen Theorie*. Frankfurt 1986; 『이질성의 포용: 정치이론연구』, 나남출판 2000.

 ─ : *Faktizität und Geltung. Beiträge zur Diskurstheorie des Rechts und des demokratischen Rechtsstaats*. Frankfurt 1992; 『사실성과 타당성: 담론적 법이론과 민주주의적 법치국가 이론』, 나남출판 2000.

Hobbes: *Leviathan oder Stoff, Form und Gewalt eines bürgerlichen und kirchlichen Staates*. Hrsg. und eingel. von Iring Fetscher. Frankfurt. 이정식 역, 『리바이어던』, 박영문고 253-256, 박영사 1984-8.

Locke, J.: *Two Treatises of Government*. London 1963. Deutsch: *Zwei Abhandlungen über die Regierung*. Frankfurt 1967. 한상범 역, 『통치론』, 대양서적 1983.

Matz, Ulrich: *Staat*, in: H. Krings u.a. hrsg., *Handbuch philosophischer Grundbegriffe*. München 1973.

Nozick, R.: *Anarchy, State and Utopia*. New York 1974. 남경희 역, 『아나키에서 유토피아로 - 자유주의 국가의 철학적 기초』, 문학과 지성사 1983.

Popper, K.: *Die offene Gesellschaft und ihre Feinde*. Bd. I: *Der Zauber Platons*, Bd. II: *Falsche Propheten. Hegel, Marx und die Folgen*. Bern-München 1970. 『열린 사회와 그 적들』 제1권, 이한구 역; 제2권, 이명현 역, 민음사 1992.

Rawls, J.: *A Theory of Justice*. Cambridge Mass, 1971. 황경식 역, 『사회정의론』, 서광사 1977.

 ─ : *Political Liberalism*. Columbia University Press 1993; 『정치적 자유주의』, 동명사 1998.

Rehman, J.: *Einführung in die Sozialphilosophie*. Darmstadt 1979. 설헌영 외 역, 『사회철학에의 초대』, 학민사 1983.

Rousseau, J.J.: *Diskurs über die Ungleichheit*. Paderborn 1984. 최현 역, 『인간불평등기원론. 사회계약론』, 집문당 1990.

제10장 의사소통의 철학이란 무엇인가

논의를 전개하려는 사람은 그 자신이 사회화 과정을 통하여 구성원으로 있는 실재적인 의사소통공동체와, 원칙적으로 그 논증의 의미가 명증적으로 이해될 수 있고 진리가 명확하게 판별될 수 있는 이상적인 의사소통공동체라는 두 가지 사실을 항상 동시에 전제해야 한다.

칼-오토 아펠

그러므로 해석학은 이해과정을 합리적인 담론의 원리와 연결시킨다. 이와 같은 합리적인 담론의 원리에 의하면 진리란 지배로부터 자유로운 무제한적인 의사소통이 이상적인 조건 아래서 오랜 시대에 걸쳐 지속되어 온 합의에 의해서만 보증된다.

위르겐 하버마스

1. 담론이란 무엇인가?

사람들은 말을 가지고 행위한다. 우리는 말로써 우리의 뜻과 생각, 그리고 느낌을 다른 사람들에게 직접 전달할 수 있다. 말과 언어는 사람들의 뜻과 생각을 서로 매개하는 상징적인 기호체계이며 의미체계이다. 우리는 말을 가지고 대화, 즉 의사소통을 시도하게 된다. 이러한 대화를 통하여 우리는 비로소 자기 자신의 존재를 확인하게 되고, 이 세상에는 다른 사람들도 살아가고 있다는 사실을 배려하게 된다. 이런 사실들을 바탕으로 결국 '우리'라는 사회적 연대의식이 형성된다. '우리'의 개념은 사회정치적 의미 함축을 가진다. 우리는 가정을 이루고 하나의 지역사회와 공동사회를 구성한다. 그리고 우리는 민족과 국가를 형성하는 주체가 되기도 한다.

자유민주주의 사회에서의 우리는 모든 개인들의 기본적인 자유를 서로 존중하면서 침해하지 않겠다는 기초적 합의를 전제하면서 살고 있다. 그러나 자유민주주의 사회가 전제하고 있는 원초적인 합의는 후기 자본주의 사회로 들어서면서 그 정치행태의 기술화 및 관료화로 인하여 근본적으로 파기되거나 무시되는 일이 잦아지게 되었으며, 개인들이 자유롭게 자기의 생각을 말할 수 있는 기회가 공공연하게 통제되거나 박탈되기도 하였다. 그리하여 외형적으로는 자유가 많은 것처럼 보이지만 실제로는 대중조작적 통제 속에 살고 있는 우리의 자화상을 보면서 이상적인 합의의 가능성 조건들이 무엇인가를 새롭게 생각하게 된다.

이상적인 합의에 도달하기 위하여 우리들이 자유로운 대화를 통하여 자신의 생각과 뜻을 발표하고 그 정당성을 주장하는 모든 절차를 의사소통(Kommunikation)이라고 한다. 말을 가지고 자기 자신의 의지 내용을 표현하고 발설하는 모든 행위, 곧 의사소통적 행위는 토의나 담론(Diskurs)이라는 형식을 통하여 그 절정에 이르게 된다. 우리는 어떤 구체적인 결론이나 합의에 도달하기 위하여 자신의 의사를 개진하고 정당화하며 다른 사람들의 의견을 수렴하기도 하는 비판적인 논의의 과정을 거치게 된다. 그리하여 서로 다른 의견을 가진 많은 사람들은 모든 발언권자에게 부여된 자유로운 발표의 기회를 통하여 각 개인들로서 가질 수밖에 없는 인식의 한계를 비판적으로 극복해 가면서 일정한 합의에 도달하게 된다. 이와 같은 의사소통적 행위의 과정은 자유민주주의 사회에서의 모든 주요 정책을 결정하는데 반드시 고려되어야 하는 가장 기초적인 절차이며 더 이상 물러설 수 없는 논의상황을 이루게 된다.

그러나 우리는 현실적으로 어떤 사람이나 집단의 고유한 발언 기회가 의도적으로 박탈당하든가, 그렇지 않으면 토의 참여자들에게 외부적인 압력을 행사하여 처음부터 의도된 합의 내용에 도달할 수 있도록 조작하는 경우를 예상할 수 있다. 다시 말하면 체계적으로 왜곡된 의사소통의 절차가 있을 수 있는 것이다. 체계적으로 왜곡된 의사소통의 형태는 바로 무의식 속에서의 악몽으로부터 한없이 시달림을 당하고 있는 정신병 환자의 일탈된 의식구조나, 공산주의 이데올로기에서와 같이 일방적인 선전책동과 획일적인 행동지침을 강요하는 사회구조 안에서 찾아볼 수 있다. 그리고 전체주의적 성향의 국가체제에서도 체계적으로 왜곡된 의사소통의 흔적이 발견된다. 정상적인 의식과 의사소통의 구조를 체계적으로 왜곡하기 위하여 제도적인 정치권에서는 공안통치나 여론조작과 같은 일차원적 사회의 통제수단을 동원할 수도 있다. 그리고 필요한 경우에는 언제든지 불법적인 폭력 수단을 사용하기도 한다. 더 나아가서 이러한 절차까지도 귀찮다고 여기게 될 때에는 모든 합의의 절차를 일방적으로 무시하고 일축하기도 한다.

체계적으로 왜곡된 의사소통의 구조 속에서는 기초적인 대화가 거부되거나, 또는 전혀 이루어지지도 않은 합의나 강압적인 방법으로 이루어진 거짓된 합의를 마치 정상적인 의사소통의 절차에 따른 이상적인 합의인 것처럼 기만하고 조작한다. 그러므로 우리는 생존권과 직접적으로 관련된 사안들이 민주적인 토론의 절차를 거치지 않고 여론조작과 같은 왜곡된 의사소통의 구조에 의하여 처리되고 있는지를 비판하고 감시해야 한다. 체계적으로 왜곡된 의사소통의 구조 속에서 거짓된 합의가 있다면 반드시 자유롭고 정상적인 대화 절차에 따라서 비판하고 수정해야 한다.

국민과 정부간의 담론구조가 왜곡되어 있는가를 살피는 것은 대단히 중요한 일이다. 이를 위하여 국민은 국가의 통치권을 위임하기 전에 언제나 집권 정당의 정책을 미리 물어야 한다. 또한 국민의 투표에 의하여 집권하게 되는 정당은 국가 권력을 자의적으로 남용해서는 안 되고 국민에게 약속한 정책의 테두리 안에서만 통제적으로 사용해야 한다. 집권 정당이 국민에게 약속한 정책을 수행할 수 없게 된 경우에는 결정적으로 국민의 의사에 따라야 한다. 또한 국민들에게 정책을 제시하지 못한 사안이 정치적 쟁점으로 부각되었을 경우에도 집권당은 국민의 여론을 합리적으로 수렴하여 정책을 수립하고 시행해야 한다. 특히 국민의 생존권이나 재산권이 결부된 문제들에 대해서는 정책수행에 의하여 예상되는 피해를 미리 알려주고 국민들이 자율적으로 결정할 수 있도록 계몽해야 한다. 이와 같은 모든 경우에 가장 기초적인 문제는 담론과 이상적 합의의 가능성 조건에 대한 물음이다.

그렇다면 자유로운 대화와 토의, 즉 담론의 가능성 조건은 무엇이고, 또한 우리는 어떻게 이상적인 합의에 도달하게 되는가? 이 물음을 통하여 우리는 이제 현대 독일의 두 석학, 즉 하버마스와 아펠이 주도하고 있는 의사소통의 철학에 다가서게 된다.

하버마스는 해석학을 도구로 하여 이해과정을 합리적인 담론의 원리와 연결시키는데 결정적으로 기여하였다. 합리적인 담론의 원리에 의하면 진리는 아무런 강요나 지배를 받지 않는 무제한적 의사소통의 구조, 즉 이상적인 대화 상황의 조건 아래에서 지속되어 온 그런 합의에 의해서만 보증된다. 하버마스는 이와 같은 담론이론의 기초를 칼-오토 아펠의 철학에서 받아 들였다. 아펠은 일찍이 진리 언술의 토대를 이루는 논의상황과 논의공동체에 대한 철학적 분석을 시도하였다. 그의 철학이론 가운데서 가장 중요한 사실은 바로 의미 있게 논의를 하는 사람은 그 자신이 구성원으로 있는 실재적인 의사소통공동체와, 원칙적으로 그 논증의 의미가 명증적으로 인식될 수 있고 진리가 명확하게 판별될 수 있는 이상적인 의사소통공동체라는 두 가지 사실을 항상 동시에 전제해야 한다는 데 있다.

2. 하버마스의 해방적 비판이론과 담론의 구조

하버마스(Jürgen Habermas)는 1929년 독일 뒤셀도르프 시에서 태어난 철학자로서 호르크하이머를 중심으로 형성된 프랑크푸르트학파의 유산을 물려받아 새로운 비판이론을 정초하였다. 우리나라에서도 그의 주저라고 할 수 있는 『인식과 관심』, 『이론과 실천』 등이 번역 소개되었다. 일반적으로는 이 책들이 더 잘 알려져 있으나 우리는 의사소통 및 담론윤리의 문제와 관련된 저서들, 즉 『의사소통적 행위이론』(1981)과 그 『보론』(1984), 그리고 『담론윤리에 대한 설명』(1991)을 중심으로 하여 어떻게 이상적인 대화가 가능할 수 있는가를 집중적으로 살피고자 한다.

하버마스의 의사소통 이론은 물론 프랑크푸르트학파의 비판철학적 정신과 하이데거와 가다머의 해석학적 전통 가운데서 대단히 광범위한 철학적 유산을 물려받고 있다. 그렇지만 우리가 담론윤리의 문제와 관련하여 다루어야 할 부분들은 그가 정신분석학과 아펠의 철학에서 영향 받았던 측면들이다. 하버마스는 언어철학에서의 수행이론과 퍼어스의 과학자 공동체 이론을 독일철학의 선험적-해석학적 전통에 수용하였던 아펠의 철학을 상당히 긍정적으로 평가하고 이를 계속 발전시켜 나갔다. 그러나 그는 사회철학에 대한 접근이 단순하게 과학주의적인 방법이나 해석학적인 방법만으로는 무의미하다고 보고 해방적 비판이론으로 접근할 것을 주장한다. 그리고 전통사회에 대한 해방적 비판적 접근은 정신분석학에서의 치료모델과 이데올로기 비판론에서 찾아볼 수 있다고 생각한다. 이 두 가지 모형에서 하버마스는 체계적으로 왜곡된 의사소통의 구조를 깨뜨리고, 자기의 참된 모습을 다시 발견할 수 있도록 해방의 차원을 우리에게 열어 주고 있는 계몽의 과정과 의사소통에 관한 철학, 즉 합리적인 담론의 가능성 조건을 체계적으로 작업하고 있다. 어떻게 이상적인 대화는 가능한가? 이성적이고 합리적인 토의와 담론은 어떤 조건들 아래에서 이루어질 수 있는가? 처음부터 외부의 강요에 의하여 이루어진 거짓된 합의와 진실한 합의를 구분할 수 있는 기준은 무엇인가? 합의란 도대체 어느 순간까지 진리일 수 있는가? 영원하게 타당할 수 있는 이상적 합의의 존재 여부와 그 가능성 조건들은 도대체 무엇인가? 이와 같은 물음들이 하버마스의 담론 윤리학에서 제기될 수 있다.

정신분석학은 한 개인의 무의식 속에 은밀하게 감추어진 원초적인 갈등상황이 순간적이고 피상적인 의식의 한 장면으로 나타나는 왜곡된 사실들을, 환자에게 이해가 되도록 설명하여, 일상적인 의미체계로 재구성하고 반성할 수 있도록 도와주는 치료기술이다. 하버마스 이것을 단순한 치료행위만으로 보지 않고, 체계적으로 왜곡된 의사소통의 구조 속에서 억압되어 있는 의식을 해방시키는 계몽 활동의 일환으로 생각한다. 하버마스는 정신분석학에서 보여 주고 있는 적극적인 의미에서의 해방적인 치료 과정을 수용한다. 따라서 그는 체계적으로 왜곡된 의사소통의 구조 속에서 억압된 내용들이 치료되어 정상적인 의미와 상징체계로 재구성되는 과정을 중요하게 생각한다. 그리고 그는 이 같은 정신분석학적인 해방을 가능하게 하는 몇 가지 전제 조건들이 있다는 사실을 강조한다. 첫째로 정신분석학자는 왜곡되지 않은 일상적인 의사소통의 구조를 가지고 있어야 한다. 만일 환자를 치료하고자 하는 의사 자신이 정신분열증 현상을 가지고 있다면 환자의 치료는 처음부터 기대될 수 없을 것이다. 둘째로 정신분석학자는 환자의 의사소통 행위 가운데서 정상적인 표현 방식과 왜곡된 표현 방식을 구분하고 분석할 수 있어야 한다. 환자의 진술 가운데서 왜곡된 요소가 무엇인가를 지적할 수 있는 능력이 있어야 한다. 셋째로 환자의 의식 속에서 일탈된 비정상적인 행위들의 근본 원인들을 해석하고 이것을 다시 환자에게 이해시켜서 환자가 무의식적인 억압 구조에서 해방될 수 있도록 해야 한다. 왜곡된 사실들의 원인 분석과 그에 대한 치료적 처방을 알고 있어야 한다. 이와 같은 의사소통 능력을 가지는 경우에만 정신분석학자는 왜곡된 정신구조를 가진 환자들을 다루고 치료할 수 있는 것이다.

그러나 우리는 환자와 의사의 모델에서 과연 참된 의사소통의 원형을 찾았다고 볼 수 있는 것일까? 이상적인 대화가 이루어지기 위해서는 대화에 참여하는 사람들의 대등한 입장과 자유로운 의사 전달의 분위기가 보장되어야 하는데, 정신분석의 경우에는 의사에 대한 환자의 일방적인 신뢰와 복종의 관계만이 전제되고 있기 때문이다. 그러므로 만일 의사가 환자를 의도적으로 왜곡된 체계 속으로 빠뜨리고자 하는 극단적인 경우까지를 상정하게 될 경우에는, 어떻게 그 환자가 구조적인 억압과 왜곡의 상태에서 해방될 수 있으며, 또한 그가 어떻게 정상적인 상태에서 합의한 사실과 거짓된 사실을 구별할 수 있겠는가라고 의심하지 않을 수 없게 된다. 그러므로 의사와 환자 사이의 정신분석학적인 대화모델은 이상적인 대화형식이 될 수 없고 완전한 담론도 될 수 없다. 다시 말하면 정신병 환자는 토의 참여자가 가져야 할 조건을 충분하게 만족시키지 못하고 있다. 그는 대화 중에 주체적 역할을 수행하지 못하며, 의사의 성실성 여부를 헤아릴 수 있는 능력을 전혀 갖추지 못하고 있다. 이것이 바로 정신분석학적 담론 구조가 가지는 한계이다. 그럼에도 불구하고 치료적 담론 구조가 가지고 있는 해방적 측면은 일상적인 담론 그 이상의 의미와 효과를 함축하고 있다. 의사는 환자의 행동과 경험 체계를 독자적으로 분석하여 환자가 전혀 짐작할 수 없는 무의식적인 장면에 대한 해석을 제시한다. 만일 환자가 이 해석을 받아들이게 될 경우에 그는 자기기만과 억압 구조를 극복하게 된다. 그리하여 참된 해석은 체계적으로 왜곡된 가운데서 잃어버렸던 주체의 진실성을 회복하게 하며, 이와 같은 진실성의 요구는 구체적인 치료행위 속에서만 검증될 수 있다.

그렇다면 체계적으로 왜곡된 의사소통의 정신분석학적 대화모델을 정치적 또는 사회적인 대규모 집단의 대화 과정에도 적용할 수 있는가? 하버마스는 마르크스주의적 이데올로기의 한계를 비판하면서 해방을 목표로 하는 이상적인 토의 과정이 사회철학적인 차원에서도 효율적으로 적용될 수 있음을 시사한다. 그리하여 그는 사회적 집단이나 정치체제에서 있을 수 있는 이상적인 대화의 가능성을 다음과 같은 세 가지 단계로 제시한다. 첫째로 참된 진술을 바탕으로 과학적 토의를 거쳐서 하나의 비판적 이론을 확정하고 이를 대안으로 제시하는 것이다. 하나의 이론이란 과학적인 작업을 수행하는 사람들이 이론적인 토의를 자유롭게 가질 수 있다는 전제 아래서만 합리적으로 인정받을 수 있다.

둘째로 정립된 이론은 계몽과정을 통하여 다시 근본적으로 시험되어야 한다. 계몽은 일방적인 선전책동이나 여론조작과 같은 이데올로기적인 강요에 의하여 이루어지는 것이 아니다. 계몽은 실천적인 반성 활동이다. 그러므로 계몽은 정립된 이론을 강제적으로 적용하려고 하지 않는다. 계몽의 과정에서 참여자들의 자발적인 활동 결과를 수렴하지 못하고 또한 타당성을 의심받아서 도태된 이론들은 자연적으로 폐기될 수 있어야 한다. 마지막으로 계몽의 과정에 단련된 비판적 이론은 정치적인 투쟁을 통하여 실현되어야 한다. 여기에서도 물론 모든 가능한 후속 조치들은 참여자들의 실천적 토의 결과를 바탕으로 결정되어야 한다는 근본 전제가 존중되어야 한다. 하버마스에 의하면 마르크스주의적 혁명이론은 이와 같은 단계적인 토의 절차를 무시하고 하나의 정당이 모든 이론적, 실천적, 해방적 논의 절차를 장악하여 일방적으로 시행하는 잘못을 범하고 있다고 비판한다. 결국 정치 사회적인 차원에서의 거짓된 합의와 체계적인 왜곡은 비판적인 이론 정립, 실천적인 계몽 과정, 그리고 해방적인 정치 투쟁이라는 세 단계를 거쳐서 참여자들이 자유로운 토의를 통하여 이르게 되는 합의를 바탕으로 비로소 비판되고 교정되고 해방될 수 있게 된다.

3. 담론의 가능성 조건과 이상적인 언어상황

하버마스는 이제 우리가 어떻게 이상적인 합의에 도달할 수 있으며, 그것은 어떤 조건 하에서 기대될 수 있는가를 묻는다. 도대체 참된 의사소통과 참된 합의, 즉 이상적인 대화를 가능하게 하는 조건들은 무엇인가? 이상적 합의를 창출하려는 의도를 가지고 대화나 토의에 참여하는 사람은 무엇보다도 먼저 '의사소통 능력'을 가지고 있어야 한다. 하버마스는 이것을 '성숙성'(Mündigkeit)이라고 부른다. 그것은 바로 대화 참여자가 일정한 규칙 아래에서 자기의 의사를 왜곡되지 않은 정상적인 방법으로 표현할 수 있는 능력을 의미한다. 이와 같은 의사소통 능력은 이상적인 언어공동체를 미리 전제하고 있다. 다시 말하면 모든 구성원들에게 공통적으로 의미전달을 가능하게 도와주는 상징체계와 의미체계가 전제되어 있다. 그리하여 대화 참여자는 언어공동체의 규칙에 따른 정상적인 표현으로 자신의 의견을 말함으로써 다른 대화 상대자들을 납득시킬 수가 있다. 대화나 토의 과정에서 행해지는 언어활동 속에는 상대방을 이해시키려는 목적이 함축되어 있기 때문이다. 그리고 토의의 주된 목표는 자기의 의견이 보편적으로 타당하다는 것을 타인에게 이해시키고 납득하게 함으로써 강제적인 물리력이 배제된 이상적인 합의를 얻어내는 데 있다.

다른 사람들을 설득하고 자기 진술의 타당성을 주장하려면 무엇보다도 먼저 토의의 기초적인 원칙을 주시해야 한다. 어떻게 우리는 다른 사람들을 이해시키고 설득시킬 수 있는 것일까? 하버마스는 이 물음과 관련하여 네 가지의 일반적인 대화 원칙을 제시한다. 대화에 반드시 전제되어 있어야 할 중요한 요소는 바로 이해성(Verständlichkeit), 진리(Wahrheit), 정확성(Richtigkeit), 진실성(Wahrhaftigkeit)이다. 이해성이란 말을 하는 사람이 그 내용을 문법적으로 바르게 표현해서 듣는 사람으로 하여금 그 말이 어떤 의미를 전달하는지를 분명히 이해할 수 있도록 하는 것이다. 그것은 바로 언어적인 기호가 의미하는 것에 대한 이해 가능성을 뜻하고 있다. 진리란 말의 실제적인 내용 속에서 주장하고 설명하는 요소들이 참된 사실이어야 한다는 것을 의미한다. 그것은 말의 속에 담긴 사실 내용이 허위나 조작이 아니고 진리이어야 함을 지시한다. 정확성이란 말하는 사람이 기초적인 경험 사실을 그렇게 밖에는 받아들일 수 없는 이유와 그 정당성에 관한 문제 제기이다. 어떤 구체적인 사실에 관한 관찰 내용을 해석하게 되는 규범이 정확하게 적용되고 있는가에 대한 비판적인 물음이다. 진실성이란 말을 하는 사람이 일상적인 삶에서 신뢰성을 보여 주었는가에 대한 반성이다. 그가 지금하고 있는 말의 내용을 평소의 행동으로 미루어서 믿어도 좋은가에 대한 반성적인 규정이다.

참된, 그리고 의미 있는 대화가 되기 위해서는 최소한 네 가지의 조건들이 만족되어야 한다. 그렇지 않으면 그 명제는 거짓이거나 무의미하게 된다. 구체적으로 하나의 예를 들어 본다. 만일 어떤 수사관이나 그의 배후에 있는 정치인이 특정한 사건을 수사하는 과정에서 양심적이고 영향력 있는 그들의 정적을 의도적으로 제거하기 위하여 "수사활동과 법의 집행에는 성역이 있을 수 없다"는 말을 하였다고 가정해 본다. 그렇다면 이 진술은 참인가 거짓인가? 이 진술이 의도하는 바는 무엇인가? 이 진술이 가지고 있는 타당성이 다른 사람에게 전달되어 합리적인 것으로 이해되기 위해서는 하버마스가 앞에서 제시한 네 가지 조건들을 만족시켜야 할 것이다. 첫째로, 이해성과 관련하여 우리는 이 문장이 언어적으로 무엇을 의미하고 있는가를 납득할 수 있다. 그것은 법에 어긋난 행위를 한 사람들은 그가 누구이든지 간에 예외 없이 법이 정한 바대로 다스리겠다는 표현이다. 우리는 그 진술이 전달하고자 하는 바를 이해할 수 있다. 둘째로, 진리와 관련하여 우리는 그 진술 속에서 전달하고자 하는 내용이 바르다는 사실을 알 수 있다. 그 진술은 모든 불법적인 행위는 법에 의하여 처벌되어야 한다는 당위적인 사실을 내용으로 하고 있다. 셋째로, 정확성과 관련하여 우리는 그 진술이 가지고 있는 일반적 진리가 이 특정한 사건에 정당하게 그리고 정확하게 해당되고 적용되고 있는가를 물을 수 있다. 우리는 여기에서 그 특정한 사건이 발생한 정치적 배경과 역사적 상황, 그리고 도덕적 양심의 갈등 문제까지를 세심하게 관찰해야 한다. 도대체 어떤 특정인의 행위가 실정법에 저촉되는가를 살펴야 한다. 실정법에 저촉되더라도 그 실정법 자체가 위헌이거나, 또는 국민의 기본권을 유린하는 반민주적 악법이어서 사실상 실정법 그 자체가 정당성을 갖지 못한 것은 아닌가를 살펴야 한다. 그리하여 우리는 그 사건이 시민불복종 운동의 차원에서 일어난 것은 아닌가를 판단하는 것도 중요하다. 다시 말하면 그 법을 그 사건에 적용하는 것이 정당한가가 정확하게 밝혀져야 한다. 마지막으로 우리는 진실성의 문제와 관련하여 말하는 사람이 평소에 법을 성역 없이 적용하여 바르고 공정한 수사를 했는가의 여부를 알아야 할 것이다. 그의 말이 진실이기 위해서는 그 자신이 법을 어기게 될 경우에도 성역에 머무르지 않겠다는 사실을 인정해야 할 것이다. 더 나아가서 만일 그가 동일한 범죄행위나 또는 그 이상의 엄청난 범죄 행위를 묵인하거나 방조하면서 때로는 그 자신도 불법적인 행동을 자행하였다면, 그리고 그 자신의 이런 행위를 무시하고 왜곡된 의미로 법의 형평을 강조하면서 그의 정적들을 제거하기 위하여 그와 같은 주장을 하였다면, 우리는 그의 주장이 참이라고 동조할 수 없게 된다. 따라서 전통적인 진리론으로 접근할 경우에 법의 형평을 강조하는 그 진술의 진리는 타당한 것이 될지 모르겠으나, 대화와 토의 과정을 통하여 전개되는 진리의 합의이론에서는 결코 참이라고 받아들일 수가 없게 된다.

그리하여 하버마스는 이상적인 대화를 매개로 참된 합의에 도달하고자 하는 토의 과정에는 언제나 이미 '이상적인 언어상황'(ideale Sprechsituation)이 주어져 있어야 한다고 본다. 그것은 바로 체계적으로 왜곡된 의사소통의 구조로부터 해방된 상태, 즉 외부적인 강제에 의하여 대화와 토의의 진행을 방해받지 않고, 기존의 질서와 현행 이데올로기, 그리고 거짓된 합의에 대하여 자유롭게 비판하고 이의를 제기하여 개정해 나갈 수 있는 대화 분위기를 말한다. 잘못되고 불의한 것이 있으면 누구든지 이를 비판할 수 있어야 하고, 모든 국민이 자유롭게 새로운 합의를 도출하여 개혁해 나갈 수 있는 담론의 구조가 보장되어야 한다. 하버마스에 의하면 이상적인 언어상황은 토의 과정 속에 이미 부분적으로 주어져 있기는 하지만 그 완전한 성취는 오직 미래에서만 예견될 수 있다고 본다. 왜냐하면 이상적인 언어상황 속에서 이루어지는 이상적인 대화는 바로 외부적인 물리력이 전혀 작용하지 않는 이상적인 삶의 세계와 밀접한 관계가 있기 때문이다. 따라서 이를 역설적으로 해석한다면, 물리력이 행사되는 어떤 사회에서도 이상적인 합의는 불가능하다는 것을 의미한다. 그럼에도 불구하고 이상적인 언어상황에 대한 우리의 예견은 항상 우리에게 비판적인 정신을 불러일으켜 주는 해방적 관심과 매개되어 있어서 어떤 억압 속에서도 굴하지 않고 항상 새롭게 일어설 수 있는 힘을 공급해 준다.

4. 칼-오토 아펠과 칸트 철학의 변형

아펠(Karl-Otto Apel)은 1922년 독일의 뒤셀도르프에서 태어났으며, 하버마스와 더불어 현대 독일 철학의 대표적 인물로 평가되고 있다. 그는 영미에서 주로 논의되고 있는 언어철학과 퍼어스의 실용주의 철학을 독일철학계에 수용하면서, 칸트의 선험철학적 전통 위에 그의 독자적인 의사소통공동체(kommunikative Gemeinschaft)의 철학을 수립하기 위하여 이른바 '철학의 변형'(Transformation der Philosophie)을 시도하였다. 『철학의 변형』(1976)이란 그가 1957년부터 1972년까지 발표한 논문들을 모은 저작집이며, 그의 주저로 인정받고 있다. 아펠에서의 철학의 변형은 칸트 철학의 변형을 의미한다. 칸트는 경험을 가능하게 하는 조건들을 철학의 주요한 물음으로 설정하면서, 우리가 밖으로부터 들어오는 감각자료들을 논리적으로 구성할 수 있는 힘을 미리부터 가지고 있다고 주장하였다. 그것이 바로 오성의 범주적 기능이다. 칸트의 인식론은 한 인간 또는 유(類) 개념으로서의 인간이 어떻게 경험을 산출할 수 있는가를 문제 삼고 있다. 그러나 아펠은 칸트의 입장을 더욱 발전시켜서 경험 내용의 타당성이나 진리는 하나의 고립된 인간의 논리구조 속에서 형성되는 것이 아니고, 다른 사람들과의 논의과정을 거쳐서 이른바 상호주관적으로 창출된다는 사실을 지적하려고 하였다. 아펠은 의사소통공동체를 매개로 하여 칸트의 유아론적인 진리론을 역사적 또는 사회적인 차원으로 확대하고자 하였으며, 그것이 바로 그가 목표하고 있는 칸트 철학의 '변형'이다.

아펠의 선험화용론은 칸트 철학의 변형으로부터 시작된다. 칸트의 선험철학은 이론적 경험이나 확실한 인식이 가능하게 되는 조건들과 도덕적 실천을 가능하게 하는 조건들에 대한 체계적 논의이다. 그것은 바로 객관적으로 타당한 인식을 확보할 수 있고 또한 동시에 자유롭고 책임 있는 행위를 가능하게 하는 조건들에 대한 반성적 고찰을 주제로 하고 있다. 그리고 언어적 전회(linguistic turn)의 시기를 맞이하여 칸트의 선험철학 정신은 "상호주관적으로 타당한 세계에 관한 진술들의 가능성 조건들에 대한 물음"으로 변형되었다. 우리가 이제 다루게 되는 아펠의 선험화용론은 칸트의 선험철학적 전통과 언어분석적 사유 전통 사이에서의 지평융합으로 형성되었으며, 여기에서는 주로 "의미 있는 논의, 특히 철학적 담론의 가능성과 타당성 조건들"에 대한 물음들이 다루어지고 있다. 아펠에 의하면 진리란 칸트에서처럼 하나의 고립된 논리구조 속에서 형성되는 것이 아니고, 다른 모든 사람들과의 논의과 정을 통하여 형성된다. 그리고 도덕적 실천도 역시 도덕적 개인의 심정을 넘어서서 의사소통공동체에 속한 구성원 전체의 합의절차와 관계한다는 것을 보여주고 있다. 아펠에서의 철학의 변형이란 칸트가 물었던 물음들을 독자적으로 존재하는 주관성의 차원을 넘어서서 상호주관성의 영역으로서 우리에게 실재적으로 존재하는 의사소통공동체 속에서 진리의 타당성을 찾으려는 시도를 말한다.

모든 개인적인 인식은 그 사람 나름대로의 고유한 한계를 가지고 있다. 다시 말하면 모든 사람은 자기가 형성되어 온 일정한 교육과 환경에 따라서 같은 대상과 사건에 대하여 서로 다른 생각과 느낌을 가지게 되는 것이 사실이다. 그것은 바로 우리의 경험 내용이 역사성과 사회성의 제약을 받고 있음을 단적으로 드러내 주고 있다. 여기에서 우리는 누구의 생각이 과연 진리이며, 또한 무엇이 옳은가를 묻지 않을 수 없게 된다. 사람들은 자기의 경험과 지식이 각각 옳다고 주장할 것이다. 물론 칸트의 인식론을 가지고 이와 같은 상호 주관적인 문제를 전혀 설명할 수 없는 것은 아니지만, 아펠은 이 문제를 과학자들의 공동체에서 주고받는 대화의 논의를 바탕으로 더 잘 설명할 수 있다고 생각하였다. 즉 사람들의 상이한 경험내용은 일정한 대화형식을 통한 논증 속에서 그 진위가 가려지게 되고 새로운 합의로서의 진리에 이르게 된다는 것이다. 그리하여 어떤 진술과 주장의 타당성은 바로 대화나 담론의 과정을 통하여 드러난다.

아펠의 철학적인 뿌리는 칸트철학 이외에도 하이데거와 가다머의 해석학적 전통과 비트겐슈타인의 후기 언어철학, 포퍼를 중심으로 하는 비판적 합리주의, 및 퍼어스의 실용주의 등에서 찾을 수 있다. 특히 퍼어스의 실용주의에서는 과학자공동체에 대한 논의가 중요한 문제 중의 하나로 다루어지고 있는데, 아펠은 여기에서 '이상적인 의사소통공동체'라는 개념을 발전시키고 있다. 과학자들이 이루고 있는 공동체 사회에서는 모든 과학자들의 개성과 개인적인 관심이 존중되고 있으며 그들은 각각 독립적이고 인격적인 주체로서 자신들의 고유한 학술적 동기를 바탕으로 실험에 참여하고 그 결과를 분석한다. 그리고 그들은 필요한 경우에 다른 사람들의 의견을 구하고 또한 재실험을 통하여 의심을 정리한다. 과학자들은 상호간에 외부적인 강제 없이 항상 자유롭게 의견을 교환할 수 있으며, 그리하여 그들은 결코 시간적으로나 연구 대상에서 제약을 받지 않고 무제한적으로 의사를 교환할 수 있는 이상적인 연구자 공동체를 이룬다. 각자가 고유한 자기 자신의 실험에 참여하고 그 결과를 해석하면서 동등한 발언권을 행사하며 학문적인 의견을 자유롭게 교환할 수 있는 과학자 집단의 사회는 이상적인 합의를 도출해 낼 수 있는 하나의 모델로서 생각될 수 있다는 것이다.

이와 같은 이상적인 의사소통공동체는 자기 자신의 행위에 대한 반성능력을 가지고 있는 구성원들이 외부적인 강요 없이 자유롭게 의견을 개진할 수 있는 대화상황이 보장되어 있는 개방적인 사회이며, 여기에서 대화 참여자들은 일정한 논의 과정을 통하여 합의에 도달하게 된다. 그리고 이와 같은 의사소통을 가능하게 하는 모든 조건들은 기존의 이론이나 현행 이데올로기를 비판할 수 있는 근거를 마련해 준다. 그러므로 아펠은 이상적인 의사소통공동체 속에서의 자유로운 대화의 가능성은 실제로 모든 구체적인 대화 행위 속에 미리부터 전제되어 있는 것으로 보고, 이것을 역사적으로 실현하려는 요청이 바로 우리의 비판적 기능을 규제하고 있다고 말한다. 따라서 우리들이 언어 행위나 의사소통의 절차를 통하여 왜곡된 내용을 비판하고 수정하는 작업은 무한하게 계속되어야 한다. 사회의 모든 구성원들이 자유롭고 개방적인 분위기 속에서 대화와 담론을 통하여 얻어낸 합의가 얼마나 이상적인 것인가는 그 대화 참여자가 소속되어 있는 실재적인 의사소통공동체(reale Kommunikationsgemeinschaft) 속에 어느 정도로 이상적인 의사소통공동체(ideale Kommunikationsgemeinschaft)의 이념이 실현되어 있는가에 의하여 결정된다. 이상적인 합의는 이상적인 사회에서의 이상적인 대화 조건을 기초로 하여 도출될 수 있다. 그것은 바로 참된 인간의 삶의 양식에 대한 우리의 희망으로 표출되며, 그 희망은 바로 우리가 살고 있는 구체적인 현실 속에 자리하고 있는 질곡과 모순을 도려내기 위한 비판적인 작업을 통하여 점진적으로 달성될 수 있다. 우리에게 미리부터 주어져 있는 이상적인 대화의 가능성을 우리가 얼마만큼 현실화할 수 있는가의 문제는 우리의 삶의 태도와 밀접한 관계를 가지고 있다.

정리

1. 담론윤리는 하버마스의 해방적 비판이론과 의사소통의 철학이나 아펠이 주도하는 선험화용론에서 거론되고 있는 이상적인 합의의 가능성 조건들에 대한 논의들을 내용으로 한다.
2. 하버마스는 정신분석학과 이데올로기 비판에서 왜곡된 의사소통의 구조를 서술하고 이를 극복하고 치료할 수 있는 비판적-해방적 담론구조를 제시한다. 의미 있는 논의를 하기 위하여 대화참여자는 이해성, 진리, 정확성, 성실성을 가지고 진술해야 하고, 이상적인 대화상황 아래서만 완전한 의미에서의 이상적 합의가 가능하게 된다.
3. 아펠은 경험의 가능성 조건들을 다루고 있는 칸트의 선험철학을 언어분석학적 상호주관적 담론의 가능성 조건들에 대한 물음으로 확장하는 이른바 철학의 변형을 시도한다.

참고문헌

김진, 『아펠과 철학의 변형』, 철학과현실사 1998.

박해용, 『아펠 · 철학의 변형』, 울산대학교출판부 2001.

Apel, K.-O.: *Transformation der Philosophie*. Frankfurt 1973.

 - : *Diskurs und Verantwortung*. Frankfurt 1990.

Habermas, Jürgen: *Erläuterungen zur Diskursethik*. Frankfurt 1991; 『담론윤리의 해명』, 이진우 역, 문예출판사 1997.

 - : *Moralbewußtsein und kommunikatives Handeln*. Frankfurt 1991; 『도덕의식과 소통적 행위』, 황태연 역, 나남출판 1997.

 - : *Theorie des kommunikativen Handelns*. Frankfurt 1981.

Kuhlmann, W.: *Reflexive Letztbegründung. Untersuchungen zur Transzendentalpragmatik*. München 1985.

 - : *Kant und die Transzendentalpragmatik*. Düsseldorf 1992.

제11장 핵에너지의 평화적 사용

기형아가 태어났을 때, 그 자리에 없었던 사람, 그 기형아의 신음 소리를 듣지 못한 사람, 불쌍한 어머니의 경악을 목격하지 못한 사람, 그리고 감정이 없는 사람만이 핵분열의 광기를 변호할 수 있을 것이다.
　　　　　　　　　　　　　　　　　　　　　　　알버트 슈바이쳐

모든 국민은 건강하고 쾌적한 환경에서 생활할 권리를 가지며, 국가와 국민은 환경보전을 위하여 노력하여야 한다.
　　　　　　　　　　　　　　　　　　　　　　　대한민국 헌법 제35조

1. 핵이데올로기, 도대체 왜 문제가 되는가?

이제는 우리나라에도 핵의 사용이 큰 문제가 되고 있다. 핵에너지의 군사적 사용, 즉 핵무기의 문제와, 핵에너지의 평화적 사용, 즉 원자력 발전소의 문제가 동시에 거론되고 있다. 다른 나라와의 다른 점은 지금까지 우리는 핵에너지의 사용에 관한 찬반논쟁을 전혀 경험하지 못하였다는 사실에 있다. 지금 한국의 핵 정책은 정치인들의 무책임과 국민들의 무관심 속에 내버려져 있다. 한국 정치인들이 가지고 있는 핵에 대한 기본적인 태도는 1987년 9월 당시 국방장관의 발언 속에 극명하게 드러나 있다. 그는 이렇게 말하였다. "핵이 없다고 하면 북한이 얕잡아 보고 쳐들어올 가능성이 있고, 있다고 하면 비핵지대화 주장 등 여러 가지 문제가 생겨날 우려가 있다. 이 때문에 핵무기는 있어도 있다고 할 수가 없고 없어도 없다고 할 수 없으나 본인도 이에 대하여 아는 바가 없다." 핵 문제에 대해서는 긍정도 부정도 하지 않겠다는 정책적 표현인 것이다. 물론 정치가가 이러한 발언을 하더라도 만일의 사태가 일어났을 경우에 위기관리 능력이 철저하다면 문제될 것도 없겠지만, 그러한 위기관리 능력에 대해서도 말할 수 없다는 무책임한 태도가 국민들에게 불신감을 주게 된 것이다.

구 소련이 몰락하고 나서 러시아의 극동지역함대는 동해바다에 핵폐기물을 무단으로 방출하기 시작하였다. 이들은 일본이나 미국이 협조해주지 않으면 동해지역에 계속하여 방출할 것이라고 위협하였다. 러시아 내부에서도 핵폐기물이 무단 폐기되었고, 어떤 지역에서는 핵물질로 오염된 벽돌을 아파트 건립에 사용하기도 하였다. 우리나라의 경우에도 마찬가지로 고리 원자력발전소 주변에서 핵폐기물을 불법으로 매립한 사건이 발생하였다. 한국전력공사가 책임을 져야 할 문제였다. 누가 이것을 지시하였고, 이 지역이 어느 정도까지 방사능에 오염되었으며, 그 폐기물은 다시 수거되어서 적법하고 안전하게 처리되었는가를 우리는 알지 못한다. 과학기술처는 원자력발전소에 대한 안전점검을 정기적으로 실시하지 않은 한국전력공사를 검찰에 고발하는 사태까지 벌어졌다.

한전 측은 그동안 핵의 안전성에 대해서만 일방적 홍보활동을 계속해 왔다. 영광 지역의 원전마을에서 무뇌아 유산이 잇달았을 때, 한전 측에서는 원자병의 현상에 대하여 "원전 피해 주장은 과학적 검증으로 밝혀져야 합니다"라는 광고문을 신문에 게재하기도 하였다. 그런데 문제는 바로 원전 피해는 과학적 검증으로 밝혀지기 어렵다는 사실에 있다. 이 사실을 누구보다 더 잘 알고 있는 사람들은 한전 측에 소속된 전문가들일 것이다. 또한 그들은 원전에서 방출된 방사선량은 자연상태의 그것보다 훨씬 적은 편이어서 인체에 아무런 영향을 끼치지 않는다고 주장한다. 과연 사실일까? 선진국가의 기술로도 100%의 안전성을 보장할 수 있는 원전을 건설하지 못한다. 드리마일과 체르노빌과 같은 대형 원전사고가 그것을 입증하고 있다. 또한 무뇌아와 백혈구 감소 현상은 한전 측이 주장하는 것처럼 자연상태에서도 생길 수 있다. 그러나 이런 현상들은 원자병의 특징적인 증세들이다. 우리는 그와 같은 현상이 자연상태에서 비롯된 것인지, 혹은 방사능에 의한 피폭현상인지를 과학적으로 식별할 수 없다. 그러나 이 현상들은 지금 원전 마을에서 일어나고 있다. 그러므로 만일 한전이 도덕적으로 책임 있는 공공기관이라면, 그 현상이 자연상태에서 비롯될 수 있다 할지라도 원전사고일지도 모른다는 생각으로 대처해야 했을 것이다. 지금까지 정부 당국자들과 한전 측은 원전 건립에 따른 주민피해의 가능성과 피폭 현황 및 사후처리에 관하여 한 번도 책임 있는 자료를 제시하지 않았고 계몽조차 하지 않았다. 무책임과 조작, 그리고 국민 기만이 바로 한국 핵 정책의 골자였던 것이다. 원자력 발전소가 적의 공격에 의하여 파괴되거나 또는 그 밖의 천재지변으로 대형 방사능 누출사고가 발생하였을 경우에 주민들이 어떻게 대피해야 할 것인가에 대해서도 어느 누구하나 언급하는 사람이 없다.

이러한 가운데서 핵폐기물 저장시설에 대한 양산지역 주민들의 집단 항의와 반대시위가 일어났다. 울산에서도 반핵운동이 일어나고 있다. 핵 정책 입안자들은 이들을 지역이기주의로 매도하려는 움직임마저 보이기 시작하였다. 만일 그렇다고 한다면 헌법상에 보장된 살기 좋은 환경에 대한 규정은 한갓 허황된 사치에 불과한 것인가? 정부와 핵 정책 입안자들은 원자력 발전소와 핵폐기물 시설에 따른 피해 가능성과 심리적 부담 등 모든 요소들을 고려하여 정직하게 홍보하는 동시에, 핵사고가 날 경우에 어떻게 해야 할 것인가의 문제까지를 고려한 후에 주민들의 동의를 구해야 할 것이다.

이 문제에 관하여 바이츠제커는 핵물리학자가 이 시대를 살아가는 사람들에게 가져야할 최소한의 책임은 핵물리학에서 제기될 수 있는 사실에 대한 솔직한 정보를 제공하는 데 있다고 말한다. 이와 같은 태도는 모든 핵 정책 입안자들에게도 해당된다. 그들은 원전을 건설하기 전에 최소한 피해 가능성을 설명하고 그 지역 주민들의 의사결정을 존중해야 한다. 평화적 또는 전술적 사용과 관계없이 핵 사고는 엄청난 파괴를 초래한다. 그러므로 어떤 사람에게 책임을 묻는다는 것을 실제로 아무런 의미가 없게 된다. 핵의 평화적 사용이 경제적 풍요를 제공하는 것은 사실이지만, 그러나 그것은 동시에 방사능 누출과 핵폐기물의 처리라는 어려움을 수반한다. 또한 전술 핵무기체제가 전면전을 억제하는 역할을 수행한다고 주장하려는 사람들은 핵무기 사고가 평화시에도 여러 차례 일어났으며 미국이 핵무기의 실전사용을 지금까지 상당히 구체적으로 고려해 왔다는 사실에 주의해야 한다. 그러므로 우리는 핵의 평화적 또는 전술적 사용 모두가 인류에게 위협을 초래하고 있다는 사실을 인식할 필요가 있다. 그리하여 대부분의 과학자들과 환경운동가들은 핵의 사용이 더 이상 인류문명에 발전이 될 수 없음을 시인하고 있다.

2. 핵의 발견에서 원자폭탄까지

고대의 희랍 철학자들은 물질과 세계의 근원이 무엇인가라고 물었다. 그리고 데모크리토스와 에피쿠로스와 같은 철학자들은 그것이 바로 원자라고 말하였다. 이들의 사상은 오랫동안 잊혀 왔다가 근대 자연과학이 발달되면서 다시 논의되기 시작하였다. 그리하여 물질과 자연의 신비는 여러 과학자들의 노력에 의하여 벗겨지기 시작하였다. 1895년에 뢴트겐은 고체물질을 통과할 수 있는 새로운 광선을 발견하게 된다. 그리고 이듬해인 1896년에 프랑스의 물리학자인 앙리 베케렐은 우라늄의 원소분석에서 방사선을 발견하고, 퀴리 부처는 라듐에서 방사선이 노출되는 사실을 확인하였다. 베케렐과 퀴리 부인은 비록 늙어서 죽기는 하였으나, 그 사망 원인은 오늘날 핵 방사능에 노출된 경우에 나타나는 출혈성 백혈병으로 밝혀졌다. 자연의 신비를 들여다 본 형벌인지도 모른다. 1908년에 노벨화학상을 받은 영국의 과학자 러더포드는 원자는 핵과 전자로 구성되어 있으며, 외부에 위치한 전자들의 상호작용에 의하여 다른 원자와 화학적 결합이 가능하다는 사실을 발견하였다. 그리고 어떤 원소들은 원자핵의 불안정으로 붕괴될 수 있는데, 이때 엄청난 에너지를 가진 광선이 방출된다는 사실을 지적하였다. 예를 들면 라듐 1그램이 핵 분열할 때 내는 에너지는 석탄의 그것보다 40만 배나 된다. 물론 석탄은 순식간에 타지만 라듐은 완전히 타는 데 수천 년이 소요된다. 그러나 만일 핵분열현상을 이용하여 인위적인 폭발을 유도할 경우에는 엄청난 에너지가 방출될 수 있다. 그리고 마침내 오토 한은 1938년 베를린에서 우라늄의 핵분열을 성공시켰다.

히틀러가 독일을 장악하여 제2차 세계대전을 일으키고 유대인 학살을 단행하기 시작하였을 때, 아인슈타인은 핵물리학의 성과가 히틀러에 의해서 악용될 것을 우려하게 된다. 그리하여 그는 동료인 질라르트의 권고로 1939년 8월, 미 대통령 루즈벨트에게 우라늄에서 방출되는 핵에너지를 이용하여 강력한 폭탄을 제조할 수 있다는 가능성을 시사하게 된다. 루즈벨트는 아인슈타인의 제의를 즉각 수락하였으며, 1942년 2월 12일, 시카고대학에서 최초의 원자로가 가동된다. 그리고 같은 해에 미국의 핵물리학자 오펜하이머는 원자폭탄 제조를 위한 연구에 착수하라는 밀명을 받게 된다. 그리하여 1943년에 그로브스 장군과 오펜하이머는 비밀의 도시 알라모스에 연구소를 설립하고, 그로부터 2년 후인 1945년 7월 16일 새벽 5시 30분경 뉴멕시코의 사막에서 원폭실험을 성공시킨다. 이 엄청난 파괴력을 지닌 원자폭탄은 그로부터 약 한 달 후인 8월 6일과 9일에 각각 히로시마와 나가사키에 투하되어 20여만 명에 달하는 무고한 시민을 무차별 살상하게 되었다. 이 때 두 도시에 살고 있던 한국인 수는 약 10만 명이었으며, 그 중에 약 4만여 명은 죽고 3만여 명이 부상당하였다. 이 부상자들 중에서 2만3천여 명이 한국에 귀국하였으나 한일 양국 정부로부터 아무런 보호도 받지 못하였다. 이들은 일본과 미국, 또는 한국정부로부터 아무 도움도 받지 못한 채 죽어 갔다.

한편 1942년부터 핵무기 개발을 서두른 소련의 과학자들은 1949년에서야 비로소 실험에 성공하게 된다. 그리고 미국은 핵 열강의 위치를 더욱 견고하게 하기 위해서 연구에 박차를 가하였으며, 그 결과 1952년 1월 11일, 수소폭탄의 실험에 착수하게 된다. 1980년의 통계에 의하면 미국이 보유한 핵탄두는 만 개에 이르고 있었다. 핵에너지가 평화적으로 사용되기 시작한 것은 1955년에 건립된 영국의 켈더홀 원자력발전소 이후였다. 그리고 1985년의 통계에 의하면 전 세계적으로 374기의 원전이 가동 중에 있었다. 그리하여 이제 새롭게 문제가 되는 것은 과연 우리가 핵에너지를 반성 없이 사용해도 좋은가에 대한 철학적 물음이다. 다시 말하면 핵에너지의 사용에 대한 철학적 반성이 문제가 되는 것이다. 이와 함께 미국의 히로시마 행위는 불가피한 것이었는가에 대한 도덕적 성찰이 다시 제기되었다. 1985년 닉슨 대통령은 히로시마 원폭투하 40주년을 맞이하여 전쟁단축과 일본본토 공격에서 예상되는 200만 명의 희생을 고려할 때, 원폭투하는 불가피한 조처였다고 정당화하였다. 그러나 많은 사람들은 미국의 행위가 전적으로 잘못된 것이었다고 주장한다. 히로시마 폭격에 가장 경악을 금치 못하고 고뇌하였던 사람은 아인슈타인이었다. 그는 최후까지 원폭투하를 저지하려고 노력하였으나 미국은 그의 소리를 듣지 않았던 것이다. 그는 개인적으로 1922년 일본을 방문하여 열렬한 환영을 받은 적이 있으며 일본에 대한 깊은 애착을 가지고 있었다고 한다. 그는 비록 세계평화를 위하여 미대통령에게 원폭제조를 촉구했을지라도 그 폭탄을 아무런 사전 경고 없이 수많은 여자들과 어린이들이 함께 살고 있는 거대한 도시의 한복판에 투하한 미국의 몰상식하고도 비도덕적인 조처에 경악하지 않을 수 없었고, 그 민간인들의 비참한 최후에 자책감을 느끼지 않을 수 없었다. 그리하여 아인슈타인은 러셀(B. Russell)이 주도하는 반핵운동에 동참하게 된다. 여기에서 우리는 다시 한 번 핵물리학자와 핵 정책 입안자들이 도덕적 책임의 문제에 직면하게 된다.

3. 과학과 정치의 관계, 그리고 핵물리학자의 책임에 관하여(오펜하이머)

오펜하이머는 태평양 전쟁 중 원폭 제조를 책임 맡았던 미국의 핵물리학자이다. 그는 하버드 대학에서 물리학을 공부하였으며, 영국의 케임브리지 대학을 거쳐 독일의 괴팅겐 대학에서 1927년 박사학위를 마쳤다. 귀국 후 그는 12년 동안 학문활동에 전념하였으며 1942년에 미국정보부로부터 원폭제조 연구소를 설립하도록 위촉받아 1945년에 세 개의 원자폭탄을 만들게 된다. 일본의 무조건 항복을 얻어내는 데 결정적인 역할을 수행한 오펜하이머는 1946년에 다시 국가원자력기구의 일반자문회의의 의장으로 추대되면서 미국의 핵정책에 깊이 개입하였다.

그렇다면 오펜하이머는 과연 어떤 생각으로 원폭제조에 참여하게 되었으며 미국의 전후 핵 정책에 어떤 입장을 표명하였을까? 이 물음은 전후의 미국 핵정책에서 수소폭탄 제조와 관련하여 그가 배제된 사실과 무관하지 않다. 우리는 일반적으로 오펜하이머의 사상이 핵물리학의 정치적 중립성과 과학기술에 대한 낙관주의에 근거하고 있다는 사실을 알게 된다.

그는 물리학자가 원자폭탄을 제조하는 연구와 발명의 사실을 그 전술적 사용을 고려하는 정치인의 결단과 구분하려고 한다. 그리하여 자신의 학문활동은 정치인의 히로시마 결행과 아무런 관계도 없으며, 따라서 그 정치적 사건에 대한 도덕적 책임이 없다는 사실을 은연중에 강조하고 있다. 그럼에도 불구하고 그는 자신이 제조한 원자폭탄의 가공할 만한 파괴력에 충격을 받았던 것은 사실이다. 그래서 그는 나중에 무차별 살상을 하게 되는 대형 핵무기보다는 전술적인 소형핵무기를 개발하도록 아이젠하워 대통령에게 건의하면서, 캘리포니아 공과대학에서 추진하는 전술용 핵무기 개발계획(비스타)에 참여하게 된다.

그러나 오펜하이머의 의도와는 반대로 미국의 핵전략 책임자들은 1950년부터 '쉐이크 다운' 또는 '오프 태클'이라 불리는 소련 공격계획을 수립하게 된다. 이것은 바로 유럽의 여러 지역에서 발진한 미국의 핵폭격기들이 소련의 곳곳에 400에서 600개의 핵폭탄을 투하하는 제3차 대전의 시나리오이다. 결국 이 계획 때문에 오펜하이머는 다시 한번 미국의 핵 정책에 경악하게 되었고, 그의 의도와는 반대로 엄청난 살상력과 파괴력을 지닌 수소폭탄이 개발되기에 이른다. 그리하여 오펜하이머는 수소폭탄의 제조계획에서 배제되었으며, 이를 계기로 공직생활을 청산하고 학계로 복귀하게 된다. 수소폭탄의 개발계획은 텔러에 의하여 추진되었는데, 그는 과학의 발전을 위하여 과학자는 어떤 연구도 수행할 수 있다는 입장을 취하였다.

오펜하이머의 사상을 쉽게 접근할 수 있는 그의 강연 모음집이 『원자력과 인간의 자유』(1955)라는 책으로 독일에서 간행되었다. 여기에는 1946년부터 1954년까지의 강연들이 수록되어 있다. 이 글들을 통하여 우리는 과학의 임무, 핵물리학과 정치의 관계, 그리고 과학자의 책임 등에 대한 그의 생각들을 일별할 수 있게 된다. 먼저 학문과 기술의 진보에 대한 과학자의 역할이 문제될 수 있다. 오펜하이머는 어떤 과학자도 자신의 연구와 실험결과가 인류의 복지에 얼마나 기여할 것인가 또는 유해할 것인가를 측정할 수 없다고 생각한다. 그리고 그와 같은 가치판단의 문제는 과학의 영역이 아니라고 말한다. 다시 말하면 과학자는 자신의 연구를 통하여 발견한 진리를 공표할 책임만을 가진다는 것이다. 그 학문적 성과가 인류복지에 이용될 것인가, 그렇지 않으면 인류의 절멸과 범죄행위에 악용될 것인가의 문제는 이미 과학의 영역이 아니라는 것이다.

모든 과학적 발견은 인류의 복지증진과 관련하여 적극성과 부정성의 양면을 가진다. 그런데 이러한 과학적 발견을 실제생활에 적용하는 데 가장 강력한 권한을 행사하는 집단을 정치인들이다. 예를 들면 원자폭탄의 제조행위는 과학자와 기술인들의 행위이지만, 그와 같은 과학연구 행위는 가치중립적이고 과학자들의 정치적 결단으로 이루어진 행위가 아니라는 것이다. 그것은 바로 원자폭탄을 제조하도록 정책을 입안하고 그 연구결과를 전쟁수행에 이용하려는 정치인들의 의도 없이는 불가능하기 때문이다. 그러므로 원폭제조와 그 실제적 내용을 고려하는 것은 정치인들의 고유한 임무라는 것이다. 그리고 이와 같은 정치적 결정은 일회적이며, 학문에서처럼 반복실험을 통하여 오류를 수정할 수 없는 것이다. 따라서 핵물리학의 성과를 실제적으로 이용하는 정치적 결정의 책임은 막중하다는 것이다.

또한 우리는 학문과 문명의 관계를 통하여 현대의 핵물리학이 수행하는 종말론적 역기능을 반성할 필요가 있을 것이다. 우리는 계몽시대 이후 과학기술의 진보에서 오는 발달된 문명 에 대한 희망을 키워 왔으며, 그리하여 지금까지 서구인들은 과학기술에 대한 낙관론과 발전이론을 의심하지 않았다.

그러나 이와 같은 생각은 핵시대를 맞이하게 되면서 근본적으로 문제가 되기 시작하였다. 다시 말하면 핵무기는 인류의 절멸을 초래할 수도 있으며, 따라서 과학기술의 발전은 오히려 낙관주의적 발전이론을 파기하는 결과를 만들게 되었던 것이다. 그리하여 핵물리학의 연구 성과에 대한 부정적인 측면이 다시 확대되기에 이른다. 그리고 전쟁과 혼돈의 위협 속에서 핵물리학에 대한 부정적 역할은 더욱 더 가중된다. 한마디로 핵물리학은 전쟁의 부산물인 것이다.

그리하여 이런 경우에 과연 제한된 공간과 그리고 특정한 목적 아래에서 이루어진 학문정신이 인간의 자유를 완성하는 데 이바지할 수 있는가라는 근본적인 물음이 제기될 수 있다. 그리고 오펜하이머는 이 물음을 대답하지 않고 남겨 두려고 한다. 예를 들면 전쟁의 부산물인 핵물리학의 발전은 파괴적인 원자폭탄과 평화적인 원자력발전소를 인류에게 가져다주었다. 여기에서 일단 핵에너지의 파괴적 사용은 제외시킨다 할지라도, 그 평화적 사용인 원전이 실제로 인류의 복지증진에 기여할 수 있는가를 물을 수 있는 것이다.

그런데 오펜하이머는 과학의 양면성에도 불구하고 그것이 우리에게 절대적으로 불리한 것만은 아니라고 보았다. 핵무기나 원전에는 같은 우라늄이 원료로 사용되고 있으며, 일단 유사시에는 원전이 핵무기 체제로 전환될 수 있는 가능성을 시사하고 있다. 그러므로 핵에너지가 건설적 또는 파괴적인 목적으로 사용되는 데에는 전혀 기술적인 차이가 없으며, 이와 같은 사실에 대한 정확한 인식은 실질적인 평화협상을 가능하게 하고, 인류가 다시 전면전을 일으키게 되는 오류를 범하지 않게 하는 요건이 될 수 있다고 본다. 그리하여 오펜하이머는 원자력 시대를 살아가는 데 지속적인 평화의 성취는 오직 우리들의 가슴 속에 있다고 말하게 된다.

4. 반핵운동의 철학자들(러셀과 야스퍼스)

1954년 미국의 비키니 섬에서 실시된 수폭실험은 주민들에게 심각한 위험을 초래하였다. 이 사건을 계기로 확산된 반핵운동은 같은 해의 성탄절에 방송된 러셀의 연설 '인류의 위기'로 계속 이어졌다. 러셀은 자신의 연설문을 과학자들의 반핵선언문 초안으로 사용할 것을 아인슈타인에게 제안하였다. 러셀의 이 제안을 아인슈타인은 즉각 수락하였으며, 이를 계기로 1955년 7월 9일 런던의 기자회견에서 이른바 러셀-아인슈타인의 반핵선언문이 발표된다. 이 선언문은 아인슈타인이 세계 평화를 위하여 할 수 있는 마지막 헌신이었다. 그는 바로 죽기 전에 이

선언문에 서명하였으며, 그것은 그의 죽음 이후에야 러셀에게 전달되었다.

러셀은 『수학의 원리』와 『서양철학사』를 저술한 영국의 위대한 사상가이다. 그는 1950년에 노벨문학상을 수상하였으며, 1955년 이후에는 노스웨일즈에서 주로 평화운동을 전개하였다. 특히 아인슈타인과의 공동선언문을 기초하여 반핵운동을 주도하였으며, 1964년에는 버트란드 러셀 평화기구를 설립하여 사르트르가 여기에 참여하기도 하였다.

러셀-아인슈타인 반핵선언의 이념으로 결성된 과학단체가 바로 퍼그워시 회의이다. 1957년 7월, 캐나다의 한 도시 퍼그워시에 10개국에서 22명의 과학자들이 모여들기 시작하였다. 이것이 바로 제 1차 퍼그워시회의였다. 이들은 세 개의 분과위원회로 구분하여 핵에너지의 사용에서 비롯된 위험과 핵무기의 통제 및 과학자의 사회적 책임에 대한 모든 현실적인 문제들을 다루었다. 여기에서 논의된 사인들 가운데서 부분적 핵실험 금지조약, 핵확산 금지조약, 탄도탄 요격미사일 제한협정 등은 구체적으로 실현되기도 하였다. 그리하여 퍼그워시 운동은 과학자들이 단순하게 정치적인 결정에 맹종하는 차원을 벗어나서 오히려 정치인들이 바른 판단을 내릴 수 있도록 정확한 정보를 제공함으로써, 인간적인 가치의식과 도덕적 책임을 다할 수 있게 노력하였다. 원자력의 평화적 또는 군사적 사용에 대한 독일학계의 입장은 독일 물리학자 18인의 괴팅겐 선언(1957년 4월)과 야스퍼스의 저서 『원자폭탄과 인류의 미래』(1958년)에서 접근할 수 있다. 괴팅겐 선언에는 바이츠제커나 하이젠베르크와 같은 비중 있는 물리학자들이 참여하였다. 독일군의 핵무장과 관련하여 독일 과학자들은 그 정치적 영향과 결과에 대한 책임을 느끼면서, 독일과 같은 약소국가는 모든 종류의 핵무기를 포기하는 것만이 자신을 지키고 세계평화에 기여한다고 믿으며, 이 선언문에

서명한 과학자들은 어떤 경우에도 핵무기의 제조와 실험, 또는 설치에 참여하지 않을 것이라고 선언하였다. 괴팅겐 선언은 핵문제에 대한 독일과학자들의 기본적인 입장을 포괄적으로 대변하고 있다.

첫째로 괴팅겐 선언은 전후 독일이 연합국에 의하여 분할된 약소국가임을 천명한다. 그리고 이런 약소국가가 강대국의 핵 전략을 위한 전초기지로 전락하는 것을 철저하게 반대한다. 둘째로 과학적 성과, 특히 핵에너지의 전술적, 파괴적 사용에 대한 과학자들의 입장을 정리한 셈이 된다. 다시 말하면 독일의 과학자들은 자신들의 양심적인 결정에 따라 과학에 대한 그릇된 정치적 요구를 거부하겠다는 것이다. 셋째로 그들은 자국 내에서의 특정한 반핵의사를 천명함으로써 세계평화를 건설하는 데 기여할 수 있다고 생각한다. 독일인들은 600만 명에 달하는 유대인 학살로 인하여 양심의 질책을 받아왔던 것이 사실이지만, 적어도 히로시마에서 무자비한 살육을 자행하였던 미국의 핵 정책에 대하여 어떤 빌미도 주지 않고 그로부터 완전하게 면책 받고 싶었던 것이다.

그리하여 괴팅겐 선언을 주도하였던 바이츠제커는『원자력과 원자시대』(1957년)라는 책에서 제2차 대전 당시에 독일의 물리학자들은 핵폭탄의 제조에 관한 어떠한 논의나 결정도 하지 않았다고 강조하고 있다. 그리고 미국이 독일의 원폭제조 가능성에 대하여 그렇게 민감하게 우려하고 두려워하였던 사실, 그리고 실제로 미국이 원폭제조를 위하여 철저한 연구를 수행하였다는 사실조차도 전혀 알지 못했으며, 히로시마에서 원폭이 투하된 사실을 듣고서야 깜짝 놀랐다는 것이다. 만일 이것이 사실이라면 아인슈타인의 판단은 경솔한 것이고, 따라서 그의 자책감은 더 커질 수도 있었다.

실존철학자 야스퍼스는 괴팅겐 선언이 철학적으로나 정치적으로 대단히 중요한 사건이라고 생각한다. 그러나 그는 동시에 괴팅겐 선언에 함축된 소극적 태도를 비판한다. 그것은 바로 독일의 과학자들이 핵무기의 문제를 세계적 차원에서 보지 않고 국내의 지엽적인 문제로 국한하기 때문이다. 그리고 과학자의 도덕적 책임에서도 우리는 핵의 평화적 사용과 전술적 사용의 한계를 구분할 수 없으며, 또한 물리학자의 권위와 정치적 지혜의 권위가 상충될 수도 있고, 그 우열을 가리기가 쉽지 않다는 것을 알고 잇다. 그러므로 괴팅겐 선언의 한계는 바로 그것이 어떤 세계적인 평화정책을 위한 제도설립에 관한 것이 아니고, 핵 물리학자들의 단순한 도덕적, 정치적 의사표명에 불과하다는 점에 있다는 것이다.

그리하여 야스퍼스는 원자폭탄에 관한 물음을 인간의 생존과 관련된 가장 긴급한 문제로 다루려고 한다. 다시 말하면 야스퍼스에게 원자폭탄에 대한 물음은 생존일반에 관한 물음이며, 인류의 생존과 절멸 가능성에 관한 물음이다. 그것은 지금까지의 과학기술과 정치력으로는 해결할 수 없는 새로운 한계상황을 설정한다. 인간의 과학기술이 빚은 새로운 파괴유형은 모든 인류의 종말을 가능하게 한다. 우리는 지금까지 세계종말에 대한 신화적 또한 비실재적인 생각들을 가지고 있었다. 세례요한과 예수가 종말을 말하였고, 요한계시록에서도 세계종말의 현상들이 묘사되고 있다. 그러나 우리는 이제 원자폭탄의 발명과 각종 핵무기의 비축으로 이런 가능성들을 구체적인 것으로 현실화하였다.

야스퍼스는 인류가 고안한 종말론적 파괴유형을 다음과 같은 세 단계로 나누어 생각한다. 첫째로 원자력의 평화적 사용이나 평화시의 전술핵무기 비축에서 비롯될 수 있는 방사능의 누출 위험이다. 그리고 이것은 국지적 또는 부분적인 재앙으로 나타날 수 있다. 아무리 핵에너지를 평화적인 목적으로 사용한다 할지라도 우리는 특정한 핵사고로부터의 위협을 피할 수 없다. 드리마일과 체르노빌의 핵참사와 지금까지 발표된 수많은 핵무기 사고가 그것을 입증해 준다. 둘째로 전쟁시에 상상할 수 있는 문명의 몰락이다. 새로운 전쟁은 가공할 만한 무기체계에 의하여 인류가 지금까지 이루어 낸 모든 문명들을 파괴할 것이다. 셋째로 미래에 발생할 전면전은 모든 인류와 생태계를 파괴할 것이다. 그리하여 우주의 생명인 지구는 완전한 잿더미와 죽음의 하얀 꽃으로 뒤덮이게 될 것이다.

이러한 세 가지 파괴유형은 우리에게 어떻게 들이닥칠지는 불확실하지만, 그것은 언제라도 가능한 것이다. 이 세 가지 인류절멸의 단계적 위험은 현재의 과학기술과 정치력으로는 해결될 수 없으며, 그리하여 인류의 역사는 모든 인간이 절멸의 위험을 가속화하고 절대화하는 방향으로 치닫고 있다는 것이다.

야스퍼스는 이와 같은 전체적인 절멸의 위험으로부터 자유롭게 해방될 수 있는 유일한 가능성은 인류전체의 구원밖에는 없다고 생각한다. 그리고 모든 인류의 전체적 구원을 위해서는 '사고방식의 혁명'이 필요하다는 것이다. 다시 말하면 지금까지의 강대국들은 핵정책의 위협적 현실들을 진지하게 생각하려고 하지 않았으며, 다만 그들의 전략적 측면과 정치경제적 이해관계 속에서는 신식민주의적 또는 전체주의적 세계질서를 청산하고 기술적 지식을 바탕으로 하는 과학주의를 벗어나서, 도덕정치적인 이상을 실현할 수 있는 세계평화정부를 건설하고 철학적인 이성의 활동에 의한 새로운 정치를 모색해야 한다는 것이다.

5. 우리는 무엇을 해야 하는가?

핵은 한마디로 대단히 위험한 물질이다. 그것은 전술적 또는 평화적 사용과 관계없이 인류에게 치명적인 위험을 초래하게 한다. 그러므로 우리는 핵에너지 사용에 대한 모든 정책들을 정확하게 알아야 할 권리와 의무가 있다. 그런데도 당국은 핵에너지의 사용에 대하여 국민과 주민들의 의사를 물은 사실이 없다. 그것은 오히려 정치적 비리를 상징하는 신비의 베일로 덮여 있다. 또한 우리는 한국에 배치된 주한미군의 전술핵무기의 규모와 사용권한에 대한 공식적인 자료를 알지 못한다. 그러므로 우리들은 실제로 생명에 관한 모든 권리를 박탈당하고 있는 것이다.

물론 핵에너지의 사용을 둘러싸고 지금까지 끝없는 찬반논쟁이 계속되고 있다. 그리하여 1983년 하버드대학 총장 데릭 보크는『핵시대를 어떻게 살 것인가?』라는 책의 서문에서 핵문제는 결국 논쟁일 수밖에 없다고 말한다. 찬반논쟁이 계속되는 가운데 이미 원자력발전소는 전 세계에서 가동되고 있으며 전술핵무기는 실전사용을 위하여 배치되어 버렸다. 그러므로 이제 핵문제는 우리 시대에 해결할 수 없는 모순과 막힌 길이 되어 버린 것이다.

무엇보다도 중요한 것은 모든 핵정책을 입안하거나 집행하기 전에 주민들에게 정확하게 알리고 동의를 구해야 한다는 사실이다. 물론 핵정책에는 반드시 찬반양론으로 갈려져서 심각한 논쟁이 제기될 수밖에 없을 것이다. 핵에너지의 평화적 사용을 찬성하는 사람들은 대체로 다음과 같은 몇 가지 이유를 제시한다. 첫째로 핵에너지는 이산화탄소가 배출되지 않는 매우 깨끗한 에너지이며, 둘째로 그것은 석탄이나 석유보다 값이 싸다는 것이다. 셋째로 핵사고가 일어날 확률은 실제로 1만 년에 한 번보다 적다는 것이다. 이것은 5개월에 담배 한 가치를 피워서 폐암에 걸려 죽을 확률보다 더 낮다. 넷째로 가장 곤란한 문제로 제기되는 핵폐기물의 처리 문제는 앞으로의 연구에 의하여 잘 해결될 것이다. 핵에너지의 사용을 찬성하는 사람들은 이러한 이유 외에도 우리나라처럼 석유가 나지 않는 나라에서는 핵 이외의 대안이 전혀 없다는 사실을 들고 있다. 발전을 중단하던가, 그렇지 않으면 핵발전소를 추가로 건설해야 한다는 것이다.

그러나 핵에너지의 사용을 반대하는 사람들의 주장도 만만치는 않다. 그들은 첫째로 핵 물질은 대단히 위험하다고 말한다. 정상적인 가동 중에 배출되는 핵 물질도 위험수위를 넘어설 가능성이 상존한다. 둘째로 핵폐기물의 처리문제가 심각하다는 것이다. 이것은 죽음의 재라고 불릴 정도로 인간과 자연에게 치명적인 것이다. 셋째로 핵은 물론 이산화탄소를 방출하지는 않지만, 다른 유해물질, 즉 지구온난화를 초래하는 프론, 메탄, 이산화질소 등의 기체와 뜨거운 물을 방출한다. 넷째로 핵발전소의 건설과 운용비용, 주민보상과 환경 부담금, 그리고 핵폐기물 저장시설 비용 등을 전체적으로 고려하면 핵에너지는 결코 값싼 에너지라고 말할 수 없다는 것이다. 다섯째로 핵사고의 확률은 찬성론자들이 주장하는 것보다 훨씬 자주 일어나고 있으며, 미국의 드리마일 원전과 소련의 체르노빌 원전사고와 같은 대형 사고들이 1만년도 되기 전에 계속적으로 발생하였다. 그 뿐만 아니라 핵시설은 테러리스트와 적국으로부터의 공격목표가 될 수 있으며, 이 경우에는 심각한 안전문제가 야기될 것이다. 그리고 지금 북한과 일본의 경우에서처럼 핵에너지는 유사시에 군사화 될 가능성이 높다는 사실까지 우려하지 않으면 안 된다.

핵의 위협은 절대적이며, 따라서 핵 참사 이후에 그 책임을 묻는다는 것은 무의미하다. 그러므로 우리는 핵 참사를 예방하기 위하여 우리가 할 수 있는 최선을 다해야 할 것이다. 그리하여 우리는 정부당국에게 핵에너지의 사용에 대한 특별조치법을 입안하도록 요구하여, 핵 정책

수립자들이 임의로 행동하는 것을 규제하고 핵의 관리와 처리에 대한 엄격한 통제를 가해야 한다. 그리고 어떤 위급한 상황에서도 원전에 대한 정기안전 점검은 반드시 실시되어야 하고, 핵폐기물이 주민들 몰래 생활공간 속에 유기되고 매립되는 일이 있어서는 안 된다. 그와 같은 불법행위는 살인행위로 간주하여 강도 높게 처벌해야 할 것이다. 모든 핵 정책은 국민에게 공개되어 국민 스스로가 감당해야 할 위험수위와 위험부담을 알 수 있도록 조처해야 한다. 핵에너지 사용에 관한 문제는 이제 더 이상 정치인들에게만 위임할 수 없는 것이며, 핵물리학자와 법조계 인사들, 그리고 종교인들과 모든 국민들이 함께 풀어야 할 긴급한 사안이다. 원자력발전소와 원자폭탄에 대한 물음, 그것은 바로 인류의 생존과 미래를 결정하는 물음이며, 그리하여 우리가 가장 긴급하게 물어야 할 철학적 물음이다.

정리

1. 현대사회의 도덕철학적 특징 중의 하나는 도덕적 행위주체가 드러나지 않는 이른바 익명성과 기계성으로 인하여 전통적 규범들이 현저하게 파괴되고 있다는 점에 있다.
2. 인류 전체의 생존을 위협하는 일이 많아지면서 양심이나 도덕적 심정 보다는 행위결과에 대한 책임이 보다 중시되고 있다. 그러나 핵문제에 있어서만큼은 사고 후에 그 책임을 묻는다는 것이 무의미하다.
3. 원자폭탄을 제조한 오펜하이머는 기술개발을 주도하는 과학자의 임무와 과학기술과 그 결과를 도덕적으로 사용하기 위하여 결단하는 정치가의 임무를 구분하였다.
4. 1955년에 러셀과 아인슈타인이 발표한 반핵선언문은 핵에너지의 사용을 제약하려는 반핵운동의 시발점이 되었다.

5. 1957년에 바이츠제커와 하이젠베르크가 주도한 괴팅겐 선언에서는 독일의 과학자들은 핵무기 제조를 위한 연구에 관여하지 않겠다는 내용을 발표하였다.
6. 야스퍼스는 원자폭탄에 관한 물음은 인류의 생존과 절멸의 가능성에 대한 물음이며, 인류 전체의 구원을 위해서는 사고방식의 혁명을 이루어야 한다고 강조하였다.
7. 핵에너지의 사용에 대해서는 찬성과 반대주장이 맞서 있으나, 근본적으로 중요한 것은 핵 정책 입안자들이 모든 가능한 돌발사태에 대한 점검을 하고 나서 주민들에게 정직하게 알려야 한다는 사실에 있다.

참고문헌

유네스코한국위원회 편, 『과학연구윤리』, 당대 2001.
하버드 핵연구단 공저, 『핵시대를 어떻게 살 것인가?』, 정음사 1985.
Bayerische Akademie der Schönen Künste (Hrsg.): *Die Künste in technischen Zeitalter*. Darmstadt 1956.
Jaspers, K.: *Die Atombombe und die Zukunft des Menschen. Poitisches Bewußtsein in unserer Zeit*. München/Zürich 1958.
Johnson, Deborah G.: *Ethical Issues in Engineering*. Prentice-Hall Inc., 1991; 『엔지니어 윤리학』, 동명사 1999.
Nowotny, H.: *Kernenergie. Gefahr oder Notwendigkeit*. Frankfurt 1979.
Oppenheimer, J. R.: *Atomkraft und menschliche Freiheit*. Hamburg 1955.
Russell, B.: *Philosophische und Politische Aufsätze*. Stuttgart 1971.
Weizäcker, C. F.: *Atomenergie und Atomzeitalter*. Frankfurt 1957.

제4부

학문방법론과 현대윤리

제12장 학문방법론이란 무엇인가

사유할 수 있는 것에 대한 한계가 설정되어야 한다. 그렇게 함으로써 사유할 수 없는 것에 대한 한계도 설정된다. 사유할 수 있는 것을 통해서 사유할 수 없는 것을 한정해야 한다.

비트겐슈타인

1. 철학에서의 학문방법론과 그 위상

철학에서는 모든 것이 논쟁의 여지를 가지고 있다. 모든 것에 관하여 논쟁할 수 있다. 그러나 이와 같은 논의가 일정한 의미를 가지기 위해서는 방법론적 틀이 필요하게 된다. 방법이란 어원상으로 볼 때 "(바르게) 길을 따라가는 것"을 의미한다. 그러므로 철학에서의 방법론은 철학적 사유를 바르게 할 수 있게 하는 길(틀, 기준, 준거)을 제시하려는 논의이다. 그리고 물론 우리는 방법론 그 자체에 관한 철학적 논의를 전개할 수 있다. 그리하여 현대철학에서는 방법론에 관한 논의가 하나의 중요한 철학분야로 인정되고 있다. 학문이론은 학문적인 논의에서의 문제설정과 해결방법들을 비판적으로 확정할 수 있는 기준을 마련하고자 한다. 피히테는 그의 지식론 또는 학문이론(Wissenschaftslehre)을 학문일반에 관한 학문으로 정의하면서, "인간이 그 실존의 현재적 상태에서뿐만 아니라 가능한 모든, 그리고 생각할 수 있는 모든 단계들에서 무엇을 알 수 있는가를 전적으로 규정"하려고 시도하였다.

다시 말하면 학문이론은 지식의 가능성과 그 한계를 작업한다. 그리하여 일찍이 아리스토텔레스는 바른 여행(오이포리아)을 하려는 사람들은 막힌 길(아포리아)을 먼저 알고 있어야 한다고 주장하였다. 만일 우리가 여행을 할 때 막힌 길을 미리 안다면, 우리는 그 길을 피해서 가려고 할 것이다. 그러나 이 덫을 알지 못하는 자는 그곳에서 헤어나지 못하게 될 것이다. 그리하여 철학에서의 학문방법론은 막힌 길을 미리 드러내어 올바른 지식의 가능성을 제시하고 또한 우리가 가질 수 없는 지식의 한계를 분명하게 밝혀주는 작업을 하게 된다.

전반적인 철학사의 전개 과정에서 철학과 학문방법론의 관계는 크게 세 가지로 일별할 수 있다. 첫째로 사물과 세계의 본질에 관한 철학적 물음을 최초로 전개하였던 희랍철학에서 학문방법론은 독자적인 체계를 갖지 못하였으며, 따라서 여기에서 방법의 문제는 철학적 탐구와 사색을 보조하는 이른바 논리학적 단계를 넘어서지 못한다. 그럼에도 불구하고 이 단계에서 논의되고 있는 존재론과 생성론, 산파술과 보편적 개념정의법, 반어법과 변증법, 귀납법과 연역법, 그리고 실재 세계에 대한 관념론과 실재론, 진리론에서의 대응설과 같은 것은 그 이후의 철학사에서 핵심적인 논의 주제가 되었다.

둘째로 근세철학의 학문방법론은 체계철학에서 흔들리지 않는 토대를 마련해 주는 역할을 수행하고 있다. 경험론과 이성론, 칸트의 선험철학과 이성비판, 독일관념론의 체계철학에서 학문방법론은 그 세계관적 철학의 진로와 방향을 결정하고 있다. 그리고 이 단계에서는 진리론에서의 대응설과 정합설이 주로 논의되고 있다.

셋째로 마르크스 이후부터 오늘날에 이르기까지의 주된 철학적 경향은 어떤 특정한 철학 활동에 관한 논의가 각각의 학문방법론으로 정착되고 있다. 마르크스주의와 사회비판이론, 논리실증주의와 비판적 합리주의 이상언어학파와 일상언어학파, 현상학과 해석학, 실용주의와 구조주의, 그리고 선험화용론과 포스트모더니즘은 하나의 독자적인 철학 활동을 전개해 나가는 학문방법론의 유형들이다. 이 단계에서는 진리의 합의이론이 가장 돋보인다.

전통적으로 학문방법론은 철학적 논의를 가능하게 하는 기준을 마련하려는 데 할애되었다. 어떤 철학자의 철학세계는 그가 선택한 방법론에 의하여 특별하게 규정된다. 그와 동시에 어떤 철학을 가능하게 하는 방법론의 한계는 바로 그 철학의 한계로 드러나게 된다. 그리하여 오늘날의 철학자들은 학문방법론 속에 놓여 있는 막힌 길(아포리아)을 제거하기 위하여 안간힘을 쓰고 있다. 지금까지 보편적인 진리를 추구하려는 철학과 학문방법론에서의 아포리아는 독단주의와 회의론의 위협이었다. 그리하여 사람들은 지금까지 독단주의와 회의주의 이외에 제3의 길이 어떻게 가능한가를 주로 탐색해 왔다.

2. 철학적 탐구를 위한 학문방법론

1) 본질철학과 절대주의

탈레스를 비롯한 밀레토스학파에서의 철학적 물음은 모든 사물들의 본질, 즉 아르케에 관한 것이었으며, 이 물음은 결국 지금까지의 철학의 운명을 본질철학으로 결정해 버렸다. 본질이란 어떤 것을 다른 것이 아니고 바로 그것이도록 규정하는 근본적 원초적 특성이다. 그러므로 본질은 불변적이고 절대적이어야 한다. 그리하여 본질에 관한 물음은 절대적이고 근원적인 것에 대한 지식의 가능성에 대한 물음이 된다. 소크라테스는 그의 특유한 반어법과 산파술의 대화기술(변증법)을 통하여 어떤 개념에 대한 보편적인 정의를 얻으려고 하였다. 다시 말하면 우리가 일상생활에서 거의 무의식적으로 사용하는 애매모호한 언어를 분석하여 그 개념이 가지고 있는 보편적 의미와 정의를 확보하려고 시도하였던 것이다. 이러한 목표를 달성하기 위하여 소크라테스는 주로 귀납적 방법을 사용하였다.

　플라톤은 소크라테스에 의하여 추구된 개념의 보편적 정의를 가능하게 하는 근거를 구상한다. 그는 개념의 보편성을 가능하게 하는 실재적 근거는 바로 이데아이며, 그것들은 우리가 살고 있는 현상세계의 저 너머에 있는 본질세계, 곧 이데아의 세계에 존재하고 있다고 주장한다. 여기에서 그의 객관적 관념론이 완성되며, 이러한 철학적 사유유형은 화이트헤드가 이미 지적한 바대로 앞으로의 서구철학에 근본적인 영향력을 행사하게 된다. 플라톤은 이데아의 세계를 인지할 수 있는 방법론으로서 변증법(dialektike)을 제시하였다. 그는 변증법을 통하여 대립적인 것을 초월하여 비대립적인 참된 것에 도달하고자 하였다. 물론 이같은 방법에는 그가 소크라테스에게서 물려받은, 올바른 개념을 도출하도록 유도하는 산파술(maieutike)과 특수한 것들로부터 보편적 사실로 이행하는 귀납법(epagoge)뿐만 아니라, 개별적인 종 개념을 보다 보편적인 유 개념으로 통합하는 법(synagoge)과 통합된 것을 다시 분할하는 방법(diairesis)이 포함되어 있다. 이러한 방법을 통하여 플라톤은 논리적 토대이며 실재적 원인이 되는 이데아를 인식할 수 있다고 보았다.

그러나 탈레스 이후 논의되기 시작하였던 본질 또는 절대적인 것에 대한 물음은 플라톤에 이르러서 결국 독단주의의 위협 앞에서 좌초되어 버린다. 플라톤의 이데아론은 전형적인 독단주의의 얼굴을 가지고 있는 것이다.

플라톤의 제자였던 아리스토텔레스 역시 존재자의 본질에 관한 물음을 던졌다. 그러나 그는 플라톤의 이데아설과는 다른 방식으로 존재 문제에 접근하였으며, 개체로부터 떨어져서 초월적으로 존재한다는 이데아(idea) 대신에 사물들 가운데 내재하고 있는 형상적 본질(eidos)을 제시하였다. 그는 실재세계의 관계성도 사물이 이데아에 참여(methexis)하고 이데아 역시 사물에 현실적으로 드러난다(parousia)는 논리 대신에, 형상인(causa formalis)과 질료인(causa materialis), 그리고 작용인(causa efficiens)과 목적인(causa finalis)이라는 4개의 원인을 가지고 설명하려고 하였다. 또한 아리스토텔레스는 사물과 판단의 일치가 참된 진리라는 이른바 대응설 체계를 확립하였으며, 감각적 지각으로부터 출발하는 인식론과 논리학의 기초를 마련하였다. 그의 논리학에서는 주로 증명과 연역적 추론이 다루어지고 있으며, 모순율과 배중률을 사유활동의 궁극적인 원리로 간주하였다. 그가 플라톤의 이데아론을 수정하여 형상-질료 이론 또는 현실태-가능태 이론으로 발전시킴으로써 사실상 철학사에서 실재론적 전통을 이끌었으나, 그의 플라톤 비판은 중세철학에서의 보편논쟁을 유발하는 직접적인 계기가 되었다.

2) 상대주의와 회의주의

절대적인 진리 획득의 가능성은 처음부터 포기하고 상대주의적인 입장을 취한 철학자들도 있었다. 현상세계를 생성과 변화 그리고 운동에서 찾으려고 하였던 사람은 헤라클레이토스이다. 그는 모든 것이 흐르고 있다고 말한다. 모든 것이 변하고 있기 때문에 우리의 판단은 사실과 일치하지 않는다. 그러나 이 명제가 사실이기 위해서는 그의 명제 자체만은 불변해야 한다는 사실이 전제되어야 한다. 그리고 모든 변화를 가능하게 하는 법칙(로고스)만은 변하지 않아야 한다. 이와 같이 모든 것을 변화라고 설명하게 될 경우에는 우리는 절대적으로 불변하는 어떤 것을 요청하게 된다. 이와 같은 문제는 다시 상대주의적 입장을 가진 소피스트들의 철학에서도 나타난다. 예를 들면 프로타고라스의 인간척도설과 고르기아스의 불가지론적 회의주의가 바로 그것이다. 우리는 인식 주체에 따라 각각 상이한 경험을 가지게 된다. 두 사람이 같은 사물을 보게 되더라도 그 느낌과 경험 내용은 다르게 나타난다. 그러므로 모든 인식 판단은 주관적이고 상대주의적이다. 이 판단들은 서로 비교 불가능하며 그 진위를 가릴 기준을 가질 수가 없게 된다. 그리하여 결국 상대주의는 회의론의 위협 앞에 노출되어 버린다. 진리 인식은 불가능하다는 회의론의 명제가 성립된다. 그러나 바로 여기에 또 하나의 독단주의의 위기가 도사리고 있다. 참된 인식은 전적으로 불가능하다는 불가지론 또는 회의론적 태도가 참이기 위해서는 바로 회의론의 명제만은 참이고 진리이어야 한다는 요청이 필연적으로 제기된다. 회의론의 명제만은 참이어야 한다. 그리고 그것은 절대적인 진리로서 인정되어야 한다. 그리하여 결국 상대주의는 회의론의 위기에 빠지게 되고 회의론은 새로운 독단주의를 요구하게 된다.

초기 철학자들의 아르케 물음과 플라톤의 변증법, 그리고 아리스토텔레스의 연역적 추론 등은 방법론 그 자체가 목적이라기보다는 존재자의 본질적 원인을 규명하려는 철학적 사유 및 탐구활동을 위한 수단으로서 강구된 것에 지나지 않는다. 플라톤에서 보다 중요한 것은 이데아에 대한 독단주의적 가설이다. 다른 한편 철학적 회의주의는 철학에서의 모든 의미 있는 논증을 불가능하게 한다. 이제 철학적 탐구에서의 아포리아들, 즉 두 종류의 막힌 길이 드러나게 되었다. 독단주의와 회의론의 위협이 바로 그것이다. 이와 같은 막힌 길을 제거하여 객관적으로 타당한 그리고 명석 판명한 지식체계를 구축하기 위하여 새로운 시도와 모험을 감행한다. 철학은 이제 어떻게 자기의 관찰구역에서 독단주의와 회의론의 위협을 피하면서 보편적 지식체계를 위한 흔들리지 않는 토대와 아르키메데스의 기점을 확보할 수 있는가를 집중적으로 작업하려고 한다. 그리고 학문방법론은 바로 그것으로부터 철학적 물음을 개진하고 체계구축을 시도할 수 있는 기점 발견에 종사한다.

3) 실재론과 유명론

플라톤의 이데아론 또는 객관적 관념론에 대한 아리스토텔레스의 비판은 이데아가 현상세계에 존재하는 사물들로부터 분리되어 있지 않고 사물들 속에 있다는 형상-질료 이론에 의하여 그 절정에 달한다. 이처럼 아리스토텔레스의 플라톤 비판의 핵심은 보편적 존재자 또는 보편개념에 대한 상이한 태도 표명에 있었다. 보편자가 초월적으로 실재하는가, 그렇지 않으면 그것은 한갓 개념에 지나지 않는가? 이러한 물음은 아리스토텔레스 사후의 스콜라 철학에서 가장 긴급한 주제로 부각되었다.

보편자의 실재성 여부에 대한 물음은 신플라톤주의자인 포르피리오스(Porphyrios)의 저서 『아리스토텔레스의 범주론 입문』(*Eisagoge eis tas Aristoteles kategorias*)을 보에시우스(Boethius)가 라틴어로 번역 소개하면서 논쟁점으로 부각되었다. 포르피리오스는 아리스토텔레스가 제시한 유(genus), 종(species), 차이(differentia), 필연적 속성(proprium), 우연적 속성(accidens)이라는 다섯 개의 논리적 개념은 필수적이지만, 이러한 개념들이 실체로서 존재하는가에 대해서는 철저한 탐구가 필요하다고 비판적으로 지적하였다. 그는 아리스토텔레스가 플라톤 비판을 통하여 얻어낸 '실재' 개념과 논리학적 문제들을 미완성된 것으로 간주함으로써 플라톤주의적 전망 속에서 재론의 여지를 열어 놓았던 것이다. 포르피리오스에 의하여 제기된 보편자의 실재성 문제는 어떤 결론이 도출되는가에 따라서 기독교의 교리체계에 심각한 타격을 가할 수도 있었다.

실재론자들은 보편자는 개개의 사물들보다 고차적 등급을 가진 현실적 존재이고, 개개의 사물들에 앞서 존재한다고 생각하였다(universalia sunt realia ante rem). 이와 같은 입장은 안셀무스(Anselmus)와 기욤 드 샹포(Guillaume de Champeaux)에 의하여 지지되었다. 이들의 주장에 의하면 플라톤적인 이데아가 실재하고, 현실적 인간이 존재하는 것보다 더 고상한 차원에서 '인간성'이 실재한다고 보았다. 구체적으로 보편자의 해석을 둘러싼 논쟁이 세계관적 갈등구도로 나타나기 시작한 것은 유명론을 지지하는 로스켈리누스(Roscelinus)가 삼위일체설에 이를 적용함으로써 삼신론(Tritheismus)을 주장한 데 있었다. 유명론자들은 보편자는 이름에 지나지 않으며, 실재성을 가지지 않는다고 주장하였다. 실재적으로 존재하는 것은 오직 개체뿐이라는 것이다. 보편자는 구체적인 개체들로부터 추상화하여 얻어진 이름들에 지나지 않는다. 그리하여 보편자는 개개의 사물 뒤에 있는 이름일 뿐이다(universalia sunt nomina post rem). 이 같은 입장에는 아베라르두스(Abaelardus)와 오캄(Ockham)이 동조하였다. 중세의 보편논쟁에서 실재론과 유명론은 전통철학의 개념으로 보면 관념론과 실재론의 논쟁이라고 볼 수 있다. 실제로 레닌은 이 논쟁을 관념론자와 유물론자들의 투쟁이라고 해석하였다. 그런데 특기할만한 사실은 이 논쟁에서의 중심개념이 보편자였기 때문에 보편자의 실재성을 주장한 실재론은 전통적인 의미에서 볼 경우에 관념론에 속하고, 그것을 부정한 유명론은 실재론에 속하여, 개념상의 혼란이 야기될 수 있으므로 유의해야 할 것이다. 다시 말하면 우리가 철학사의 흐름을 아주 소박하게 말할 경우에 중세의 실재론은 관념론적 전통에 속하여 근세의 이성론으로 연결되며, 유명론은 실재론적 전통에 속하여 근세의 경험론으로 연결되고 있다고 말할 수 있을 것이다.

3. 체계철학과 학문방법론

근세철학에서는 독단주의와 회의론의 위협을 피하여 객관적으로 타당한 지식 체계를 구축하려는 방법론적인 노력을 기울이게 된다. 이성론은 순수한 이성 개념과 직관작용으로부터, 그리고 경험론은 감각적인 경험으로부터 흔들리지 않는 토대를 마련하려고 한다. 이성론의 입장을 취한 철학자들에는 데카르트, 라이프니츠, 스피노자 등이 있고, 경험론의 입장을 취한 사람들은 로크와 버클리 등이 있다. 그러나 결국 이성론은 볼프에 이르게 되면 독단주의의 위기에 빠지게 되고 경험론은 흄에 이르게 되면서 회의론의 위기에 빠지게 된다.

1) 이성론

이성론 또는 합리론(Rationalismus)은 이성적 사유활동을 진리의 기준으로 삼는 철학적 경향을 말한다. 이성론자들은 감각적 단계에서의 인식은 잘못될 수 있으며, 우리가 태어날 때부터 가지고 있는 생득적인 본유관념(innate ideas)에 의해서만 참된 인식이 가능하다고 보았다. 데카르트와 스피노자, 라이프니츠 등이 이러한 입장을 취하였다. 특히 데카르트는 모든 감각적 진리와 상념에 대한 의심과 부정으로부터 출발하였다. 그는 방법론적 회의를 통하여 다른 모든 사실들을 의심하였으나, 이처럼 모든 것을 의심하고 있는 자아존재에 대해서는 더 이상 의심할 수 없다는 결론에 도달하게 된다. 그리하여 그 유명한 "나는 생각한다. 그러므로 나는 존재한다."라는 명제가 성립된 것이다. 그는 이러한 확실성을 근거로 하여 직관활동과 이성의 연역적 추론작용에 의하여 명석 판명한 지식체계를 구축하고자 하였다.

데카르트에서 학문방법론의 특징은 주로 수학적 방법에서 도출한 직관적-연역적 추론으로 나타나는데, 여기에는 네 가지의 규칙이 제시되고 있다. 그는 첫째로 명석하고 판명하지 않은 것을 참이라고 생각해서는 안 되며, 둘째로 문제를 쉽게 해결하려면 여러 개의 작은 문제로 분할해야 하고, 셋째로 학문적 지식을 체계화 할 경우에는 가장 쉽고 확실한 것에서 출발해야 하고, 넷째로 어떤 사물의 본질을 탐구할 경우에는 개별적 사실들을 하나도 누락하지 않고 철저하게 검토해야 한다고 강조하였다. 이 경우에 가장 단순하고 확실한 인식의 출발점은 말할 것도 없이 인간의 자기의식이다.

데카르트에 의하면 인간의 자기의식은 본유관념이다. 본유관념은 더 이상 부정할 수 없는 근본적 진리이다. 이와 같은 관념 중에서 가장 대표적인 것인 것은 하느님의 존재에 대한 관념이다. 우리가 신의 존재에 대한 관념을 가지고 있는 것은 무한실체인 신 그 자신이 유한실체인 우리에게 부여하였기 때문에 필연적으로 가능한 것이다. 그리고 하느님의 존재가 완전하다는 것은 바로 그것이 실재한다는 것을 뜻한다. 이것은 안셀무스의 존재론적 신 존재 증명에서 이미 주장된 내용이다. 그리고 이러한 사실들은 데카르트의 철학세계가 이성적 사유에 의하여 결정된다는 것을 말해주고 있다. 이와 같은 철학세계에서 어떤 명제의 진위 여부는 전적으로 이성의 연역적 체계에 부합되는가에 의하여 가려지게 된다. 다시 말하면 진리의 정합설이 지배적으로 된다. 그러나 우리는 진리의 정합설을 받아들이게 될 때, 바로 그 체계 자체가 바른 것인지 또는 그릇된 것인지를 판단할 근거를 가지고 있지 못하다. 다시 말하면 체계 자체가 왜곡되어 있을 경우에 그에 부합되는 모든 명제들은 거짓일 수 있는 것이다.

2) 경험론

경험론(Empirismus)은 관찰과 측정, 그리고 실험과 같이 인간의 감각적 지각을 진리의 기준으로 생각하는 철학적 경향이다. 베이컨, 로크, 버클리, 흄 등이 이러한 전통에 속한다. 경험론자들은 인식은 경험으로부터 생기고, 감각은 인식의 유일한 원천이라고 주장한다. 특히 로크는 선천적인 생득관념의 존재를 철저하게 부정하고 감각에 의하여 주어진 것만을 신뢰하였다. 그에 의하면 인간의 오성은 '백지'(tabula rasa)와 같은 상태로 주어졌기 때문에 감각에 의하지 않고서는 아무것도 인지할 수 없다고 하였다. 그리하여 모든 지식과 관념은 오직 경험이나 감각적 지각에 의하여 얻어진다고 주장한다.

로크에 의하면 두 가지 사물만이 존재한다. 그 하나는 감각의 직접적 대상이 되는 물질적 '사물'이고, 다른 하나는 우리의 모든 관념들이 비롯되는 원천으로서의 '반성'이다. 전자에 대한 경험은 외적 경험이고, 후자에 대한 경험은 내적 경험이다. 로크는 외적 경험이 일차적이고 내적 경험은 외적 경험에 의존한다고 설명하였다. 그런데 그는 우리의 모든 인식은 관념에 의하여 형성된다고 보았다. 관념에는 수동적인 단순관념과 능동적인 복합관념이 있다. 단순관념에는 색상과 맛처럼 하나의 감각에서 생기는 것과 공간이나 운동처럼 두 개 이상의 감각에서 생기는 것, 그리고 기억과 판단, 추리와 지식과 같이 반성에 의해서만 생기는 것, 마지막으로 쾌락과 고통, 실재와 통일과 같이 감각과 반성에 의하여 생기는 것들이 있다. 이러한 단순관념들이 반복적으로 비교되면서 복합관념을 형성하게 되는데, 가장 대표적인 것은 신에 대한 관념이다.

또한 그는 우리가 가지는 관념과 우리의 밖에 존재하는 사물을 분명하게 구분하고 있다. 그런데 사물에는 '일차적 성질'과 '이차적 성질'이 있다. 일차적 성질은 사물 그 자체에 들어 있어서 결코 분리할 수 없는 성질들이며, 여기에는 견고성, 연장, 형태, 운동, 정지, 수 등이 속한다. 이차적 성질은 사물에서 받아들여지는 주관적 느낌으로서, 여기에는 색, 맛, 냄새, 소리 등이 속한다. 로크는 사물의 일차적 성질은 객관적이고 그 이차적 성질은 주관적이라고 해석하였다. 그러나 버클리는 일차적 성질도 역시 주관적이라고 주장하였다. 이러한 생각은 흄에 이르게 되면서 사물들의 현상 속에서는 어떤 객관적 법칙도 존재하지 않는다는, 이른바 인과성 비판을 가능하게 하였다.

흄도 역시 지식의 원천을 경험에서 찾았다. 그런데 경험이란 관념으로 가라앉게 되는 '인상들'(impressions)의 흐름이다. 그리고 의식하는 정신도 '지각의 다발'(a bundle of perceptions)에 지나지 않는다. 그렇기 때문에 흄은 모든 사실적 관계의 객관성을 인정하려고 하지 않았으며, 자연과학에서의 인과성 법칙도 의식의 연상작용에 지나지 않는 것으로 해석하였다. 우리는 사물들 사이의 관계 속에서 하나의 법칙을 발견하였다고 하지만, 흄에 의하면 그것은 단지 심리적 현상에 지나지 않는다. 그것은 사물들 자체가 특정한 계기를 가지는 것이 아니라, 다만 유사성(resemblance), 근접성(contiguity), 원인과 결과(cause and effect)의 원칙에 의하여 서로 다른 감각적 인상들을 계속적으로 연상한 것에 불과하다는 것이다. 그러므로 경험론은 결국 흄에 이르게 되면서 어떤 객관적 진술도 불가능하다고 생각되는 회의주의의 위협 앞에 노출되어 버린다. 물론 경험론에서는 우리의 경험 내용이 실재와 대응하고 있다는 진리의 대응설이 전제되어 있다. 그러나 우리는 감각자료를 바탕으로 한 우리의 판단과 실재 그 자체가 대응하고 있는지에 대한 판단 근거를 전혀 가지고 있지 못할 뿐만 아니라, 흄의 경우에서처럼 경험적 진리주장은 회의주의의 위기에 직면하여 있다.

3) 칸트의 선험철학과 독일관념론

철학사에서는 칸트철학을 '저수지'로 비유하고 있다. 그 이전의 모든 사상이 칸트에서 종합되고 있으며, 그 이후의 모든 철학이 그로부터 새롭게 시작되고 있기 때문이다. 칸트는 경험론과 이성론을 종합하면서 특유의 '비판철학' 혹은 '선험적 관념론'을 체계화한다. 칸트에 의하면 인식은 경험과 더불어 시작되지만 반드시 경험에 의해서만 이루어지는 것은 아니다. 다시 말하면 인식은 대상을 직접적으로 지각하는 감성과 우리 안에 직관된 것에 개념화 작용을 가하는 오성이라는 두 개의 원천에 의하여 성립되기 때문이다. 경험론자들은 오성의 논리적 사유기능을 과소평가하였고, 이성론자들은 대상을 직접적으로 지각하는 감성의 기능을 외면하였다. 따라서 칸트는 이성론의 독단주의화와 경험론의 회의론적 현상은 우리의 인식능력인 '이성' 그 자체에 대한 비판적 분석 없이 그것을 성급하게 사용한 결과라고 단정한다.

그리하여 칸트는 오직 이성비판을 통해서만 관념론(독단주의)과 회의론을 극복할 수 있다고 생각한다. 이성비판은 독단론을 반대한다. 또한 동시에 이성비판은 회의론을 변호하지 않는다. 이성비판은 이제 필연적으로 요구되는 근본적인 형이상학의 체계를 준비하는 이른바 '순수 이성 체계의 예비학'으로 전개된다. 그리하여 칸트는 우리의 이성이 가지고 있는 능력들을 비판적으로 탐구하기 시작한다. 다시 말하면 어떤 조건들 아래에서 우리의 이성은 인식의 객관적 타당성을 갖게 되는가를 작업한다. 그에 의하면 우리에게 인식을 가능하게 하는 것은 바로 감성과 오성의 종합작용이다. 감성적 능력을 가진 직관은 경험에 이르는 가장 원초적인 조건이 되는 감각자료들을 주관 속에 수용한다. 그리고 오성은 수용된 감각자료들을 논리적으로 정리하여 개념화한다. 여기에서 주의할 것은 오성의 개념화 작용에는 항상 일정한 직관 내용이 필연적으로 전제되고 있으며, 오성은 감성이 지시하는 한계를 결코 초월할 수 없다는 것이다. 바로 이와 같은 이론이성의 통제적 기능을 설정함으로써 칸트는 우리의 인식작용이 독단주의화 하려는 가능성을 제거하였다. 그리고 그는 우리의 인식능력 가운데 선천적으로 있는 오성의 논리적 기능을 부여함으로써 우리의 인식작용이 회의론의 위기에 빠지는 것을 의도적으로 회피하려고 하였다. 칸트의 이성능력 비판은 바로 경험의 가능성 조건들을 체계화하려고 시도한 것이다.

그러나 칸트 역시 우리의 주관성 안에 있는 직관대상들과 물자체들과의 대응 여부를 판단할 수 있는 아무런 근거도 제시하지 못했으며, 이와 같은 원초적 결함은 다시 그의 이성비판을 무력하게 만든다. 다시 말하면 칸트는 직관 기능을 다루면서 소박 실재론적 입장을 취하고 있으며, 그 때문에 그가 제시한 종합이 경험내용의 객관적 타당성을 확보하려면 직관된 것이 물자체를 직접적으로 모사한 것이라는 사실을 입증한다. 그러나 우리는 진리대응설에서 판단과 사실의 직접적 비교는 불가능하다는 사실을 잘 알고 있다. 다른 한편 칸트에서의 종합은 선험적 연역, 즉 통각 또는 자기의식의 명제를 확보함으로써 가능하게 생각될 수 있다. 그러나 자기의식의 명제 역시 형이상학적이기 때문에 우리는 그 존재를 증명할 수도 없고 반박할 수도 없게 된다. 그러므로 자기의식의 존재를 확증적으로 수용할 경우에 그것은 칸트 자신이 주장한 선험철학적 정신과 모순될 것이다. 그러나 자기의식의 존재를 확증하지 못한다면 칸트에서의 종합은 보증될 수 없다. 결국 칸트에서의 이러한 문제는 독일 관념론 철학에서 어떤 특정한 명제에 집착하게 됨으로써 독단주의적 성향을 띠게 된다.

칸트의 인식비판을 단서로 하여 피히테는 이성적 주관만이 대상세계를 규정할 수 있다는 입장, 즉 주관적 관념론에 기초한 학문이론(지식학)을 수립하였고, 셸링은 독단주의와 비판주의의 동일성이나, 또는 그 중 하나가 다른 것의 극에 이르러서 결국에는 절대적 자기 복귀를 이루어낸다는 동일철학을 주장하였고, 헤겔은 순수 존재가 변증법적 운동 과정을 통하여 절대정신으로 발전 고양된다는 정신현상학을 학적 체계로 수립하였다.

피히테(Fichte 1762~1814)는 칸트가 '통각' 또는 '자기의식'의 개념에 대한 정당성을 철저하게 주장하지 못하였다고 보면서 이에 대한 절대적 승인을 통하여 '자아'의 철학을 수립하고자 하였다. 그는 칸트 철학에서의 아포리아, 즉 선험철학에서 물자체의 존재를 어떻게 해석해야 할 것인가의 문제를 둘러싸고 슐체와 라인홀트 사이에 있었던 에네지데무스 논쟁에 대하여 주관적 관념론의 입장을 취함으로써 해결하려고 하였다. 피히테에 의하면 우리에게 가능한 철학은 독단론과 관념론이라는 두 가지밖에 없으며, 이 가운데서 어떤 철학을 선택하는가는 철학자의 세계관에 달려있다고 생각하였다. 그것은 결국 궁극적이고 원리적인 태도결정의 문제이며, 어떤 철학자가 어떤 철학을 선택하는가는 그 철학자의 인간성에 달려 있다는 것이다. 그리하여 한 철학 체계는 그것을 선택한 철학자의 영혼에 의하여 생명이 주어지게 된다. 피히테 스스로는 칸트의 선험철학에서 걸림돌이었던 질료와 물자체의 문제까지도 순수한 정신의 산물이라고 단정함으로써 모든 문제를 관념론적으로 해결하려고 하였다. 피히테에 의하면 가장 근원적인 출발점은 의식의 자체적인 '행위'(Tathandlung)이다. 그와 같은 의식은 자체적으로 자기 자신을 정립한다. 즉 의식은 자체적으로 '나로서의 나'(Ich als Ich)를 정립하며, 이것은 동일률과 실재성의 범주를 기반으로 하고 있다. 그런데 의식은 자기 자신을 나로서 정립하는 그 순간 내가 아닌 다른 모든 것들과 대립적인 관계를 갖게 된다. 나의 정립은 곧 '나 아닌 것', 즉 '비아'(Nicht-Ich)라는 반정립을 불러온 것이다. 이와 같은 반정립의 원리는 모순율과 부정의 범주이다. 그리고 이러한 정립과 반정립의 대립은 모순의 지양을 통하여 근원적 주관성인 절대적 자아(absolutes Ich)로 이행하며, 이것은 근거율과 제한성의 범주를 원리로 하고 있다. 피히테는 존재와 도덕의 역사 모두를 의식의 역사와 자아의 활동이라고 해석함으로써 주관적 관념론을 수립하였다.

셸링(Schelling 1775~1854)은 피히테가 말한 철학에서의 두 가지 길을 모두 승인한다. 독단론과 관념론을 모두 채택한 것이다. 그는 특히 철학을 독단주의로 시작한 사람은 결국 비판주의(관념론)에 이르게 되고, 비판주의로 시작한 사람은 독단주의에 이른다고 보았다. 셸링의 철학 전체도 이 같은 길을 걷고 있다. 초기의 셸링은 자연철학에 많은 비중을 두었으나 점차로 자연과 정신의 동일성을 강조하는 동일철학으로 전개되다가 나중에는 신화학과 계시 및 자유의 철학과 같은 주관주의적 성향을 보이고 있다. 그러나 셸링은 철학의 각 단계에서 자연과 정신 중의 어느 한 부분에 머무르지 않고 자연에서 정신으로(자연철학), 정신에서 자연으로(선험적 관념론), 그리고 절대자 안에서 정신과 자연의 통일(동일철학) 등과 같이 철학적 사유의 축을 끊임없이 변형시키고 있다. 이 모든 시기에 걸쳐서 그는 하나의 철학 체계를 완성하지 못하고, 그때마다 이를 다시 새롭게 고쳐 쓰고 있다. 셸링의 철학은 피히테의 의식철학과 브루노 및 스피노자의 범신론이 결합된 형태라고 할 수 있다. 그는 자연을 피히테에서처럼 나에게 대립된 것으로 보지 않고 그 자체로 살아있는 의식으로 파악하였다. 그리하여 철학사가들은 셸링의 철학을 객관적 관념론이라고 부른다.

헤겔(Hegel, 1770~1831)은 존재의 역사를 의식의 역사로 해석한 피히테의 입장에서 주관주의적 요소를 제거하고 주관과 객관의 차원을 벗어난 절대자의 운동과정으로 해석한다. 이와 같은 절대자는 전체이고 참된 것이며 스스로의 발전에 의하여 자체 완성을 시도한다. 그 과정에서 물질의 운동, 유기체, 인간, 학문, 법, 국가, 세계사, 예술, 종교, 철학 등이 출현하게 된다. 그러므로 헤겔의 철학에서는 독단주의나 관념론과 같은 철학의 체계를 선택할 수 있는 개별적 주체의 역할은 크게 문제되지 않으며, 그러한 행위와 결정들이 존재한다면 그것 자체가 이미 거대한 철학 체계 속에서 드러나는 하나의 현상에 지나지 않게 된다. 자연철학과 의식철학, 그리고 정신철학의 여러 단계들 속에서 그때마다 변증법적으로 출현하는 모든 계기들은 절대정신이 자기 자신을 실현하는 과정이요 국면에 지나지 않은 것이다. 자연과 세계, 인간과 신, 철학 그 자체에 대한 모든 가능한 이론과 주장들도 실제로는 절대 정신의 자기 형성과정의 일부에 지나지 않는다. 이 모든 사실들은 절대정신이 자지 자신의 의지를 실현하기 위하여 동원하였던 것들로서 단지 '이성의 간지'(List der Vernunft)에 불과한 것이다. 그래서 사람들은 헤겔철학을 절대적 관념론이라고 부르고 있다.

결국 근세철학에서의 이성론과 경험론, 그리고 칸트의 선험철학과 독일 관념론은 하나의 체계철학을 목표하고 있으며, 여기에서 학문방법론은 체계철학적 성격을 띠게 된다. 방법은 체계 그 자체였고, 체계는 철학 그 자체였던 것이다. 그러나 이후의 철학에서 학문방법론은 철학활동 또는 철학하는 것 그 자체로서 고양되기에 이른다.

4. 철학활동으로서의 학문방법론

현대철학에서의 학문방법론은 학문이론이라는 독자적인 영역을 개척해 나가고 있다. 오늘날의 철학적 경향은 주로 학문방법론에 대한 철학 또는 메타학문에 관한 이론이 주류를 이루고 있다. 그리고 여기에서는 체계철학의 구상보다는 오히려 철학을 하나의 비판 활동으로 이해한다. 그리하여 학문이론은 철학의 비판적 기능을 바탕으로 인식의 확실성과 보편성을 확보할 수 있는 방법적 틀을 마련하려고 한다. 그리고 바로 그 방법론적 단초로부터 명제적 진리의 보편성을 주장하거나 해체하려고 한다. 이와 같은 학문방법론은 우선 마르크스주의, 분석철학, 현상학 및 해석학적 방법론으로 대별할 수 있으나, 여기에서 우리는 가능한 한 이에 대한 개론적인 설명은 피하고, 이들 방법론상의 논쟁 과정에서 드러난 아포리아를 제시하려고 하겠다. 그리고 여기에서 드러나고 있는 막힌 길은 바로 우리가 지금까지 논의해 온 독단주의와 회의론의 위협이 변형된 것에 지나지 않는다는 사실을 지적할 것이다.

1) 마르크스와 철학의 변형

근세철학에서 우리는 두 혁명을 경험하게 된다. 칸트의 코페르니쿠스적인 전회와 마르크스의 변증법적 유물론이 바로 그것이다. 칸트는 인식주관이 객관적 대상을 규정하게 되면서 경험 내용을 산출하게 된다는 선험철학을 확립하였다. 여기에 대하여 방법론적인 이의를 근본적으로 제기한 사람이 바로 마르크스이다. 그는 칸트와는 반대로 객관적 대상구조가 인간의 의식구조를 규정한다고 주장하게 된다. 이것은 지금까지의 모든 관념론 철학이나 주관성을 강조하는 칸트의 선험철학에 대한 유물론적인 반란이며 또한 동시에 철학의 변형을 의미한다. 먼저 그는 칸트철학에서의 유아론적인 인식구조를 역사화하고 사회화한다. 다시 말하면 주관과 객관의 구조를 사회 경제사적인 물질구조(하부구조)와 종교 정치적인 의식구조(상부구조)로 확대 해석한다. 그리하여 마르크스는 "물질적 생활의 생산양식은 사회적, 정치적, 정신적 생활과정 일반을 제약한다. 인간의 의식이 그 존재를 규정하는 것이 아니고 인간의 사회적 질서가 그 의식을 규정한다."(『정치경제학 비판』 서문)라고 강조하였다. 현행 이데올로기로서의 상부구조는 하부구조의 유물변증법적인 운동과 변화에 의하여 혁명적으로 전환된다. 그리하여 마르크스에서의 철학은 이론이나 체계가 아니고 실천과 혁명으로 변형된다. 그러므로 이제 철학의 사명은 단순하게 세계를 '해석'하는 데 있지 않고 그 세계를 바르게 '변혁'하는 데 있다.

2) 실증주의 논쟁

마르크스에서의 철학의 비판적, 혁명적 기능은 그대로 프랑크푸르트학파의 사회철학적 방법론으로 승계된다. 프랑크푸르트학파는 호르크하이머가 1930년에 프랑크푸르트 대학의 '사회연구소 소장으로 취임하고, 거기에 아도르노와 마르쿠제가 참여하면서 성립된다. 그리고 이들은 주로 철학의 비판적 기능을 통하여 전통적인 체계철학과 전체주의 및 선진 산업사회 이론을 거부하려고 한다. 마르쿠제는 자본주의 사회가 풍요하고 발전된 기술사회이기는 하지만 그것은 동시에 인류의 해방을 저해하고 억압하는 전체주의적 또는 일차원적 지배구조를 전제하고 있음을 지적한다. 그러므로 참된 행복과 해방을 위하여 현행 사회구조를 변혁하는 것이 시급하게 요청된다. 그것은 바로 새로운 인간상 수립을 위한 혁명적 요청이며 '위대한 거부'로 이해된다. 아도르노 역시 철학의 과제를 현실비판과 현실고발에 두고 있다. 그리고 그는 전체성이나 현실연관과 같은 적극적인 거대구조적 명제들과 자본주의 및 사회주의 체제를 모두 비판하고, 적극적인 것 속에 부정적으로 작용하고 있는 작고 개별적인 것(미니마)의 의미를 발굴하려는 '부정의 변증법'(Negative Dialektik)을 제안한다. 부정은 바로 체계적이고 적극적인 것들을 비판 지양하는 반체계적인 것들의 변증법적인 응집력이다. 개별적인 것은 체계의 밖에 있다. 그리고 이들 개별적인 것에 함축된 부정의 힘만이 체계를 정당하게 극복하고 부정할 수 있게 된다.

사회비판 이론가들은 혁명정신이나 부정성의 힘을 통하여 현행체제를 비판하였으나, 그들은 참으로 인간해방이 실현될 수 있는 이상적인 사회가 어떤 것인지에 관하여 적극적으로 제시하지 못하였다. 바로 이와 같은 어려움은 이미 학문방법론에서의 흔들리지 않는 토대구축이나 진리의 기준을 정하려는 데서도 드러난 것이다. 그러므로 어떻게 이상적이고 합리적인 사회를 이룩할 수 있는가에 대한 방법론적인 대안으로서 프랑크푸르트학파의 혁명이론은 점진적인 사회개혁을 통하여 이상사회를 구축하려는 비판적 합리론자들의 방법론적 대안과 상충하면서 이른바 현대 독일 사회학에서의 '실증주의 논쟁'을 유발하게 된다.

실증주의 논쟁은 이미 1930년대에 호르크하이머와 비엔나학파 사이에서 발단되었으며, 1950년대 이후에는 아도르노와 포퍼의 논쟁(사회과학의 논리학), 위르겐 하버마스와 한스 알버트의 논쟁으로 지속되었다. 특히 포퍼는 자신이 정초한 비판적 합리주의를 사회과학에 적용하면서, '점진적 사회공학'을 내세운 '개방사회'의 이론을 대안으로 제시한다. 포퍼는 프랑크푸르트학파에서처럼 전체주의를 비판하지만, 그는 동시에 그들의 역사주의(유토피아적 사회공학)까지도 부정하려고 한다. 그리하여 포퍼의 개방사회는 지배체제를 자유로운 토론과 정치참여로 교체할 수 있는 제도가 마련된 사회이며, 여기에서는 최소 수혜자들의 복지 개선을 위하여 사회보장제도를 활성화하는 점진적인 개혁을 추구한다. 그러나 포퍼의 입장에 대하여 아도르노는 그가 사회혁명을 부정하면서 후진국의 왜곡된 정치 경제구조를 외면하였고, 역사적인 목표설정을 부정하면서 미래지향적 사회이념과 인간 희망을 유린하였다고 비판한다. 그리고 포퍼의 개방사회의 이론이 세계의 정치구조에서 검증될 수 있는가에 의문을 제기하고 개방사회의 구체적 내용에 관하여 묻는다.

결국 이들의 논쟁은 진리 또는 이상사회가 실현될 수 있는 가능성 조건에 관한 방법론적인 논의라고 볼 수 있다. 그것은 이상사회가 진화론적 축적이나 또는 점진적 개혁을 바탕으로 이룩되는지, 그렇지 않으면 일시적이고 단호한 혁명적인 방법을 그 실현조건으로 요구하고 있는지에 대한 문제이다. 그러나 이 문제는 바로 우리가 현행 지식체계나 또는 정치구조를 어떻게 이해하고 있는가에 따라서 그 인식이 근본적으로 달라질 수 있다. 만일 현행체제가 근본적으로 왜곡되었을 경우에 포퍼의 대안은 무기력하게 되고, 또한 혁명 이후의 사회가 그 이전 사회보다 더 이상적이라는 보장을 할 수 없을 경우에 마르쿠제나 아도르노의 대안 역시 설득력을 잃게 될 것이다. 그러나 우리는 이 두 경우에 그 우열을 가릴 수 있는 아무런 기준도 가지고 있지 못하다. 여기에서 드러난 막힌 길은 다시 가다머와 하버마스가 주도한 해석학에서의 보편성에 관한 논쟁에서 집중적으로 작업되고 있다.

3) 현상학에서의 두 '전회'(후설과 하이데거)

현상학에서의 두 전회는 후설의 전회와 하이데거의 전회를 의미한다. 철학사에서 이와 같은 전회는 자주 발견된다. 일찍이 플라톤은 이데아와 사물들의 관계를 설명하기 위하여 초기에 수립하였던 이데아론을 수정하여 세계제작이론 또는 형성이론을 전개하였다. 현대철학에서도 비트겐슈타인의 전회는 유명하다. 전회는 방법론적인 방향 수정이나 철학활동의 이념과 목표를 수정하는 것을 의미한다. 그러므로 전회의 배후에는 한 철학자의 고뇌 어린 깊은 사색과 그 한계 통찰이 숨어있다. 후설의 현상학은 확실성과 명증성을 추구하는 데카르트의 철학과 칸트의 선험철학을 계승하고 있다. 그는 여기에 다시 브렌타노에 의하여 발굴된 '지향성' 개념을 도입한다. 전반적으로 후설은 서구의 본질철학을 새롭게 정초하려고 시도한다. 그가 의도하는 현상학은 어떠한 철학자의 사상이나 과학주의에 빠지지 않고 철저한 무전제성의 원리에 입각하여 수립된 '엄밀한 학문'이다. 후설은 엄밀학의 가능성에 관하여 이렇게 말한다. "철학은 그 최초의 출발 이래 엄밀한 학문이려는 요구를 지녀왔다 [...] 그러나 철학이 발전되어 온 어떤 시대에서도 엄밀한 학문이려는 요구를 충족할 수 없었다." 실제로 무전제성의 원리에서 수립할 수 있는 엄밀학으로서 철학은 불가능한 것인지도 모른다. 그럼에도 불구하고 그는 어떤 경우에도 엄밀성을 확보하기 위한 철학적 노력을 포기해서는 안 된다고 강조한다. 그리하여 그는 우리의 의식 속에 일차적으로 주어지는 실재적인 현상 자료들을 아무런 편견이나 선입견 없이 확보하기 위하여 현상학적 환원을 시도한다. 다시 말하면 그는 본질 직관의 가능성 조건으로서 순수한 사유 작용(노에시스)과 사유 내용(노에마)을 작업해 낸다. 이 작업을 위하여 후설은 모든 전통과 과학적 지식들을 괄호에 묶어 버렸다. 그리고 의식 안에 유입된 실재적인 것(물자체)이 실제로 존재하는 것 그 자체(칸트적인 물자체)와 일치하는지의 문제도 포기해 버렸다. 따라서 이와 같은 문제들은 후설의 선험현상학에서 목표로 하고 있는 선험적 주관성을 유아론적 독단주의의 위기에로 몰고 간다. 그리하여 어떻게 이처럼 순수하고 절대적인 선험적 자아가 다른 자아존재들을 알 수 있으며 또한 그들과 의사소통을 할 수 있는가라는 물음이 제기되기에 이른다. 그리하여 선험적 주관성에서 상호주관성이 가능하게 되는 생활세계로의 전회가 이루어진다. 이와 함께 우리는 후설이 처음 의도하였던 무전제의 원리에 기초한 엄밀한 학문 수립이 상당히 약화되었고 흔들리고 있음을 간파할 수 있다. 후설이 비록 과학주의를 여전히 배격하더라도 생활세계에서는 많은 것들에 대한 지식, 곧 원초적인 삶을 영위하는 데 필요한 많은 정보들이 이미 전제되고 있기 때문이다.

후설의 제자였던 하이데거는 그의 스승이 독아론적으로 추상화한 선험적 자아론에 반대하여 세계 안에 구체적으로 존재하면서 그것과 긴밀한 관계를 맺고 있는 (세계내존재로서) 현존재를 철학적 물음의 대상으로 한다. 다시 말하면 존재론을 바르게 정초하기 위해서는 존재이해를 미리 가지고 있으면서 존재에 관한 물음을 물을 수 있는 유일한 존재자인 인간존재의 구조를 분석하자는 것이다. 여기에서 하이데거의 실존분석은 칸트의 이성비판과 그 방법론적인 맥락을 같이 한다. 그러나 하이데거는 시간과 공간 속에 드러난 것은 존재 그 자체가 아니라 단지 그것이 드러난 현상에 지나지 않는다는 사실을 깨닫게 된다. 그러므로 현존재 분석에 의하여 존재 그 자체의 모습은 드러나지 않는다. 그리하여 하이데거는 실존 분석을 그만두고 존재의 소리를 들으려고 전회한다. 존재는 바로 '거기'에서 자기의 모습을 드러내고, '현'존재에게 말을 건네 온다. 인간이 만일 존재의 진리를 생각할 수 있다면, 그것은 바로 우리들 자신의 존재를 벗어나서(탈-존) 초월하게 되면서 그렇게 된다. 여기에서 하이데거는 후설의 선험적 주관성의 획득 과정에서 배제하였던 물자체 또는 존재 그 자체를 인정하면서 형이상학적 철학을 전개한다. 그리하여 후설 철학에서의 독아론적 위기는 이제 하이데거에 이르게 되면서 독단주의적 신비주의에 귀착된다.

4) 해석학에서의 보편성에 관한 논쟁(가다머와 하버마스)

해석학은 후설이 시도하였던 것처럼 무전제성의 원리에 기초한 엄밀한 학문의 가능성을 말하지 않는다. 그것은 오히려 전제들을 전제로 하고 있다. 그리하여 해석학은 삶의 복합성과 구조연관을 포착할 수 있는 이해의 지평을 전제로 하고 있다. 가다머는 해석학이란 정신과학의 인식론이나 이해의 방법(이해의 기술)이 아니고, '진리의 경험'이라고 말한다. 진리경험은 과학적 영역을 넘어서서 어디에서나 가능하며, 이러한 해석학적 경험은 보편적이라는 것이다. 해석학적 경험은 이해의 역사성 안에서 이루어지며, 바로 여기에서 해석학적 순환(하이데거), 이해의 선-구조, 영향사의 원리가 주제화된다. 특히 나중에 하버마스와의 논쟁점이 되었던 문제는 바로 이해 과정에서 권위와 전통이 차지하는 비중에 관한 것이었다. 이해의 역사성은 우리가 이미 역사적인 과거사실과 그 의미 연관 속에서 규정되고 함몰되어 있음을 단적으로 입증하고 있다. 이해 자체가 바로 하나의 역사적 사건이다. 역사를 이해하는 우리는 역사 속에 살고 있으며, 그 역사에 의하여 규정된 의미지평 위에서 이해한다. 그러므로 이해는 객관적인 역사의 의미내용과 이해주체의 의미지평이 서로 융합되는 데서 이루어진다. 역사적 전통 속에 형성된 의미지평과 이해주체가 가지고 있는 의미지평은 영향사적인 이해 속에서 '지평융합'을 이루게 된다. 이 경우에 지평융합을 주도하는 것은 바로 '선입견' 또는 해석학적 이해의 '선-구조'이다. 선입견은 전통이나 권위와 같은 일정한 역사적 지평에 의하여 제약된, 그러나 아직 학문적으로는 반성되지 않은 이해로서, 이해의 지평융합을 가능하게 하는 전제이며 단초이다. 그리고 이것은 이해 과정에서 그 타당성이 검토되고 수정될 수 있다. 그리하여 가다머는 영향사적 지평 속에서 선입견이 가지고 있는 생산적 기능을 복원한다. 그러므로 이해는 이제 역사적인 의미지평, 곧 전통에 대한 선입견 없이는 불가능하게 된다. 또한 가다머는 이해 과정이 언어에 의하여 달성된다는 사실을 강조한다. 언어성이란 이해를 추진하는 지평융합의 변증법적 매개를 수행하기 위하여 해석학의 존재론적 지평 속에 드러나는 것이다. 이것은 바로 하이데거의 '개시'로서의 진리와 같은 것이다. 그리하여 언어에 의한 해석학의 존재론화가 가능하게 된다. 영향사적 지평융합 사건은 곧 언어적인 매개과정을 의미하며, 그것은 언어의 사건으로 된다. 과거 지평과 현재 지평의 융합은 대화 수행의 형식으로 이루어지면서, 언어는 이제 해석학적 경험의 매체가 된다. 다시 말하면 언어는 해석학적 존재론의 지평이다.

전통과 권위, 선입견과 해석학적 보편성을 주장하는 가다머의 입장에 대하여 하버마스는 비판적인 반응을 보인다. 1967년에 발표한 『사회과학의 논리』 이후에 그는 가다머와의 해석학 논쟁에 말려든다. 그는 지평융합에서의 선입견은 항상 교정되어야 할 필요가 있으며, 이 작업은 '이성'의 '비판' 또는 '반성' 작용이 수행한다고 주장한다. 그리하여 전통은 해석학적 지평 속에서 토대가 되는 것은 사실이지만 가다머가 생각하는 것처럼 절대적인 권위를 갖지는 못한다. 전통에 대한 권위는 오히려 이성과 그 비판적 반성작용에 의하여 새롭게 이해되어져야 한다고 본다. 예를 들면 체계적으로 왜곡된 의사소통의 구조 속에서 전통이란 억압적인 이데올로기이며 독단일 수 있다. 그러므로 해석학은 그 보편성을 주장하기에 앞서, 비판적 반성에 의하여 드러나게 되는 거짓된 보편성 주장의 한계를 지적하는 것이 긴급하게 요청된다. 그리하여 하버마스는 해석학의 과제는 바로 '이데올로기 비판'에 있다고 보았다. 그것은 바로 우리를 역사 속에서 억압해 왔던 전통과 권위, 그리고 이데올로기들을 비판하여 해방시키려는 데서 그 의미를 찾을 수 있다. 또한 하버마스는 해석학적 과정에서 언어의 중요성을 인정한다. 그러나 가다머가 하이데거에게서 착안한 언어의 존재론화에 반대하고 실용주의적 언어철학의 관점에서 대화에 의한 합의 과정을 중시한다. 그의 언어철학적 배경에는 아펠의 선험화용론과 논의공동체 이론이 자리하고 있다. 아펠은 칸트의 선험철학에다 퍼어스의 실용주의 및 과학자 공동체 이론, 비트겐슈타인의 언어유희론 등을 도입하여 이른바 선험화용론을 창안한다. 다시 말하면 그는 칸트철학을 언어철학적 전회를 통하여 '변형'하려고 한다. 하버마스는 이와 같은 아펠의 의사소통공동체론을 대부분 그대로 수용하고 있다. 그는 우리가 이상적인 대화를 매개로 참된 합의에 도달할 수 있으며, 이와 같은 합의를 전제로 이전의 거짓된 합의를 배격하고 그 억압적 상황에서 해방될 수 있다고 말한다. 그러나 이상적인 합의는 바로 이상적인 언어상황이 주어진 경우에만 가능하며, 그것은 외부적인 강제력이 전혀 없는 이상적인 삶의 세계가 보장된 경우에 주어질 수 있다는 것을 알고 있다.

그러므로 가다머와 하버마스의 해석학 논쟁은 이미 실증주의 논쟁에서 지적한 바와 마찬가지로 해석학적 선-구조로서의 전통과 선입견(이데올로기), 그리고 인식을 주도하는 관심으로서의 이성의 비판적 반성작용의 작업 역량과 한계를 어떻게 설정하는가에 따라서 진리 기준이 근본적으로 달라질 수 있으며, 지금 속하여 있는 이해 주체의 의미지평을 어떻게 규정하는가에 따라서 다양하게 논의될 수 있다. 결국 여기에서 새롭게 제기되는 진리의 합의이론은 우리에게 절대적 진리를 제시하지는 못하고 다만 진리에 접근해 갈 수 있는 하나의 실용주의적 대안을 제시할 뿐이다. 그러나 우리는 새로운 합의가 이전의 합의보다 더 합리적이고 이상적이라는 보장과 기준을 알지 못하고 있다.

5) 현대 과학철학에서의 방법론 논쟁

현대의 과학철학에의 방법론 논쟁을 통하여 우리는 독단주의와 회의론이라는 두 가지의 막힌 길을 피하여 객관적으로 타당한 과학이론을 수립하려는 노력을 찾아볼 수 있다. 그럼에도 불구하고 이들의 논쟁 속에는 여전히 두 아포리아의 절대적 위협이 도사리고 있다. 오늘날의 과학철학은 러셀과 비트겐슈타인의 논리적 원자론 이후 포퍼의 비판적 합리주의, 쿤의 비합리주의, 그리고 파이어아벤트의 방법론적 무정부주의 등에까지 이르고 있다.

비트겐슈타인은 철학을 하나의 '활동', 즉 말할 수 있는 자연과학적 명제들에 대한 '언어비판'의 활동으로 생각하였다. 그러므로 철학의 목표는 생각들을 논리적으로 명료화하는 데 있다. 1922년에 마하의 후임자로 비엔나 대학에 취임한 슐리크는 비트겐슈타인의 입장을 수용하여 철학은 명제의 명료화를 매개로 한 의미발견의 활동이라고 규정하였다. 그리고 이와 같은 정신 속에서 비엔나 학파, 즉 논리실증주의가 성립된다. 바이스만, 노이라트, 파이글, 카르납과 같은 학자들이 이 학파에 직접 참여하고 라이헨바하와 에이어와 같은 학자들이 입장을 같이 하였다. 이들은 주로 이 세계의 모든 사태들을 프로토콜 명제로 환원하여 재구성할 수 있으며, 모든 사태들을 이상언어로 번역할 수 있다고 생각한다. 그리고 어떤 명제의 유의미성의 기준은 바로 그 명제의 '검증가능성'에 달려 있다고 보았다. 검증가능성의 원리는 근본적으로 실험과 관찰을 근거로 한 귀납주의를 채택하고 있다. 그리하여 그들은 이상언어로 번역된 원본 진술만으로 세계의 그물망을 엮으려고 한다. 그러나 그들이 자연과학에 사용하는 이상언어와 원본 진술들이 과연 검증될 수 있는 것인지에 대한 근본적인 의심이 제기될 수 있다. 왜냐하면 유한한 인간이 이 세계와 다른 가능한 세계에서 일어나는 모든 사태들을 모두 관찰할 수 없기 때문이다.

논리실증주의자들이 제시한 검증가능성의 원리와 귀납주의가 근본적으로 가지고 있는 한계를 비판한 사람은 바로 포퍼이다. 그는 우리가 경험한 특수 명제들로부터 아직 경험하지 못한 특수 사례들까지를 일반화하는 것은 부당하다고 생각한다. 여기에서 그는 검증이론과 귀납주의를 배격하고 반증이론을 대안으로 제시한다. 다시 말하면 어떤 설명적인 보편이론이 경험적 사례에 의하여 완전하게 검증될 수는 없지만 적어도 그것이 앞으로 언젠가는 거짓으로 판명될 수도 있다는 사실을 중시한 것이다. 포퍼에 의하면 모든 방법론과 이론들을 폐기될 수 있다는 가능성을 전제하고 있다. 그리하여 모든 과학적 이론은 반증 가능한 것이다. 그리고 이와 같은 과학명제들은 '추측'과 '반박'을 통하여 객관적 진리에로 접근해 간다. 그는 객관적 지식의 성장을 진화론적으로 설명한다. 모든 과학명제들은 문제발견-가설-비판의 과정을 거쳐서 진화론적으로 축적, 발전된다. 가설은 우리가 문제 해결을 위하여 최초로 도달한 잠정적인 해결방식이다. 그리고 이것은 비판에 의하여 폐기되거나 또는 잠정적으로 인정되며, 여기에서 다시 제기되는 새로운 문제들을 해결하려고 노력한다. 이 과정을 통하여 과학적 지식은 보다 합리적으로 성장하며 진리에로 접근할 수 있다는 포퍼의 '박진이론'이 성립된다.

포퍼의 비판적 합리주의가 제시한 반증이론과 박진이론은 다시 쿤의 패러다임 이론에 의하여 비판되기 시작한다. 쿤은 과학사의 본질규명에 관한 연구를 통하여 과학의 발전은 포퍼가 말한 것과 같이 과학지식의 계속적인 축적에 의하여 이루어지는 직선적 과정이 아니라고 주장한다. 과학의 본질을 이해하기 위해서는 우리는 기존 과학이 새로운 과학에 의하여 교체되는 '과학혁명의 구조'를 주시해야 된다는 것이다. 다시 말하면 우리는 패러다임의 변화를 주시해야 한다. 쿤이 말하는 패러다임이란 어떤 과학자 사회의 구성원들이 공동적으로 가지고 있는 신념과 가치체계이다. 과학자들은 경쟁적인 과학활동을 통하여 부각되는 가장 포괄적인 이론체계를 패러다임으로 확정하여 '정상과학'을 결정하게 된다. 그리고 정상과학이 가지고 있는 정합성의 체계 속에서 현상들을 설명하려고 시도한 후에 이로써 해결되지 않는 남은 수수께끼들은 잠정적으로 유보해 둔다. 이와 같은 과정을 되풀이 하면서 기존의 패러다임으로 설명될 수 없는 수많은 '이상현상들'이 출현하게 되면, 그것들을 해결하기 위한 수많은 이론들이 난립하게 되면서 정상과학의 위기가 초래되는 것이다. 과학자들은 기존의 방법을 수정하여 출현된 이상 현상과 모순들을 가장 포괄적으로 해결해 줄 수 있는 새로운 패러다임을 확정하게 된다. 그런데 이와 같은 패러다임의 교체는 과학자들의 집단적 동조와 개종을 바탕으로 '혁명적'으로 이루어진다. 그리하여 쿤은 전통적인 귀납주의나 포퍼의 박진이론을 부정한다. 과학은 자료를 충분히 수집해서 일반화한 결과가 아니고, 과학자들이 가지고 있는 선입견에 의하여 크게 좌우된다는 것이다. 그러므로 쿤에 의하면 중립적인 관찰명제란 있을 수 없으며 과학이론의 검증을 위한 절대적인 기준은 없다는 것이다. 그리고 패러다임은 반증에 의하여 붕괴되는 것이 아니라, 그것은 반증되기도 전에 이미 새로운 패러다임으로 교체되어 버린다.

포퍼의 비판적 합리주의와 쿤의 비합리주의의 이론적 격차를 상대화하려는 시도가 여러 가지로 나타나고 있다. 라카토스는 '연구계획'의 방법론을 하나의 가능한 대안으로 제시하면서, 포퍼의 반증주의가 가지고 있는 완고성과 쿤의 과학혁명론에서 주장하는 패러다임 사이의 통약 불가능성을 각각 극복하려고 시도한다. '연구계획'의 방법론은 발견하고 예측하는 비판적 합리주의의 과학이론을 지지하면서, 과학사의 전개과정에 효과적인 설명을 제공할 수 있다. 그와 반대로 파이어아벤트는 '방법론적 무정부주의'를 표방한다. 그는 과학의 합리성 그 자체에 대하여 깊은 회의를 나타낸다. 그는 과학이 과연 무엇이며, 오늘날의 과학지식이 아리스토텔레스의 이론체계나 인디언의 주술보다 무엇이 더 나은 것인가를 묻는다. 그리하여 그는 과학 역시 수많은 역사전통의 일부이며 여러 신화들 가운데 하나일 뿐이라고 말한다. 그러므로 진정한 과학연구는 특정한 방법론적 원리에 따라 진행되는 것이 아니고 어떤 방법이나 마음대로 채택할 수 있다. 과학철학에서의 유일한 법칙은 "아무렇게 해도 좋다"(Anything goes)는 것이다.

이와 같은 생각의 배후에는 핸슨이 주장한 "관찰의 이론 의존성"에 관한 논리가 깔려 있다. 핸슨은 우리의 모든 관찰은 반드시 어떤 이론에 근거하고 있으며, 따라서 주관성으로부터 독립된 객관적 관찰이란 있을 수 없다는 것이다. 그러므로 어떤 사람이 동일한 사태를 두 개의 서로 다른 관점에서 관찰할 경우에 그 관찰 결과는 다르게 된다. 그러므로 이론들을 비교하기 위하여 관찰 사실들을 기준으로 삼을 수 없다. 이와 같은 원리는 쿤의 패러다임 이론에서도 적용되고 있으며, 과학자들의 집단적 합의가 새로운 패러다임을 확정하는 기준이 된다. 파이어아벤트는 이와 같은 핸슨과 쿤의 입장에 동조함으로써 과학활동에서 개인의 자유와 창조력을 보장하고 방법론의 선택에서 강요받지 않는 이른바 방법론적인 무정부주의를 제시하였던 것이다. 그리하여 우리는 지금까지의 과학철학의 논쟁 가운데서 귀납주의와 검증원리를 제시한 논리실증주의와 연역주의와 반증이론 및 박진이론을 제시한 비판적 합리주의, 그리고 과학자들의 집단적 합의에 의하여 이루어지게 되는 과학혁명이론, 그리고 과학활동에서의 모든 방법론적 선택이 자유롭게 보장되어야 한다는 방법론적 무정부주의에 이르기까지를 살펴보았다. 여기에서 우리는 모든 가능한 과학이론 가운데는 항상 독단주의와 회의론의 위기가 도사리고 있다는 사실을 깨닫게 된다. 그것은 바로 인간의 주관성 또는 이성능력을 과대평가할 경우에 독단주의에 빠지게 되고, 우리의 인식능력을 과소평가 할 경우에 상대주의와 회의론의 위기에 빠지게 된다는 사실을 노정해 준다. 마찬가지로 그것은 우리들이 전통과 해석학적 선-구조를 과대평가하게 될 때 독단의 늪에 빠져들게 되고, 그것을 과소평가할 때 기준과 지평 설정이 전혀 없는 맹목적 비판과 부질없는 해방을 선동하는 파괴와 해체의 수렁에 빠지게 된다는 사실을 경고해 주고 있다.

6) 제3의 길은 가능한가?

철학에서의 방법론은 철학적 사유를 바르게 할 수 있게 하는 기준을 제시하려는 데 그 목적이 있었다. 고대철학에서의 본질철학과 절대주의가 독단주의로 흐르고 소피스트적 상대주의는 회의주의로 몰락하는 위기 앞에서 실재론자와 유명론자, 이성론자와 경험론자들이 제3의 길을 제시하기 위하여 고심하였다. 칸트의 선험철학은 가장 이상적인 제3의 길인 것처럼 보였다. 그러나 칸트에서 해결되지 않은 문제들은 다시 독일관념론자들에 의하여 무한대에 이르기까지 확장되어 버렸다. 독단주의와 비판주의의 한계가 사라져 버린 것이다. 마르크스주의 역시 칸트와는 다른 의미에서 세계를 새롭게 해석하는 것처럼 보인다. 그러나 여기에 함축된 문제들은 실증주의 논쟁이나 마르크스주의 안에서의 이념논쟁들을 통하여 극단화되었다. 현상학과 해석학에서의 전회, 그리고 분석철학에서의 선언과 좌절, 그리고 번복은 명석한 판명한 제3의 길을 제시하기가 얼마나 힘든 것인가를 극명하게 입증하고 있다. 현대 과학철학에서의 방법론 논쟁은 우리에게 또 하나의 새로운 시작인 동시에 좌절이었다. 그리고 우리는 지금 포스트모더니즘이 주도하는 세계 속에서 토대의 위기를 맞이하고 있다.

후기현상학과 해석학, 언어분석철학과 후기구조주의, 그리고 니체의 비합리주의와 프로이트의 정신분석학 등이 어우러져서 지금까지의 모든 합리성 체계를 해체하려는 시도가 현대 불란서 철학자들에 의하여 주도되었다. 푸코, 데리다, 라캉, 리오타르, 들뢰즈 등의 철학자 그룹이 여기에 속한다. 이들은 전통적 서구철학에서 끊임없이 추구하고 체계화하려고 고심하였던 합리성의 기준이 권력 의존적이고 조작적이라는 사실을 폭로한다. 그리하여 거대한 이야기가 몰락한 자리에 작은 이야기들로 대체하려고 한다. 그들은 합리성 대신에 비합리성을, 일치나 통일성보다는 불일치와 차이를 보다 중요하게 생각한다. 그러나 우리는 큰 것과 작은 것, 다수와 소수의 불일치는 상정할 수 있지만, 바로 그 소수의 의견이 통일되는 근거는 그들만의 작은 합의라는 사실을 지적하지 않을 수 없다. 그리하여 우리는 작은 이야기라고 해서 합리성에 근거하지 않는다고 말할 수 있는가라는 물음을 새롭게 물을 수 있으며, 여기에서 또 다시 포스트모던 가운데서의 모던적 측면이 드러나게 되는 것이다.

비판적 합리주의자였던 한스 알버트는 그 유명한 뮌히하우젠-트릴렘마를 제시하면서 모든 가능한 형태의 정초가 불가능하다는 사실을 지적하였다. 이러한 주장 속에서 우리는 또다시 회의적 허무주의의 자태를 보게 된다. 물론 알버트 역시 자신이 제기한 가류주의가 새로운 제3의 길이라고 생각한다. 그러나 그것이 제3의 길이라면 뮌히하우젠-트릴렘마는 수행적 자체모순에 직면하게 될 것이다. 알버트의 논의를 수정하고 나선 아펠의 선험화용론은 모든 의미 있는 논의의 가능성 조건을 작업하고 있다. 칸트가 경험의 가능성 조건을 그의 선험철학적 주제로 내세웠다면 아펠은 그것을 언어화용론적 차원으로 변형한 것이다. 그러나 칸트 역시 그의 선험철학적 전제들이 위기에 빠지는 절박한 상황을 체험하였으며, 그와 같은 체계내적 문제들을 해소하기 위하여 요청이론을 발굴하였다. 칸트의 요청이론은 철학적 변증론에서 필연적으로 제기되는 모순들을 극복하고 해소하기 위하여 요구되어지는 이론명제들이 무엇인가를 다루는 것이다. 칸트철학을 선험화용론적으로 변형한 아펠의 철학에서도 동일한 측면이 돋보인다. 아펠의 최고선, 즉 의미 있는 논의와 이상적 합의의 가능성이 모순 없이 주어질 수 있는 조건들이 무엇인가에 대한 물음이 제기되고 있는 것이다. 철학과 학문방법론에서 제3의 길이 있다면 그것은 바로 칸트에서와 같은 가능성 조건들의 설정과 그 완전한 실현을 위한 조건명제들의 요구와 그 현실화와 같은 문제일 것이다.

제13장 생명공학시대의 윤리

진화에 관한 새로운 개념은 생명을 기계 장치로 보지 않고 정보로 본다. 새로운 우주론은 구조를 기능으로 분해하고, 그 기능을 정보의 흐름으로 봄으로써 종의 완전성 개념을 거의 제거하였다.

모든 생물 유기체와 생태계를 정보로 바꾸고, 그 정보를 시공의 한계를 극복하는데 이용하는 능력을 갖는 것이 생명공학의 궁극적인 꿈이다.

제레미 리프킨

제3의 물결에 이어서 현대는 디지털혁명과 바이오혁명으로 계속되는 급변의 시대를 달리고 있다. 1953년에 제임스 왓슨과 프랜시스 크릭이 DNA의 이중나선구조를 발견하였고, 1978년 7월 25일 영국에서는 최초의 시험관아기 루이스 브라운이 출생하였으며, 1997년 2월 24일 로슬린연구소의 이안 윌머트 박사는 복제양 돌리의 출생(1996년 7월 5일)을 발표하였다. 그리고 2000년 6월 26일 미국의 클린턴 대통령은 프랜시스 콜린스 미국 국립인간게놈연구소장과 셀레라 제노믹스사의 크레이그 벤터 박사를 대동하고 역사적인 인간게놈지도의 초안 완성을 발표하였다. 드디어 생명공학의 시대가 열린 것이다. 이러한 새로운 사건들은 전통윤리의 지축을 뒤흔들었고, 현대인들에게 인간과 자연에 대한 새로운 윤리적 성찰을 요구하고 있다. 생명공학기술 시대에 새롭게 제기되는 윤리학적 요구들은 과학연구윤리, 공학(기술)윤리, 환경윤리, 정보윤리, 의료윤리, 생명윤리, 인간복제에 대한 해명을 기대하고 있다.

1. 과학연구윤리

과학연구윤리는 과학자들이 자신의 연구 활동과 관련하여 지켜야 할 규범들을 다룬다. 현대사회가 갈수록 첨단 기술화되면서 과학자들의 연구태도가 인류의 생존과 직결되어 있다는 위기의식 가운데서 학문윤리 또는 연구윤리의 문제가 활발하게 논의되고 있다.

과학연구윤리는 크게 두 차원으로 생각할 수 있다. 첫째로 과학연구의 성과가 인류의 생존을 직접적으로 위협하거나 인간의 존엄성을 훼손하는 방향으로 적용되는 경우에 과학자의 사회적 책임에 관한 문제가 제기된다. 둘째로 과학연구의 진행과정에서 의도적인 부정행위가 이루어질 경우에 연구자공동체 내부에서 지켜야 할 윤리적인 덕목의 문제가 제기된다. 그리고 후자가 원인이 되어 전자와 같은 재앙을 초래하게 되는 경우도 있다.

과학자의 사회적 책임에 대한 문제는 원자폭탄의 개발과정에서 활발하게 제기되었다. 핵무기 개발과 관련하여 과학자들이 어떤 태도를 취해야 옳은 가에 대해서는 논란의 여지가 많다. 과학적 지식과 공학적 적용 사이에는 상당한 간격이 있으며 연구과제의 채택, 재정 및 시설환경의 지원에 대한 정치적 결단과 더불어 그 목표를 달성하기 위한 방대한 공학적 연구가 요구되기 때문이다. 그러나 과학자들의 연구 상황이 급변하게 된 생명공학시대에는 과학자의 사회적 책임문제가 보다 심각하게 거론되고 있다.

1997년 2월 24일 세계의 주요언론은 스코틀랜드의 에든버러 근처에 있는 로슬린 연구소의 이안 윌머트와 그의 동료 과학자들이 복제한 돌리 양의 이야기를 토픽으로 다루었다. 그러나 이 양은 실제로 1996년 7월 5일에 태어났으며, 연구비를 투자한 쎄러퓨틱스사가 복제기술에 대한 특허를 얻기 위하여 발표를 연기하였던 것이다. 물론 이와 같은 사실은 오늘날의 연구윤리에 부적합한 것은 아니지만 과학사회학의 창시자 로버트 머튼이 제시한 공유성 및 사적 관심배제의 원칙에서 보면 충분히 비난받을 수 있는 일이다.

리오타르는 『포스트모던적 조건』(1979)이라는 저서에서 현대 선진사회에서 지식정보의 위상을 가장 극명하게 보여주었던 철학자이다. 그는 연구자의 연구방향과 그 결과의 사용은 연구자의 의지에 의해서가 아니라 돈과 권력에 의하여 결정된다는 사실을 확인시켜 주었다. 오늘날 대부분의 대학과 연구소는 기업체와 협력관계를 유지하고 있으며, 정부나 기업의 필요에 의하여 연구비 지급이 결정되거나 대기업체의 로비스트가 직접 대학의 이사장으로 취임하는 경우도 있다.

이와 같은 새로운 연구 환경은 연구자들로 하여금 연구진행 과정에서의 의도적인 불법을 저지르도록 충동질하고 있다. 이런 상황에서 연구자는 불법적인 과제수행에 대한 유혹을 떨쳐내기가 어렵다. 캘리포니아 의과대학교수인 폴 프리드먼은 투자효율의 극대화와 경제적 이익의 최대화를 선호하는 지원기관이 연구자들의 경쟁을 지나치게 부추기고 있기 때문에 단순한 과실과 착오에서 생긴 '정직한 실수'를 넘어서서 의도적인 부정행위가 급증하고 있다고 경고하였다.

1953년 크릭과 함께 DNA의 이중나선구조를 발견하였던 영국의 분자생물학자 왓슨은 그의 저서 『이중나선』에서 노벨상을 타기 위하여 자신들의 연구 상황을 거짓으로 흘리거나 경쟁적인 연구팀의 연구결과를 알아내기 위하여 고도의 술책을 사용하였다고 말함으로써 세인들의 비난을 사기도 하였다. 그러나 생명공학기술이 특허상품으로 등록되어 돈과 직결되는 오늘날에는 연구과정에서 보다 심각한 수준의 악행이 저질러질 수 있는 개연성이 커져가고 있다.

현실적으로 과학자공동체는 저자표시 및 인용에서의 불법행위와 같은 제도화된 사기행위를 관행적으로 묵인해 왔으며, 의도적인 허위진술과 날조, 변조, 표절에 대하여 적극적으로 대처하지 못하였다. 1978년에 노벨 의학생리학상을 받은 분자생물학계의 거장 볼티모어 박사 연구팀의 일원이었던 브라질 출신 연구자가 데이터를 날조하여 발표하였다는 내부자 고발에 대하여 과학계 전체의 반응은 매우 차가웠으며 오히려 제보자가 협박과 압력에 시달려야 하였다.

이처럼 연구소 안에서의 부정은 내부자 고발을 통해서만 효과적으로 방지할 수 있는 것처럼 보인다. 그러나 그것은 부르디외가 말한 '학자들의 제도적 권력'에 의한 위협 때문에 현실적으로 불가능하다. 과학기관, 학과, 연구실, 평가위원회 등 주요 직책을 차지하고 있는 학자들이 프로젝트 평가, 연구비, 학과신설, 인사문제 등에 권력을 행사하고 있기 때문이다.

따라서 어떤 이들은 내부자 고발의 전 단계에서 문제가 해결될 수 있게 하는 것이 중요하며, 그 방편으로 과학기술집단 내부에서의 정책토론을 강화하도록 요구한다. 예를 들면 해리슨이 말하는 '전문가적 증인'의 정신을 살리자는 것이다. 과학연구자가 연구결과와 문제점, 그리고 그에 대한 보완 가능성과 연구기간 등에 전문적인 의견을 제시함으로써 가능한 위험사태를 방지하자는 것이다. 그러나 이 또한 과학자공동체의 윤리가 존중되지 않은 상태에서는 무의미하다. 어떤 과학자가 전문가적 증언을 하더라도 소속된 상급기관에서 무시할 경우에는 아무런 대처방안이 없다.

과학연구의 자유와 한계 사이에는 갈등과 모순이 잠재하고 있다. 과학연구는 절대적인 자유 속에서 철저하게 보호되어야 하는가, 그렇지 않으면 과학연구에 대한 외부의 통제는 불가피한 것인가? 학문의 자유를 절대적으로 보호할 경우에는 기술과학의 비인간적 사용에 대한 문제를 해결할 수 없고, 어떤 형태로든 연구의 자유를 제약할 경우에는 과학의 위기를 초래할 수 있다. 과학기술은 인류에게 기회와 위험의 가능성을 동시에 열어 놓고 있으며, 인류에게 지구상에서의 번영을 가져다주었지만 언제 다시 그것을 모두 앗아가 버릴지 모른다.

과학자들은 지금까지 도덕이나 신앙과 같은 전통적인 신념체계의 압박에도 굴하지 않고 진리탐구에 봉사하여 왔다. 그러나 생명공학시대의 과학자들은 자신들의 연구행위가 존재사실의 발견에 그치는 것이 아니라 존재를 변화시키거나 폐기할 수도 있는 결단 그 자체이며, 따라서 그들의 잘못으로 인류사회에 위기가 도래할 수 있다는 것을 알아야 한다. 새로운 과학지식은 전통적 가치관을 무너뜨리고 있으며 새로운 사유체계에 부합되는 새로운 윤리학의 정립을 요구하고 있다.

2. 공학(기술)윤리

　과학연구윤리의 영역에서 가장 중요한 문제는 과학자의 사회적 책임과 관련된 것이었으며, 이는 특수한 상황 하에서 정부는 학문 및 연구의 자유를 제한할 수 있는 반면에, 과학자들 역시 양심에 어긋나는 특정한 연구 활동을 거부할 수 있다는 것이었다. 그러나 이에 대해서도 논란이 있는 것이 사실이다. 핵무기 개발과 관련하여 아인슈타인이 과학자의 책임을 강조한 것과는 달리 오펜하이머는 과학자의 연구와 정치인의 결정을 분리하는 중립적인 입장을 취하였고, 텔러(Tellner)는 과학기술인은 자신의 지식을 제한 없이 적용할 수 있어야 한다고 주장하면서 수소폭탄 개발 및 스타워즈 계획을 주도하였다. 그러나 텔러의 입장은 공학윤리적인 차원에서 반성적으로 검토되어야 한다.

　공학은 과학의 연구 성과를 바탕으로 하지만, 실용성과 효율성을 중시하는 기술 활동이라는 점에서 성격이 다르다. 순수과학이 단순한 연구 활동으로만 그 임무가 완료되는 것과는 반대로 공학은 설계를 바탕으로 제조, 설치, 생산 등의 후속활동을 요건으로 한다. 이 과정에서 공학 전문직에 종사하는 사람들은 인간생활의 모든 영역에 그 영향력을 행사하게 되며, 그들의 전문적 판단은 일상적인 안전시스템의 주축을 이루게 된다. 따라서 어떤 전문직 기술자가 자신의 지식을 모든 영역에 제한 없이 적용해도 좋다면 인류의 생존에 심각한 위기를 불러오게 될 것이다. 오늘날 엔지니어(공학전문기술자)는 생산 판매, 관리 등 전 분야에서 종사하고 있다. 이들은 도제식 학습활동을 통하여 육성된 장인이거나 대학 이상의 전문교육을 통하여 자격을 인정받은 사람들이다. 최근에는 미국을 비롯한 국가들에서 공학인증제도를 도입하여 자격증을 수여하고 있다. 이 경우에 적용되는 11개 평가항목 중에 "전문직업적 의무와 윤리적 책임을 이해하는 능력"이 포함되어 있으며 5%의 비율로 반영하고 있다.

엔지니어는 특정 분야의 전문조직(학회 또는 협회)에 소속되어 있으며, 그 조직이 정하는 권리와 의무를 이행해야 한다. 주로 개인적 차원에서 적용되는 의학이나 법률분야의 서비스와는 달리 토목, 건축, 기계 및 장치설비, 제품생산 등의 분야에서 활동하는 엔지니어는 고용주와 고객뿐만 아니라 일반인에게까지 직접적인 영향력을 행사하기 때문에, 사회적 공공선을 우선적으로 고려하지 않으면 안 된다. 예를 들면 변호사는 직업윤리 상 고객의 불법행위를 고발할 수 없도록 규정하고 있지만, 엔지니어는 고용주나 고객의 주문이 공공선을 크게 해치는 경우에는 거절하거나 고발할 수 있어야 한다. 그러나 대부분의 엔지니어가 피고용인이라는 직무 구조적 특성 때문에 자신들의 불이익을 감수하면서까지 저항하거나 불복하는 것을 기대하기는 어렵다. 그러나 엔지니어는 대형사고의 위험을 사전에 인지할 수 있는 기술지식을 보유하고 있기 때문에 사회적 책임을 우선적으로 고려할 의무가 있다. 그리하여 공학윤리는 공학에서의 윤리적 쟁점이 무엇이며, 상반된 윤리적 가치들이 충돌하는 경우의 우선원칙, 그리고 내부고발과 사회적 책임 등의 문제를 다룸으로써, 엔지니어들의 윤리의식과 자긍심을 고취하는 동시에 기술사용의 적극적인 의미기능을 확대하려고 한다.

1994년 10월 21일 한강 성수대교가 붕괴되어 32명이 사망하는 사고가 발생하였다. 성수대교는 1970년대에 시공되었으며, 당시 농지정리를 하던 동아건설은 공화당에 정치자금을 제공하여 수주하였다. 공사의 전 과정은 권력층의 비호 아래 진행되었으며, 감리절차가 생략되고 준공 시에도 안전검사를 실시하지 못하였던 것으로 밝혀졌다. 그리고 준공 후 붕괴될 때까지 15년 동안 단 한 차례의 안전진단도 실시되지 않았으며, 붕괴 2년 전인 1992년에 택시기사들이 이상 징후를 발견하고 서울시에 신고하였으나 전문가 조사를 의뢰하지 않았다. 성수대교는 시공 당시부터 건설과정과 준공, 그리고 일반관리에 이르기까지 지침을 무시하였으며, 이는 전문직 기술자들의 묵인과 방조 없이는 불가능한 것이다.

1986년 1월 28일 미 우주왕복선 챌린저호가 발사 후 75초 만에 폭발하여 승무원 7명이 전원 사망한 사건이 발생하였다. 미국의 국가자존심이 처절하게 무너지는 순간이었다. 주 엔진에 부착된 두 개의 로켓부스터를 조립하기 위한 고무조각(O-Ring)이 0℃미만의 온도에서는 같은 비율로 팽창하지 않으므로 이음새 사이에 틈이 생기고, 이 사이로 가스가 새면서 화염이 번지게 되어 액체수소를 실은 연료탱크가 폭발한 것이다. 그런데 이 부품을 생산한 모턴 티오콜(Morton Thiokol)사의 몇몇 엔지니어들은 1985년 1월에 이미 그 결함을 발견하여 경영진에 보고하였으며, 10월 7일 전문가 회의에서 NASA 측에 보고하면서 발사 연기를 건의하였으나 수용되지 않았다. 자사의 제작 장비에 중대한 결함이 있다는 사실을 드러내고 싶지 않았던 티오콜의 경영진은 문제를 제기한 엔지니어들에게 침묵을 종용하였고, 결국 챌린저호는 전 세계인이 지켜보는 가운데 폭발하고 만 것이다. 우리는 이 사건에서 엔지니어들이 제작결함을 상부에 보고하였으나 그 위험이 과소평가된 상태에서 참사로 연결된 과정을 지켜보았으며, 엔지니어들이 사고 가능성을 우려했으면서도 언론 등을 통하여 외부에 알리지 않음으로써 결국 사고를 막지 못하였던 사실을 확인하게 된다.

엔지니어의 사회적 책임이 강조되는 이유는 바로 기술 문제에 대한 근접성이다. 기술자는 현재 사용 중인 기술의 문제점, 즉 그 잠재적인 위험과 해결책을 인지하고 있기 때문에, 그의 견해는 우선적으로 고려되어야 한다. 엔지니어는 자신의 전문적 판단을 행사하고 직무수행 시 요구되는 절차를 존중하며, 공익과 사회적 책임에 대한 도덕적 의무를 이행해야 한다. 그리고 특수한 경우에는 자신의 양심이 명하는 바를 따라서 거부권을 행사하거나 불가피한 경우에는 폭로할 각오도 해야 할 것이다. 이로부터 바로 고발의 문제가 생기게 된다.

고발이란 직무를 수행하면서 인지한 잘못이나 비행을 고위층이나 외부에 알리는 행위를 말한다. 일반적으로 직장윤리에서 고발행위는 조직에 대한 배신 또는 불충한 행위로 불온한 것으로 여겨지고 있다. 그러나 전문기술직의 고발행위는 일반직과는 달리 윤리강령에 의하여 권장되고 있으며, 심지어는 의무로 규정되고 있다. 특수한 전문직에 종사하는 바로 그 엔지니어만이 사고위험을 예측할 수 있기 때문이다. 엔지니어는 자신의 전문영역에서 발생한 위험이 너무나 크고 긴급한 경우에는 최종적으로 고발의 방식을 선택할 수 있으며, 바로 이 경우에는 직업윤리에 비밀유지의 원칙이 있음에도 불구하고 도덕적으로 용납될 수 있다. 그러나 상급자나 회사에 보복하기 위하여 고발하거나 자신의 개인적인 인기와 이해관계를 위하여 폭로하는 것은 도덕적으로 정당성을 가지지 못한다.

고발은 최후적인 수단이지만 일반적으로 장려할만한 것은 아니다. 어떤 형태로든지 고발자는 정신적 부담을 느끼게 되고, 이로 인하여 심각할 정도의 정체성 위기에 빠져들기 때문이다. 따라서 최악의 고발사태를 회피하려면 직장 안에서 투명하고 민주적인 의사소통구조를 유지시켜야 한다. 엔지니어가 자신의 전문적인 의견개진으로 인하여 어떤 불이익도 받지 않는다는 보호장치가 작동되어야 한다. 그리고 확인된 실수에 대해서는 사실을 인정하고 개선하려는 노력을 기울여야 할 것이다. 이와 같은 분위기가 조성될 경우에 엔지니어는 자신의 전문적 견해를 두려움 없이 피력할 수 있으며, 그만큼 위험을 보다 더 효과적으로 관리할 수 있을 것이다.

지금 세계는 그 어느 때 보다도 공학윤리적 실천을 절실하게 강조하고 있다. 1910년 영국토목공학협회를 필두로 하여 미국컨설팅엔지니어협회(1911), 미국전기공학협회(1912)가 각각 공학윤리강령을 채택하였고, 1970년대부터 미국을 중심으로 공학윤리가 중점적으로 논의되기 시작하였으며, 1978년부터 2년 동안 미국 정부의 지원 하에 "철학과 공학윤리 국가프로젝트" 사업이 지속되었다. 1995년 텍사스 A&M대학은 미국과학재단의 지원으로 공학윤리교육에서 활용할 수 있는 사례와 문제를 발굴하였으며, 이를 http://ethics.tamu.edu에 올려놓고 있다. 1996년 미국의 엔지니어 및 조사요원 국가인증위원회(NCEES)는 국가인증시험에 공학윤리를 5% 반영토록 하였으며, 2000년에는 공학교육인증위원회(ABET)가 정식으로 발족되었다. 우리나라에서도 1999년 8월 30일 한국공학한림원, 한국공학기술학회, 교육부, 산업자원부, 전국 공과대학장협의회, 산업체, 공학관련 전문학회가 자발적으로 참여하여 한국공학교육인증원(Accreditation Board for Engineering Education of Korea, ABEEK)을 결성하였으며, 공학교육인증에 대한 정책, 절차, 기준 등을 정하고 이를 시행하고 있다.

3. 환경윤리

최근에 우리나라를 강타하였던 수해와 태풍은 지구기후의 이상변화로부터 기인된 것이다. 지구의 적정인구는 약 10억 정도이지만 현재 60억을 넘어서고 있으며, 약 70년 후에는 100억에 달할 것으로 예상하고 있다. 따라서 인구과잉으로 인한 환경파괴는 보다 가속화될 것이며, 부존자원의 고갈, 오존층의 파괴, 서식지의 대변동, 그리고 생물다양성의 훼손 역시 해를 거듭할수록 극심해 질 것이다.

지난 세기 동안 과학기술의 발달은 인류사회를 놀라울 정도로 변화시켰으나, 그것은 지금 인류에게 가장 큰 위험요소로 인식되고 있다. 그리하여 독일의 사회철학자 울리히 벡은 현대사회를 '위험사회'라고 규정하였으며, 최근에 작고한 생태철학자 한스 요나스 역시 과학기술이 연출한 위험사태 앞에서의 공포감을 숨기려고 하지 않았다.

기술이란 인간이 자연에 이르는 방법인 동시에 길이다. 인류는 기술을 통하여 자연을 정복하고 지배하였다. 그러나 무절제한 기술사용으로 인하여 우리는 결국 생태학적 위기에 직면하게 되었다. 일찍이 소포클레스는 인류가 도구적 기술을 사용하여 다른 존재자를 지배하지만 결국에는 기술 남용으로 멸망하게 될 것이라고 경고한 바 있다.

희랍신화에서 "프로메테우스의 불"은 인류의 기술 문명을 상징한다. 프로메테우스가 인간을 구제하기 위하여 신들의 세계로부터 훔쳐다 준 것은 바로 불과 온갖 종류의 기술 지혜였다. 플라톤의 기술 개념이 의사, 점성가, 예언자, 화가, 조각가, 시인, 요리사와 같은 전문가들의 전문지식이나, 계산술, 측량술, 대수학, 기하학, 천문학, 음악, 체육과 같은 학문 및 교육내용들, 그리고 놀이와 게임들까지를 포괄하는 것은 결코 우연이 아니다.

기독교에서의 자연은 신의 피조물로서 인간에 의하여 정복되고 관리되는 것으로 이해되었다. 이러한 기독교주의는 자연을 수량화하고 기계적으로 파악하려는 근대의 과학기술주의에 정당성을 부여하였다. 이러한 맥락에서 세 편의 논문, 즉 레오폴드의 「대지윤리」(1949), 린 화이트의 「생태학적 위기의 역사적 근원」(1967), 그리고 하딘의 「공유지의 비극」(1968)은 기존의 자연이해에 경종을 울리면서 환경윤리학에 대한 관심을 고조시켰다.

레오폴드의 대지윤리는 인간이 대지를 소유한 것이 아니고, 오히려 대지공동체에 소속되어 있다는 사실을 깨닫게 함으로써 생태학적 발상의 전환을 시도하였다. 그의 주장은 1970년대 이후에 등장한 생태중심주의와 심층생태론의 이론적 근간이 된다.

린 화이트는 기독교적 자연 개념이 한편으로 중세기 동안 기술 발전을 촉진하였으나, 동시에 생태학적 위기를 초래하였다고 비판적으로 지적한다. 기독교는 자연에 대한 거만한 착취 현상을 주도하였으며 그 결과 오늘날과 같은 자연파괴가 이루어졌다는 것이다. 그리하여 화이트는 인간이 자연을 착취할 권리가 있다는 기독교적 근본 전제가 수정되지 않는 한 생태학적 위기는 극복될 수 없다고 보았다.

그러나 애트필드나 도티와 같은 학자들은 화이트의 주장이 기독교에 대하여 지나치게 극단적이고 편협한 주장이라고 비판한다. 성서에는 인간이 신의 뜻에 따라서 다른 모든 물질과 생명을 지배할 수 있는 것으로 되어 있지만, 동시에 인간은 자연을 보호하고 책임져야 하는 자비적인 측면도 있다는 것이다.

따라서 글라켄은 인간의 자연 지배 현상을 기독교보다는 18세기 이후부터 절정에 달한 인간중심주의에서 찾으려고 하였다. 인간중심주의는 특히 프란시스 베이컨의 과학정신에 근거한다. 자연에 대한 과학적 지식은 바로 권력 그것인 동시에, 인류는 과학과 기술의 결합을 통하여 사회복지와 생활수준의 향상을 도모하였던 것이다. 물론 베이컨 자신은 자연에 대한 경의를 잃지 않았지만, 그 이후의 과학사는 자연을 지배하고 착취하는 방향으로만 치닫게 되었다.

1962년에 출판된 하이데거의 『기술과 전향』은 현대인의 기술 이해에 기념비적인 저술이다. 그는 진리 사건이 일어나는 곳에 본질적으로 기술이 존재한다고 보았다. 다시 말하면 기술은 자연 속에 숨겨져 있는 것들을 밖으로 드러나게 하는 제작활동, 즉 '포이에시스'이다. 그러나 기술은 이제 더 이상 포이에시스가 아니며, 자연이 가지고 있는 모든 종류의 에너지를 강제적으로 빼앗아 가는 '강력한 요구'로 변질되고 말았다. 이처럼 강력한 요구는 자연에 숨겨져 있는 에너지를 채굴하고, 캐낸 것을 변형시키고, 그것을 다시 저장하고, 분배하고, 재생하는 방식으로 전개된다. 그러나 이처럼 자연에 대한 도발적인 태도는 필연적으로 위험을 예비하고 있다. 위험은 도처에 존재하고 있으며, 우리에게 전혀 감지되지 않은 상태로 우리를 위협하고 있다. 그러나 일찍이 횔더린이 말하였던 것처럼 위험이 있는 곳에 구원자도 함께 있는 것일까?

인간중심주의자들, 특히 기술지향적 낙관주의자들은 기술문명의 발달로 생태학적 위기를 극복할 수 있다고 자신한다. 베이컨의 과학 프로젝트는 칸트의 인간중심적 윤리학과 결합하여 새로운 활력을 얻게 된다. 패스모어 역시 그의 저서 『자연에 대한 인간의 책임』(1974)에서 자연의 가치는 인간의 관심에서 비롯된다고 함으로써 인간중심주의에 무게를 실었다. 레오폴드 이래로 테일러의 생명중심주의, 네스의 심층생태론, 북친의 사회생태주의, 워렌의 에코페미니즘 등 생태중심주의적 경향성이 심화되는 가운데서도 인간중심주의가 여전히 환경철학의 중심에 설 수밖에 없는 것은 자연에 대한 도덕적 고려의 주체가 바로 인간이기 때문일 것이다.

환경철학은 자연과 인간의 상호작용, 즉 생태학과 생태학적 위기에 관한 인간의 태도문제를 다루고 있다. 생태학은 어원적으로 '살다', '거주하다'(oikein)와 '이론'(logos)이 복합된 말이다. 헤켈은 1866년에 이 용어를 유기체와 그 생존조건인 외부세계의 관계에 대한 학문이라는 뜻으로 사용하였다. 오늘날 생태학은 생물의 종과 그 터전을 보존하기 위한 자연보호, 인간에게 필요한 자원과 오염문제 및 사회적 위기를 다루는 환경보호, 그리고 인간에게 특수하게 요구되는 환경에 대한 연구로서 인간생태학의 문제를 연구 대상으로 한다.

전 지구적 차원에서의 자연환경에 대한 인류의 공동 노력, 특히 미래 후손의 생존문제까지를 고려하여 책임윤리학을 제안하였던 한스 요나스, 그리고 담론윤리학과 의사소통의 철학을 기반으로 보편적인 규범윤리학을 정초하려고 고심하였던 칼-오토 아펠은 인간중심주의나 생태중심주의를 막론하고 생태학적 발상의 전환이 얼마나 절실한가를 우리에게 호소하고 있다.

4. 정보윤리

우리는 지식정보사회에서 살고 있다. 현대인을 가리켜서 '사이보그'라고 부를 정도로 우리는 다양한 통신정보 매체들로 둘러싸여 있으며, 이것들 없이 생활하는 것은 상상할 수조차 없다. 컴퓨터 없이는 아무것도 할 수 없고, 전산망이 다운되면 극심한 사회혼란이 야기되는 그런 시대를 살고 있다. 세계는 컴퓨터 속에 들어 있다. 근대인들은 내가 없으면 세계도 없다고 말하였다. 그러나 이제 현대인들은 컴퓨터가 없으면 세계도 없다고 말한다. 미래학자 앨빈 토플러는 현대를 '제3의 물결'이라고 규정한다. 이는 '제1의 물결'인 농업혁명과 '제2의 물결'인 산업혁명을 이어서 정보산업혁명이 이룩한 현대를 지칭한 말이다.

정보사회의 성립과 관련하여 대립된 주장이 있다. 기술결정론과 사회구성론이 바로 그것이다. 여기에는 기술과 사회구성체 사이의 긴장

관계에 대한 서로 다른 입장이 드러나 있다. 다니엘 벨, 앨빈 토플러 같은 기술결정론자들은 기술발달에 의한 생산력 증대가 필연적으로 지식정보사회로 이행하게 하였다고 보는 반면에 쉴러, 스마이드와 같은 사회구성론자들은 자본주의가 경제적 위기를 극복하기 위하여 모색한 대안으로 정보사회가 출현하게 되었다고 본다. 어쨌든 오늘날의 지식정보사회는 자본주의의 성공적인 자기변형으로서 정착되고 있으며, 다행스러운 것은 우리 역시 그 변화를 주도하는 위치에 있다는 사실이다.

정보사회는 세계를 '지구촌'(맥루한)으로 바꾸었고, 참여민주주의의 확대와 지식유통의 혁명적 변화를 초래하였으나, 동시에 상업주의 확산, 빈부격차 증대, 실업자 양산, 컴퓨터범죄 및 비인간화의 확산과 같은 부정적인 역기능도 유발시켰다. 루빈이 지적한 것처럼 정보유통이 세계적인 규모로 신속하게 이루어지고 있으나, 그에 대한 윤리적 규범은 지체현상을 보이고 있다. 가상공간에서 첨단정보통신기술을 이용한 전산망 침해(해킹), 바이러스 유포, 프라이버시 침해, 음란물 배포, 정보 시스템의 파괴 등을 통한 사회혼란 등에 대하여 적절한 윤리적 지침을 마련하지 못하고 있는 것이 사실이다.

이와 같은 현상은 컴퓨터의 특수성 때문에 보다 더 심화된다. 컴퓨터는 논리적 언어의 세계에서 작동되며, 기계성, 자동성, 신속성을 추구하는 도구적 존재이다. 게놈프로젝트를 가능하게 한 것도 바로 컴퓨터의 이러한 힘이었다. 그런데 이 경우에 우리는 도구적 기술의 첨단화를 통한 정보지식의 확보에 윤리적 규범설정이 현실적으로 가능하고 의미 있는 가에 대하여 단정적으로 말할 수 없는 고민이 있다. 왜냐하면 그것은 마치 19세기 말의 제국주의적 식민지 정책과 유사한 구조를 가지고 있으며, 관점에 따라서 전혀 반대적으로 해석될 수도 있기 때문이다.

2000년 6월 15일에 선포된 '네티즌 윤리강령'에서는 사이버 공간은 누구에게나 평등하게 열린 공동체라는 사실이 강조되는 가운데, 네티즌들은 타인의 인권과 사생활을 존중하고, 불건전한 정보를 유포하지 않으며, 바이러스 유포와 해킹과 같은 불법 행동을 하지 않고, 지적재산권을 존중하며 사이버 공간에 대한 자율적 감시와 비판활동에 적극 참여할 것을 선언하고 있다. 그러나 이러한 선언은 상식적인 수준에서는 자명한 것처럼 보이지만, 실제로는 해결하기 어려운 문제를 안고 있다. 컴퓨터 윤리는 지적 재산권과 프라이버시의 존중뿐만 아니라 정보에 근거한 동의, 정보원에 대한 동등한 접근 등을 요구하고 있으며, 전자는 후자와 모순관계에 있다. 정보에 배타적 독점권이 부여될 경우 동등한 접근은 원천적으로 불가능하기 때문이다.

오늘날 우리들이 가장 일반적으로 생각하는 컴퓨터 관련 범죄는 해킹과 지적 재산권의 문제일 것이다. 이는 전자감시, 사생활과 재산권 침해, 음란정보 및 바이러스 유포 등의 범죄와 긴밀하게 관련되어 있다. 그렇다면 해킹과 복제(또는 정보공유)는 어떤 점에서 비윤리적이라고 말할 수 있을까? 일반적으로 해커들은 정보소유권, 즉 지적 재산권을 부정하고 있으며, 주요기관의 보안상태를 점검하여 미래에 발생할지도 모르는 대형사고에 대처토록 하고, 기관 컴퓨터 시스템의 유휴 용량을 적절하게 활용하기 위하여 해킹을 감행한다고 주장한다. 그러나 해킹을 인정할 경우에 우리는 프라이버시를 보호할 수 없게 된다. "모든 것은 컴퓨터 속에 들어 있다." 이것은 "네트"라는 영화에서 여주인공이 한 말이다. 이 영화는 거대 정보조직이 주식거래, 교통망 등에 불법적으로 개입하여 사회혼란을 유발할 수 있다는 가능성을 보여주고 있다. 따라서 해커들은 얼마든지 시스템에 침투하여 개인의 신상을 조작하거나 말소하는 것이 가능하고, 은행이나 개인계좌에도 침투할 수 있다. 이것은 분명히 윤리적으로 허용될 수 없는 사항이다.

그러나 우리가 만일 모든 지적 재산권을 보호해야 하고 그에 대한 침투를 불법적인 것으로 본다면, 리프킨이 『바이오테크 시대』에서 우려한 것처럼 머지않은 장래에 인류의 모든 유전자에 관한 지식정보는 미국의 몇 개 안 되는 생명공학회사들이 독점하게 될 것이고, 우리는 역사적으로 그 유래를 찾기 어려울 정도의 로열티를 지불해야 할 것이다. 디지털저작권을 인정해야 한다는 카피라이트와 모든 지식정보는 사회적으로 공유해야 한다는 카피레프트의 입장은 팽팽하게 대립하고 있다. 전자는 미국의 출판협회와 소프트웨어 관련 업체들이 주로 가입한 CIC에서 적극 옹호하고 있으며, 후자는 누텔라, 자유네트워크, 프리네트 운동을 통하여 확산되는 추세에 있다.

해킹과 지적 재산권의 너머에는 곧 바로 '전자감시'의 문제가 도사리고 있다. 사이버산업의 발달이 궁극적으로 전자민주주의를 구현할 것인가, 그렇지 않으면 전체주의적이고 일차원적인 통제사회를 만들 것인가의 문제는 우리에게 가능성으로 열려 있다. 모든 기관에 설치되어 있는 '열린 사이버실'은 그 운용 주체가 누구냐에 따라서 부정적으로 악용될 수도 있다. 데이비드 론펠트는 정보지배사회는 권력의 성격에 따라서 민주적으로 운용될 수도 있지만, 독재정권의 치하에서는 극단적인 통제수단으로 전락할 수도 있음을 경고하였다. 영화 "메트릭스"에서 보듯이 증권전문가로서 네오와 메시아로서의 네오의 해킹행위는 똑같이 부도덕한 것인가? 그렇지 않다면 그와 같은 차이인식의 정당성은 어디에서 오는 것인가?

5. 의료윤리

의학기술의 발달과 더불어 전통윤리학에서는 다루어지지 않았던 새로운 윤리적인 문제들이 제기되고 있다. 그것은 우리가 흔히 접하게 되는 자살, 낙태(임신중절), 안락사의 문제로부터 인공수정, 신체이식, 생체실험 등 전문의료 행위에 이르기까지 빈번하게 제기되고 있는 물음들이다.

현대사회에서는 의사의 판단착오나 예상하지 못한 사태발생 등과 같은 단순한 의료실수에서부터 병원수익을 증대하기 위하여 조직적으로 감행하는 고의적인 불법행위에 이르기까지 다양한 형태의 의료사고들이 발생하고 있다. 의료윤리는 이처럼 의사의 치료행위와 관련하여 제기될 수 있는 모든 가능한 윤리적인 문제들을 다루는 학문분야이며, 인간의 생명현상을 다루는 실험이나 의료행위에서 반드시 지켜져야 할 도덕적 규범들을 제시하기 위하여 고심하고 있다.

의료윤리는 2차대전 후 독일학자들의 불법적인 생체실험을 판결한 뉘른베르크 전범 재판의 영향 속에서 관심이 높아졌으며, 1969년 카톨릭 철학자 다니엘 캘러한에 의하여 뉴욕에 설립된 '헤스팅스 센터'와 조지 타운 대학의 '케네디 연구소'에서 의학윤리의 문제들이 본격적으로 다루어지기 시작하였다.

낙태는 우리가 가장 일상적으로 만나게 되는 의료윤리적인 문제이다. 우리나라에서는 해마다 150만명에 달하는 태아가 소리 없이 죽어가고 있다. 이 경우에 우리는 태아의 살 권리가 부모에 의하여 박탈될 수 있는가, 그리고 언제부터 태아는 법적으로 보호받을 권리를 갖게 되는가 등에 대하여 고심하게 된다. 어떤 경우에도 낙태는 허용될 수 없다는 가톨릭 교회의 보수주의적 입장과 산모의 자유로운 판단에 맡겨야 한다는 자유주의적 입장의 팽팽한 대립 속에서 어정쩡한 절충주의만이 유일한 대안인 것일까?

의사는 환자에게 죽음의 사실을 정확하게 알려야 하는가? 환자가 그의 죽음에 대하여 두려움을 갖게 되더라도 정확하게 알리는 것이 좋은가, 그렇지 않으면 숨기는 것이 더 현명한가? 만일 우리가 불치의 병에 시달리고 있다면 안락사를 요구할 권리가 있는가? 내가 안락사를 부탁할 경우에 가족과 의사는 나의 요구를 들어주어도 좋은가? 미국인 의사 케보키언은 130여명의 환자들을 안락사 시킨 혐의로 2급 살인죄로 기소되었으나 자신의 행위를 정당화하고 있으며, 1998년에는 안락사 장면을 전 세계에 방영함으로써 물의를 일으킨 적이 있다.

인공수정의 경우에는 친권문제, 동일 정자의 계속 사용금지, 건강한 정보의 확보 등 도덕적인 문제가 제기될 수 있고, 인간복제와 관련해서도 심각한 윤리적인 문제가 발생하게 된다. 동성애자들이 시험관 아이를 주문할 경우에 제재할 수 있는 근거가 있을까? 유전자 조작의 결과로 태어난 공격적인 사람들이 저지른 죄악과 범죄 행위에 대한 책임은 누구에게 물어야 하는 것일까?

현대인은 과학기술의 성과를 결코 과소평가할 수 없는 처지에 있다. 그러나 우리는 과학발전의 뒤안길에는 공포와 희생이 도사리고 있다는 사실도 잘 알고 있다. 오늘날 분자생물학, 세포생물학, 유전자공학과 같은 첨단 생명공학 분야들이 개발될 수 있었던 것은 다양한 생명 종에 대한 실험이 가능했기 때문이다. 특히 인체의 생명현상에 대한 연구에서는 인간이 가장 이상적인 실험재료로 요구되고 있다. 그렇다면 인간에 대한 생체실험은 어떤 경우에 정당화되는 것일까? 물론 생체실험의 연구성과들은 인류의 건강과 복리증진에 크게 기여할 수 있을 것이다. 그러나 목적이 선하다고 해서 인간이 수단으로 사용되어서는 안 될 것이다. 일본군과 독일군의 생체실험은 결코 정당화 될 수 없는 것이다.

위급한 환자를 살리기 위하여 특정부위의 신체이식이 요청되는 경우에 장기의 구입광고가 허용될 수 있는 것일까? 신체이식이 누구에게나 제한 없이 허용된다면 우리는 분명 새로운 위험에 처하게 될 것이다. 신체이식은 아주 엄격한 기준에 의하여 통제될 필요가 있다. 제임스 넬슨이 제시한 기준에 의하면 신체이식은 다른 치료방법이 전혀 없는 최후수단으로서만 허용될 수 있다. 환자를 단순한 실험대상이나 수단으로 삼아서는 안 되고 환자의 건강을 최우선적으로 고려해야 한다. 그리고 신체이식은 환자의 자유로운 의사표명과 동의를 전제로 해야 하고, 그 과정에서도 모든 당사자들의 권리가 존중되어야 한다. 이식수술에 드는 비용과 예상되는 효과 역시 조화를 이루어야 한다. 이런 전제들이 모두 충족되는 경우에만 신체이식은 제한적으로 허용될 수 있다.

흔히 의료윤리에 일반적으로 적용되는 네 가지 원칙이 있다. 이는 미국의 의료윤리학자 비첨과 칠드리스가 제안한 내용이다. 첫째로 의사는 진료 행위를 할 때 환자의 자율적 의사를 존중하여야 한다. 자율성 존중의 원칙은 병증과 치료방식 그리고 효과에 대하여 충분한 정보와 설명을 제공한 후에 환자나 그 가족의 동의를 얻어서 치료하는 것까지를 포함한다. 그러나 환자가 동의능력을 상실했을 경우에 표준적인 대리인의 의사를 어떻게 확보할 것인가라는 문제를 안고 있다. 둘째로 히포크라테스 선서 이후 의사들은 환자에게 해악을 끼쳐서는 안 된다는 원칙을 존중해 왔다. 그러나 악행금지의 원칙은 대부분의 치료행위가 이중효과의 원리를 갖고 있으며, 어떤 치료 방법의 선택은 불가피하게 환자에게 위험이나 부작용을 초래할 수도 있다는 점에서 절대적으로 적용될 수 있는 것은 아니다. 셋째로 환자의 입장에서 선이 증대되도록 적극적으로 노력하라는 원칙이 있다. 이러한 선행의 원칙은 부모가 자식의 장래를 위하여 간섭할 수 있는 것처럼 의사나 보호자 역시 환자의 이익을 증대하기 위하여 적극적으로 개입할 수 있다는 온정적 간섭주의를 뜻한다. 그러나 선행의 원칙은 종종 자율성의 원칙과 상충될 수 있다. 넷째로 의료혜택이나 의료자원의 배분은 모든 당사자들에게 형평성을 유지해야 한다는 정의의 원칙이 있다.

이처럼 의료윤리는 보다 인간적인 의료행위와 의학기술의 바람직한 적용을 위하여 적극적으로 요구되고 있으며, 의사는 어떤 경우에도 인간의 생명을 가장 소중하게 여기는 마음을 가져야 하고, 오직 생명을 살리기 위하여 최선의 노력을 기울여야 하는 것이다.

6. 생명윤리

'생명윤리'(bioethics)라는 말은 생물학자이며 암 연구가인 미 위스콘신 대학의 포터 박사에 의하여 처음 사용되었다. 그 후 네덜란드의 심리학자이며 산부인과 의사 헬레게스와 조지타운대학의 "출산 및 생명윤리학 케네디 연구소"의 연구진들이 사용하였고, 렌실래어는 "생명윤리학적 지식과 인간의 가치체계에 관한 지식을 결합시키는 새로운 학문분야"라는 의미를 부여하였다. 생명윤리는 '생명'을 뜻하는 그리스어 bios와 '윤리'를 뜻하는 ethike의 복합어이며, 의학, 생물학, 환경과학 등 생명현상과 관련된 모든 학문영역에서의 윤리적 쟁점들을 다루고 있다. 따라서 생명윤리는 연구윤리, 환경윤리, 의료윤리 등을 포괄하고 있는 것이다.

생명현상들 가운데서도 가장 중요한 것은 인간의 생명이다. 인간생명의 문제는 인권, 특히 인간의 생존권이나 인간답게 살 권리, 그리고 의료윤리에 관한 논의들이 핵심을 이룬다. 태아의 살 권리와 임신중절의 문제, 편안하게 죽을 권리의 요구와 의사원조자살 및 안락사의 문제, 보다 건강한 장기를 이식받으려는 요구와 신체이식 및 복제의 문제 등 매우 민감한 사안들이 논의주제가 된다.

임신중절과 안락사 그리고 신체이식 등에서 공통적인 고민은 인간 생명의 가치 및 위상, 그리고 생명의 정의에 대한 문제일 것이다. 이 문제들은 서로 긴밀하게 연결되어 있다. 만일 인간의 생명이 고유한 것이고 아무도 그것을 수단으로 대해서는 안 된다고 할 경우에, 우리는 어디까지가 생명의 한계인가를 분명하게 숙지해야 한다. 그 때문에 인간 생명의 시작과 끝, 탄생과 죽음에 대한 규범적, 법적, 의학적 정의의 문제가 첨예한 논란의 대상이 되고 있다. 이러한 논의 결과가 태아의 살 권리와 신체이식 및 안락사의 문제에 직접적인 영향을 미치기 때문이다.

인간의 살 권리가 중요한 것처럼 그러한 권리는 동물에게도 동등하게 주어져야 한다는 주장이 있다. 동물해방론자들과 동물권리론자들이 바로 그들이다. 다른 한편 동물뿐만 아니라 살아있는 모든 것, 즉 생물에 대한 인간의 배려와 경외심을 요구하는 사람들도 있다. 이런 생각들은 주로 알버트 슈바이처 이후의 생명주의 사상가들과 현대의 환경윤리학적 논의들 가운데서도 특히 심층생태주의자들이 제안하였다.

피터 싱어와 같은 동물해방론자들은 동물학대가 여성과 흑인에 대한 차별과 같은 종차별주의에 해당된다고 말한다. 그는 생명을 가진 모든 존재는 도덕적으로 동등하게 고려되어야 하며, 인간의 이익만을 위하여 동물에게 가해지는 고통은 최소화되어야 한다고 주장한다. 예를 들면 빈혈현상이 핑크빛 육질을 가진 고급 소고기를 생산하는 데 결정적이기 때문에 송아지들에게 16주 동안이나 고의적으로 빈혈식단을 제공하는 것은 부도덕하다고 말한다. 공장에서 사육되는 동물들은 목표 달성을 위하여 제도적인 장치 속에서 학대받는 경우가 흔하다. 이 경우에 우리는 자연스럽게 동물들에게도 고유한 권리가 있는가, 그리고 인간은 동물에 대해서도 도덕적으로 고려해야 할 직접적인 책임을 갖고 있는가라고 묻게 되는 것이다.

톰 레건은 싱어가 제시한 공리주의적 고통감소의 원리는 고통을 느끼지 않도록 사육해도 좋다는 점에서 동물사육을 정당화할 측면이 있다고 비판한다. 그는 동물들 역시 인간과 동등한 "삶의 주체"로서 "고유한 가치"를 가지고 있으며, 따라서 동물사육은 사회적으로 금지해야 한다고 주장한다. 그는 종의 도덕적 위상 차이를 인정하지 않고 개체동물만을 삶의 주체로 인정하였다. 그러나 이같은 레건의 입장 역시 도덕적 고려의 대상이 되는 삶의 주체를 정상적인 1년생 이상의 포유류에 한정시켰다는 비판에 직면하게 되었으며, 굿패스터와 같은 학자는 생명 그 자체가 도덕적 고려의 대상이 되어야 한다고 강조하였다.

우리는 여기에서 다시 알버트 슈바이처의 생명사상에 주목하지 않을 수 없다. 슈바이처의 생명존중사상은 생명중심윤리의 기본이라고 할 수 있다. 그는 모든 생명체들이 내재적 가치를 갖고 있으며, 생명은 선 그 자체라고 강조하였다. 그로부터 생명에의 외경이 비롯되는 것이다. 그러나 슈바이처는 인간의 질병을 퇴치하기 위하여 기생충과 박테리아를 박멸하는 등 살아있는 것들 사이에서의 위상적 차이를 인정하였던 것이 사실이다. 이로써 레건과 슈바이처의 생명주의적 관점은 인간중심적인 것이 분명하게 드러난다.

이처럼 인간중심적 생명사상에 대하여 폴 테일러는 '자연에 대한 존중'이라는 관점에서 생명현상에 새롭게 접근할 것을 제안한다. 그에 의하면 각각의 생명체는 고유한 목적활동을 하고 있으며, 그것들이 추구하는 선은 인간의 믿음이나 의견에 제약받지 않는다. 모든 생명체는 목적론적 삶의 중심을 이루고 있으며, 도덕적 지위를 부여해주는 고유한 내재적 가치를 갖고 있다. 따라서 테일러가 말하는 삶의 주체로서의 생명체는 레건의 그것보다 훨씬 더 포괄적인 개념이다. 이와 같은 테일러의 관점은 철저하게 생명중심적이다. 이 점에서 보면 인간은 다른 생명체와 동등한 위상을 가진 지구공동체의 구성원에 불과하며, 따라서 인간이 다른 미생물보다 더 내재적으로 우월하다는 근거는 들어설 자리가 없게 된다.

테일러의 생명중심주의를 보다 심화시키려는 노력은 네스, 드볼, 세션즈 등의 학자들에 의하여 심층생태주의 운동으로 치닫게 되었다. 이들에 의하면 인간과 지구상에 존재하는 모든 생명체의 번성은 본질적 가치를 가지며, 생명체의 가치는 인간의 목적 유용성과 무관하다. 또한 생명의 풍요로움과 다양성은 그 자체로 가치가 있으며, 따라서 모든 생명체의 삶은 번성해도 좋은 당위성을 가지고 있는 것이다. 그러므로 인간은 다른 생명체의 풍요성과 다양성을 축소시킬 권리가 없으며, 지나친 간섭을 통하여 자연을 손상시켜서도 안 되는 것이다.

생명윤리에서 가장 우려해야 할 사항은 현재 진행되고 있는 인간게놈프로젝트와 인간복제의 가능성 여부를 둘러싼 논쟁이다. 제레미 리프킨은 현 시대를 바이오테크 시대로 규정하면서 유전공학적 기술을 통하여 신에게 도전하는 사람들의 무소불위에 대하여 우려를 표명하고 있다. '놀라운 신세계'가 연출할 미래 위험에 대하여 우리는 아직 확실한 예측을 할 수 없지만, 생물특허를 미국의 일부 생명공학회사가 독점할 것과 그들의 도발적 실험이 제2의 창세기와 새로운 노아홍수의 사태를 불러올지도 모른다는 불안감이 현존하고 있는 것은 사실이다.

7. 인간복제

천재적인 영화감독으로 잘 알려진 스필버그는 모기 피 속에서 추출한 공룡의 체세포로 공룡을 복제한다는 아이디어를 도입하여 영화 "쥬라기 공원"을 만들었다. 역시 그가 제작한 영화 "인공지능"(AI)에서도 우주인들이 머리카락 몇 개로 멸종된 인간을 복원하는 장면을 그려내고 있다. "스타워즈 에피소드" 2편에서는 복제인간으로 편성된 군단이 소개되기도 하였다. 인간복제는 이제 더 이상 영화 속 이야기만으로 끝나지 않는다. 무심결에 버스 간에서 흘린 나의 머리카락 한 올만으로도 수많은 나들이 복제될 수 있기 때문이다.

1978년에 데이비드 로비크는 『복제인간』이란 책에서 한 아이가 복제기술로 만들어졌다고 주장하여 충격을 주었으나 사실이 아닌 것으로 판명되었다. 그러나 같은 해 7월 25일 세계최초의 시험관 아기 루이스 브라운이 태어났다. 비록 복제인간은 아니지만 체외수정의 방식으로 자궁 밖에서의 임신으로 태어난 것이다.

1997년 2월 24일 전 세계의 신문들은 영국 스코틀랜드 에든버러의 로슬린 연구소에서 윌머트 박사팀이 6년생 암양의 체세포를 이용한 복제에 성공하였다는 사실을 대서특필하였다. 윌머트는 생식세포가 아닌 일반 세포를 핵을 제거한 난자 안에 주입시켜 수정란을 만드는 방식으로 돌리 양을 복제하는데 성공하였다. 그러나 복제 양 돌리(Dolly)는 그보다 수개월 전인 1996년 7월 5일에 태어났다. 윌머트의 연구를 지원하였던 쎄러퓨틱스사가 복제기술의 특허등록을 위하여 발표를 미루었던 것이다.

인간복제를 위한 과학의 행진은 오래 전에 시작되었다. 1953년 왓슨과 크릭은 『네이처』지에 유전적 특성을 전하는 디옥시리보핵산(DNA)

의 이중 나선구조에 대한 해석을 발표하였다. 이것은 유전적 내용이 한 세포에서 다른 세포로 전이되고, 생식을 통하여 한 세대가 다른 세대로 복사되는 메커니즘을 설명한 것이다. 1989년부터 1992년까지 미 국립 보건원의 인간게놈연구센터의 이사로서 활동하였던 왓슨은 인간복제의 위험성을 우려하여 세계적인 금지조치가 필요하다고 역설하였다.

1980년대부터 미국을 비롯한 18개국과 연구기관들은 인간게놈프로젝트(HGP)에 대한 공동연구를 통하여 지난 2000년 30억 개에 달하는 인간 유전자 지도의 초안을 발표하는 성과를 거두었다. 인간복제는 이제 시간문제가 된 것이다. 이탈리아의 인공수정 전문의 세베리노 안티노리 교수와 미국 켄터키 대학 생식의학과 파노스 자보스 교수는 인간복제를 시도할 것이라고 공공연하게 발표하였다. 또한 지구 생명체가 외계인에 의하여 창조되었다고 믿고 있는 종교단체 라엘리안과 연계된 생명공학업체 클로네이드사는 빠른 시일 안에 복제인간을 탄생시킬 계획을 가지고 있으며, 우리나라에서도 이미 8명이 신청하였다고 발표한 바 있다. 2002년을 기점으로 첫 번째 복제인간의 탄생을 위한 카운트다운이 시작된 셈이다. 지금 세계 곳곳에서는 인간을 복제하려는 연구자들과 그것을 저지하려는 정부들 간의 숨바꼭질이 계속되고 있다.

체세포를 이용한 복제가 성공하면서 인간배아복제를 허용해야 한다는 목소리가 커져가고 있다. 배아는 수정 후에 신체조직과 기관의 분화가 마무리되는 8주까지의 수정란을 뜻하는데, 이 상태에서 배아를 죽이고 줄기세포를 추출하여 필요한 장기와 조직을 배양할 수 있기 때문이다. 이러한 주장은 인간복제를 저지하면서 필요한 장기를 확보함으로써 알츠하이머, 파킨슨병, 백혈병 등 난치성 질병치료에 획기적으로 기여할 수 있다는 현실적인 요구에서 제기되었다. 이미 오래 전부터 자녀의 난치병을 치료하기 위하여 의도적으로 맞춤아이를 잉태하는 시도가 있었으며 의학적 성과를 거두기도 하였다. 그러나 배아도 인간적 지위를 가지고 있다는 주장이 드세어지면서, 척추와 내장 등 신체기관이 발생하지 않은 수정 후 14일까지의 배아에 대해서만 연구가 허용되어야 한다는 추세가 주도적이다.

일반적으로 인간복제를 찬성하는 사람들은 인간복제기술을 통하여 유전적 질병과 난치병의 치료를 가장 쉽고 정확하게 해결할 수 있다는 기대감을 적극 피력한다. 배아복제를 통하여 배양된 세포와 장기를 쉽게 활용할 수 있기 때문이다. 물론 생명공학회사는 장기의 대량 공급을 통하여 막대한 의료적 이익을 얻을 수 있다. 그리고 자연적인 방식으로 아이를 갖지 못하는 부부들은 자신들이 원하는 타입의 자녀를 주문할 수 있으며, 남성과 여성의 성비도 이상적으로 조화시킬 수 있다고 생각한다. 인간복제의 찬성논리는 선호를 극대화시키는 행위가 선택되어야 한다는 이른바 선호공리주의에 의하여 극에 달한다. 1982년에 미국의 윤리학자 채드윅은 복제인간에 대한 선호도가 유전적으로 유일한 존재이기를 바라는 것보다 더 높을 경우에는 인간복제가 허용될 수 있다고 주장하였다.

그러나 인간복제를 반대하는 사람들은 우선 그것이 비자연적일 뿐만 아니라, 신이 부여한 인간의 생명을 인위적으로 조작함으로써 신의 영역을 침범하였다는 우려를 표명한다. 정상적인 성관계를 통한 유성생식만이 자연스러운 것이며, 따라서 인간복제는 본질적으로 나쁘다는 것이다. 그러나 자연스러운 것의 기준이 무엇인가에 따라서 이 주장은 설득력을 잃을 수도 있다. 또한 반대론자들은 인간복제가 유전적으로 유일하게 될 권리를 침해한다고 주장한다. 무수한 복제인간의 출현은 분명히 개별적 영혼을 지닌 인간의 존엄성과 인격을 해칠 것이다. 이에 대하여 찬성론자들은 일란성 쌍생아의 경우에도 전혀 다른 성격을 가지며, 따라서 동일한 체세포로 복제되더라도 성장환경과 시간적 차이 때문에 상이한 인격체로 살아간다고 주장한다.

인간복제를 허용하게 되면 초기 단계의 인간 생명의 가치와 존엄성이 무시될 소지가 있으며, 생명복제 기술의 불안정성은 그 위험을 더욱 증대시킬 것이다. 복제양 돌리 역시 277회의 실험을 거쳐서 비로소 성공하였다고 한다. 뿐만 아니라 함께 출산된 다른 양들은 신체적, 유전적 손상으로 큰 고통에 시달려야만 하였다. 만일에 인간복제가 백여 차례 정도의 실험을 거쳐서 이루어진다면 복제배아의 희생은 말할 것도 없고 대리모의 건강에도 치명적인 손상이 가해질 수 있다. 이 때문에 윌머트 박사 스스로도 인간복제는 유산, 기형출산의 위험이 매우 크며, 엄마와 아기에게 모두 잔인한 일이기 때문에 막아야 한다고 호소하였던 것이다.

인간복제의 문제는 유일한 존재로서의 인간적 가치에 대한 요구와 그 유일성을 담보하기 위하여 고유한 가치를 스스로 포기하지 않으면 안 되는 딜레마를 안고 있는 것이다.

정리

1. 과학연구윤리는 과학자의 사회적 책임 문제와 과학연구의 진행과정에서 예견되는 의도적인 부정행위를 다루고 있다.
2. 공학윤리는 공학기술을 사용하는 엔지니어가 자신의 전문적 판단을 행사하고 직무수행 시 요구되는 절차를 존중함으로써, 공익과 사회적 책임에 대한 도덕적 의무를 이행할 수 있게 한다.
3. 환경윤리는 생태학적 위기의 시대에 생물 종과 생명자원을 보호하고 오염을 최소화하기 위하여 인류가 새롭게 요구하고 있는 전 지구적 차원에서의 책임 문제를 다루고 있다.

4. 정보윤리는 컴퓨터와 인터넷 산업의 발달에 따른 사이버 세계에서의 기본윤리, 그리고 지적 재산권, 전자감시, 전자민주주의 등의 문제를 다룬다.

5. 의료윤리는 자살, 낙태, 안락사, 인공수정, 신체이식, 생체실험 등과 같이 전문적인 의료행위에서 제기되는 도덕적 문제들을 다룬다.

6. 생명윤리는 인간과 지구 생명체의 본질적 가치에 대하여 반성함으로써 생명 가치가 인간의 목적 유용성에 의하여 무시되지 않게 함으로써, 인간과 다른 생명체 사이의 상생적인 조화를 유지하게 한다.

7. 인간복제를 둘러싼 찬반논쟁은 이 시대에 가장 긴급한 윤리적 현안 문제로 부각되고 있다. 인간복제가 신의 영역을 침범하고 성비의 자연적 조화나 존엄성을 해칠 것이라는 주장과 난치병 치료 등 의학의 발전에 획기적으로 공헌할 것이라는 의견이 대립하고 있다.

참고문헌

구영모 편, 『생명의료윤리』, 동녘 1999.
구인회, 『생명윤리의 철학』, 철학과현실사 2002.
김상득, 『생명의료윤리학』, 철학과현실사 2000.
김 진, 『칸트와 생태주의적 사유』, 울산대학교출판부 1998.
드보라 G. 존슨, 『컴퓨터 윤리학』, 추병완 외 5인 옮김, 한울 1997.
리차드 세버슨, 『정보윤리학의 기본원리』, 추병완·류지한 옮김, 서울, 철학과현실사 2000.
리프킨, 제레미, 『바이오테크 시대』, 민음사 1999.
문시영, 『생명복제에서 생명윤리로』, 대한기독교서회 2001.
앤드루 웹스터, 『과학기술과 사회』, 김환석 역, 한울 1998.
왓슨, 제임스 외, 『인간복제, 무엇이 문제인가』, 울력 2002.
정보사회학회 편, 『정보사회의 이해』, 나남 1999.
최재천 엮음, 『과학 종교 윤리의 대화』, 궁리 2001.
펜스, 그레고리, 『누가 인간복제를 두려워하는가』, 양문 2001.
한국정신문화연구원 편, 『과학기술시대의 삶의 양식과 윤리』, 울력 2002.

Fleddermann, Charles: *Engineering Ethics*. Prentice Hall 1999.

Johnson, Deborah G.: *Ethical Issues in Engineering*. Prentice Hall 1998.

Lenk, Hans(Hrsg.): *Technik und Ethik*. Stuttgart 1993.

Mitcham, Carl: *Engineering Ethics*. Prentice Hall 1999.

Resnik, D.: *The Ethics of Science. An Introduction*. Routledge, London 1998.

Shrader-Frechette, Kristin: *Ethics of Scientific Research*. Rowman & Littlefield Publishing, 1994.

Unger, Stephen H.: *Controlling Technology. Ethics and the Responsible Engineer*. Wiley Interscience, 1994.

Whitbeck, Caroline: *Ethics in Engineering Practice and Research*. Cambridge University Press 1998.

제14장 생명-의료윤리란 무엇인가

그 여자나 또는 내가 아닌 '그'는 도대체 누구인가? 여기에서는 개별적인 행위자나 개인행동이 아닌 집단적 행위자나 집단행위가 문제된다. 그것은 현시대적인 행위 공간이라기보다는 오히려 그 적절한 책임의 지평이 무시된, 아직 규정되지 않은 미래인 것이다. 그리하여 이것은 새로운 유형의 도덕법을 요구한다.

한스 요나스

생명윤리학은 건강이나 생물학의 맥락 속에서 일어나는 의사결정의 과정에서 그 도덕적 차원을 비판적으로 검토하는 학문이다.

사무엘 고로비츠

1. 생명-의료윤리란 무엇인가?

의사나 가족은 죽음을 선고받은 환자에게 그 사실을 알려야 하는가? 환자가 이를 전혀 알지 못한 채로 홀로 죽어가게 하는 것이 더 좋은가, 그렇지 않으면 환자가 비록 죽음에 대한 공포와 불안을 갖게 되더라도 사실을 정확하게 알려주는 것이 더 좋은가? 이와 같은 물음들은 물론

의학 그 자체나 혹은 의료기술에 관한 문제는 아니다. 그것은 의학기술을 넘어서는 윤리적인 물음이다. 또한 만일 가족 중 한 사람이 식물인간이 되어 언제 소생될지도 모르는 병상생활을 하고 있다면, 그리고 이 환자를 계속 병원에 입원한 상태로 둘 경우에 가계 수입만으로 감당할 수 없는 엄청난 비용이 들게 된다면, 다른 가족들의 희생을 무릅쓰고서라도 환자를 계속 치료해야 하는가, 그렇지 않으면 환자를 포기해야 하는가? 계속 치료하게 되면 가족들은 그 한 사람의 환자 때문에 정상적인 생활을 하지 못할 것이다. 그리고 이와 유사한 갈등은 병원 측에서도 마찬가지일 수 있다. 소생 가능성이 전혀 없는 한 사람의 장기 환자 때문에 당장 치료받아야 할 위급한 환자들에게 병원의 혜택을 줄 수 없다면 합리적이라고 할 수 없기 때문이다. 이 같은 경우에 우리는 도대체 어떤 결정을 내려야 하는 것일까? 그리고 이러한 상황에서 내린 우리의 결정은 도덕적으로 정당화될 수 있는 것일까? 그렇다면 그와 같은 도덕적 기준은 무엇인가? 이러한 문제들은 오늘날의 철학에서 가장 긴급하게 물어지고 있는 의학윤리의 기초적인 물음에 속한다.

한 가정주부가 수혈을 하는 가운데 후천성면역결핍증(AIDS)에 감염된 사실이 있었다. 이 사건 이외에도 수혈로 인한 에이즈의 감염은 잦아지기 시작하였다. 이처럼 에이즈는 우리가 전혀 예측하지 못한 상태에서 우리를 덮칠 수도 있다. 그리고 불의의 기습을 당한 환자들은 그 병에 대한 선입견 때문에 정당한 치료의 권리를 주장하지도 못한 채 괴로워한다. 환자에게 수혈한 병원에서는 혈액감정원에서 공급한 것을 그대로 사용하였다는 이유를 들어서 도덕적 책임을 부인하였다. 그렇다고 해서 혈액감정원이나 보건소, 그리고 정부에서 책임을 지겠다고 하지도 않는다. 그러나 만일 정상적인 의료 행위와 국가 기관에 의한 통제 체제 속에서 이와 같은 피해자가 발생하였다면 그 책임을 누구에게 물어야 하는 것일까? 물론 현행규칙으로는 아무런 책임규정이나 보상규정도 없다. 지금까지 이런 사태는 한 번도 일어나지 않았기 때문이다. 그러나 그 어느 누구도 여기에 책임을 질 수 없다는 것은 도저히 용납될 수 없다. 왜냐하면 이와 같은 극단적인 경우에 대비한 책임규정이 없다면 병원과 정부기관에 대한 불신이 급증할 수밖에 없으며, 따라서 적절한 피해보상 규정을 마련하는 것보다 더 큰 피해를 가질 수 있기 때문이다. 그러므로 보이지 않는 집단적인 '그'가 행한 도덕적 책임에 관하여 비판적으로 성찰하는 일이 수행되지 않으면 안 된다. 그리고 이와 같이 특정한 사건에 대하여 도덕적 성찰과 윤리적 반성을 시도하는 것이 바로 생명윤리와 의학윤리의 과제인 것이다.

생명-의료윤리란 인간의 생명현상을 다루는 실험이나 의료행위를 하는 경우에 반드시 지켜져야 할 도덕적 문제들을 다루는 학문이다. 미국의 의학소설가 로빈 쿡(Robin Cook)은 『코마』(혼수상태)라는 작품을 통하여 의사들이 불법적으로 환자들을 혼수상태에 빠지게 하여 장기를 상품화 할 수도 있다는 사실을 극화하였다. 그 외에도 그는 『바이탈 사인』, 『돌연변이』, 『세뇌』, 『죽음의 신』, 『바이러스』, 『브레인』, 『열』이라는 작품들을 통하여 현대 의학 기술의 발달과 더불어 제기될 수 있는 모든 도덕적 문제들을 점검하고 있다.

현대를 살아가는 사람이면 누구든지 과학기술의 발전과 진보를 인정하고 있다. 그러나 우리는 발전의 뒤안길에는 공포와 희생이 도사리고 있다는 사실도 알고 있다. 그리하여 오늘날 분자 생물학, 세포 생물학, 유전자 공학이라는 새로운 첨단과학 분야들이 개발되었고, 이러한 학문분야에서는 여러 유형의 관찰과 실험을 시도하고 있다. 특히 인체에 대한 연구는 인간의 생명현상을 주제로 하기 때문에 살아있는 인간이 가장 이상적인 실험재료로 요구되고 있다. 그리고 이와 같은 연구성과들은 인류의 건강과 복리증진을 위해 사용될 수 있을 것이다. 그렇다면 과학기술과 의학의 발달을 위하여 생체실험은 도덕적으로 허용되어도 좋은 것일까? 또한 위급한 환자를 살리기 위하여 특정부위의 신체이식이 요청되는 경우에 장기의 구입광고를 신문에 보도하는 일이 도덕적으로 허용될 수 있는 것일까? 그리고 건강식은 어디까지 허용될 수 있는가? 몸에 좋다고 하여 태반을 먹는 일이 허용될 수 있는 것일까? 만일 태반을 약의 원료로 사용하는 제약회사가 있다면, 그것은 먹는 행위와 어떻게 구별되는가? 시험관 아이를 용납하게 된다면, 동성연애를 하는 사람들도 시험관 아이를 가져도 좋은 것일까? 두 여자가 동성애를 하고 있다고 가정할 경우에, 시험관 아이에 대한 부권은 정자를 빌려준 사람이 행사할 수 있는가, 그렇지 않으면 남편 역할을 하고 있는 여자가 가지게 되는 것일까? 유전자 조작의 결과로 태어난 공격적인 사람들이 저지른 죄악과 범죄 행위에 대한 책임은 누구에게 물어야 하는 것일까? 과학기술의 발달과 함께 우리는 지금까지 전혀 예상하지도 못하였던 기상천외한 물음들을 묻고 있는 것이다. 이와 같은 물음들에 우리는 전혀 익숙해 있지 못하다. 그러나 앞으로 우리는 이러한 물음을 묻지 않을 수 없게 된다. 그것은 우리의 주변에서 흔히 접하고 있는 자살 문제, 낙태(임신중절), 그리고 안락사(의사원조자살)의 문제에서 시작하여 생명현상과 관련된 모든 의료행위와 생체공학 및 생체실험에 이르기까지의 광범위한 연구 영역에서 필연적으로 제기될 수밖에 없는 물음들이다.

이와 같은 윤리학적 또는 도덕철학적인 물음들은 의학이나 그에 관련되는 학문영역에는 속하지 않는 것이며, 의학기술을 넘어서는 문제영역이다. 이러한 물음들은 지금 '의학윤리'(medizinische Ethik) 또는 '생명윤리'(Bio-Ethik)라는 연구분야에서 활발하게 논의되고 있다. 그리고 이것은 2차대전 후 독일학자들의 불법적인 생체실험을 판결한 뉘른베르크 전범 재판의 영향 속에서 이루어졌으며, 주로 미국을 중심으로 집중적으로 연구되었다. 특히 1969년 가톨릭 철학자 다니엘 캘러한(Daniel Callaghan)에 의하여 설립된 '해스팅스 센터'(Institute of Society, Ethics and the Life Sciences in Hastings-on- Hudson, N.Y.)와 조지 타운 대학에서 설립한 '케네디 연구소'(The Joseph and Rose Kennedy Institute for the Study of Human Reproduction and Bioethics)에서 의학윤리의 문제들이 본격적으로 논의되기 시작하였다.

2. 낙태

의학윤리에서 가장 일반적으로 물어지고 있는 것은 낙태 또는 임신중절에 대한 법적, 의학적 통제를 어떻게 할 것인가라는 문제와 그에 대한 도덕적 평가 및 생명의 존엄성에 관한 문제이다. 우리나라는 인구증가를 억제할 목적으로 정부가 산아제한 정책을 실시하였으며, 따라서 임신중절에 대한 법적 또는 도덕적 통제가 없이 거의 일상적으로 할 수 있도록 되어있다. 그리하여 우리나라의 가정주부들은 거의 한번 정도는 임신중절의 경험을 가지고 있다. 그래서 최근에 언론에서는 출생한 아이들보다 낙태된 아이들의 숫자가 훨씬 더 많다는 보도를 하면서 인간생명의 존엄성에 대한 문제를 다시 검토할 것을 호소하고 있다. 최근 중국에서도 1가족 1자녀 출산 원칙이 모든 공직자에게 강제적으로 시행되면서 세계적인 물의를 빚고 있다. 그와 반대로 독일과 같은 국가에서는 의사의 허락 없이 임신중절을 할 수 없도록 엄격한 통제를 가하고 있다. 물론 의사는 법이 정하고 있는 특별한 경우에만 임신중절을 허용하게 되는 데, 이와 같은 판단결과에 대한 모든 책임은 의사에게 있다. 물론 임신중절과 인구 억제정책은 그 국가의 특수한 사정과 긴밀한 관계를 가지고 있다. 한국이나 중국과 같은 나라에서는 인구증가를 억제하는 것이 당면한 정치과제 중의 하나이므로, 이를 효과적으로 수행하기 위해서 임신중절이 정당화될 수도 있을 것이다. 그리고 독일과 같은 나라에서 해마다 감소되는 출산율 때문에 인구증가가 정치적 과제로 부상되고 있다. 그들은 더 많은 자유를 누리기 위하여 가능하면 자녀를 가지지 않으려고 한다. 그리고 이와 같은 추세가 계속되면 앞으로 언젠가는 노인들이 많고 젊은 생산층은 급격하게 감소되어 현재 시행하고 있는 연금정책에 큰 차질을 빚을 수 있게 된다. 이와 같은 이유 때문에 지금 독일에서는 정부가 출산보조금을 지급하면서까지 인구증가를 유도하고 있다. 그리고 이와 같은 정치적인 풍토에서는 임신중절에 대한 법적 도덕적 제약을 강화하는 것도 사실이다. 이러한 대립의 분수령은 생명의 존엄성에 대한 종교적인 가르침에 있다.

임신중절의 찬성과 반대문제를 둘러싸고 최소한 두 개의 대립적인 의견이 있다. 가톨릭을 비롯한 보수주의자들은 생명에 대한 존엄성을 내세워 임신중절을 철저하게 반대한다. 그러나 자유주의자들은 자신의 보다 나은 삶을 위하여 필요하다면 임신중절을 자유롭게 할 수 있어야 한다고 주장한다. 물론 자유주의자들의 생각 속에는 다른 도덕적인 이유가 있을 수 있다. 예를 들면 에디오피아와 같이 굶주려 죽어가는 아이가 많은 나라에서 임신중절을 법적으로 금지한다면 그것은 심각한 사회문제를 야기하게 될 것이다. 그리하여 자유론자들은 아이를 낳아 놓고서 굶주려 죽게 하는 것은 죄악이 아닌가라고 묻는다. 만일 보수주의자들이 인간의 생명은 하나님에게 달린 것이라고 한다면, 그들은 인간의 범죄를 신에게 전가한 셈이 될 것이다. 그러나 우리는 이와 같은 도덕적 문제들을 한 번도 심각하게 생각하지 않고서 임신중절을 생활화하였다. 우리나라에서 여인들이 임신중절을 하는 것은 이제 더 이상 도덕적인 문제가 되지 않고 있다. 그러나 우리는 일반적으로 누구든지 다른 생명을 해치는 것은 죄악이라는 사실을 인정하고 있다. 만일 내가 다른 사람을 죽이면 처벌을 받게 된다. 교묘한 방법으로 법을 피하거나 불의한 권력에 의하여 기소조차 되지 않은 경우에도 사람을 죽인 이들은 양심의 질책을 당하게 되는 것이 사실이다. 이와 같은 사실이 나의 태 안에서 자라나는 어린 생명에도 해당되는 것은 아닐까? 그 아이의 생명을 해칠 권리가 과연 부모에게 있는 것일까? 그렇지 않다면 부모들은 어떤 경우에라도 그 어린 생명을 낳아야할 의무를 가진 것일까? 또는 어떤 타당한 근거와 이유가 있을 경우에는 그와 같은 임신중절이 정당화될 수도 있는 것일까? 자신의 태 속에 어린 생명을 가진 모든 부모들은 이와 같은 문제들을 자기 스스로 결정하지 않으면 안 된다. 당신은 지금도 뱃속에 있는 아이를 마음대로 처리할 수 있는 권리가 있다고 생각하는가? 그렇지 않으면 그 반대인가? 이 문제는 우리가 인간으로서의 태아의 권리를 언제부터 인정할 것인가라는 물음과 깊이 관련되어 있다.

그렇다면 언제부터 뱃속의 아이에 대한 법적 권리가 인정할 수 있을까? 어느 순간부터 태아는 우리와 똑 같은 존재로서 법의 보호를 받을수 있는 것일까? 고전적인 연구결과에 의하면 적어도 세 가지로 생각해볼 수 있다. 첫째로 유전학파(the genetic school)는 사람의 유전인자를 가진 모든 존재를 사람으로 규정한다. 유전인자는 수정된 바로 그 순간에 형성된다. 그러므로 이들은 수정된 임신의 순간부터 태아는 인간으로서 보호받아야 한다는 것이다. 둘째로 발달학파(the developmental school)에서는 태아가 인간으로서 인정받으려면 일정한 발육기간이 경과되어야 한다고 본다. 셋째로 사회결과학파(the school of social conse-quences)는 사회적인 통념으로 볼 때 언제부터 우리가 태아를 인간으로 간주하는가라는 측면을 중시한다. 이상의 세 관점은 모두 태아의 인간 성에 대한 다른 기준을 제시하고 있다. 그리하여 우리가 어떤 학파의 견해를 존중하는가에 따라서 임신중절에 대한 도덕적 기준이 달라질 수 있다. 현재 미국에서는 주마다 약간의 차이는 있을지라도 대개 임신 후 첫 3개월 동안에는 산모와 그 담당의사에게 임신중절에 대한 결정권을 부여하고 있다. 이것은 태아가 인간으로서의 법적 보호를 받으려면 적 어도 3개월 이상의 발달이 필요하다는 것을 시사하고 있다. 그렇다면 도대체 왜 이와 같은 법적 규정이 필요한 것일까? 그것은 생명의 존엄 성에 대한 문제와 관련된다. 우리는 인간종족을 보존할 의무가 있다. 그 리고 그것은 가족의 형태로서 유지된다. 우리는 가족의 규모를 결정할 수 있는 자유를 가진다. 인간은 가족 안에서나 또는 사회 안에서 다른 사람에 의하여 보호받을 수 있다. 다시 말하면 모든 인간은 자신의 신체 가 불법적으로 침해되는 것으로부터 보호받을 권리가 있다. 더 나아가 서 자신의 복지나 미래를 직접 선택하고 결정할 수 있는 자유를 가진다. 이와 같은 모든 사실들은 인간적인 생명의 존엄성을 서술하고 있다. 그 렇다면 자신의 운명과 신체에 관한 모든 권리를 산모와 의사에게 일방 적으로 맡겨버리는 것이 도덕적으로 허용될 수 있는가? 그리고 만일 그 것이 허용될 수 있다면 구체적으로 어떤 경우인가?

가톨릭 윤리학자들은 기본적으로 인간의 생명에 대한 존엄성을 인정 해왔다. 그러나 그들은 특정한 예외를 인정하고 있다. 그들은 하나님이 수행하는 정의로운 전쟁에서는 살인이 용납될 뿐만 아니라 국가가 범 죄자의 생명을 박탈해도 좋다는 입장을 고수해왔다. 임신중절의 경우 에 있어서도 가톨릭 교회는 생명의 절대적 존엄성과 유전학파의 견해에 따른 인간이해를 바탕으로 철저하게 반대하는 입장을 취하고 있다. 또한 어떤 사람들은 우리가 만일 임신중절을 찬성하게 될 경우에 심신 장애자나 노인과 같이 힘없는 사람들을 죽여도 좋다는 가능성을 합리 화할 수도 있다는 점에서 도덕적으로 태아살해를 반대하는 입장을 분 명히 한다. 그러나 이와 반대로 자유론자들은 임신중절에 대한 문제는 적어도 한 인간의 사생활 또는 프라이버시와 긴밀한 관계를 가진다고 말한다. 그러므로 임신중절은 태아나 산모의 건강상태와 산모의 사생 활과 정서상태, 그리고 가족의 경제적 형편 등에 의하여 자유롭게 결정 될 수 있어야 한다고 주장한다.

이 두 개의 대립적인 입장은 각각의 타당성에도 불구하고 극단적인 경우에는 도덕에 대한 상식을 혼란하게 할 수 있다. 만일 우리가 임신 중절을 어떤 경우에도 허용하지 않는다면, 강간에 의한 치욕적인 임신 이나 또는 무계획적인 출산 이후에 인간적인 양육을 받지 못하는 경제 적 궁핍의 문제를 설명할 수 없게 된다. 그리고 일시적인 잘못에 의하 여 아이를 갖게 된 나이 어린 여학생들이나 미혼모들의 장래문제를 해 결하는 데도 속수무책이 될 것이다. 그와 반대로 만일 임신중절을 자유 화하게 될 경우에 우리는 생명의 존엄성이나 인권의 문제에 심각한 위 협을 받게 된다. 뿐만 아니라 절제 못하는 성문제로 인하여 사회가 심 각한 도덕적 위기에 빠지게 될 것이다. 이와 같은 극단적인 가능성들을 피하기 위하여 오늘날 상당수의 윤리학자들은 절충주의를 주장하고 있 다. 이들은 두 입장의 중용을 취하여 도덕가치가 극단화되는 것을 막으 려고 한다. 그리하여 이들은 어떤 특정한 이유가 분명하게 있을 경우에 는 임신중절을 허용하지만, 태아나 부모 모두에게 아무런 문제가 없을 경우의 임신중절은 인정하지 않는다. 생명에 대한 권리는 태아와 산모 모두에게 공통적으로 부여된다. 그러나 이 두 사람의 권리가 상충될 경우에는 가능한 한 악이 최소화되는 선에서 합리적인 선택이 이루어질 수밖에 없을 것이다. 그러므로 절충주의자들은 아이를 출산하면 산모의 목숨이 위독할 경우와 같이 특별한 손실이 예상되고 인정될 경우에만 임신중절을 허용한다. 그러므로 임신중절에서 우리가 한번쯤 생각해 볼 문제는 생명의 존엄성과 태아의 살 권리인 것이다.

3. 안락사

사람들은 고통을 당하지 않고 편안하게 죽을 권리가 있는가? 나의 사랑하는 사람들이 치유될 가능성이 없이 병상에서 식물인간으로 생명을 부지하고 있을 때, 나는 그에게 편안한 죽음을 제공해도 되는 것일까? 사람들은 옛날부터 안락사를 이용하고 있었다. 전쟁터에서 심하게 부상당한 병사들은 동료에게 죽여줄 것을 청원하기도 한다.

30년 동안 엑스선을 연구해 온 어떤 물리학자가 피부암으로 고통을 당하게 된다. 그에게 남아있는 생명은 약 10년이고, 그나마 수많은 수술과 고통을 당하면서 연장되는 것이다. 그는 동생들에게 편안하게 죽게 해달라고 부탁하였고, 그의 막내동생은 그를 권총으로 살해하였다. 21살의 카렌 앤 퀸란(Karen Anne Quinlan)은 거의 한달 이상이나 의식불명의 식물인간으로 입원 중에 있었다. 그의 부모들은 그가 편안하게 죽을 수 있는 권리를 달라고 법원에 청구하였다. 그러나 생명유지 장치를 제거한 후에도 상당한 기간 동안 계속 살아 있었다.

1988년 8월 미국에서 16개월이 된 아이가 풍선을 가지고 놀다가 생긴 일이다. 풍선이 터지면서 그 아이의 기관 속에 풍선조각이 들어가서 혼수상태에 빠지게 된다. 아이를 치료할 수 있는 방법은 없었다. 다만 생명 유지장치를 사용하여 목숨을 연장하는 일밖에 할 수 없었던 것이다. 그 아이의 아버지는 권총으로 의료진을 위협해서 밖으로 나가게 한다음, 스스로 아들의 생명 유지 장치를 제거하여 편히 죽게 하였다. 이일로 인하여 그는 살인죄로 기소되었다(국민일보 1989.4.29). 만일 여러분의 사랑하는 가족 중에서 이와 같은 경우에 있다면 어떻게 하는 것이합리적이겠는가? 인간은 스스로 죽을 수 있는 권리가 있는가? 더 나아가서 인간은 보다 편안하게 죽을 권리가 있는 것인가? 우리는 도저히살아날 수 없다는 사형언도를 받고 병상에서 고통당하는 환자들에게안락사를 제공해도 좋은 것일까?

안락사(Euthanasie)란 무엇인가? 참을 수 없는 고통을 당하면서 서서히 죽어 가는 환자에게 편안하게 죽을 수 있도록 도와주는 것(Sterbehilfe)이다. 여기에서는 더 이상 치료할 필요가 없다는 의사의 진단과 가중되고 있는 환자의 고통이 문제가 된다. 그러나 법적으로 아직생명이 있는 환자를 인위적인 방법으로 죽게 하는 행위는 살인죄에 해당된다. 그럼에도 불구하고 지금까지 많은 사람들은 인도적인 이유에서 안락사를 찬성해 왔으며, 그것의 법적 보장까지를 주장하고 있다.그러나 반대자들은 인간의 생명에 대한 권한은 하느님의 것이며, 따라서 인위적인 방법으로 사람을 죽이는 것은 허용될 수 없다는 입장을 분명히 하고 있다. 그렇다면 우리는 도대체 환자의 고통을 언제까지 지켜보고 있어야 하는 것일까? 그리고 우리들 인간이 끝까지 환자를 치료하는 것이 도덕적이라면, 그 한 사람의 환자를 위하여 필연적일 수밖에없는 남은 가족들의 희생은 어떻게 설명될 수 있는 것일까? 그리고 더이상 병원비를 부담할 수 없어서 치료를 포기하고 거부하는 것도 안락사인가? 그렇다면 치료비가 없어서 죽음의 거리에 버려진 환자들은 어떻게 설명될 수 있는 것일까? 이와 같이 수많은 물음 속에서 우리는 일반적으로 직접적인 안락사와 간접적인 안락사를 구분하게 된다.

직접적인 안락사는 환자나 그 가족의 요청에 의하여 직접적인 의료 행위로써 안락한 죽음을 가져다주는 것을 말한다. 직접적인 안락사를 찬성하는 사람들은 어차피 고통 속에서 죽어야 할 환자라면 보다 쉽게 그리고 편안하게 죽는 것이 바람직하다고 생각한다. 다시 말하면 환자가 지금 당하고 있는 처참한 지경을 의학기술의 도움으로 의미 없이 연장하여 보다 큰 고통을 유발할 것이 아니라, 의사들이 그의 죽음에 적극적으로 개입해야 한다는 것이다(의사원조자살). 이들의 주장 속에는 최소한 합리성과 공리성이 깃들어 있다. 고통 없이 죽는 것이 합리적이라는 것이다. 그리고 불치의 환자들에게 대부분 공통적인 문제점은 과다한 의료비에 대한 부담이다. 한 사람의 환자로 인하여 가족 전체의 생계가 위협받게 되는 것은 너무나 자명한 사실이다. 그러므로 그 환자가 치료받을 수 있는 권리가 있는 것처럼 가족의 다른 성원들도 사람답게 살 수 있는 권리가 있다는 것을 찬성론자들은 강조한다. 그리고 환자 자신도 만일 이와 같은 불가피한 정황을 분별할 수 있다면, 가족을 희생시키는 것보다 스스로 죽음을 선택할 것이라는 점이 부각된다. 그러나 직접적인 안락사를 반대하는 사람들은 이 행위가 환자의 요청과는 상관없이 항상 나쁘다고 주장한다. 다시 말하면 인간의 생명에 대한 권리는 창조주이신 하느님만이 가지고 있다고 믿기 때문이다. 그러므로 우리 인간은 어떤 경우에도 인간의 생명을 스스로 죽이는 데까지 간섭해서는 안 된다는 것이다. 그리고 만일 우리가 이를 허용하게 되면 우리가 판단하기에 쓸모없는 사람은 죽여도 좋다는 일반원칙을 인정하게 됨으로써 생명의 존엄성에 대한 기존의 윤리에 심각한 위험을 초래하게 된다. 또한 환자와 의사의 관계에서 크게 신뢰감을 손상시킬 우려가 있다. 의사의 역할은 사람을 살리는 데 있으며, 어떤 이유에서도 이와 상반되는 행위가 허용되어서는 안 된다. 만일 의사가 사람을 죽이는 데도 종사할 수 있다면 일반적으로 환자들이 의사에게 갖는 신뢰감은 크게 떨어질 것이다.

간접적인 안락사는 환자에게 특수치료 행위를 거부하거나 중단함으로써 실질적으로 그를 죽게 하는 것을 말한다. 여기에서의 특수치료란 가족에게 지나치게 부담이 되는 경제적 희생을 요구하거나, 혹은 이와 같은 엄청난 비용에도 불구하고 합리적인 의료효과를 기대할 수 없는 모든 의료행위를 말한다. 그리하여 간접적인 안락사는 일반적으로 허용되어 온 것이 사실이다. 가령 어떤 독지가나 국가기관이 치료비를 무제한으로 보조하는 경우에도 불구하고 정신적 손해를 피하기 위하여 간접적인 안락사를 고집하는 것은 죄악일지 모르나, 어차피 그 가족이 입원비를 부담해야 한다면 환자로서도 자기의 가족을 희생하면서까지 특수치료를 받으려고 하지 않을 것이기 때문이다. 또한 어떤 사람들은 이와 같은 이유에서 만일 간접적인 안락사가 인정될 수 있다면 직접적인 안락사도 인정되어야 한다고 주장한다. 그 두 가지 유형의 안락사는 결국 본질적으로 도덕적 차이가 없다고 생각되기 때문이다. 그러나 일반적으로 직접적인 안락사와 간접적인 안락사는 죽음의 원인이 실제적으로 다르다는 사실에서 구별된다. 간접적인 안락사에서는 비록 특수치료 행위가 거부되거나 포기된 상황이기는 하지만 그 죽음의 원인은 자연적인 질병이다. 이와 반대로 직접적인 안락사에서 죽음의 원인은 인위적인 동기이다. 그것은 살해행위이기 때문에, 만일 그것이 도덕적으로나 법적으로 정당화된다면 많은 물의와 부작용이 파생될 수 있다.

그러므로 우리가 환자의 고통을 덜어주기 위하여 그의 죽음을 도와줄 수 있다는 생각은 인간적이면서도 또한 동시에 비인간적인 것으로 될 수 있다. 우리에게 죽음은 피할 수 없으며 또한 다른 사람에게 넘겨

버릴 수 없는 일회적인 사건이다. 그것은 우리에게 영원한 신비이다. 의학기술로 포기하였던 사람이 다시 살아나는가 하면, 의학기술로 살렸다고 단정한 사람이 죽어 넘어지기도 하는 것이 생명의 현실이다. 그러나 만일 여러분이 치유 불가능한 환자의 가족이고 또한 담당의사라면 어떻게 결정하는 것이 합리적이겠는가? 그리고 여러분이 만일 이런 환자에게 편안한 죽음을 준 죄로 기소된 사람을 재판할 판사라면 어떻게 판결하겠는가? 나에게 항상 자살할 수 있는 기회가 주어져 있는 것과 마찬가지로 편안하게 죽을 수 있는 권리와 기회가 있는 것은 아닐까? 만일 이런 기회와 권리가 법적으로 정당화된다면 그것이 오용될 위험은 없을까? 이와 같은 물음들이 안락사의 문제와 함께 계속 물어질 수 있다.

4. 신체이식과 생체실험

신체기관의 이식(Fortpflanzung)에 대하여 다음과 같은 물음들이 제기될 수 있다. 신체기관의 이식은 종교적 또는 도덕적으로 정당한가? 만일 그것이 합법적이고 정당한 것이라면 돈 많은 사람들이 보다 나은 건강을 위하여 건강한 신체기관을 구입하여 이식하는 것도 허용되는가? 만일 그렇지 않다면 신체이식은 어떤 경우에만 허용될 수 있는 것일까? 병이 악화되어서 건강한 신체기관의 이식을 원하는 사람들은 많다. 그러나 신체기관을 제공하려는 사람들은 극히 드물다. 이런 경우에 우리는 어떤 원칙에 의하여 이식순위를 결정해야 하는 것일까? 어떤 사람들이 신체기관을 제공할 수 있으며, 어느 순간에 그것을 실행에 옮길 수 있는가? 물론 이상과 같은 물음 이외에도 신체이식의 정당성과 관련한 보다 많은 도덕적 논란이 예상된다.

우리는 이미 현대의학에서 피부이식, 신장이식, 심장이식과 같은 신체기관의 이식수술을 하고 있다는 사실을 알고 있다. 사람들은 일반적으로 다른 사람의 목숨을 살리기 위하여 신체의 일부를 기증할 수 있다고 믿어왔다. 그리고 이 같은 사실은 종교적인 가르침과도 상충하지 않는다. 그렇다고 해서 신체이식이 어떤 경우에나 허용될 수 있는 것은 아니다. 돈이 많다고 하여 다른 사람이 가진 건강한 신체기관을 탐할수 있도록 허용되어서는 안 될 것이다. 만일 이런 일이 허용된다면 인류의 위기가 초래될 수 있을 것이다. 그렇다면 어떤 경우에만 신체이식은 허용될 수 있는 것일까?

이 물음에 관하여 제임스 넬슨(James Nelson)은 다섯 가지 기준을 제시하고 있다. 그에 의하면 신체이식은 첫째로 다른 치료방법이 전혀 없고, 오직 이식에 의해서만 건강의 회복이 가능하다는 최후수단으로서만 허용될 수 있다. 둘째로 이식수술은 의학기술의 발전뿐만 아니라 환자의 건강이 우선적으로 고려되어야 한다. 환자를 단순한 실험대상이나 수단으로 삼아서는 안 되며 환자의 건강이 주요한 목적이 되어야 한다는 것이다. 셋째로 환자의 자유로운 의사표명과 동의가 있어야 한다. 환자는 신체이식수술에 따른 제반 위험과 신체적 또는 심리적 부담을 충분히 이해하고 있어야 한다. 넷째로 신체이식을 하는 과정에서 모든 당사자들의 권리가 존중되어야 한다. 의사는 환자에게 너무 큰 희망을 주지 않도록 유의해야 한다. 기증자의 권리를 보호하는 것도 매우 중요하다. 특히 기증자가 가족 중의 한 사람일 경우에 의사는 그가 주위에 대한 강박관념에 의하여 억지로 기증하는 일이 없도록 신중을 기해야 한다. 만일 기증자가 죽어 가는 사람일 경우에 이식수술의 성공여부에만 집착한 나머지 기증자의 살 권리가 침해되는 일이 없어야 한다. 예를 들면 성공적인 이식수술을 위하여 기증자의 생명이 더 연장 가능하거나 살 수 있는데도 불구하고 사망한 것으로 판정하는 극단적인 경우를 피해야 한다. 다섯째로 이식수술에 드는 비용과 예상되는 효과 사이에는 균형이 잡혀야 한다. 예상되는 수술결과와 감수해야 할 수술비용이 균형을 이루어야 한다. 그러므로 신체이식 수술은 이와 같은 다섯 가지의 조건 아래에서만 비로소 허용될 수 있는 것이다.

그렇다면 과연 많은 환자가 있을 경우에 그 신체이식 수술의 순위는 어떻게 결정되는 것이 합리적일까? 우선 이론적으로는 세 가지 정도의 방법이 생각될 수 있다. 첫째로 사회적인 기여도에 따라서 선정하는 방법(social worth system)을 생각할 수 있다. 여러 사람들이 신장이식을 원할 경우에, 기증된 하나의 신장을 사회적으로 중요한 역할을 수행하는 사람에게 우선적으로 줄 수 있다는 것이다. 이와 같은 방법은 물론 기여도가 뚜렷한 사람에게는 타당한 제도가 될 수도 있겠으나, 어떤 사회의 직업관이나 권력구조에 의하여 오판될 위험이 있으며, 심각할 경우에는 인간 각자에게 부여된 존엄성을 유린할 가능성도 있다. 그리하여 이 방법을 고려하려면 사회적 기여를 평가하는 근거와 기준에 대한 철학적 논의가 우선적으로 수행되지 않으면 안 된다. 둘째로 어떤 규칙을 마련하여 선정하는 방법(random selection)이 고려될 수 있다. 여기서는 먼저 등록한 환자부터 순번대로 기증된 신체기관을 제공하는 방법과 등록된 모든 환자들 가운데서 추첨을 통하여 결정하는 방법이 생각될 수 있다. 이와 같은 선정방식은 모든 사람에게 공평하게 기회를 제공함으로써 인간의 존엄성을 보호하는 장점이 있으나, 정치 또는 사회적으로 꼭 필요한 인물이 구제될 수 있는 가능성과 당장 수술하지 않으면 죽게 되는 위독환자에게 비합리적일 수 있다. 셋째로 환자의 병세에 따른 선별적인 방식(triage)을 생각할 수 있다. 이 방법은 의료상의 긴급

사태가 벌어진 전쟁상황 속에서 개발된 것이다. 긴급 시에 환자들은 세 그룹으로 분류된다. 첫째 그룹은 어떤 치료를 받게 되더라도 결국 죽게 되는 환자이다. 둘째 그룹은 지금 당장 치료를 받지 않더라도 앞으로 회복될 수 있고, 살 수 있는 환자들이다. 셋째 그룹은 즉각적인 치료를 받으면 살 수 있는 위급한 환자들이다. 그러므로 긴급치료의 우선권은 셋째 그룹에게 주어지며 나머지 두 그룹은 불평등한 대우를 받게 된다. 이와 같은 수많은 가능성 가운데서 우리는 어떤 환자에게 신체이식의 우선권을 부여할 것인가에 대한 의학적 또는 도덕적 기준을 세워야 할 것이다.

어떤 사람들이 신체기관을 기증할 수 있고, 그 기증된 신체기관은 언제 이식될 수 있는가? 이 물음 속에는 여러 가지 어려운 문제들이 함축되어 있다. 누가 신체를 기증해야 하며, 할 수 있는 것일까? 살아있는 건강한 사람의 경우에 우리는 주위환경이나 인간관계에 의한 강한 압박감 때문에 신체이식을 허용하는 수도 있다. 그러나 기증자가 적어도 이와 같은 강박관념 때문에 억지로 자원하는 일이 생겨서는 안 될 것이다. 만일 기증자가 죽어가고 있다면 신체이식의 시기결정은 죽음에 대한 법적 정의와 긴밀한 관계를 갖게 된다.

어떤 상태를 죽음으로 볼 것인가는 지금도 논란의 대상이 되고 있다. 우선 전통적인 죽음의 개념은 신체 중에서 생명이 있는 유동체가 활동을 중단된 상태로서 심장과 폐의 정지여부에 의하여 결정된다. 이와 같은 죽음의 상태에서는 신체이식에 큰 도움을 주지 못할 수도 있다. 두 번째로 신체활동과 사회적 상호작용의 능력이 회복될 수 없을 정도로 중단된 상태로서 뇌파운동이 중단된 시점부터 죽음으로 간주해야 한다는 주장이 있다. 이와 같은 상태에서는 폐나 심장은 아직 살아있으며, 여기다가 혈액순환과 산소호흡을 인위적으로 유지시킬 경우에는 최소한 1년 정도까지 죽은 시체를 보존할 수도 있다. 그러므로 만일 뇌파의 정지가 법적인 죽음으로 인정될 경우에 신체기증자는 인위적인 생명유지장치의 도움으로 살아있는 피부와 혈액, 그리고 신체기관을 제공할 수 있게 된다. 신체이식을 수행하는 의사는 이런 경우 법적으로는 죽었으나 아직 살아있는 시체를 실험대상으로 사용할 수 있으며 지금까지 신체이식 과정에서 제기될 수 있었던 살인의 문제도 야기되지 않을 것이다. 그러나 만일 이런 문제가 법적으로 정당화된다면 신체기증자의 권리가 크게 위협받을 가능성이 있다. 극단적인 경우에 사악한 의도를 가진 의사나 의료기관은 살릴 수도 있는 기증자를 실험용으로 사용하기 위하여 의도적으로 뇌파운동을 정지시킬 수도 있을 것이다. 다시 말하면 실험용 인간과 이식자원을 확보하기 위하여 회복 가능한 환자나 건강한 사람을 식물인간으로 만들 위험도 있을 수 있다. 그리하여 혼수상태(Koma)를 의도적으로 유발하여 건강한 사람들을 실험재료로 삼았던 영화 속의 사실이 현실로 드러날 수도 있는 것이다. 의사들은 돈 많은 사람들에게 건강한 부속품을 팔기 위하여 회생 가능한 환자들을 죽일 수도 있으며, 이와 같은 전문적인 범죄는 영원히 밝혀지지 않고 미궁에 빠지게 될 것이다. 그리하여 사람을 살리는데 필요한 의사가 사람을 죽게 하는 데도 관여될 수 있다는 사실은 보다 큰 불신을 초래하여 환자와 의사의 기본적인 관계가 파괴될 것이다.

생체실험(Humanexperiment)의 경우에서도 유사한 문제들이 제기될 수 있다. 인간을 실험재료로 삼고 있는 의학연구는 허용될 수 있는가? 그렇다면 그것은 어떤 조건 하에서 허용될 수 있는가? 실험재료로서의 인간은 어떻게 선택되어야 하는가? 우리는 제2차 세계대전 중에 독일과 일본이 불법적인 방식으로 비인간적인 생체실험을 하였다는 보고를 알고 있다. 특히 일본 관동군 사령부에서 행한 생체실험에서는 많은 한국인들이 희생되었다. 생체실험이 의학연구에 획기적인 발전을 가져다 주는 것은 사실이다. 예를 들면 원인이 규명되지 않는 병원체의 발견과 그 치료법의 개발을 위해서는 그 병을 앓고 있는 환자가 가장 좋은 실험대상이 된다. 그리고 같은 병으로 수많은 사람들이 목숨을 잃어가고 있는 상황에서 생체실험만이 치료법을 개발할 수 있는 유일한 길이라고 한다면, 다른 많은 사람들을 살리기 위하여 불가피하게 생체실험을 인정하지 않을 수 없을 것이다. 실제로 파나마 운하를 건립하는 과정에서 수많은 사람들이 황색 열병으로 죽어가게 되었다. 그리고 그 병의 원인이 모기일 것이라는 추측이 있었다. 이를 확인할 수 있는 유일한 방법은 직접 인간에게 실험하는 방법밖에 없었다. 이와 같은 방법으로 병의 원인이 모기에 있다는 사실이 밝혀지게 되었고 모기 서식지를 제거하여 위기를 넘길 수 있었다. 그럼에도 불구하고 모든 인간은 수단으로 다루어져서는 안 되고 항상 목적으로 다루어져야 하는 존엄성을 가진 존재이다. 그러므로 인간이 실험대상으로 요구되는 의학연구에서는 반드시 전제되어야 할 조건이 있다.

그렇다면 생체실험을 위하여 전제되는 조건들은 과연 무엇일까? 일반적으로 요구되는 것은 실험대상자에게 실험에 관계된 모든 정보를 미리 제공하고 나서 동의를 구하는 것이다. 정보에 의한 동의란 연구진행 또는 책임자가 실험대상이 되는 사람들에게 부당한 유혹이나 협박으로 강요하지 않고 당사자의 자유의사에 의한 결정을 존중하는 방식을 말한다. 그러므로 집행자는 그 연구절차와 목적, 그리고 실험내용을 정확하고 분명하게 알려서 이해시켜야 한다. 그리고 연구과정에서 예상되는 모든 위험과 불편에 대한 정보를 숨김없이 제시해야 한다. 그와 함께 실험과정에 환자 또는 실험인간에게 직접적으로 이득이 될 수 있는 특권과 혜택을 과장하지 않고 말하는 것도 좋을 것이다. 그리고 연구전체에 관하여 가능한 한 모든 질문에 성실하게 답변해야 한다. 가장 중요한 것은 실험 도중에 환자 또는 실험인간은 언제라도 동의를 취소할 수 있으며, 이로 인하여 불이익이나 처벌을 받지 않아야 한다는 사실이다. 그리하여 어떤 경우에서도 연구에 참여하는 실험인간은 모든 사태와 절차에 대하여 자발적인 의사를 행사할 수 있어야 한다.

그럼에도 불구하고 어떤 사람들은 정보에 의한 동의뿐만 아니라 생체실험 그 자체까지를 철저하게 반대한다. 그들은 올바른 정보를 주고 나서 환자의 동의를 구하는 것은 다음과 같은 이유에서 불가능하다고 말한다. 첫째로 사람들은 처음부터 의사나 과학자의 권위에 심리적으로 크게 압도당하고 있으며, 이 때문에 자유로운 동의란 아무 의미가 없다. 둘째로 실험인간에게 예상되는 위험을 사실대로 말할 경우에 그는 엄청난 공포에 사로잡혀 더 이상 실험에 응하려 하지 않을 것이다. 셋째로 전문적인 의학실험은 너무 복잡해서 환자에게 그 절차와 과정을 완전하게 이해시키는 것은 불가능하다. 그리고 실험을 이해하지 못한 환자의 동의는 진정한 동의라고 볼 수 없다는 것이다. 마지막으로 환자뿐만 아니라 연구자 자신도 연구과정에서 어떤 돌발적인 위험이 발생할 것인지를 알지 못하고 있다. 그러므로 연구자 스스로도 모르는 정보를 실험인간에게 제공한다는 것은 불가능하다는 것이다. 그 때문에 사람들은 실험연구에 가장 적합한 사람은 바로 과학자 그룹이라고 본다. 왜냐하면 그들은 실험과정을 쉽게 이해할 수 있으며 그 결과가 가져오는 공리성도 잘 알고 있기 때문이다.

5. 인공수정과 유전자 공학

1978년 7월 25일에 세계최초의 시험관 아기(Retortenbaby)인 루이스 브라운(Louise Brown)이 태어났다. 체외수정의 방식을 통하여 자궁 밖에서의 임신에 성공한 것이다. 이 사건으로 말미암아 세계는 이제 유전자공학(Gen-Technologie)이라는 새로운 과학혁명의 시대로 돌입하게 되었다. 이 사건은 세계적으로 엄청난 파급효과를 일으켰다. 아이를 갖지 못하는 사람들에게는 무엇보다도 큰 희망을 던져 주었다. 그리고 엄청난 과학기금이 조성되기도 하였다. 그러나 이 사건에 놀라움과 우려를 표명한 사람들도 많았다. 그들은 생명의 신비를 파헤치려는 사람들에게 엄중한 경고를 하고 있었다.

과학의 역할과 사명에 대한 광범위한 토론이 이루어졌다. 1953년에 왓슨(Watson)과 크릭(Crick)이 DNA의 이중구조를 발견하면서부터 생명과학은 엄청난 속도로 진전되었으며, 1970년대 초에는 이윽고 DNA를 재결합시킬 수 있는 기술과 능력을 확보하게 되었다. 그러나 유전자공학의 발전과 더불어 가공할만한 시나리오가 구상되기도 하였으며, 이와 같은 시나리오가 현실화될 경우를 우려하는 소리가 높아지고 있다. 그리하여 과학과 도덕의 관계정립이 심각한 문제로 제기되고 있다.

인공수정(künstliche Befruchtung)은 이제 일반적인 현상으로 되었다. 사람들은 정자를 채취하여 자궁 속에 인위적으로 결합시키거나 또는 정자와 난자를 인공수정 시킨 후에 다른 모태 속에서 길러내는 일들을 마음대로 할 수 있게 되었다. 직접적인 성행위로서 임신할 수 없는 부부를 위하여 아기를 가지도록 도울 수 있는 방법은 계속 개발되고 있다. 우리는 정자가 자궁 밖에서 난자와 수정하는 것을 체외수정이라고 부른다. 체외수정의 방법으로 태어난 아기를 우리는 '시험관 아기'라고 부르고 있다.

체외수정의 성공과 더불어 여러 가지 윤리적 또는 법적인 문제들이 제기되었으나 오늘날에는 그렇게 심각하게 여겨지지 않고 있다. 예를 들면 아이의 친권에 관한 문제이다. 만일 정자에 이상이 있어서 다른 사람의 정자를 이용할 경우에 시험관 아이에 대한 친권은 누구에게 있는 것일까? 이와 같은 문제들을 해결하기 위하여 정자의 출처를 비밀로 하거나 혹은 정자은행을 만들어야 한다는 의견도 제시되었다. 그렇다면 인공수정은 아무렇게나 이루어져도 좋은 것일까? 어떤 경우에 그것은 허용될 수 있는 것일까? 그렇지 않으면 인공수정 행위는 처음부터 금지되어야 하는 것일까? 우리는 이와 같은 문제들을 하루 빨리 해결하지 않으면 안 될 것이다. 만일 체외수정이 일반적으로 허용된다면 동성연애자들도 그들의 자녀를 가지려고 할 것이다. 누가 체외수정을 합법적으로 시행할 수 있는 권한이 있으며, 또한 어떤 경우에 그것이 허용될 수 있는가를 분명하게 통제하는 것이 필요할 것이다.

실제로 미국의 버지니아주 알렉산드리아 지방법원에서 세실 제이컵슨이라는 당시 55세의 의사는 정자 무단방출 사건으로 피소되어 형을 선고받았다. 그는 12년 동안 무려 75명의 불임 여성들에게 자신의 정자로 체외수정을 하여 자기와 닮은 아이를 갖게 한 혐의였다(조선일보 1992년 2월 19일). 우리나라에서도 비슷한 일이 적발되었다. 한 대학병원에 소속된 산부인과 불임크리닉은 650회에 걸쳐서 체외수정에 사용된 정자를 에이즈, 성병 등 주요 질병감염 검사도 없이 제공하였을 뿐만 아니라, 출처가 불분명한 동일 정자를 반복적으로 사용하는 불법을 저질렀다. 이처럼 인공수정의 경우에서는 친권문제와 동일 정자의 계속 사용금지, 건강한 정자의 확보 등이 도덕적 문제로 제기되고 있다. 그러나 최근에 미국의 산부인과 병원에서는 명문대학 출신의 건강한 정자만을 선호하는 경향이 있어서 인공수정의 문제가 거의 생활화되고 있음을 반증해 주고 있다.

무성생식의 경우에는 보다 큰 위험이 따른다. 무성생식은 어떤 특정한 유전자형의 무한복제를 가능하게 한다. 이 방법에 의하여 우리는 이론적으로 어떤 사람과 똑같은 성질을 가진 사람을 만들어 낼 수 있다. 다시 말하면 '히틀러'나 '스탈린'을 대량생산할 수 있다. 그러므로 공격적인 인간성을 가진 시험관 아기를 대량으로 생산하여 적의 후방에 투입시켜 대리전쟁을 일으키게 할 수도 있는 것이다. 이와 같은 생각은 DNA구조를 재배열하는 데 성공하면서 보다 심각한 양상을 띠게 되었다. DNA구조의 재배열 과정에서 갈라지고 분리되어 있는 DNA의 나선을 다른 DNA의 나선과 결합시킴으로써 지금까지 없었던 새로운 생물체를 조작할 수 있는 것이다. 그리하여 이른바 유전자조작(Genmanipulation)이 문제가 되는 것이다. 이 방법을 우리가 농작물에 응용할 경우에 식량증산과 같은 목표를 달성하는데 획기적인 성공을 거둘지도 모른다. 그러나 문제는 더 심각하다. 새로 창조된 생물체가 반드시 인간생활에 유익하리라는 보장은 없다. 그것은 파괴가 불가능한 괴력을 지닌 병원체일 수도 있다. 만일 우리가 알지 못한 상태에서 이와 같은 괴질이 자연을 파괴한다면 우리는 치명적인 피해를 당하게 될 것이다. 그러므로 유전자공학의 연구에 대한 문제는 과학의 본질규명과 더불어 광범위하게 논의되어야 한다. 그리하여 과학자들이 연구할 수 있는 범위와 한계를 제한하고 일정한 안전장치와 국민적인 합의에 의한 통제 하에서 연구할 수 있는 풍토가 마련되어야 할 것이다. 그러나 이와 같은 문제들은 과연 과학이 할 수 있는 그리고 해도 좋은 일의 한계를 명백하게 하는 것이 가능한가라는 본질적인 어려움 때문에 여전히 수수께끼로 남는다.

6. 생명-의료윤리의 도덕철학적 정초

의료행위 또는 의학연구에서 우리 모두가 합리적으로 받아들일 수 있는 도덕적 판단근거는 과연 무엇일까? 그와 같은 것이 있는 것일까? 모든 행위들을 도덕적으로 판단할 수 있는 근거가 쉽게 도출될 수는 없다. 도덕적 판단근거 역시 여러 가지 입장에서 논의될 수 있기 때문이다. 그럼에도 불구하고 우리는 인간의 존엄성이나 개인의 신체에 대한 불가침성을 말하지 않을 수 없다. 물론 윤리학은 도덕법에 입각하여 행위하는 의무론적 윤리학(deontologische Ethik)과 최선의 도덕적 결과를 창출하려는 목적론적 윤리학(teleologische Ethik)으로 크게 구분할 수 있다. 그리고 이 두 개의 도덕철학은 크게 상충되는 관점을 취하고 있다. 전자의 경우에 도덕적 행위의 동기가 강조되고 있다면 후자의 경우에는 도덕적 행위가 미친 영향과 결과를 중시하고 있다. 그리하여 오늘날의 윤리학자들은 상충되는 두 개의 윤리학적 태도를 절충하려고 시도하기도 한다. 예를 들면 공리의 원칙은 반드시 선행의 원칙과 정의의 원칙을 전제해야 한다는 입장이 바로 그것이다. 롤즈의 경우에도 차등의 원칙 또는 불평등의 원칙이 적용되기 위해서는 원초적인 입장에서 논의되는 평등의 원칙과 공정한 기회균등의 원칙이 전제되어야 한다는 사실이 중시되고 있다. 이는 의학윤리의 경우에서도 마찬가지다. 특히 여기에서는 선악의 효과가 동시에 일어나는 경우가 다반사이며, 이 경우에 의사나 환자의 합리적인 판단은 선행성과 공리성을 다같이 고려한 후에 결정되어야 한다.

의료행위의 목적은 병을 고치고 치료하는 데 있다. 사람을 살리는 것이 의사의 책무이다. 그러므로 도덕적인 의료행위란 바로 사람을 살리기 위하여 취한 행위를 말한다. 사람을 살리려는 행위가 선한 행위일 수 있다. 그러나 사람을 살리려는 모든 행위가 선한 것은 아니다. 그리고 여기에서 의학윤리의 문제가 제기된다. 다시 말하면 의사는 어떤 경우에 선을 도모하기 위하여 악을 행하지 않으면 안 된다. 산모를 살리기 위하여 태아를 죽이지 않으면 안 되는 것이다. 그렇다면 우리가 선을 행하기 위하여 악을 행하는 것은 용납될 수 있는 것일까? 그리고 악이 허용되는 근거는 과연 무엇일까? 우리는 일반적으로 다른 사람을 해쳐서는 안 된다는 도덕의 일반원칙을 알고 있다. 다른 사람을 죽여서는 안 된다. 그리고 다른 사람에게 피해를 주어서도 안 된다. 그러나 의료행위를 하는 대부분의 의사들은 선을 행하는 과정에서 악을 행하지 않을 수 없을 때가 많다. 이와 같은 딜레마를 해결하기 위하여 '이중효과의 원리'가 정립된다.

가장 먼저 우리는 악을 행해서는 안 된다는 도덕의 일반원칙을 염두에 두어야 한다. 어떤 행위가 좋은 결과를 가져왔을지라도 그 행위의 동기가 사악한 경우에는 정당화될 수 없다. 그러므로 모든 행동에는 선행의 원칙이 전제되어야 한다. 예를 들면 돈을 벌기 위하여 필요이상의 약물을 투입하고 과잉치료를 하였을 경우에 환자의 건강에 이상이 없었다 할지라도 그와 같은 행동은 결코 정당화될 수 없다. 또한 바른 정보를 주지 않고 생체실험을 하여 성공적인 결론을 얻었다 할지라도 그와 같은 행동은 도덕적으로 정당화되지 않는다. 둘째로 우리는 성공적인 결론에 도달하기 위하여 사악한 동기뿐만 아니라 사악한 수단도 이용해서는 안 된다. 자녀를 교육시키기 위하여 은행에서 돈을 터는 것이 용납될 수 없는 것과 마찬가지로, 신체이식을 성공적으로 수행하기 위하여 기증자에게 불이익을 주는 행위도 정당화되지 못한다. 셋째로 나쁜 결과는 좋은 결과를 수행하는 과정에서 불가피하게 발생된 것일 경우에만 용납될 수 있다. 나쁜 결과는 절대로 의도된 것이어서는 안 된다. 예를 들면 환자가 맹장염 수술을 한 후에 예기치 못한 사태로 인하여 복막염으로 악화되었다면 그것은 도덕적으로 용납될 수 있다. 왜냐하면 맹장을 수술하는 것은 본질적으로 선한 의도에서 비롯된 것이고, 또한 복막염이 일어날 가능성이 있다는 이유로 포기할 수 없는 것이기 때문이다. 그러나 만일 의사가 복막염으로 전개될 가능성을 미리 예측하면서도 병원의 수입을 증대하기 위하여 그에 대한 사전조치를 취하지 않았거나 치료를 소홀하게 하였다면 이 같은 행위는 결코 정당화될 수 없을 것이다. 넷째로 어떤 행위가 나쁜 결과를 가져옴에도 불구하고 그것을 수행할 수밖에 없는 경우에는 반드시 타당한 이유가 제시되어야 한다. 이 경우에 선과 악을 비교할 경우에 선의 총량이 악을 능가해야 한다. 예를 들면 어떤 부인이 심한 독감으로 고생하고 있는데 의사가 투약을 거부할 경우에, 그는 병을 방치한 악행을 저지른 것이 된다. 그러나 만일 그 부인이 임신 중이라면 태아의 건강을 보호하기 위하여 취한 불가피한 조처라는 것을 이해하게 될 것이다. 그러므로 의사는 환자의 피해를 최소화할 수 있는 합리적인 치료책을 찾아 처방하는 것이 도덕적 행위의 출발점이라는 사실을 깊이 인식해야 한다.

이상과 같은 도덕적 기준에도 불구하고 오늘날 임상의학에서 발생하는 사건들에 대한 도덕적 판단이 불가능한 경우가 많다. 특히 첨단기술과 의학분야에서 제기되는 거의 모든 문제들은 해결되지 않은 상태로 열려져 있다. 지금까지의 도덕적 기준으로는 도저히 판단하기가 불가능하기 때문이다. 그리고 그것에 대한 종교적인 설명에도 한계가 있는 것이 분명하다. 과학의 발전은 종교에서 그토록 타부시해 온 생명의 신비를 건드리고 있다. 유전자 공학의 발전이 우리에게 발전을 가져올지 또는 절멸을 가져올지도 판단하지 못한 채로 과학연구는 계속되고 있다. 그리고 앞으로 언젠가는 유전자조작을 통하여 영원히 죽지 않고 살 수 있는 시대가 열릴지도 모를 일이다. 이와 같은 시대에 도덕이 할 수 있는 그리고 하지 않으면 안 되는 역할이란 무엇일까? 그리하여 의학 윤리에 있어서의 막힌 길은 우리에게 바로 새로운 도덕적 세계질서의 가능성 조건에 관한 탐구를 과제로 남겨놓고 있다.

정리

1. 생명-의료윤리는 생명윤리학과 의학윤리학의 두 영역이 통합된 것으로서, 인간과 다른 생물의 생명현상을 다루는 실험이나 의료행위에서 반드시 지켜져야 할 도덕적 문제들을 반성적으로 고찰한다. 이러한 문제들로서는 임신중절, 자연사와 안락사, 신체이식과 생체실험, 인공수정과 유전자공학, 인간복제 등이 있다.
2. 임신중절의 영역에서는 태아의 살 권리를 부모가 박탈할 수 있는가와 언제부터 태아를 법적으로 보호할 것인가의 문제를 중심으로 생명의 존엄성에 대한 물음이 제기된다.
3. 안락사와 관련하여 우리는 고통 없이 편안하게 죽을 수 있는가와 그렇게 죽어도 되는가의 문제, 그리고 나는 고통 받고 있는 나의 가족을 편안하게 죽게 할 권리를 가지고 있는가? 그리고 그것은 살인과 어떻게 구분될 수 있는가의 문제가 다루어진다.
4. 인공수정에서는 친권문제, 동일 정자의 계속 사용금지, 건강한 정보의 확보 등의 도덕적 문제가 제기될 수 있고, 복제인간의 경우에는 인격 존재의 유일성에 대한 권리와 존엄성의 문제가 심각하게 거론될 수 있다.
5. 생명-의료윤리에 적용되는 도덕적 원리는 일반적인 도덕법과 상식적으로 일치해야 하지만, 생명을 다루는 기술적 판단에서 이중효과의 원리가 적용될 수 있다는 사실을 감안해야 한다. 그럼에도 불구하고 생명을 다루는 분야에 종사하는 사람, 특히 의사들은 생명을 죽이는 것보다는 살리는 데 치중해야 한다.

참고문헌

김상득, 『생명의료 윤리학』, 철학과현실사 2000.

구영모 편, 『생명의료윤리』, 동녘 1999.

포션, 『의료윤리』, 현암사 1993.

Apel, K.-O./Kettner, M.(Hrsg.): *Zur Anwendung der Diskursethik in Politik, Recht und Wissenschaft.* Frankfurt 1992.

Beauchamp, T. L. / Child, J. F.: *Principles of Biomedical Ethics.* Oxford University Press 1979.

Dworkin, Ronald: *Life's Dominion. An Argument about Abortion, Euthanasia, and Individual Freedom.* New York 1993.

Dworkin, J. and S. Bok: *Euthanasia and Physician-Assisted Suicide.* 1998; 『안락사논쟁』, 책세상 1999.

Eid, Volker/Frey, Rudolf(Hrsg.): *Sterbehilfe oder Wie weit reicht die ärztliche Behandlungspflicht?* Mainz 1978.

Höffe, O.: *Sittlich-politische Diskurse. Philosophische Grundlagen, Politische Ethik, Biomedizinische Ethik.* Frankfurt 1981.

Jonas, H.: *Technik, Medizin und Ethik. Praxis des Prinzips Verantwortung.* Frankfurt 1985.

Shannon, T.A./DiGiacomo, J.J.: *An Introduction to Bioethics.* New York 1979. 황경식 외 역, 『생의윤리학이란?』, 서광사 1988.

Singer, Peter: *Practical Ethics.* Cambridge University Press 1993; 『실천윤리학』, 철학과현실사 1991.

Troschke, J.(Hrsg.): *Ärztliche Entscheidungskonflikte.* Stuttgart 1983.

제15장 환경윤리란 무엇인가

무엇이 윤리의 나침반으로 기능할 수 있는가? 그것은 바로 미리 사유된 위험 자체이다! 미래에 있을 수 있는 심상치 않은 상황의 변화, 위험이 미칠 수 있는 전 지구적 범위, 그리고 인간의 몰락 과정에 대한 징조를 통해서 비로소 윤리적 원리들이 발견될 수 있다. 이러한 원리로부터 새로운 권력에 대한 새로운 의무들이 도출될 수 있는 것이다. 나는 이것을 "공포의 발견술"이라고 명명하고자 한다. 미리 예견된 인간의 왜곡이 비로소 우리로 하여금 이러한 왜곡으로부터 보전해야 할 인간의 개념을 찾아낼 수 있도록 도와주는 것이다. 무엇인가가 위험에 처해 있다는 사실을 알고 있을 때에야 비로소 우리는 무엇이 위험에 처해 있는가를 아는 법이다. 여기에서 문제되고 있는 것은 인간의 운명뿐만 아니라 인간상이며, 또 신체적 생존뿐만 아니라 인간 본질의 불가침성이기 때문에, 이 양자를 보호해야 하는 윤리학은 단순한 지혜의 윤리학을 넘어서 경외의 윤리학이어야 한다.

한스 요나스

1. 환경이란 무엇인가?

인간은 세계 안에 있다. 그래서 하이데거는 인간을 세계내존재라고 불렀다. 우리가 그 안에서 살고 있는 공간, 우리를 에워싸고 있는 주위 세계를 우리는 환경(Umwelt)이라고 말한다. 그것은 우리가 살고 있는 자연세계를 말한다. 우리는 산과 바다와 더불어 있으며 강이나 들에서 난 것들을 먹고 살아간다. 그리고 맑은 공기를 마시면서 생명을 이어가고 있다. 처음에는 무진장하게 보였던 천혜의 자원들이 고갈되고 있다. 또한 자연이 극도로 오염되면서 우리는 자연으로부터 폐기물을 거꾸로 섭취하는 운명을 맞게 되었다. 생태학자들은 지구의 온실효과와 사막의 확장, 그리고 삼림의 황폐화 및 지구오존층의 파괴 등과 같은 위기적 현상들을 보고하고 있다. 처음에는 무지와 무관심으로 방치되었던 자연훼손이 고도화된 기술발전의 논리에 위축되고 정치적 이해집단의 압력에 견디지 못하여 침묵하는 상황이 계속되다가, 제2차 세계대전 이후부터는 환경문제에 대한 논의와 비판이 활발해졌다.

1950년대 말부터 영국에서 치열한 반핵운동이 시작되었다. 그들은 원자력을 평화적인 목적에만 제한적으로 사용할 것을 요구하였으며, 1960년대 초에는 70세가 넘은 버트런드 러셀이 반핵운동을 주도하는 등 환경운동이 체계화되기 시작하였다. 1960년대 중반부터 1970년대 초에 걸쳐서 베트남 전쟁에 대한 관심이 고조되기 시작하였고, 미군이 사용한 고엽제(defoliant)가 환경문제를 유발한다는 비판이 제기되었다. 그리고 전쟁이 끝나고 나서도 고엽제로 인한 피해자가 속출하면서 미국의 사회문제로 부각되었다. 우리나라에서도 파월 장병들의 고엽제 피해문제가 1992년 한 해 동안 내내 거론되었으나 적절한 보상책은 이루어지지 않고 있다. 1970년에는 환경문제를 전문적으로 다루는 『이코로지스트』(Ecologist)라는 잡지가 창간됨으로써 환경문제가 공공연하게 학술적 또는 정책적으로 고려되기 시작하였다. 그리고 1980년대의 사람들은 이제 핵에너지와 핵폭탄이 서로 밀접한 관계에 있음을 알게 되면서 핵사용에 대한 여러 가지 통제장치를 강화하였다. 그리고 1992년에는 세계적으로 핵사찰 문제가 국제정치의 이슈로 부각되는 동안 일본의 플루토늄 수입에 대한 환경운동가들의 거센 반발이 제기되기도 하였다. 우리는 이제 환경문제가 가장 심각한 철학적 논의의 주제가 되고 있음을 확인하였다. 그리고 이러한 논의는 자연에 대한 태도표명과 인간과 자연의 관계설정에서 세계관적 차이를 드러낸다는 사실에 유의해야 할 것이다.

희랍인들의 세계관은 물활론(Hylozoismus)이 특징적이다. 그들은 존재세계의 근본 원리를 탐구하려는 노력 속에서 자연현상에 대하여 깊은 철학적 관심을 가진 한편, 과학적 연구의 대상인 자연, 즉 물질 속에는 생명적인 것 또는 신적인 것이 깃들어 있다고 보았다. 자연과 물질을 살아있는 생명체로 인식하는 이와 같은 생각은 아랍학파와 범신론을 거쳐서 에른스트 블로흐의 희망철학에까지 발전되고 있다. 자연이 하나의 생명체라는 사실은 동양사상에서는 대단히 기초적인 사실에 지나지 않는다. 그리고 스피노자와 괴테의 자연철학과 헤겔의 정신철학에서도 자연 그것은 객관화된 주체개념이거나 생산적 능력을 가진 자연활동의 소산으로서 규정되고 있다. 블로흐는 자연을 인식주체인 인간과 대비하면서 능동적으로 살아 움직이고 있는 '자연주체'(Natur-subjekt)라는 말마디로 표현하고 있다. 특히 러브록(J.E. Lovelock)은 지구를 생명체를 가진 '가이아'(Gaia)라고 규정한다.

그러나 서구의 역사 속에서 자연은 인간의 기술축적과 더불어 지배하고 착취해야 할 대상으로 전락하기에 이른다. 그리고 이와 같은 자연관은 기독교에 의하여 예고되고 있었다. 화이트(J.L. White)에 의하면 기독교적 자연 개념은 중세의 서구세계에서 기술의 발전을 크게 촉진하였으나 이러한 자연관을 지나치게 추구한 결과 오늘날 같은 생태학적 위기를 맞게 되었다고 한다. 과학기술의 발달에 따라 기독교는 자연에 대한 거만한 착취현상을 주도하였으며, 그 결과 현시대의 생태학적 위기가 발생하였다는 것이다. 기독교 사상은 자연과 인간, 물질과 정신을 통일적으로 이해하려는 희랍인들의 물활론적 신념체계를 파괴하였다. 그리고 과학이 신학의 위치를 점유하면서부터 기술은 신의 의지를 수행할 직접적인 수단을 제공하기 시작하였다. 현대의 자연관은 근본적으로 이와 같은 기독교 정신에서 비롯된 것이며, 현대의 생태학적 재난은 기독교적인 원죄의 대가라는 것이다. 그리하여 화이트는 인간이 자연을 착취할 권리가 있다는 기독교적 근본 전제가 수정되지 않는 한 생태학적 위기는 극복될 수 없다고 주장한다.

그러나 글라켄이나 애트필드와 같은 다른 학자들은 화이트의 주장이 기독교에 대하여 지나치게 극단적이고 편협하다고 비판한다. 성서에서는 인간이 신의 뜻에 따라서 다른 모든 물질과 생명을 지배할 수 있는 것도 사실이지만(「창세기」 2장 15-6절, 9장 3절), 그와 동시에 인간은 그가 지배하는 세계에서 행한 모든 사실을 책임져야 하는 자연의 보호자라는 측면이 있다는 것이다. 특히 애트필드는 기독교 정신 속에는 일반적으로 자연에 대한 자비적인 태도가 일관되게 흐르고 있다고 주장한다. 「시편」 104장과 148장, 「욥기」, 「로마서」 등에서는 자연에 대한 인간의 책임이 강조되고 있다는 것이다. 그리하여 서구의 과학이 자연에 대한 착취적 태도로 충만해 있다는 화이트의 지적에 대해서 애트필드는 존 에블린과 같은 현대과학의 초기 신봉자들이 결코 자기들 마음대로 자연을 다룰 수 있다고 생각하지 않았으며 심지어 데카르트조차도 동물이 아무런 감정도 갖지 않았다고 가정하지는 않았다고 강조한다. 그러므로 만일 기독교의 정신 속에 인간이 자연의 지배자이면서 동시에 보호자라는 두 가지 계기가 모두 함축되어 있다면, 기독교 문명이 서구를 지배함으로써 자연 파괴적인 과학문명이 도래하게 되었다는 주장은 설득력을 잃게 될 것이다. 이와 같은 맥락에서 글라켄은 인간의 자연 지배현상을 기독교에서보다는 18세기 이후부터 절정에 달하기 시작한 인간중심주의에서 찾으려고 하였다.

우리는 앞으로 자연에 대한 두 가지 상이한 입장을 바탕으로 인간과 자연의 관계설정에 대한 철학적 또는 생태학적, 그리고 특히 환경윤리적 견해들을 집중적으로 논의하게 될 것이다. 그 중에서도 특히 우리는 현대의 환경론에서 주로 논의되고 있는 기술지향주의와 생태지향주의의 철학적 배경 및 환경윤리적 의미를 살펴보는 동시에 현대의 가장 대표적인 환경철학자라고 평가되고 있는 한스 요나스(Hans Jonas)의 책임 윤리학의 핵심적 논의들을 정리하게 될 것이다.

2. 기술지향주의와 생태지향주의

오라이어단(O'Riordan)은 환경론자들의 신념체계를 이해하는 방식으로서 기술지향주의(Technocentrism)와 생태지향주의(Ecocentrism)라는 개념을 명확하게 구분한다. 기술지향주의는 과학기술주의의 찬란한 미래를 낙관하지만 생태지향주의는 기술개발의 필연적 결과로서 제기되는 생태학적 위기가 가져올 비관적 예견을 중시한다. 기술지향주의적 사고는 16세기 이후의 과학혁명과 합리주의에 기초하여 자연에 대한 지배적 태도를 선호한다. 이와 반대로 생태지향주의적 사고는 자연과 인간의 동등성이나 또는 인간의 자연에 대한 종속성을 표방하는 낭만주의나 맬서스나 다윈을 중심으로 하는 생물학적 과학이론에 깊은 영향을 받아 왔다.

1) 기술지향주의

기술지향주의는 서구사회의 지배논리로서 환경보존보다는 인간의
경제적 요구를 더 중요하게 생각하여 생명윤리로 지칭되는 자연의 생
존권을 묵살한다. 기술지향주의는 객관적, 과학적 접근방식에 대한 신
념을 가지고 있으며, 환경오염방지를 위한 세심한 관리가 행해질 수만
있다면 인간은 그 자신의 목적에 따라 자연을 적절하게 조절하는 것이
가능하다고 함으로써, 인간의 자연에 대한 지배행위를 정당화한다. 따
라서 기술지향주의자들은 자연에 대한 조절과정을 통하여 성취된 고도
의 기술과 물질소비를 사회적 진보의 궁극적 지표로 여겨왔다. 그리고
이러한 진보는 자연의 법칙을 인식하고 이를 적절하게 조정하여 얻게
된 경제법칙의 틀 속에서 달성될 수 있다고 믿어왔다. 그렇기 때문에
자연법칙을 가장 잘 이해하고 있는 과학자 집단은 환경문제를 해결하
려는 의사결정에서 가장 큰 영향력을 행사하게 되는 것이다. 보수적 기
술지향주의는 성장의 신화를 신봉하고 기술적, 정치적, 환경관리적 낙
관론에 집착한다. 그러나 진보적 기술지향주의는 균형을 전제로 한 물
질적 풍요를 중시하는 경제원칙을 배경으로 하며 조심스러운 사회개혁
주의와 중재주의를 내세운다.

기술지향주의의 근원은 자본주의 성장에 따른 과학혁명에서 찾을 수
있다. 고전과학의 시대가 도래하면서 인간은 자연과 환경에 대한 지배
적 태도를 확립하게 된다. 그리하여 과학은 이제 인류에게 새로운 이데
올로기로 부각되었으며 신화의 시대와 '자연마법'과 같은 구시대적 자
연관을 완전하게 일소하게 되었다. 현대의 세계는 과학자들에 의하여
지배되고 있다. 과학자들은 생물학에서의 진화론이나 여러 가지 특수
한 물리학의 법칙을 통하여 특정한 자연관을 구체화시키고 있다. 그리

고 이것은 계속해서 과학자들로 하여금 자신을 자연관찰의 주체로 인식하게 하고 관찰대상인 자연을 객체로 인식하게 하는 특수한 방법론적 관계설정을 정식화하기에 이른다. 과학화 현상은 자연과 환경에 대한 이해를 수량화함으로써 인간의 자연에 대한 착취를 보다 편리하게 하였던 것도 사실이었다. 이 때문에 인간과 자연의 존재가 대상적 관계로 전락해버린 것이다.

과학혁명은 1543년 코페르니쿠스의『천체의 혁명』으로부터 뉴턴의『자연철학의 수학적 원리』(1687)가 등장한 약 150년 정도의 기간에 걸쳐서 일어났다. 이 시기를 우리는 뉴턴 패러다임이라고 부른다. 뉴턴 과학은 우리의 일상적 관찰이 흔히 잘못된 것일 수 있으며 우리가 보는 것이 진리가 아니라는 사실을 부각시키면서 자연에 대한 기존의 이해를 완전하게 전복하였다. 그리고 케플러, 갈릴레이, 데카르트, 베이컨, 로크와 같은 과학자 및 철학자들에 의하여 자연의 객체화가 가속화되기에 이른다.

꽁트의 실증주의 철학에 이르면서 기술지향주의적 개념은 서서히 자리를 잡아가기 시작한다. 과학은 관찰된 현상들과 이들의 상호관계를 근거로 하여 보편적 절대적으로 적용할 수 있는 법칙을 완성하기 위한 일반화 작업이다. 일반화를 통한 법칙 수립의 가능성은 바로 어떤 상황 하에서 무슨 일이 일어날 것인가를 예측하고 이 법칙의 적용을 통하여 결과를 적절하게 조정할 수 있다는 것을 의미한다. 꽁트는 자연과학적 법칙주의를 사회과학의 영역에까지도 적용하려고 시도하였다. 그리하여 인간의 의사결정을 포함한 사회적 사건들은 확인되고 증명될 수 있는 원인을 갖고 있으며, 인간의 의사결정은 자신이 공감을 갖는 법칙에 따르게 되므로 객관적인 행위의 세계가 존재한다는 것이다. 그리고 이와 같은 생각들은 기술지향주의자들이 환경문제를 다루게 되는 경우에

자주 적용되기에 이르렀다:

오늘날 과학주의자들은 경험과학이 독단이나 주관적 의견과 같은 문화적 요인에 의하여 영향 받지 않으며, 객관적이고 정확한 측정이나 판단에 의하여 모든 관찰자로부터 공인되는 경우에만 진리라고 주장한다. 그리하여 과학적 의사결정에서는 과학적 전문가들만에 의하여 이루어지는 이른바 엘리트주의가 보편적으로 승인되고 있다. 그리고 이와 같은 추세는 환경문제의 영역에서도 마찬가지이다. 지속적인 경제성장을 목표로 하는 현대사회에서 기술과학의 발달과 환경에 대한 적절한 조절능력의 제고는 만족을 위한 기회의 증가를 뜻하기 때문에 환경을 변화시킬 수 있는 힘은 곧 '진보'와 일치한다. 그리고 이러한 진보를 향한 발걸음은 멈추지 않는 것이 바람직하다는 입장을 가진 사람들이 곧 기술지향주의자들인 것이다.

칸(Kahn)은 대표적인 기술지향주의자들 중의 한 사람이다. 그는 제한 받지 않은 성장만이 사회적 진보를 이룰 수 있다고 주장한다. 그는 과학기술상의 진보야말로 식량시장의 증가, 저개발국으로의 효율적인 기술이전을 가능하게 할 뿐만 아니라, 값싼 노동력이 전 세계로 성장의 물결을 퍼져가게 함으로써 새로운 국가들이 선진산업국가의 대열에 동참하게 될 것이라고 낙관적으로 전망하고 있다. 비록 지금은 세계가 여러 가지 어려움에 직면하고 있지만 성장을 통한 대전환에 의하여 세계가 아직 경험하지 못한 전대미문의 번영과 풍요가 이룩된다는 것이다. 칸의 이러한 기술만능주의적 표현은 합리적인 자연의 진보를 굳게 믿었던 베이컨과 콩도르세, 그리고 로크의 사상과 일치한다.

또한 기술지향주의자들은 과학기술의 발달이 현재와 같은 생태학적 위기를 초래하였다 할지라도 이것은 바로 과학기술의 제한과 포기가 아니라 과학을 더욱더 폭넓게 사용함으로써 근절될 수 있다고 주장한다. 환경문제는 경제과학의 문제로 보다 단순하고 낙관적으로 이해되고 있는 것이다. 그리하여 터커(W. Tucker)는 이렇게 말한다: "지금 우리에게 필요한 것은, 우리가 지금 세계의 종말에 임박해 있지 않으며 단지 시정되어야 할 몇 가지 잘못을 범하고 있을 뿐이고, 환경문제는 근본적으로 경제적인 문제에 지나지 않는다고 보는 건전한 접근방법이다. 환경문제는 해로운 사업계획을 실현시키려는 악의에 찬 의도라든가 최후심판의 날과 같은 식의 인식 하에 다루어져서는 안 되며, 반드시 해결 가능하다는 인식하에 다루어져야만 한다. 환경문제에 대한 새롭고 실용적이면서도 낙관론적인 접근이야말로 '환경론 시대'의 가장 훌륭한 유산이다." 그러나 기술지향주의자들은 단기적인 계획에 의하여 단기적 이익만을 목표로 하기 때문에 지구의 부존자원의 고갈이나 생태학적 위기를 과소평가하는 결함을 극복하지 못하고 있다.

기술지향주의에는 보수적 기술지향주의와 진보적 기술지향주의가 있다. 보수적 기술지향주의자들은 우선 우리 인간이 어떤 경우의 정치적, 과학적, 기술적 어려움도 극복할 수 있다는 신념을 가지고 있다. 그러므로 이들은 세계 인류의 운명을 기술발전에 의하여 향상시킬 수 있다는 낙관주의자들이다. 성장이라는 목표는 개발계획의 평가와 정책형성의 합리성을 뒷받침하며, 성장의 산물인 경제적 풍요와 이에 대한 의지를 통하여 모든 장애가 극복될 수 있다고 본다. 그렇기 때문에 개발계획 평가나 정책검토를 하는 과정에서 장시간의 토론은 무의미하며 과학전문가만이 경제성장이나 대중의 건강에 대하여 훌륭한 조언을 할 수 있다고 주장한다. 보수적 기술지향주의자들은 한마디로 인간의 경제적 풍요와 번영이라는 성장목표를 위해서는 기술정책이 최우선적으로 지원되어야 한다는 입장을 가지고 있다. 그러나 진보적 기술지향주의자들은 경제성장이나 자원개발은 첫째로 세금이나 벌금 등을 통하여 경제적 불균형을 재조정할 수 있고, 둘째로 최소한의 환경권에 대한 법적 권리가 보장되며, 셋째로 사회적 환경적 피해자에 대한 적절한 보상이 이루어지는 한에서만 허용될 수 있다고 주장한다. 그러기 위해서는 각 이해집단간의 일치감을 찾고 합의점에 이를 수 있도록 순수한 연구와 폭넓은 토론을 허용하는 동시에 대부분의 새로운 개발계획에 대하여 평가 검토하고 결정하는 과정을 인정하도록 요구한다. 기술지향주의자들 역시 환경문제를 전적으로 생각하지 않는 것은 아니다. 그러나 이들은 과학기술의 사용에서 비롯되는 부정적 측면보다는 그것이 인류에게 가져다 줄 수 있는 성장과 풍요를 정책에 반영하려고 한다.

2) 생태지향주의

생태지향주의는 자연에 대한 생물학적 생존권을 인정하여 자연에 대한 경외사상을 바탕으로 인간과 자연의 윤리적 관계를 회복하려는 환경운동의 이념이다. 생태지향주의자들은 인간이 자연에 있어서 필수적 존재는 아니지만 자연은 인간에게 필수적 존재라는 사실을 중요하게 인식한다. 생태지향주의의 과학적 기원은 다윈과 맬서스의 이론에서 찾을 수 있다. 특히 '존재의 사슬'이나 '풍요성이론'과 같은 개념들은 현대 생물학의 관념(예: 먹이사슬)과 유사성을 가지고 있으며 생태지향주의와 연계될 수 있다. 이러한 생각에 대한 원형을 우리는 플로티누스의 유출설에서 찾을 수 있다. 그에 의하면 이 세상에 존재하는 모든 것들은 하나의 일자(一者)에서 흘러나온다. 다시 말하면 신으로부터 정신과 혼 그리고 모든 사물들이 비롯되는데, 여기에서 절대적 존재인 신으로부터 가장 미약한 마지막 존재에 이르기까지 연결고리의 개념이 존재의 사슬을 형성하는 것이다. 존재의 사슬은 무생물의 수준을 겨우 벗어난 미약한 종류의 존재로부터 가장 우수한 정신적 피조물에 이르는 여러 단계들의 무한한 계열로서, 특히 중세의 사람들은 이 사슬을 연결하는 단 하나의 고리, 즉 어떤 특정한 하나의 생물이나 무생물이 제거된다 할지라도 우주의 질서 전체가 파괴된다고 생각해왔다. 풍요성 이론은 존재의 사슬이론과 함께 우주가 다양한 존재들에 의하여 구성되어 있을 뿐만 아니라 무한한 다산성에 근거한 피조물의 수적 풍요를 말하면서, 더 많이 수용할수록 더 좋은 세계가 된다고 주장한다. 이 두 이론은 최고의 절대존재인 신으로부터 흘러 넘쳐서 이루어지는 하위의 사슬단계가 하나의 통일적인 유기체를 구성한다는 사실을 전제하고 있다. 그러므로 모든 존재는 상호의존적일 수밖에 없게 된다. 그리고 이와 같은 사고유형은 인간과 자연의 유기적인 관계회복을 지향하고 있는 생태지향주의의 사상적 근간을 이루는 것이다. 존재의 사슬이론과 풍요성의 이론에서는 살아 있는 유기체들의 풍부함과 다산성이 바탕이 되어 개체군의 증식에 대한 통제가 없다면 모든 종들이 무한정으로 증식할 것이라고 믿어 왔다. 그리고 이와 같은 사상사적 배경 속에서 1749년에 뷔퐁(Buffon) 백작은 만일 방해만 받지 않는다면 온 지구가 단 하나의 종만으로 뒤덮일 수 있다고 말하게 된 것이다.

토마스 맬서스(Thomas Malthus)는 인구증가에 대한 여러 자료들을 활용하여 인구문제에 대한 과학적 법칙을 수립하려고 고심하였다. 그는 『인구론』 초판에서 "인간의 생존을 위해서는 반드시 식량이 필요하다"는 것과, "인류의 지속을 위해서는 이성간의 열정이 필요하다"라는 두 개의 절대적인 자연법칙을 출발점으로 삼고 있다. 그는 인구성장이 억제되지 않으면 25년마다 두 배로 증가하거나 기하급수적으로 증가하게 될 것이라고 가정한다. 그리고 인구증가의 원인이 되는 이성간의 열정은 앞으로도 결코 수그러들지 않을 것이므로 이러한 현상은 지속될 것이다. 그러나 인구의 증가를 감당할 식량자원은 모든 경작 가능한 토지자원을 활용하더라도 산술급수적으로 증가하는데 그치게 됨으로써 엄청난 사회문제를 유발한다는 것이다. 그러나 홀링스워스는 맬서스의 산술-기하급수적 성장이론이 인간이 가지고 있는 기술진보의 잠재력을 과소평가하고 식량증산을 산술급수적으로만 규정한 것은 잘못이라고 지적한다. 그리고 인구증가 역시 전쟁과 기근과 질병과 같은 자연적 인위적 도태과정이나 자발적인 산아정책을 통하여 기하급수적 요인이 거세되고 있는 것도 사실이다. 이와 같은 반론에도 불구하고 맬서스의 견해는 생태학적 수용성의 문제를 제기하는데 그 출발점이 되고 있다. 수용성의 법칙은 어떤 생태계에서의 개체군 수준은 식량과 기타의 자원조건에 의하여 도달되는 한계점에 이를 때까지 기하급수적으로 증가한다는 것이다. 그리고 개체수가 수용력 이상으로 증가하면 환경저항을 유발한다는 것이다. 이와 같은 생각은 구명선의 윤리를 비롯한 생태지향주의자들에게 매우 중요한 논리적 출발점이 된다.

　생태지향주의는 현대의 대규모 집약형 기술이나 이를 선도하는 엘리트 전문가의 요구를 부정하고 중앙집권적 국가의 권위 및 비민주적 제도와 기구를 비판한다. 그리고 자연에 대한 잘못된 이해에 뿌리를 내리고 있는 물질만능주의는 그릇된 것이며, 경제성장은 먹고 살기조차 어려운 사람들의 근본요구를 들어주는 방향으로 전환되어야 한다고 역설한다. 오라이어단은 생태지향주의를 정치적 기준에서 보수적 생태지향주의와 진보적 생태지향주의로 구분한다. 보수적 생태지향주의는 성장한계론, 구명선 윤리, 성장억제학파 및 생태적 계획가들, 그리고 생활환경의 쾌적성을 보호하자고 주장하는 사람들의 중심논리이다. 이들은 소규모 공동체를 통한 단일성을 회복하고 주거와 직업 및 여가생활이 서로 분리되는 현상을 해소하려고 한다. 그리하여 개인이나 공동체적 삶을 통하여 일과 여가를 통합하려고 한다. 공동체의 공적인 행사에 참여하는 것을 중요하게 생각하고 소수자들의 권리보호에 관심을 가지며 교육이나 정치기능을 통하여 대중참여를 유도한다. 진보적 생태지향주의자들은 인간의 생존권이나 존엄성을 위하여 자연은 본질적으로 중요한 존재임을 주장한다. 그리하여 생태학적 법칙에 부합되는 방식으로 인간과 사회를 지배하려고 한다. 특히 생명윤리를 중시하여 멸종의 위기에 처한 희귀종과 독특한 경관의 보존을 강조한다. 진보적 생태지향주의는 계몽을 통하여 개인이나 사회조직의 가치관 및 행동양식에 근본적 변화를 추구하려는 환경론자들의 주장이다.

3. 환경론의 여러 형태들

1) 구명선의 윤리

가레트 하딘(Garrett Hardin)은 윤리적 차원에서 공공환경에 대한 책임감을 강조하는 환경교육을 역설하고 있다. 그는 맬서스의 인구론적 시각에서 생물학적 법칙에 따른 실용주의를 주창하고 있다. 신맬서스주의자로서의 그는 전 지구적 차원에서 기하급수적 인구증가와 부존자원의 고갈 및 한계가 미래에 있어서 삶의 위기를 가져올 것이라고 진단하고 있다. 이처럼 부족한 자원은 특정한 소수의 인류에게만 유용한 것이므로 이의 공정분배는 결국 인류의 멸망을 초래할 것이라는 궤변적 요소가 함축되어 있다. 이 같은 논의는 그가 1968년에 발표한 「공공목장의 비극」(*Tragedy of the Commons*)과 1974년에 발표한 구명선의 우화 속에서 적나라하게 드러나고 있다.

어떤 공공목장에 몇 마리의 소가 방목되고 있었는데, 그 후 여러 마리의 소가 들어오게 된다. 그러는 동안에 소의 먹이인 풀의 질이 떨어지지 않고 최대한의 생산이 가능한 평형상태에 도달하게 된다. 동식물의 개체군은 일정한 서식환경에서 증가할 때 환경의 저항을 받아 일정한 상한점에 도달하여 평형을 유지하게 되는데, 이 경우에 일정한 생태계 또는 서식지의 회복 불가능한 훼손 없이 지탱될 수 있는 한 종 또는 몇 종의 최대 개체군 밀도의 상한점을 수용력(carrying capacity)이라고 한다. 그런데 만일 한 목동이 다른 목동들보다 더 많은 이익을 얻기 위하여 한 마리의 소를 이곳에 더 집어넣을 경우에는 공공목장 자체가 파괴된다. 다시 말하면 수용력의 한계를 넘어서는 경우에는 생태계가 파괴된다는 것이다.

하딘의 두 번째 우화는 이 사실을 보다 극적으로 묘사하고 있다. 바다에 빠져서 많은 사람들이 살려달라고 아우성치는 가운데 열 명만이 타고 있는 구명선이 있다. 이 구명선에는 열 명분의 식량밖에 준비되어 있지 않으므로 만일 한 사람이라도 더 이 구명선에 올라타게 되면 어떤 사람도 자기의 몫을 얻지 못하므로 결국 모든 사람이 굶어 죽게 된다는 것이다. 그러므로 물에 빠져 허덕이고 있는 사람이 구명선에 도움의 손길을 요청하거나 이를 도와주려고 하는 것은 구명선 자체를 위협하는 무책임하고 비합리적 행동으로 비난받게 된다.

여기에서 소개하는 하딘의 두 우화는 생물학적 법칙에 의거한 냉혹한 현실을 그려내고 있다. 이러한 논리는 서구의 물질적 풍요를 제3세계에 대한 식량원조로 인하여 상실해서는 안 된다고 주장하는 논리적 근거로 활용되기에 이른다.

이와 함께 폴 에를리히는 1969년 영국 생물학회에서 인구성장이 차원고갈을 초래하게 되어 서구의 생활수준을 급격하게 저하시킬 것이라는 비관적인 견해를 발표하였다. 그리고 유기염화물과 중금속 등의 독성 오염물질이 먹이연쇄를 통하여 인체 내에 축적되어 서서히 죽어가고 있다는 주장을 하면서 이와 같은 환경문제를 근본적으로 해결하기 위해서 그는 인구증가의 정지 운동(Zero Population Growth Movement)을 주창하였다. 하딘이나 에를리히는 지구에서 생태학적인 적정선을 유지하는 범위, 즉 수용력의 한계 속에서만 인류의 생존과 행복이 가능하기 때문에 목장에서의 적정한 방목이나 구명선의 탑승인원을 한정하는 산아제한의 윤리가 철저하게 지켜질 것을 주장하고 있다.

2) 성장한계론

1972년에 발표된 「성장의 한계」라는 로마클럽의 제1 보고서는 그 당시 후기산업사회에 비판적이었던 프랑크푸르트학파로부터 영향 받고 있었던 모든 환경운동에 일대 전환점을 마련하였다. 당시 미국 MIT 공과대학의 메도우(Donella H. Meadows) 교수를 비롯한 「성장한계론」 연구팀은 전 세계적으로 수집된 데이터를 새로 개발한 컴퓨터 시스템을 이용하여 환경위기를 예고하였던 것이다. 역사적으로 세계의 발달을 주도해온 물리, 경제, 사회적 관계의 모든 인자들을 선별하고 앞으로 미칠 그 영향력까지를 고려하여 미래현상을 합리적이고 과학적이며 객관적으로 예측하려고 하였다. 그리하여 이 연구모델은 20세기의 자원이용과 고갈상태, 인구성장, 공해 및 환경오염, 소득, 개인별 식량소비 등의 변수들을 전 지구적 차원에서 함수로 나타내서, 1900년부터 2100년까지의 기간을 대상으로 현재 나타나고 있는 여러 관계가 지속될 것이라는 가정 하에 인구성장이 기하급수적으로 증가하는 데 반해서 자원의 고갈은 기하급수적으로 감소하고 있기 때문에, 멀지 않은 장래에 가용자원의 양은 인구성장을 지탱할 수 없을 정도에 이르는 인구폭발 현상이 발생할 것이라고 예측하였다. 그리고 적절한 대책이 마련되지 않는 한 지구와 인류는 백년 안에 파국을 맞게 될 것이라는 비관적 결론을 내리고 있다.

이 연구가 발표되었을 때 전 세계는 충격으로 가득 차게 되었다. 그리하여 안정된 세계를 이룩하고 '과잉으로 인한 멸망'을 피하기 위해서는 '인구성장 억제와 공해의 통제', '자원의 재순환', '경제성장 정책의 범세계적 포기', '강대국과 제3세계간의 자원불균형 분배의 조절' 등이 효과적으로 수행되어야 한다는 반성이 일기 시작하였다. 그럼에도 불구하고 1980년에 이와 비슷한 내용을 가진 「대통령에게 보내는 2000년대의 지구예측보고서」가 발표되었을 때는 성장한계론은 오히려 그 부정확한 가정과 불완전한 자료입력의 결과가 현실성을 결여하고 있다는 비판에 직면하게 되었다. 그리하여 과학기술주의를 신봉하는 매독스(Maddox)는 이 보고서 자체가 비생산적인 것이라고 일축하였으며, 골럽과 타운센드(Golub and Townsend)는 이 연구보고서가 서구의 산업자본가와 다국적 기업을 위한 연구집단인 로마클럽에 의하여 이루어졌으며, 그들은 이와 같은 미래에 대한 불길한 징조를 강조함으로써 각 민족들이 그들의 민족주의 노선을 포기하게 하고 초국가적인 차원에서의 다국적기업에 대한 정치적 지원을 목표하고 있다고 비난하였다.

3) 생존을 위한 청사진

생태학자들은 환경문제에 대한 오랜 논의를 거쳐서 현실적으로 실현 가능한, 이른바 '생존을 위한 청사진'을 제시하게 된다. '생존을 위한 청사진'에서 제시하고 있는 구상들은 대개 크로포트킨이 1899년에 저술한 『현장, 공장 및 직장』에서 주장하고 있는 것들이다. 그리하여 이들은 첫째로 대도시 중심의 인구를 작은 도읍과 마을에 분산시킴으로써 환경에 대한 공해요인과 영향을 극소화하며, 둘째로 대규모 중앙집권적 농경구조를 생태학적으로 안정된 여러 개의 소규모 분산농업으로 대체하고, 셋째로 그 내적 구조나 체계적 통제를 위하여 가장 효율적인 소규모 공동체를 조직하고, 보다 개인적인 자유를 구가하는데 목표를 설정하고 있다.

그러므로 '청사진'에서는 지방 분산화, 소공동체 우선주의에 기초하여 큰 폭으로 변화될 도시와 농촌 사이의 미래상을 제시하고 있으며, 바람직한 미래사회를 위한 궁극적 목적으로 '생태계 파괴의 극소화', '에너지 자원의 절약' 등을 설정하고 있다. 이 같은 목표를 달성하려면 일반 서민의 생활수준이 하향 조정되어야 하는데, 여기에서 파생되는 사회정치적 문제가 야기될 수 있으므로, 청사진이론은 교육활동을 통하여 생활수준의 저하에 대한 반대급부로서 인간과 자연의 조화가 가능한 '질적인 생활수준의 향상'을 계몽하기도 하였다. 그리하여 대규모 생산라인 체계와 노동의 분업에 따른 비인간적인 생산양식이 포기되고 보다 창의적인 요소가 생산과정에 투입되어 사회 전체가 활기를 되찾게 된다. 인간과 자연을 훼손하는 기존의 산업기술은 이제 보다 적절하게 인간화된 기술과 천연자원의 효율적 재순환에 의하여 대체되면서 공해의 발생원인을 최소화한다. 특히 미래의 새로운 기술은 공해를 발생시키지 않는 새로운 형태의 에너지 자원을 개발하여 에너지 수급계획에 차질이 없도록 할 것이다. 따라서 물질만능주의는 점차로 삶의 정신적 측면을 강조하는 새로운 가치관으로 개조되고 보다 결속된 인간관계가 형성되어 창조적인 일과 여가를 창출하게 된다. 그리고 이러한 형태의 환경보호 프로그램은 소규모 공동체에서 구성원들을 직접 통제

함으로써 보다 효과적인 영향력을 행사할 수 있으며 그들로 하여금 보다 더 충만한 삶을 영위할 수 있게 한다.

그럼에도 불구하고 미래를 위한 청사진론은 실제적인 인간사회에서 설계와 현실이 일치할 수 없다는 비판에 직면하고 있다. 특히 칼렌바흐 (Callenbach)는 1979년에 출판한 『에코토피아』라는 소설에서 '청사진'의 내용을 생태학적으로 조화롭고 생동감이 넘쳐흐르는 미래세계로 묘사하였다. 이와 같은 이상국가에서는 생산과정이 작은 규모로 분화되므로 국민대중에 대한 정부의 통제가 줄어들고, 대다수의 국민들이 어떤 기술을 개발할 것인가를 직접 결정한다. 또한 근로자들이 생산수단을 직접 소유하며, 생산과정에 직접 참여하지 않은 사람이 자본을 투자해서 이윤을 노리는 것은 결코 허용되지 않는다. 이와 같은 이념의 실현을 위해서 강제력의 동원이 합법화된다. 에코토피아 정부는 카리스마적 권위를 가지고 정치, 종교 등 모든 영역에서 전권을 행사하는 올원(Allwyn)에 의하여 통제되고 쓰레기의 분류와 같은 문제에 이르기까지 그의 권한과 강제력이 작용하게 된다. 이와 같은 전체주의적 강제성은 곧 바로 생태학적 법칙의 구성요인 및 원리에 의하여 움직이는 국가체제로서의 생태학적 사회주의가 사회주의적 이상국가인가 그렇지 않으면 파시즘에 근거한 디스토피아(dystopia)인가에 대한 격렬한 논쟁을 유발하게 되었다.

4) 작은 것이 아름답다(슈마허)

프리츠 슈마허(Fritz Schumacher)는 오늘날 중요한 철학적 가치체계를 분석하여 그것들이 어떻게 경제학적인 가치로 전환되는가를 보여주려고 하였다. 그는 경제문제가 관념적인 가치체계에 의하여 구속되는 사실을 지적하면서 경제와 밀접한 환경문제를 해결하기 위해서는 서구식 가치체계의 근본적 변화가 필요하다고 역설하였다. 그는 뉴턴-데카르트 패러다임에서 비롯되는 현대인들에게 유해한 가치체계들이 아직도 지배하고 있다고 분석하면서, ① 진화(성장) ② 경쟁, 자연도태, 적자생존 ③ 사적 유물론에 기초한 마르크스주의 ④ 프로이트 심리학 ⑤ 상대성이론 ⑥ 자연과학 우위의 철학과 같은 여섯 가지 주요관념으로부터 탈피하여 새로운 가치체계를 수립할 것을 주장한다.

그리하여 슈마허는 과학기술 우위로부터 이제는 인간을 보다 중요하게 생각하는 가치체계를 확립하면 절제와 금욕을 바탕으로 자연파괴를 최소화할 수 있는 불교경제학(Buddhist economics)이 가능하다고 본다. 지금까지의 '경제' 개념은 자본축적을 통한 이윤추구에 비중을 두었기 때문에 인간의 노동력을 지나칠 정도로 기계화, 자동화함으로써 자연을 훼손하고 인간을 소외시키는 결과를 빚어내었다. 그렇기 때문에 슈마허는 만일 우리의 목적이 보람 있고 행복한 삶을 창출하는 데 있다고 한다면 이윤추구보다는 고용기회 창출이 더 중요한 경제 개념으로 생각될 수 있다고 강조한다. 그러므로 슈마허는 생활의 질적 향상을 기하기 위해서는 "과학기술주의를 배경으로 하고 있는 자본 집중적 현대기술이 그 자체로서 충분한 가치가 있다"는 기존의 잘못된 가치관이 근본적으로 수정되어야 한다고 주장한다. 그는 일반대중이 보다 쉽게 소유하고 간편하게 조작할 수 있는 간단한 기계발명을 장려하면서 작업과정이 부분적으로만 기계화되어 인간 노동력의 가치가 여전히 존중되는 생산양식을 도출하려고 하였다. 그리하여 슈마허는 노동의 분업과 생산라인의 기계화를 이상으로 하는 고전경제학 이론을 근본적으로 수정하기에 이른다.

현대세계는 형이상학에 바탕을 둔 교육과 과학기술에 의하여 지배되고 있다. 기술은 비록 처음에는 인간이 만들었다고 할지라도 자기 스스로의 법칙과 원리에 의하여 발전해 가는 경향이 있다. 자연의 성장은 자연적 성장 중지라는 신비한 자기 통제력을 가지고 적절하게 조화와 균형을 유지한다. 그러나 기술은 크기, 속도, 위험성 등을 스스로 제한하는 원리를 인정하지 않는다. 자연의 체계 속에서 현대세계의 기술은 이물질처럼 작용하여 많은 부작용을 낳고 있는 것이다. 특히 우리는 현대 기술에 의하여 적어도 세 가지의 치명적인 위기에 동시적으로 노출되었다. 첫 번째의 위기는 인간성을 질식시키고 약화시키는 비인간적인 기술이나 조직, 그리고 정치적 형태에 대하여 인간성이 저항을 하는 것이고, 두 번째의 위기는 인간의 생명을 뒷받침하는 환경이 병들어서 부분적으로 붕괴의 조짐을 보이고 있다는 사실이다. 그리고 세 번째의 위기는 세계적으로 재생 불가능한 자원, 특히 화석연료가 머지않은 장래에 급격하게 줄거나 고갈될 정도로 잠식당하고 있다는 것이다. 그리하여 이와 같은 현상들은 제한된 환경 속에서 무한한 팽창을 추구하는 물질만능주의에 토대를 둔 삶의 방식이 오래 지속될 수 없으며, 인간이 추구하는 팽창주의적 목적이 성공할수록 삶의 수명은 그만큼 더 짧아진다는 사실을 확인해 준다.

현대의 기술문명은 대량생산을 가능하게 함으로써 재생 불가능한 자원을 고갈하게 하고 인간 개개인의 능력을 소외시켜 왔으며 생태계를 파괴하였던 것이다. 그러나 우리가 추구하여야 할 대중생산의 기술은 현대의 지식과 경험을 최대한으로 활용하여 분산화를 촉진하고 생태계의 법칙에 거스르지 않으며, 희귀한 자원을 소중하게 다루고 인간 개개인을 기계의 노예로 만드는 대신 기계가 인간을 위해 봉사하도록 한다. 이런 기술은 과거의 원시적 기술보다는 월등하지만 강대국의 초현대적 기술보다는 단순하고 저렴하며 제약도 적다는 뜻에서 '중간기

술'(intermediate technology)이라고 한다. 공업분야에는 중간기술을 개
발하는 단체가 있다. 이 연구단체는 원래 제3세계에 대한 기술원조 방
법을 연구함으로써 그들이 자립할 수 있는 길을 열어주는 데 목적이 있
었다. 이 연구는 인간적 특성을 지닌 중간기술이 실제로 가능하고 솜씨
좋은 손과 명석한 두뇌를 가진 인간을 생산적인 일과 재결합시킬 수 있
다는 것을 입증함으로써 풍족한 사회의 미래를 우려하는 사람들에게까
지 호응을 얻고 있다. 이 기술은 대량생산이 아니라 대중생산(produc-
tion by masses)을 목표하고 있다. 그리하여 슈마허는 기술발전을 인간
이 필요로 하는 새로운 방향으로 되돌리는 것이 불가능하지 않으므로
'인간에게 적절한 현실적 크기'(the actual size of man)로 돌아갈 것을
권고하고 있다. 그는 이렇게 말한다: "인간은 작은 것이며, 그러므로 작
은 것은 아름답다. 거대주의로 나아가는 것은 자기파괴로 가는 것이
다."

4. 생태학적 위기와 책임의 원리(한스 요나스)

한스 요나스(1903~1993)는 고대 영지주의와 생태학적 과학철학을 연
구하여 현대윤리학에서 책임의 문제를 집대성한 유대계 철학자이다.
그는 1933년에 독일 괴팅겐 대학의 유대인 교수들과 함께 뉴욕 부근의
뉴 로셀리로 망명한다. 지구의 생태문제에 대한 선지자적 저술로서 잘
알려진 『책임의 원리』는 그의 대표작이다.
현재의 상황변화는 인류에게 새로운 차원의 책임성을 요구하고 있
다. 기술문명이 제시한 구원과 번영의 약속이 이제 총체적 파국으로 나
타날 조짐을 보이면서 전적으로 새로운 유형의 윤리학을 요청하고 있

다. 자연은 인간의 기술적 간섭에 의하여 회복 불가능한 상태로 전락할 위기에 처해 있다. 그리고 이러한 자연의 몰락은 인간의 존재권리를 박탈하여 생존의 위기를 초래할 것처럼 보인다. 그리하여 이제 자연은 인간이 책임을 가지고 그 존재권리를 보호하지 않으면 안 될 특수한 의미를 부여받게 된다.

요나스에 의하면 위협을 받고 있는 것은 '자연'이 아니라 살아있는 '생물'이다. 자연은 영속적이지만 생명현상은 대자연 속에서 하나의 찰나적인 사건에 불과할 수도 있다. 그런데 우리의 삶을 위협하는 것은 호모 사피엔스로서의 인간이 아니라, 기술을 남용하고 자연에 대하여 끊임없이 적대적인 태도를 취하는 서구인들의 생활방식이다. 그리하여 요나스는 기술남용을 주어진 상황으로 이해한다. 따라서 개인적 결단으로는 기술의 남용을 극복할 수 없다. 개인은 금욕주의적 생활태도를 가질 수는 있다. 그러나 이러한 선택은 전체적인 문제를 해결해주지 못한다. 산업화에 바탕을 두고 있는 서구 민주주의 사상으로는 지구를 구할 수 없다고 주장한다. 이를 위해서는 새로운 형태의 정치윤리가 요구되지 않으면 안 된다.

1) 과학기술주의와 유토피아주의에 대한 비판

요나스는 기술시대의 원동력을 베이컨의 과학주의와 유토피아주의의 결합에서 찾는다. 과학적 지식과 기술에 의한 자연지배 현상은 베이컨으로부터 비롯된다. 프란시스 베이컨은 자연의 불변성과 불가침성을 인간의 이성에 의하여 법칙성으로 파악하면서 자연에 대한 무한 착취의 가능성을 열어 놓았다. 그러나 베이컨식의 힘의 논리는 인간을 무기력하게 만들었고 비인간적이고 반생명적 문화를 창출하였다. 기술권력은 자연을 인식대상으로 설정하면서부터 인간행위의 규범적 체계로부터 분리되고 도덕감과 무관하게 되었다. 그리하여 인간은 결국 기술권력에 대한 통제력을 상실하게 될 위기에 처한 것이다. 요나스는 그가 지향하는 미래의 윤리학에서 인간의 도덕성으로부터 이탈된 통제 불가능한 기술권력을 제어할 수 있는 가능성 조건을 확보하려고 고심한다.

기술시대의 권력남용은 전 지구적 차원에서 인간존재의 가치에 대한 진지한 반성을 불러 일으켰다. 실존적 인간이 가지고 있는 고유한 존재권리는 무조건적으로 보호되고 물어져야 할 가치론적 우위성을 가진다. 그렇기 때문에 요나스는 우리의 행위가 전통적인 윤리학의 차원을 넘어서서 존재론이나 형이상학의 차원에서 수행되어야 한다고 말한다. 인간의 삶이 위협받는 현재적 상황에서는 존재 자체를 당위로 규정해야 한다는 것이다. 인간존재의 형이상학적 존재론적 당위성을 확보하는 경우에 우리는 비로소 기술시대를 극복할 수 있는 새로운 윤리학을 말할 수 있게 된다.

요나스는 유토피아주의, 특히 마르크스주의가 근대 서구 기술혁명이나 산업혁명이 이루어낸 자본주의 토양에서 비롯된 것임을 주목한다. 다시 말하면 마르크스주의는 베이컨주의적 자연지배사상을 사회개혁의 원리와 통합하여 계급 없는 유토피아적 사회를 목표하였다는 것이다. 그렇기 때문에 자본주의나 공산주의는 근대 과학정신, 특히 베이컨의 진보주의의 산물이라고 할 수 있으며, 이들은 과학기술에 대한 믿음을 가지고 자연과 인간을 이상실현의 수단으로 격하시켰던 것이다. 유토피아론자들이 지향하는 목표는 이 세상에 존재하지 않는다. 무한한 목표를 향해 가는 지속적인 자기고양의 유토피아만이 존재하는데 이것은 인류에게 주어질 수 있는 가장 위대한 허구이다. 그러므로 요나스는 인류에게 가장 고상하면서도 가장 위험한 유혹으로서의 유토피아주의

는 우리가 더 이상 견지할 수 없는 유아론적 사고이며 잘못된 이상이라
고 비판한다.

요나스에서 유토피아주의에 대한 비판은 블로흐의 희망철학에서 '아
직-아님'의 원리에 집중되고 있다. 블로흐의 전복적 해석학은 창조를
통하여 들어서게 되는 이전의 역사가 세계의 종말로부터 비롯되는 진
정한 역사창조와 완전하게 단절된다는 입장에서 요나스를 자극한다.
블로흐가 역사종극의 가능성으로 설정하는 "모든 것이 아니면 아무것
도 아닌 것"이라는 양자택일의 사고에 대하여 요나스는 유토피아주의
가 약속하는 물질적 풍요에 비추어서 대단히 비판적일 수밖에 없다고
비판한다. 비록 지금까지 과학기술의 진보를 통하여 인간의 능력이 신
장되었다 할지라도 요나스는 결국 '자연의 인내의 한계'나 '유토피아주
의에 대한 자연의 거부권 행사'라는 사태에 직면하게 될 것이라고 지적
한다. 자연은 이제 더 이상 인내할 수 없다. 기하급수적인 인구증가, 지
구의 황폐화, 천연자원과 에너지의 고갈, 지구온실효과, 제1세계와 제3
세계와의 갈등과 같은 문제들은 자연으로부터의 마지막 거부권이 행사
되는 단적인 모습을 드러내고 있다. 그렇기 때문에 요나스는 이제 지구
적 희망보다는 지구적 책임에 호소하고 사려와 조심성, 불확실성에 대
한 인식, 그리고 겸허한 목표설정이 요구되어야 한다고 말한다. 그리하
여 요나스의 반유토피아 사상은 포기와 절제된 권력행사를 요구한다.
그리고 이를 가능하게 할 수 있는 조건은 종교신앙, 그리고 절제된 생
활태도를 강요할 수 있는 전제정치이다. 그러나 종교신앙은 일정한 자
기한계를 가질 수밖에 없다. 그러므로 유일한 실현방법은 환경보호를
위한 전제정치, 또는 선의의 계몽 전제주의뿐이라는 것이다. 그러나 환
경주의의 메시아를 기다리면서 어디에서 그리고 어떻게 절대권력을 만
들어낼 것인가는 그렇게 쉬운 문제는 아니다. 요나스는 환경주의 정당,

특히 독일의 녹색당을 좌파적이고 비생산적이라는 이유에서 신뢰하지 않는다. 오히려 그는 여기에서 신흥 기업가와 최고의 기술경영진을 옹호하는 보수주의자임을 자처한다. 여기에서 우리는 생태학적 사회주의가 전체주의인가라는 논란을 제기하였던 생태지향적 사회주의의 한계점과 유사한 문제들을 발견하게 된다.

2) 생태학적 위기의식과 책임의 원리

요나스는 한 사회로 하여금 모든 기술개발의 가능성을 자발적으로 포기하게 하기 위해서는 권력이 반드시 평화적으로 사용될 필요가 없다는 생각을 피력한다. 그는 절대권력이 도덕성이라는 가치 아래에서 개인보다 공동체의 이익을 우선적으로 고려할 경우에만 폭발적인 인구증가를 막을 수 있을 것이라고 말한다. 그리고 생태학적 정책집행을 위해서 필요하다면 폭력도 행사할 수 있다고 말한다. 그러므로 요나스에서 민주주의와 자유는 2차적인 중요성 밖에 없는 한 순간의 조직모형일 수 있다. 요나스는 제3세계를 포함한 모든 국가들이 절제와 검약을 강제해야 한다고 주장한다. 살아있는 생명을 구하기 위하여 절대권력이 불가피할 수밖에 없다. 그는 이 시대 사람들에게 두려움과 공포가 모든 윤리의 기초임을 보여주려고 한다. 기술시대의 행위구조는 인간의 통제력을 초월한 권력구조에 기인한다. 성공한 기술지식은 권력을 보장하고 획득된 권력은 보다 더 많은 영역을 지배할 수 있는 새로운 기술지식을 창출한다. 이와 같은 상황에서는 기술행위가 의도하지 않은 결과를 전혀 예측할 수 없게 된다. 그리하여 요나스는 기술행위의 비의도적 결과에 대한 불가예측성과 그 부정성으로부터 기인하는 공포를 인식하게 함으로써 현재 우리가 취해야 할 행위원칙을 발견할 수 있게 한다. 이것이 바로 그가 강조하는 '공포의 발견술'(Heuristik der Furcht)이다. 그는 과학기술시대에서의 문명적 위기에 대한 의식부재 현상을 경고하는 동시에 보다 쉬운 악의 인식을 통하여 선의 인식을 유도하려고 하였다. 그렇기 때문에 책임의 윤리는 유토피아적 희망의 원칙을 예시하기보다는 미래의 가능한 무와 비존재의 모습을 미리 드러내 보임으로써 현재의 존재의미를 확인하는데 있다. 이러한 사실에서 요나스는 블로흐의 희망철학에 대한 철저한 비판에도 불구하고 절대적인 폐허상태에 대한 경고를 쉬지 않으면서 지금 여기 이 순간의 유토피아적 현재상태를 존중하는 블로흐의 구체적 유토피아론과 같은 지평에 서있다는 것을 감추지 못하고 있다.

요나스의 책임론은 전통적인 윤리학에서의 인과적 책임의 한계를 앞질러 나간다. 인과적 책임은 행위의 결과에 대한 논의에 지나지 않으며, 진일보한 경우에 그와 같은 행위를 가능하게 한 도덕적 심정을 문제 삼고 있을 뿐이다. 그러나 생태학적 시대에서의 새로운 책임 개념은 보다 미래 예측적이어야 한다. 생태계의 위기에 직면한 현대인은 미래의 부정적 결과를 미리 예견함으로써 우리가 '마땅히 해야 하는 것'과 '해서는 안 될 것'을 결정해야 하고 그 결과에 대한 책임까지를 감수해야 하는 것이다. 여기에서 요나스가 제시하고 있는 것이 바로 존재론적 책임이다. 존재론적 책임은 생명체로서 존재하는 모든 자연존재자의 존재권리에 대한 성찰에서 비롯된다. 인간은 인간이 아닌 모든 자연적 존재자 또는 자연생명체가 그 고유한 권리를 요청하고 있다는 사실을 인식해야 하는 것이다. 인간은 환경세계에 대한 책임을 져야 하는 것이다. 책임은 전체성(Totalität), 계속성(Kontinuität), 미래(Zukunft)라는 세 가지 특성을 함유하고 있다. 책임의 전체성이란 관심을 가지고 있는 대상의 전존재를 포괄한다는 것을 의미한다. 자녀에 대한 부모의 책임은 어린아이의 가장 직접적인 육체적 요구뿐만 아니라 교육과 그의 미래적 행복까지를 전체적으로 포괄한다. 책임의 계속성은 책임의 전체성으로부터 자연적으로 기인하게 되는데 그 대상에 대하여 지속적인 관심을 갖게 되는 것을 말한다. 그리하여 관심의 대상은 전체적으로 그리고 지속적으로 자신의 역사성 안에서 포착되어야 한다. 또한 책임감을 느끼게 되는 주체는 미래에 대하여 적극적인 관심을 가지면서 스스로 예견하고 계획하고 준비해야 한다. 그리하여 우주에서 절대적인 기술권력을 소유하고 있는 인간은 이제 자연 속에서 인간과 관계를 맺고 상호의 존관계 속에서 존재하는 모든 생명체에 대한 책임감을 가져야 한다. 요나스는 칸트의 정언적 명법을 생태학적으로, 그리고 존재론적 책임이론에 부합되게 수정함으로써 자신의 행위 결과가 미래에서 지속되는 인간 활동과 일치할 것을 요청하고 있다. 따라서 요나스의 책임의 원리는 "너의 행위의 결과가 지구위에서의 진정한 인간적 삶의 지속과 일치되도록 행위하라"는 명제와, 또한 "너의 행위의 결과가 인간적 삶의 미래의 가능성에 대하여 파괴적이지 않도록 행위하라"는 생태학적 정언명법으로 정식화되기에 이른다.

정리

1) 1950년대부터 자연과 환경에 대한 관심이 고조되면서 생태학적 논의가 시작되었다.
2) 오라이어단은 기술지향주의와 생태지향주의를 구분한다. 기술지향주의는 과학주의와 합리주의를 기초로 자연에 대한 지배적 태도를 선호하며 과학기술주의의 찬란한 미래를 낙관한다. 생태지향주의는 생물학적 과학이론이나 낭만주의에 기초하여 자연과 인간의 동등성을 중시하고 기술개발의 필연적인 결과로서 예상되는 생태학적 위기를 지적한다.

3) 하딘은 '구명선의 윤리'를 통하여 지구의 한정된 자원을 고려하여 생물학적으로 적정한 수용력의 한계를 유지해야 한다고 강조한다.
4) 메도우를 비롯한 성장한계론 연구팀은 자원고갈과 인구증가가 현재의 수준으로 계속될 경우 100년 안에 인류의 파국이 예고된다고 진단하였다.
5) '생존을 위한 청사진'은 인간과 자연의 조화로운 삶을 위하여 이른바 생태학적 사회주의라는 이념을 창출하기에 이른다.
6) 슈마허는 '작은 것이 아름답다'라고 말하면서 고대기술과 현대기술의 중간에 위치한 인간적 기술이론, 즉 중간기술론을 통하여 자연파괴를 최소화할 것을 주장한다.
7) 한스 요나스는 과학기술주의와 유토피아주의를 동시에 비판하면서, 인류가 생명체들의 존재권리를 인식해야 할 뿐만 아니라 환경세계에 대해서도 책임감을 가져야 한다고 호소하였다.

참고문헌

구승회, 『에코필로소피: 생태·환경의 위기와 철학의 책임』, 새길 1995.
김진, 『칸트와 생태주의적 사유』, 울산대학교출판부 1998.
Attfield, Robin: *The Ethics of Environmental Concern*. The University of Georgia Press 1991;『환경윤리학의 제문제』, 구승회 역, 따님 1997.
Hargrove, Eugene C.: *Foundation of Environmental Ethics*. Prentice-Hall, Inc., 1989;『환경윤리학』, 김형철 역, 철학과현실사 1994.
Jardins, J.R.: Des: *Environmental Ethics. An Introduction to Environmental Philosophy*. Belmont CA 1997;『환경윤리』, 자작나무 1999.
Jonas, Hans: *Das Prinzip Verantwortung*. Frankfurt 1979;『책임의 원칙: 기술시대의 생태학적 윤리』, 서광사 1994.
Pepper, D.: *The Roots of modern Environmentalism*. Oxford 1989.『현대환경론』, 이명우 외 역, 한길사 1989.
Schumacher, F.: *Small is Beautiful. Economics as if People really mattered*. London 1973.『작은 것이 아름답다』, 시사영어 1980.

참고문헌

강대석, 『니체와 현대철학』, 한길사 1986.

갤럽, 조지, 『사후의 세계』, 문학세계사, 서울 1992.

고르바초프, 『페레스트로이카란 무엇인가』, 시사영어사 1989.

구승회, 『에코필로소피: 생태·환경의 위기와 철학의 책임』, 새길 1995.

구인회, 『생명윤리의 철학』, 철학과현실사 2002.

구영모 편, 『생명의료윤리』, 동녘 1999.

권택영 편, 『자끄 라캉 - 욕망이론』, 문예출판사 1994.

김상득, 『생명의료윤리학』, 철학과현실사 2000.

김욱동 편, 『포스트모더니즘과 포스트구조주의』, 현암사 1991.

김진, 『살고있는 순간의 어두움』, 세종출판사 2001.

김진, 『선험철학과 요청주의』, 울산대학교출판부 1998.

김진, 『아펠과 철학의 변형』, 철학과현실사 1998.

김진, 『종교문화의 이해』, 울산대학교출판부 1997.

김진, 『칸트·순수한 이성의 한계 안에서의 종교』, 울산대학교출판부 1998.

김진, 『칸트와 생태주의적 사유』, 울산대학교출판부 1998.

김진, 『칼 마르크스와 희랍철학』, 한국신학연구소 1990; 울산대학교출판부 1998.

김혜숙 편, 『포스트모더니즘과 철학』, 이화여자대학교출판부 1995.

노직, 『아나키에서 유토피아로 - 자유주의 국가의 철학적 기초』, 남경희 역, 문학과 지성사 1983.

니체, 『권력에의 의지』, 강수남 역, 청하 1988.

니체,『비극의 탄생』, 박준택 역, 박영사 1976.

니체,『즐거운 지식』, 박준택 역, 박영사 1985.

니체,『차라투스투라는 이렇게 말하였다』, 정동호 역, 책세상 2000.

다니엘 벨(1996)『정보화 사회와 문화의 미래』, 서규환 옮김, 서울: 디자
   인 하우스.

데꽁브,『동일자와 타자』, 박성창 역, 인간사랑 1990.

드보라 G. 존슨,『컴퓨터 윤리학』, 추병완 외 5인 옮김, 한울 1997.

러브록,『가이아 - 생명체로서의 지구』, 홍욱희 역, 범양사출판부 1990.

레만,『사회철학에의 초대』, 설헌영 외 역, 학민사 1983.

로크,『통치론』, 한상범 역, 대양서적 1983.

롤즈,『사회정의론』, 황경식 역, 서광사 1977.

뢰트,『변증법의 현대적 전개』, 임재진 역, 중원문화 1986.

루소,『인간불평등기원론. 사회계약론』, 최현 역, 집문당 1990.

리프킨, 제레미,『바이오테크 시대』, 민음사 1999.

맥노운,『마르크스주의 종교이론』, 강돈구 외 역, 서광사 1991.

몰트만,『창조 안에 계신 하느님』, 김균진 역, 한국신학연구소 1987.

몰트만,『희망의 신학』, 정경연 역, 현대사상사 1973.

몰트만,『희망의 실험』, 전경연 역, 삼성출판사 1990.

문시영,『생명복제에서 생명윤리로』, 대한기독교서회 2001.

바루치,『정치철학』, 이진우 역, 서광사 1991.

박영식,「플라톤의 에로스에 대한 논고」,『희랍철학의 문제들』, 현암사
   1993.

박준택,『니체 사상과 그 주변』, 대왕사 1990.

박해용,『아펠·철학의 변형』, 울산대학교출판부 2001.

샤논,『생의윤리학이란?』, 황경식 외 역, 서광사 1988.

서규석 편,『이집트 사자의 서』, 문학동네 1999.

세버슨, 리차드,『정보윤리학의 기본원리』, 추병완류지한 옮김 서울: 철
   학과현실사 2000.

슈마허,『작은 것이 아름답다』, 원종익 역, 원음사 1992; 시사영어사 편
   집국 편역,『작은 것이 아름답다』(영한대역판), 시사영어사 1990.

앤더슨,『철학과 인문과학』, 양성만 역, 문예출판사 1988.

왓슨, 제임스 외, 『인간복제, 무엇이 문제인가』, 울력 2002.

웹스터, 앤드루, 『과학기술과 사회』, 김환석 역, 한울 1998.

유네스코한국위원회 편, 『과학연구윤리』, 당대 2001.

이진우 편, 『포스트모더니즘의 철학적 이해』, 서광사 1993.

이진우, 『탈이데올로기 시대의 정치철학』, 문예출판사 1993.

이현복, 「칸트의 이성 비판과 리오타르의 포스트모더니즘」, 대한철학회
　　논문집 『철학연구』 제51집, 1993.

정보사회학회 편, 『정보사회의 이해』, 나남 1999.

최재천 엮음, 『과학 종교 윤리의 대화』, 궁리 2001.

칸트, 『순수이성비판』, 전원배 역, 삼성출판사 1990.

칸트, 『실천이성비판』, 백종현 역, 아카넷 2002.

칸트, 『이성의 한계 안에서의 종교』, 신옥희 역, 이화여자대학교 출판부
　　1984.

코플스톤, 『중세철학사』, 박영도 역, 서광사 1968.

킴멀레, 『유물변증법』, 심광현 외 역, 문예출판사 1989.

틸리히, 『사랑, 힘, 정의』, 남정길 역, 형설출판사 1972.

파드마삼바바, 『티벳 사자의 서』, 류시화 역, 정신세계사 1995.

페넬름, T., 『사후세계의 철학적 분석』, 서광사, 서울 1991.

페퍼, 『현대 환경론 - 환경문제에 대한 환경철학적 민중론적 이해』, 이명
　　우 외 역, 한길사 1989.

펜스, 그레고리, 『누가 인간복제를 두려워하는가』, 양문 2001.

포그리믈러, H., 『죽음: 오늘의 그리스도교적 죽음 이해』, 바오로딸, 서울
　　1982.

포션, 『의료윤리』, 현암사 1993.

포퍼, 『열린 사회와 그 적들』 제1권, 이한구 역, 제2권, 이명현 역, 민음
　　사 1992.

푀겔러, 『해석학의 철학』, 박순영 역, 서광사 1993.

푸코, 『성의 역사』, 이규현 외 역, 나남 1990.

프렌젤, 『니체의 생애와 사상』, 박준택 역, 박영사 1977.

플라톤: 『파이돈』, 『국가』

하버드 핵연구단 공저, 『핵시대를 어떻게 살 것인가?』, 정음사 1985.

하영석 외 저, 『칸트와 현대철학』, 형설출판사 1995.
한국정신문화연구원 편, 『과학기술시대의 삶의 양식과 윤리』, 울력 2002.
한국종교학회 편, 『죽음이란 무엇인가: 여러 종교에서 본 죽음의 문제』,
창 출판사, 서울 1990.
한정선, 『현대와 후기 현대의 철학적 논쟁』, 서광사 1991.
홉스, 『리바이어던』, 이정식 역, 박영문고 253-256, 박영사 1984-8.

Adorno, Th.: *Der Positivismusstreit in der deutschen Soziologie.*
Neuwied 1981.
Albert, H.: *Traktat über kritische Vernunft.* Tübingen 1968.
－ : *Transzendentale Träumereien.* Hamburg 1975.
Anderson, R.J. / Hughes, J.A. / Sharrock, W.W.: *Philosophy and Human
Sciences.* Crom Helm Ltd. 1986.
Apel, K.-O./Kettner, M.(Hrsg.): *Zur Anwendung der Diskursethik in
Politik, Recht und Wissenschaft.* Frankfurt 1992.
Apel, K.-O.: *Transformation der Philosophie.* Frankfurt 1973.
－ : *Das Problem der philosophischen Letztbegründung im Lichte einer
transzendentalen Sprachpragmatik,* in: Kanitscheider, B. (Hrsg.):
Sprache und Erkenntnis. Innsbruck 1976.
－ : *Die Herausforderung der totalen Vernunftkritik und das Programm
einer philosophischen Theorie der Rationalitätstypen,* in : Gethmann-
Siefert, A. (Hrsg.) : *Philosophie und Poesie. Otto Pöggeler zum 60.
Geburtstag.* Stuttgart 1988.
－ : *Diskurs und Verantwortung. Das Problem des Übergangs zur
postkonventionellen Moral.* Frankfurt 1990.
－ : *Fallibilismus, Konsenstheorie der Wahrheit und Letztbegründung,*
in: Forum für Philosophie Bad Homburg(Hrsg.): *Philosophie und
Begründung.* Frankfurt 1987, S.
－ : *Kann es in der Gegenwart ein postmetaphysisches Paradigma der
Ersten Philosophie geben?,* in: Schnädelbach, H. (Hrsg.): *Philosophie
der Gegenwart. Gegenwart der Philosophie.* Hamburg 1993.
－ : *Nichtmetaphysische Letztbegründung?* In: Braun, E.(Hrsg.): *Die
Zukunft der Vernunft aus der Perspektive einer nichtmetaphysischen*

Philosophie. Würzburg 1993.

－ : *Diskurs und Verantwortung*. Frankfurt 1990.

Arndt, A.: *Dialektik und Reflexion. Zur Rekonstruktion des Vernunft-begriffs*. Hamburg 1994.

Aster, E.v.: *Geschichte der Philosophie*. Stuttgart 1980(1932).

Attfield, Robin: *The Ethics of Environmental Concern*. The University of Georgia Press 1991; 『환경윤리학의 제문제』, 구승회 역, 따님 1997.

Auer, Alfons: *Umweltethik. Ein theologischer Beitrag zur ökologischen Diskussion*. Düsseldorf 1984.

Bachmaier, P.: *Zwischen Relativismus und Letztbegründung. Konvergen-zen und Divergenzen in der pragmatisch-hermeneutischen Orientie-rung der Philosophie*, in: *Philosophische Rundschau* 35 Jh. H 3, 1988.

Bacon, F.: *Neues Organon*. Berlin 1870.

Baruzzi, A.: *Einführung in die politische Philosophie der Neuzeit*. Darmstadt 1983.

Baumgarten, H.M./ Krings, H./ Wild, Ch.: *Philosophie*, in: Krings u.a. (Hrsg.), *Handbuch philosophischer Grundbegriffe*. München 1973.

Bayerische Akademie der Schönen Künste(Hrsg.): *Die Künste in techni-schen Zeitalter*. Darmstadt 1956.

Beauchamp, T.L./Child, J.F.: *Principles of Biomedical Ethics*. Oxford University Press 1979.

Benhabib, S.: *Kritik des postmodernen Wissens － eine Auseinanderset-zung mit Jean-FranÇois Lyotard*, in: Huyssen, A. (Hrsg.), *Postmo-derne. Zeichen eines kulturellen Wandels*. Hamburg 1993.

Birnbacher, D.:(Hrsg.): *Ökologie und Ethik*. Stuttgart 1991.

Bloch, E.: *Das Prinzip Hoffnung*. Frankfurt 1959.

－ : *Geist der Utopie*. München und Leipzig 1918.

－ : *Atheismus im Chistentum*. Frankfurt 1968.

－ : *Subjekt-Objekt. Erläuterungen zu Hegel*. Frankfurt 1985.

Braun, E.(Hrsg.): *Die Zukunft der Vernunft aus der Perspektive einer nichtmetaphysischen Philosophie*. Würzburg 1993.

Buber, M.: *Pfade in Utopia*. Darmstadt 1985; 『유토피아사회주의』, 남정

길 역, 현대사상사 1993.

Casper, Bernhard: *Liebe*, in: H. Krings(Hrsg.), *Handbuch philosophischer Grundbegriffe*. München 1973.

Copleston, F.: *A History of Philosophy*. Vol. II, *Mediaeval Philosophy. Augustine to Scotus*. The Newman Press, Westminster 1962.

Coreth, E. u.a.(Hrsg.): *Philosophie des 20. Jahrhunderts*. Stuttgart 1993.

Culler, J.: *Dekonstruktion. Derrida und die poststrukturalistische Literaturtheorie*. Hamburg 1988.

Cutrofello, A.: *Discipline and Critique. Kant, Poststructuralism, and the Problem of Resistance*. New York 1994.

Derrida, J.: *Die Schrift und die Differenz*. Frankfurt 1974 (Paris 1967).

— : *Grammatologie*. Frankfurt 1974 (Paris 1967).

Descombes, V.: *Das Selbe und das Andere. Fünfundvierzig Jahre Philosophie in Frankreich 1933-1988*. Frankfurt 1981.

Dworkin, J. and S. Bok: *Euthanasia and Physician-Assisted Suicide* 1998; 『안락사논쟁』, 책세상 1999.

Dworkin, R. : *Law's Empire*. Harvard University Press, Cambridge 1986.

— : *Life's Dominion. An Argument about Abortion, Euthanasia, and Individual Freedom*. New York 1993.

Ebeling, Hans(Hrsg.): *Der Tod in der Moderne*. Frankfurt 1992.

Eid, Volker/ Frey, Rudolf (Hrsg.): *Sterbehilfe oder Wie weit reicht die ärztliche Behandlungspflicht?* Mainz 1978.

Fleddermann, Charles: *Engineering Ethics*. Prentice Hall 1999.

Foucault, Michel: *Historie de la sexualité*. Gallimard 1976; deutsch: *Sexualität und Wahrheit*. Frankfurt 1983.

Frank, M.: *Was ist Neostrukturalismus?* Frankfurt 1984.

— : *Die Grenzen der Verständigung. Ein Geistergespräch zwischen Lyotard und Habermas*. Frankfurt 1988.

Frenzel, Ivo: *Friedrich Nietzsche*. Hamburg 1966.

Freud, Sigmund: *Die Traumdeutung*. Leipzig und Wien 1900; *The Interpretation of Dreams*. London 1953.

— : *Vorlesungen zur Einführung in die Psychoanalyse*. Frankfurt 1977 (London 1961).

Fromm, E.: *The Art of Loving.* New York 1956.

− : *Socialist Humanism.* New York 1965.

Gebauer, R.: *Jürgen Habermas und das Prinzip des zu vermeidenden performativen Widerspruchs*, in: Allgemeine Zeitschrift für Philosophie 19, 1994.

− : *Letzte Begründung. Eine Kritik der Diskursethik von Jürgen Habermas.* München 1993.

Gil, T.: *Die postmoderne Vernunftkritik*, in: Braun, E.(Hrsg.): *Die Zukunft der Vernunft aus der Perspektive einer nichtmetaphysischen Philosophie.* Würzburg 1993.

Goldmann, Lucien: *Lukács and Heidegger. Towards a New Philosophy*, London 1977; 골드만, 『루카치와 하이데거』, 황태연 옮김, 까치 1983.

Habermas, J.: *Theorie des kommunikativen Handelns.* Frankfurt 1981.

− : *Moralbewußtsein und kommunikatives Handeln.* Frankfurt 1983.

− : *Der philosophische Diskurs der Moderne.* Frankfurt 1988.

− : *Nachmetaphysisches Denken.* Frankfurt 1988.

− : *Erläuterungen zur Diskursethik.* Frankfurt 1991.

− : *Die Moderne - ein unvollendetes Projekt.* Leipzig 1995.

− : *Erläuterungen zur Diskursethik.* Frankfurt 1991.

− : *Die Einbeziehung des Anderen. Studien zur politischen Theorie.* Frankfurt 1986; 『이질성의 포용: 정치이론연구』, 나남출판 2000.

− : *Faktizität und Geltung. Beiträge zur Diskurstheorie des Rechts und des demokratischen Rechtsstaats.* Frankfurt 1992; 『사실성과 타당성: 담론적 법이론과 민주주의적 법치국가 이론』, 나남출판 2000.

Hargrove, Eugene C.: *Foundation of Environmental Ethics.* Prentice-Hall, Inc., 1989; 『환경윤리학』, 김형철 역, 철학과현실사 1994.

Hegel, G.W.F.: *Entwürfe über Religion und Liebe*(1797/1798), in: Werke I, *Frühe Schriften.* Frankfurt 1971.

− : *Phänomenologie des Geistes.* Hamburg 1988.

Heidegger, M.: *Sein und Zeit.* Halle 1927, Tübingen 1986; 『존재와 시간』, 이기상 역, 까치 1998.

− : *Vom Wesen der Wahrheit.* Frankfurt 1967.

Hobbes, Th.: *Leviathan oder Stoff, Form und Gewalt eines bürgerlichen und kirchlichen Staates.* Hrsg. und eingel. von I. Fetscher. Frankfurt.

Höffe, O.: *Klassiker der Philosophie.* 2 Bde. München 1985.

— : *Sittlich-politische Diskurse. Philosophische Grundlagen, Politische Ethik, Biomedizinische Ethik.* Frankfurt 1981.

Hösle, V.: *Die Krise der Gegenwart und die Verantwortung der Philosophie.* München 1990.

Israel, J.; *Der Begriff Entfremdung.* Hamburg 1972.

Jardins, J.R. Des: *Environmental Ethics. An Introduction to Environmental Philosophy.* Belmont CA 1997; 『환경윤리』, 자작나무 1999.

Jaspers, K.: *Die Atombombe und die Zukunft des Menschen. Politisches Bewußtsein in unserer Zeit.* München/Zürich 1958.

Johnson, Deborah G.: *Ethical Issues in Engineering.* Prentice-Hall Inc., 1991; 『엔지니어 윤리학』, 동명사 1999.

Jonas, H.: *Das Prinzip Verantwortung.* Frankfurt 1979.

— : *Technik, Medizin und Ethik. Praxis des Prinzips Verantwortung.* Frankfurt 1985.

Kant, I.: *Kritik der reinen Vernunft.* Darmstadt 1983(1781, 1787).

— : *Die Religion innerhalb der bloßen der Vernunft.* Darmstadt 1983(1793).

— : *Kritik der praktischen Vernunft.* Darmstadt 1983(1788).

Kim, Jin: *Kants Postulatenlehre, ihre Rezeption durch Ernst Bloch und ihre mögliche Anwendung zur Interpretation des Buddhismus. Zur Unterscheidung zwischen postulatorischer Struktur und Postulats-Inhalten bei der Auflösung der Dialektik des praktischen Vernunftsgebrauchs.* Frankfurt/ Bern/NewYork/Paris 1988.

Kimmerle, H.(Hrsg.): *Modelle der materialistischen Dialektik.* Den Haag 1978.

Kimmerle, H.: *Derrida zur Einführung.* Hamburg 1992.

Kolakowski, L.: *Hauptströmungen des Marxismus.* München 1979. Englisch: *Main Currents of Marxism.* Oxford University Press 1981.

Koslowski, P.(Hrsg.): *Moderne oder Postmoderne.* Weinheim 1986.

Kroner, R.: *Von Kant bis Hegel.* Tübingen 1977.

Kübler-Ross, Elisabeth: *On Death and Dying.* 1969; 『인간의 죽음』, 성염 옮김, 분도출판사, 칠곡 1979.

Kuhlmann, Wolfgang: *Reflexive Letztbegründung. Untersuchungen zur Transzendentalpragmatik.* München 1985.

− : *Tod des Subjekts? Eine transzendentalpragmatische Verteidigung des Vernunftsubjekts,* in: *Kant und die Transzendentalphilosophie.* Würzburg 1992.

− : *Kant und die Transzendentalpragmatik.* Düsseldorf 1992.

− : *Sprachphilosophie, Hermeneutik, Ethik. Studien zu Transzendentalpragmatik.* Würzburg 1992.

Kuhn, H./ Nusser, K.-H.: *Liebe,* in: J. Ritter(Hrsg.), *Historisches Wörterbuch der Philosophie.* Bd.5, Basel/ Stuttgart 1980.

Kunzmann, P. u.a.: *dtv-Atlas zur Philosophie. Tafeln und Texte.* München 1991.

Lenk, K.(Hrsg.): *Ideologie. Ideologiekritik und Wissenssoziologie.* Neuwied und Berlin 1961.

Link, H.-G.: *Hoffnung,* in: J.Ritter(Hrsg.), Historisches Wörterbuch der Philosophie. Bd.3, Basel/Stuttgart 1974.

Locke, J.: *Two Trestises of Government.* London 1963. Deutsch: *Zwei Abhandlungen über die Regierung.* Frankfurt 1967.

Lovelock, J.: *Gaia.* New York: OUP 1979.

Lucács, G.: *Geschichte und Klassenbewußtsein.* Berlin 1970.

Lyotard, J.-F.: *Das postmoderne Wissen. Ein Bericht.* Wien 1994 (Paris 1982).

− : *Der Enthusismus. Kants Kritik der Geschichte.* Wien 1988 (Paris 1986).

− : *Der Widerstreit.* München 1989 (Paris 1983).

− : *Die Analytik des Erhabenen. Kant-Lektionen.* München 1994 (Paris 1991).

− : *Grundlagenkrise,* in: Argumentation in der Philosophie. Neue Hefte für Philosophie Heft 26, 1986.

Löwith, K.: *Nietzsches Philosophie der ewigen Wiederkehr des Gleichen.* Berlin 1965.

Mannheim, K.: *Ideologie und Utopie*. Frankfurt 1929.

Manuel, Franke E.: *Utopian Thought in the Western World*. Harvard University Press, Cambridge 1979.

Marcović, M.: *From Affluence to Praxis. Philosophy and Social Criticism*. The University of Michigan Press 1974.

Marcuse, H.: *Eros and Civilization. A Philosophical Inquiry into Freud*. The Beacon Press 1955. *Eros und Kultur*. Frankfurt 1957; danach: *Triebstruktur und Gesellschaft*. Frankfurt 1979.

Marx, W.: *Die Phänomenologie Edmund Husserls*. München 1987.

Matz, Ulrich: *Staat*, in: H. Krings u.a. hrsg., *Handbuch philosophischer Grundbegriffe*. München 1973.

Mckown, D.B.: *The Classical Marxist Critiques of Religion. Marx, Engels, Lenin, Kautsky*. The Hague 1975.

Meadows, D. / Randers, J./Behrens, W.: *The Limits to Growth*. London: Earth Island 1972.

Meszaros, I.: *Marx's Theory of Alienation*. London 1978.

Mitcham, Carl: *Engineering Ethics*. Prentice Hall 1999.

Moltmann, J.: *Gott in der Schöpfung. Ökologische Schöpfungslehre*. München 1985.

― : *Das Experiment Hoffnung*. München 1974.

― : *Im Gespräch mit Ernst Bloch. Eine theologische Wegbegleitung*. München 1976.

― : *Theologie der Hoffnung*. München 1969.

Müller, P.: *Transzendentale Kritik und moralische Teleologie. Eine Auseinandersetzung mit den zeitgenössischen Transformation der Transzenden- talphilosophie im Hinblick auf Kant*. Würzburg 1983.

Nietzsche, F.: *Der Wille zur Macht. Versuch einer Umwertung aller Werte*. Stuttgart 1964.

― : *Also sprach Zarathustra*. Stuttgart 1969(1883-85).

― : *Die fröhliche Wissenschaft*. Stuttgart (1882).

― : *Die Geburt der Tragödie*. Stuttgart 1976(1872).

Novack, George Edward, ed.: *Existentialism Versus Marxism. Conflicting Views on Humanism*. Dell Pub. Co. 1978.

Nowotny, Helga: *Kernenergie. Gefahr oder Notwendigkeit.* Frankfurt 1979.

Nozick, R.: *Anarchy, State and Utopia.* New York 1974.

Ollman, B.: *Alienation.* Cambridge University Press 1971.

Oppenheimer, J.R.: *Atomkraft und menschliche Freiheit.* Hamburg 1955.

ORiordan, T.: *Environmentalism.* London: Pion 1981.

Paus, Ansgar(Hrsg.): *Grenzerfahrung Tod.* Frankfurt 1980.

Platon: *Politeia.* Hamburg 1958.

－ : *Symposion.* Hamburg 1957.

Popper, K.: *Die offene Gesellschaft und ihre Feinde.* Bd. I: *Der Zauber Platons,* Bd. II: *Falsche Propheten. Hegel, Marx und die Folgen.* Bern-München 1970.

Post, W.: *Hoffnung,* in: H. Krings(Hrsg.), Handbuch philosophischer Grundbegriffe. München 1973.

Puntel, L.B.: *Wahrheit,* in: Krings u.a.(Hrsg.), Handbuch philosophischer Grundbegriffe. München 1973.

Pöggeler, O.(Hrsg.): *Hermeneutische Philosophie.* München 1972.

Rawls, J.: *A Theory of Justice.* Cambridge Mass, 1971.

－ : *Political Liberalism.* Columbia University Press 1993;『정치적 자유주의』, 동명사 1998.

Reese-Schäfer, W.: *Lyotard zur Einführung.* Hamburg 1989.

Rehman, J.: *Einführung in die Sozialphilosophie.* Darmstadt 1979.

Resnik, D.: *The Ethics of Science. An Introduction.* Routledge, London 1998.

Ritter, J.(Hrsg.), *Historisches Wörterbuch der Philosophie.* Bd. 7. Basel / Stuttgart 1989.

Robinson, P.A.: *The Freudian Left.* New York 1969.

Rosenzweig, F.: *Stern der Erlösung.* Den Haag 1976.

Rousseau, J.J.: *Diskurs über die Ungleichheit.* Paderborn 1984.

Russell, B.: *Philosophische und Politische Aufsätze.* Stuttgart 1971.

Scheler, Max: *Liebe und Erkenntnis,* in: Krieg und Aufbau. Leipzig 1916.

Scherer, Georg: *Das Problem des Todes in der Philosophie.* Darmstadt

1979.

Schlette, H.R.: *Ideologie*, in: H. Krings(Hrsg.), *Handbuch philosophischer Grundbegriffe*. München 1973.

Schnädelbach, H.: *Philosophie in Deutschland 1831-1933*. Frankfurt 1983.

Schumacher, E.F.: *Small is Beautiful. Economics as if people really mattered*. London, Abacus 1973.

Shannon, T.A./DiGiacomo, J.J.: *An Introduction to Bioethics*. New York 1979.

Shrader-Frechette, Kristin: *Ethics of Scientific Research*. Rowman & Littlefield Publishing, 1994.

Singer, Peter: *Practical Ethics*. Cambridge University Press 1993; 『실천윤리학』, 철학과현실사 1991.

- : *Rethinking Life and Death. The Collapse of our traditional Ethics*. New York 1994.

Splett, Jörg: *Schuld*, in: H. Krings u.a.(Hrsg.), *Handbuch philosophischer Grundbegriffe*. München 1973.

Stegmüller, W.: *Hauptströmungen der Gegenwartsphilosophie*. 4 Bde. Stuttgart 1987/1989.

- : *Das Wahrheitsproblem und die Idee der Semantik*. Wien 1968.

Taureck, B.: *Französische Philosophie im 20. Jahrhundert*. Hamburg 1988.

Tillich, Paul: *Love, Power and Justice. Ontological Analyses and ethical Applications*. Oxford University Press. London 1954.

Troschke, J.(Hrsg.): *Ärztliche Entscheidungskonflikte*. Stuttgart 1983.

Unger, Stephen H.: *Controlling Technology. Ethics and the Responsible Engineer*. Wiley Interscience, 1994.

Volkmann-Schluck, K.-H.: *Einführung in das philosophische Denken*. Frankfurt 1981(1965).

Voßkamp, W.: *Utopieforschung*. Frankfurt 1985.

Waldenfels, B.: *Phänomenologie in Frankreich*. Frankfurt 1985.

Walther, Christian: *Ethik und Technik*. Berlin, New York 1992.

Warnock, G.J.: *Englische Philosophie seit 1900*. Stuttgart 1971.

Weizäcker, C.F.: *Atomenergie und Atomzeitalter.* Frankfurt 1957.

Welmmer, A.: *Zur Dialektik von Moderne und Postmoderne.* Frankfurt 1985.

Welsch, Wolfgang: *Heterogenität, Widerstreit und Vernunft. Zu Jean-François Lyotards philosophischer Konzeption von Postmoderne.* In: Philosophische Rundschau, 34, 1987.

Whitbeck, Caroline: *Ethics in Engineering Practice and Research.* Cambridge University Press 1998.

철학사 연표

( )안의 수는 사망년도임

BC
500만 아프리카에 인간과 유사한 존재 최초 출현
 50만 불의 사용
  3만 유럽에 최초의 인간 등장
 8000 이라크 북부에서 최초의 농업 시작
 7000 터키에서 직물 사용
 5000 금과 은을 화폐로 도입
 3500 청동발명
 3300 수메르 문명 탄생, 그림문자 출현, 이라크에서 바퀴 발명
 3100 이집트 통일국가 수립
 3000 이집트에서 365일과 열두 달의 달력 도입
 2500 수메르의 설형문자
 1792 바벨론 왕국, 함무라비 법전
 1500 이집트에서 최초의 물시계 발명
 1100 고대 그리스 도시국가 형성
 1000 중국에서 석탄과 얼음 사용
  955 솔로몬, 이스라엘 왕위 계승
  753 로마의 설립
  700 헤시오도스, 『신통기』
  650 소아시아의 리키아인들 최초의 돈 발명; 바빌론의 점성술 책 출간
  624 탈레스(Thales) 출생(546)
  610 아낙시만드로스(Anaximandros) 출생(546)

585 아낙시메네스(Anaximenes) 출생(또는 585-528에 출생하여 525사망) 탈레스가 예
견한 일식 시작
580 피타고라스(Pythagoras) 출생(또는 572~497)
570 크세노파네스(Xenophanes) 출생(470)
560 석가 출생(480)
550 차라투스트라(Zarathustra) 사망
551 공자(Konfuzius) 출생(479)
544 헤라클레이토스(Herakleitos) 출생(484)
540 파르메니데스(Parmenides) 출생(470)
538 바벨론으로부터 유대인 귀환
530 이집트에서 계산자 사용
515 제2차 예루살렘 성전건축
509 로마 공화국의 탄생
500 아낙사고라스(Anaxagoras) 출생(또는 496~428)
492 엠페도클레스(Empedokles) 출생(432), 444 『자연에 대하여』
490 마라톤 전쟁
483 고르기아스(Gorgias) 출생(375)
481 프로타고라스(Protagoras) 출생(411), 『진리』
470 소크라테스(Sokrates) 출생(399)
알크마이온 최초의 시체 해부를 통하여 머리로 생각한다는 사실을 알아냄
460 데모크리토스(Demokritos) 출생(370), 엘레아의 제논(Zenon) 출생(430)
450 에우클레이데스(Eukleides) 출생(380)
아낙사고라스(Anaxagoras), 『자연에 대하여』
445 안티스테네스(Antisthenes) 출생(365)
435 아리스티포스(Aristippos)출생(355)
431 펠로폰네소스 전쟁 시작
430 플라톤(Platon) 출생(347), 374 『국가』, 367 이후:『소피스테스』,『폴리티코스』,『필
레보스』등, 386 아카데미 창설
425 헤로도투스, 『역사』
412 디오게네스(Diogenes) 출생(323)
404 펠로폰네소스 전쟁 종료
400 데모크리토스: 모든 것은 원자로 되어 있다
387 플라톤 아카데미 창설
384 아리스토텔레스(Aristoteles) 출생(322), 336 리케이온 창설, 『형이상학』,
『자연학』,『니코마코스 윤리학』,『데 아니마』,『오이데모스윤리학』,『동물발생론』
371 맹자(Menzius) 출생(289)
365 엘리스의 퓌론(Pyrrhon) 출생(275), 310 활동
356 알렉산더 대제 출생(323)
352 중국인 최초로 초신성 발견
350 아리스토텔레스 지구중심적 우주론 주장

341　에피쿠로스(Epikuros) 출생(271), 307 학파 창설
300　만리장성 축조개시
295　제논 활동
280　사모스의 아리스타르코스 지동설 주장
271　에피쿠로스, 『자연론』, 『신에 대하여』
260　아르키메데스의 원리 발견
250　구약성서 그리스어로 번역
240　중국 천문학자 헬리 혜성 최초목격, 에라토스테네스 지구 둘레측정
165　중국 천문학자 태양흑점 발견
106　치체로(Cicero) 탄생(43 암살)
100　줄리어스 시저 출생(44 암살)
　98　루크레티우스(Lukretius) 출생(55), 『사물의 본성에 대하여』
　85　안드로니코스: 아리스토텔레스 편찬
　55　시저의 영국 공략
　46　카이사르 율리우스력의 도입, 1년은 365일 6시간
　30　안토니우스와 클레오파트라 사망
　27　아우구스투스 황제 즉위
　　4　예수(Jesus) 탄생(30)

AD
　　4　세네카(Seneca) 출생(65 자살)
　14　아우구스투스 황제 사망
　30　예수의 십자가 사건
　43　로마 영국 침공
　50　에픽테투스(Epictetus) 출생(138), 89 활동
　64　네로의 로마 방화사건
　67　바울의 순교
　90　프톨레마이오스(Ptolemaios) 출생(160), 150 『알마게스트』
105　중국인 채륜 종이 발명
121　아우렐리우스(Marcus Aurelius) 출생(180), 161 로마황제 즉위, 180 『명상록』
150　클레멘스(Clement) 출생(220)
160　갈레노스, 피가 혈관 속을 흐른다는 사실을 발견
165　터툴리아누스(Tertullianus) 출생(220)
175　나가르주나(龍樹), 『중론』, 『십이문론』, 『대지도론』
185　오리제네스(Origenes) 출생(254), 230 활동
190　중국인 원주율을 3.14159로 계산함
200　섹스투스 엠피리우스 활동
204　플로티노스(Plotinos) 출생(269), 240 활동, 『엔네아데스』
234　포르퓌리우스(Porphyrios) 출생(304)
296　아타나시우스(Athanasius) 출생(373)

325 니케아 종교회의
329 그레고리우스(Gregorius) 출생(379)
354 아우구스티누스(Augustinus) 출생(430), 386 개종, 396 주교 임명, 400 『고백』,
    419 『삼위일체론』, 413-426 『신국』
389 無着, 『瑜伽師地論』, 『大乘莊經論』
390 로마 여인 파비올라 최초의 공공병원 개원
394 바수반두(世親), 『유식삼십송』
392 로마, 기독교의 국교 선언
431 에페수스 종교회의
440 레오 1세 교황 즉위
451 칼케돈 종교회의
476 서로마제국 몰락
499 인도인 아리아바타 지동설 주장
510 보에시우스, 『철학의 위안』
570 무하메드 출생(632)
595 아라비아숫자 사용
620 인도인 브라마굽타 최초로 0보다 작은 음수 사용
686 원효 사망
700 중국인 도자기 발명
702 의상 사망
711 이슬람의 스페인 침공
810 에우리제나(Eriugena) 출생(877), 『예정에 대하여』, 867 『자연의 구분에 대하여』
868 중국에서 최초의 인쇄 책 간행
980 아비체나(Avicenna) 출생(1037)
1033 안셀무스(Anselmus) 출생(1109), 1066 『프로스로기온』, 1076 『모노로기온』
1050 로스켈리누스(Roscellinus) 출생(1121)
1054 동서교회의 분열
1059 알가잘리(Algazali) 출생(1111)
1079 아베라르두스(Abelardus) 출생(1142), 1118~1137 『변증론』
1096 제1차 십자군 전쟁
1126 아베로에즈 출생(1198)
1135 마이모니데스(Maimonides) 출생(1204)
1193 알베르투스 마그누스(Magnus) 출생(1280)
1214 로저 베이컨(Roger Bacon) 출생(1294)
1217 보나벤투라 출생(또는 1221~1274)
1225 아퀴나스 출생(1274), 1252 『존재자와 존재에 대하여』, 1264 『대이교도대전』,
    1266 『신학대전』,
1227 징기스칸 사망
1259 오토만 제국 설립
1260 에크하르트(Meister Eckhart) 출생(1327)

1265 둔스 스코투스(Scotus) 출생(1308), 1295 옥스포드 강의, 1302 파리 강의.
1271 마르코 폴로 중국 견문
1280 옥캄(William Occam) 출생(1347), 1317 옥스포드 강의
1305 교황 아비뇽 유폐
1321 단테, 『신곡』
1339 백년전쟁 시작
1353 보카치오, 『데카메론』
1401 쿠자누스(Cusanus) 출생(1464), 1440 『기지의 무지』
1455 요하네스 구텐베르크, 인쇄술 발명, 성서 인쇄
1450 구텐베르그의 인쇄술 발명
1452 다빈치(Leonardo da Vinci) 출생(1519)
1453 코스탄티노플 함락, 백년전쟁 종료,
     브루노(Giodarno Bruno) 출생(1600 화형)
1463 미란돌라(Pico della Mirandola) 출생(1494)
1469 마키아벨리(Machiavelli) 출생(1527), 1532 『군주론』
1472 아리스토텔레스 라틴어판
1473 코페르니쿠스(Copernicus) 출생(1543), 1543 『천구의 회전에 대하여』
     (1529~1532)
1478 토마스 모어(Thomas More) 출생(1535), 1518 『유토피아』
1483 루터(Martin Luther) 출생(1546), 1517 뷔텐베르크 테제, 1522 독어 성경
1484 피치노, 플라톤 라틴어판
1492 컬럼버스의 아메리카 발견
1493 파라켈수스(Paracelsus) 출생(1541)
1495 아리스토텔레스 희랍어판
1497 멜랑히톤(Philip Melanchton) 출생(1560)
     포르투갈 바스코 다 가마, 유럽에서 인도 항해 성공
1500 레오나르 다 빈치, 인체해부도; 1506 화석을 바다생물의 잔해라고 주장
1509 칼빈(John Calvin) 출생(1564), 1536 『기독교강요』
1511 라파엘, 『아테네학당』
1514 + - 기호 도입
1516 에라스무스의 희랍어 성경
1519 포르투갈의 마젤란 최초 세계일주
1533 몽테뉴(Michel de Montaigne) 출생(1592), 1580 『에세이』
1540 예수회 창설; 파라켈수스 아편을 진통제로 사용
1548 수아레즈(Francisco Suarez) 출생(1617)
1557 수학에 등호(=) 도입
1561 프란시스 베이컨(Francis Bacon) 출생(1626), 1605 『학문의 진보』, 1620 『신기
     관』, 1623 『과학의 위엄과 진보』, 1627 『새로운 아틀란티스』
1564 세익스피어 출생, 갈릴레이(Galileo Galilei) 출생(1642)
1569 벨기에의 메르카토르 최초의 근대적 지도 제작

1571 케플러(Johannes Kepler) 출생(1631)
1575 캄파넬라(Tommaso Campanella) 출생(1639), 1623 『태양의 나라』
      야콥 뵈메(Jacob Böhme) 출생(1624), 1619 『신적 존재의 세 원리』
      李珥, 『聖學輯要』
1578 스테파누스, 플라톤 희랍어판
1582 교황 그레고리우스 8세 현행 달력 체계 도입
1583 그로티우스(Grotius) 출생(1620)
1588 홉즈(Thomas Hobbes) 출생(1679), 1651 『리바이어단』
1590 休靜, 『禪家龜鑑』
1592 가상디(Pierre Gassendi) 출생(1655), 1658 『철학총서』
1596 데카르트(Descartes) 출생(1650), 1637 『방법서설』, 1641 『제1철학에 관한 성찰
      』, 1644 『철학의 원리』
1600 지오다르노 브루노 화형
1603 엘리자베스 1세 사망
1609 케플러 행성의 타원형 궤도운동 주장
1610 갈릴레오, 목성의 4개 위성, 금성의 변화모습, 은하수 발견
1611 킹 제임스판 성경
1613 갈릴레오, 코페르니쿠스 이론을 공개적으로 지지
1616 세익스피어 사망
1618 삼십년 전쟁 시작
1623 파스칼(Pascal) 출생(1662), 1669~70 『팡세』
1624 피에르 가생디, 소리의 속도 측정
1625 겔링크스(Arnold Geulincx) 출생(1669)
1627 보일(Robert Boyle) 출생(1691)
1632 스피노자(Spinoza) 출생(1677), 1670 『신학-정치론』, 1677 『윤리학』,
      로크(John Locke) 출생(1704), 1685 『관용론』, 1689 『시민정부론』, 1690 『인간
      오성론』, 1695 『기독교의 합리성』
1636 하바드 창설
1642 영국의 시민전쟁 시작
      뉴턴(Newton) 출생(1727), 1682 중력 발견, 1687 『자연철학의 수학적 원리』
1646 라이프니츠(Leipniz) 출생(1716), 1690 『형이상학 서설』, 1704 『새로운 인간오성
      론』, 1710 『변신론』, 1714 『단자론』, 『자연과 은총의 원리』
1647 파스칼, 대기권의 공기가 희박해지며 한계가 있다고 주장
1649 찰스 1세 처형
1658 크롬웰 사망
1665 영 생물학자 로버트 후크, 세포 개념 도입
1666 런던 대화재
1668 비코(Giambattista Vico) 출생(1744), 1981 『새로운 학문』
1675 덴마크의 올레 뢰머, 빛의 속도를 초속 22만 5천km로 계산
1677 레벤후크, 현미경으로 미생물 발견

1678 호이겐스, 뉴턴의 빛의 입자설에 반대하여 파동설을 주장
1679 볼프(Christian Wolff) 출생(1754), 1712 『인간오성의 힘과 진리인식에서의 그 정
      확한 사용에 관한 이성적 사유』, 1719 『신, 세계, 인간영혼, 그리고 모든 사물 일반
      에 대한 이성적 사유』
1685 헨델, 바하 출생
      버클리(Berkeley) 출생(1753), 1709 『새로운 시각론』, 1710 『인간지식의 원리론』,
      1713 『하일라스와 필로누스 사이의 세 편의 대화록』
1688 말브랑쉬(Malebranche) 출생(1715), 1776~1780 『진리에 대하여 또는 인간정신
      의 본성과 학문에서 오류를 피하기 위한 그 능력의 사용에 대하여』
      스베덴보르크(Emanuel Schwedenborg) 출생(1772)
1694 볼테르(François Marie Arouet) 출생(1778), 1738 『뉴턴철학의 기초』, 1766 『무
      지한 철학자』
1709 라 메뜨리(La Mettrie) 출생(1751), 1745 『영혼의 자연사』, 1747 『인간기계』
1710 리드(Thomas Reid) 출생(1796)
1711 흄(David Hume) 출생(1776), 1739 『인성론』, 1748 『인간오성론』, 1751 『정념론』,
      『도덕원리에 관한 탐구』, 1755 『종교의 자연사』, 1779 『자연종교에 관한 대화』
1712 루소(Rousseau) 출생(1778), 1762 『에밀』, 『사회계약론』
1713 디드로(Denis Diderot) 출생(1784), 1746 『철학적 사색』, 1751~1771 『백과전서』
1714 바움가르텐(Baumgarten) 출생(1762), 1739 『형이상학』, 1750~1758 『미학』
1715 콩디약(Condillac) 출생(1780), 1746 『인간인식의 기원에 대한 시론』
      엘베시우스(Helvetius) 출생(1771), 1758 『정신에 대하여』, 1760 『인간정신론』,
1717 달랑베르(D'Alembert) 출생(1783), 1751~1771 『백과전서』
1723 홀바흐(Holbach) 출생(1789), 1770 『자연의 체계』
      아담 스미스(Adam Smith) 출생(1790), 1776 『국부론』
1724 칸트(Immanuel Kant) 출생(1804), 1755 『보편적 자연사와 천체론』, 1781 『순수
      이성비판』, 1783 『미래의 모든 형이상학을 위한 서설』, 1784 『순수한 이성의 한
      계 안에서의 종교』, 1785 『도덕형이상학의 정초』, 1788 『실천이성비판』, 1790 『판
      단력비판』, 1795 『영구평화론』, 1798 『실용적 관점에서 본 인간학』
1729 멘델스존(Moses Mendelssohn) 출생(1786), 1755 『감각에 관한 편지』, 1764 『형
      이상학적 학문에서의 명증성에 관한 논고』, 1767 『파이돈 또는 영혼불멸성에 대하
      여』
1741 헨델의 메시아
1743 야코비(F.H. Jacobi) 출생(1819), 1785 『스피노자론에 대하여』, 1811 『신적인 사
      물에 대하여』
1744 라마르크(Jean de Lamarck) 출생(1829)
      헤르더(Herder) 출생(1803), 1772 『언어의 근원에 대한 논고』, 1774 『인간성 교
      육을 위한 역사철학』, 1784~1791 『인류역사의 철학에 관한 이념』
1757 라인홀트(Karl Leonhard Reinhold) 출생(1823)
1759 쉴러(Schiller) 출생(1805), 1795 『미학적 인간교육에 관하여』, 1801 『숭고에 대
      하여』

1760 생시몽(Saint-Simon) 출생(1825)

1762 피히테(Fichte) 출생(1814), 1792 『모든 계시에 대한 비판의 시도』, 1794 『지식학
전체의 기초』, 1796 『자연법의 기초』, 1800 『인간의 사명』, 1806 『종교론』

1765 바아더(Franz von Baader) 출생(1841)

1766 헨리 캐번디시의 수소 발견

1768 쉴라이어마허(Schleiermacher) 출생(1834), 1799 『종교에 대하여』,
1838 『해석학』, 1839 『변증론』

1769 증기기관

1770 베토벤 출생
헤겔(Hegel) 출생(1831), 1817 『정신현상학』, 1812 『논리학』, 1817 『철학강요』,
1821 『법철학』, 1832 『종교철학강의』, 1833~1836 『철학사강의』, 1837 『역사철
학강의』, 1835~1838 『미학강의』
횔더린(Friedrich Hölderin) 출생(1843)

1771 프리스틀리의 산소 발견

1772 푸리에(Charles Fourier) 출생(1837)

1773 제임스 밀(James Mill) 출생(1836)

1775 셸링(Schelling) 출생(1854), 1795 『독단주의와 비판주의에 관한 철학적 편지』,
1797 『자연철학의 이념』, 1798 『세계영혼론』, 1800 『선험적 관념론의 체계』,
1802 『브루노 또는 사물의 신적 원리와 자연적 원리』, 1804 『철학과 종교』,
1856~58 『신화의 철학과 계시의 철학』, 1859 『예술철학』

1776 미국독립선언
헤르바르트(Herbart) 출생(1841), 1806 『보편적 교육학』, 1828~29 『철학적 자연
이론의 시원과 관련된 보편적 형이상학』

1783 파리 평화조약

1784 벤담(Jeremy Bentham) 출생(1832), 1789 『도덕 및 입법의 원리들에 대한 서설』
헨리 캐번디시, 물이 수소와 산소의 결합물이라는 사실을 발견

1786 모차르트의 피가로

1788 쇼펜하우어(Schopenhauer) 출생(1860), 1813 『충족이유율의 네 가지 근거에 대
하여』, 1818 『의지와 표상으로서의 세계』, 1836 『자연에서의 의지에 관하여』,
1839 『도덕의 두 가지 근본문제』, 1840 『도덕성의 기초』

1789 프랑스 혁명

1790 프랑스에서 m, km, g, kg 사용

1794 로베스피에르 사망

1796 에드워드 제너, 천연두 예방접종 실시

1798 콩트(Auguste Comte) 출생(1857), 1848 『실증주의 개요』, 1888 『실증철학』; 프
랑스의 라플라스, 블랙홀의 존재 추정

1799 나폴레옹 실권 장악

1800 베토벤의 제1교향곡

1801 독일의 요한 리터 자외선 발견

1803 에머슨(Ralph Waldo Emerson) 출생(1882); 존 돌턴의 원자설

1804 포이에르바하(Feuerbach) 출생(1872), 1830 『죽음과 불멸성에 관한 사상』, 1841
      『기독교의 본질』, 1846 『종교의 본질』
1805 로젠크란츠(Karl Rosenkranz) 출생(1879), 1853 『추함의 미학』
      토크빌(Alexeis de Tocqueville) 출생(1859), 1835~40 『미국에서의 민주주의』,
      1969 『옛 국가와 혁명』
1806 존 스튜어트 밀(John Stuart Mill) 출생(1873), 1863 『공리주의』, 1859 『자유론』,
      1874 『자연, 종교의 공리성 및 유신론』
      쉬티르너(Max Stirner) 출생(1856), 1845 『개인과 그 재산』, 1852 『반동의 역사』
1808 슈트라우스(David Strauss) 출생(1874), 1835 『예수전』, 1872 『옛 신앙과 새 신
      앙』
1809 찰스 다윈(Charles Darwin) 출생(1882), 1856 『종의 기원』, 1871 『인간의 유래』;
      라마르크, 모든 종은 과거 종에서 발전되었다고 주장
1813 키에르케고르(Søren Kierkegaard) 출생(1855), 1841 『역설의 개념에 대하여』,
      1843 『이것이냐 저것이냐』, 『공포와 전율』, 『반복』, 1844 『철학적 단편』, 『불안의
      개념』, 1849 『죽음에 이르는 병』
1814 바쿠닌(Michail Bakinin) 출생(1876), 1969 『신과 국가』
1815 워터루 전쟁
1817 롯체(Lotze) 출생(1881)
1818 마르크스(Karl Marx) 출생(1883), 1844 『헤겔 법철학 비판 서설』, 『경제-철학 수
      고』, 1845 『신성가족』, 1848 공산당선언, 1850 『독일이데올로기』, 1867 『자본론』
1820 스펜서(Herbert Spencer) 출생(1903), 1855 『심리학의 원리』, 1862 『제1원리』,
      1879 『윤리학의 원리』
      엥겔스(Engels) 출생(1895), 1873~83 『자연변증법』
1822 프랑스의 니에프스 사진 발명
1825 헉슬리(Thomas Henry Huxley) 출생(1895), 1894 『진화와 윤리학』
1828 랑게(Friedrich Albert Lange) 출생(1875), 1866 『물질론의 역사와 그 현대적 의
      미비판』
1833 딜타이(Dilthey) 출생(1911), 1883 『정신과학서설』, 1910 『정신과학에서 역사적
      세계의 구조』
1834 헥켈(Ernst Haeckel) 출생(1919), 1899 『세계의 수수께끼』
1835 에드워드 케어드(Edward Caird) 출생(1908)
1836 토마스 힐 그린(Thomas Hill Green) 출생(1882)
1838 시즈윅(Henry Sidgwick) 출생(1900), 1874 『윤리학의 방법』
      알렉산더(Samuel Alexander) 출생(1938), 1920 『공간, 시간 및 신성』
      마하(Ernst Mach) 출생(1916), 1883 『역학론』, 1886 『감각의 분석』, 1905 『인
      식과 오류』
      브렌타노(Franz Brentano) 출생(1917), 1874 『경험적 관점에서의 심리학』
1839 퍼스(Charles Sanders Peirce) 출생(1914), 1868 『네 가지 무능력의 귀결들』,
      1877 『믿음의 고정화』, 1878 『관념을 명석하게 하는 방법』, 1883 『진화적 사랑』,
      1904 『프래그머티즘의 정의』

1840 리프만(Otto Liebmann) 출생(1912)

1842 하르트만(Eduard von Hartmann) 출생(1906), 1841 『논리학과 형이상학의 기초』, 1869 『무의식의 철학』

코헨(Hermann Cohen) 출생(1918), 1902 『순수인식의 논리』, 1912 『순수감정의 미학』

제임스(William James) 출생(1910), 1890 『심리학의 제원리』, 1896 『믿으려는 의지』, 1902 『종교경험의 다양성』, 1907 『프래그머티즘』, 1909 『다원적 우주』

크로포트킨(Peter Kropotkin) 출생(1921), 1904 『근대과학과 무정부주의』, 1908 『동물과 인간세계에서 상호협조』

1843 아베나리우스(Richard Avenarius) 출생(1896), 1888 『순수경험비판론』, 1891 『인간적 세계 개념』

1844 니체(Friedrich Nietzsche) 출생(1900), 1872 『음악정신에서 비극의 탄생』, 1883~5 『차라투스트라는 이렇게 말하였다』, 1887 『도덕의 계보학』, 1888 『반그리스도인』, 1901 『권력에의 의지』

1846 브래들리(Francis Herbert Bradley) 출생(1924), 1928 『현상과 실재』, 1950 『논리학 원리』, 1990 『윤리학 연구』

1847 존 왓슨(John Watson) 출생(1939)

1848 빈델반트(Windelband) 출생(1915), 1878-80 『새로운 철학의 역사』, 1914 『철학개론』, 1916 『역사철학』

프레게(Gottlob Frege) 출생(1925), 1893-1903 『수학의 근본법칙』, 1966 『논리연구』

슈툼프(Carl Stumpf) 출생(1936), 1907 『현상과 기능』, 1907 『학문의 분류에 대하여』, 1939-40 『인식론』

1851 립스(Theodor Lipps) 출생(1914)

1852 파이힝거(Hans Vaihinger) 출생(1933), 1911 『마치-처럼의 철학』, 1924 『칸트의 관점에서 본 비관주의와 낙관주의』, 1922 『칸트 순수이성비판 주석』

1854 나토르프(Paul Natorp) 출생(1924), 1899 『사회교육학』

포앙카레(Jules Henri Poincare) 출생(1912), 1902 『과학과 가설』

카우츠키(Karl Kautsky) 출생(1938)

1855 로이스(Josiah Royce) 출생(1916), 1899 『세계와 개체』, 1968 『기독교의 문제』

1856 슈타믈러(Rudolf Stammler) 출생(1938)

프로이트(Freud) 출생(1939), 1900 『꿈의 해석』, 1912/13 『토템과 터부』

1857 소쉬르(Ferdinand de Saussure) 출생(1913), 1967 『일반언어학의 근본물음』

1858 짐멜(Georg Simmel) 출생(1918), 1892 『역사철학의 문제』, 1900 『돈의 철학』, 1908 『사회학』, 1910 『철학의 주요문제들』, 1911 『철학적 문화』

뒤르켐(Emil Durkheim) 출생(1917), 1895 『사회학적 방법론의 규칙』, 1897 『자살론』, 1924 『사회학과 철학』

1859 베르그송(Henry Bergson) 출생(1941), 1889 『시간과 자유의지』, 1896 『물질과 기억』, 1907 『창조적 진화』, 1932 『도덕과 종교의 두 원천』

듀이(John Dewey) 출생(1952), 1922 『인간의 본성과 행위』, 1925 『경험과 자연』,

1926 『민주주의와 교육』, 1934 『경험으로서의 예술』

후설(Edmund Husserl) 출생(1938), 1900-1 『논리연구』, 1907 『현상학의 이념』, 1913 『순수현상학과 현상학적 철학』, 1929 『형식논리학과 선험논리학』, 1936 『유럽학문의 위기와 선험적 현상학』

1861 화이트헤드(Alfred North Whitehead) 출생(1947), 1920 『자연의 개념』, 1925 『과학과 근대세계』, 1927 『과정과 실재』, 1933 『관념의 모험』

브롱델(Maurice Blondel) 출생(1949), 1893 『행위』

1863 리케르트(Heinrich Rickert) 출생(1936), 1894 『인식의 대상』, 1896 『자연과학적 개념조성의 한계』

미드(George Herbert Mead) 출생(1931), 1968 『정신, 동일성, 사회』, 1969 『사회심리학』, 1980-83 『전집』

산타야나(George Santayana) 출생(1952)

1864 우나무노(Miguel de Unamuno) 출생(1936)

막스 베버(Max Weber) 출생(1920), 1920~21 『종교사회학논문집』, 1922 『학문이론에 대한 논문집』, 1967 『법사회학』, 1976 『경제와 사회』

1865 트뢸치(Ernst Troeltsch) 출생(1923), 1924 『역사주의와 그 극복』

1866 맥타가트(John M.E. McTaggart) 출생(1925), 1921 『존재의 본질』

크로체(Croce) 출생(1952), 1909 『헤겔철학에서 산 것과 죽은 것』, 1912 『순수개념학으로서의 논리학』, 1913 『미학의 기초』

1867 스웨덴이 노벨 다이너마이트 발명

1869 오토(Rudolf Otto) 출생(1937), 1917 『성스러움』, 1926 『동·서 신비주의』, 1932 『죄와 원죄』

1870 레닌(Nikolai Lenin) 출생(1924), 1909 『유물론과 경험비판론』, 1917 『국가와 혁명』

1872 클라게스(Ludwig Klages) 출생(1956)

러셀(Bertrand Russell) 출생(1970), 1921 『마음의 분석』, 1929 『물질의 분석』

1873 무어(George Edward Moore) 출생(1958), 1903 『윤리학 원리』

1874 카시러(Ernst Cassirer) 출생(1945), 1906~1920 『근대철학과 과학에서 인식의 문제』, 1923-1929 『상징형식의 철학』

베르자에프(Nicolai Berdyaev) 출생(1948)

셸러(Max Scheler) 출생(1928), 1913~16 『윤리학에서의 형식주의와 실질적 가치윤리학』, 1913 『동정의 본질과 형식』, 1921 『인간 안에 있는 영원한 것에 대하여』, 1928 『우주에서 인간의 위치』

1875 젠틸레(Giovanni Gentile) 출생(1944)

융(Carl Gustav Jung) 출생(1961), 1942 『무의식의 심리학에 대하여』

1877 바우흐(Bruno Bauch) 출생(1942)

트로츠키(Leon Trotsky) 출생(1940)

로스(William David Ross) 출생(1973)

1878 부버(Martin Buber) 출생(1971), 1923 『나와 너』

1879 스탈린(Joseph Stalin) 출생(1953)

1880 가이거(Moritz Geiger) 출생(1937), 1928 『미학입문』, 1930 『과학의 실재성과 형이상학』, 1976 『예술의 의미』
스펭글러(Oswald Spengler) 출생(1936), 1918~1922 『서구의 몰락』
1881 떼이야르 드 샤르댕(Teilhard de Chardin) 출생(1955), 1936 『개인적 우주론』, 1940 『우주에서의 인간』
빈스방거(Ludwig Binswanger) 출생(1966)
1882 쉴리크(Moritz Schlick) 출생(1936), 1918 『보편적 인식론』, 1939 『윤리학의 문제들』
노이라트(Otto Neurath) 출생(1945), 1981 『철학, 방법론 전집』
마르땡(Maritaine) 출생(1973), 1935 『기독교 철학에 대하여』, 1951 『인군과 자연법』, 1954 『인식의 단계』
하르트만(Nicolai Hartmann) 출생(1951), 1921 『인식형이상학의 기초』, 1933 『정신적 존재의 문제』, 1935 『존재론의 정초』, 1940 『실재세계의 구조』
1883 야스퍼스(Karl Jaspers) 출생(1969), 1913 『보편적 심리병리학』, 1919 『세계관의 심리학』, 1931 『시대의 정신적 상황』, 1932 『철학』, 1947 『진리에 대하여』, 1949 『역사의 시원과 목표』
오르테가 이 가세트(Ortega y Gasset) 출생(1955), 1928 『우리 시대의 과제』, 1936 『대중의 봉기』, 1958 『인간과 대중』
1884 질송(Etienne Gilson) 출생(1978), 1948 『존재와 본질』
불트만(Rudolf Bultmann) 출생(1976), 1921 『공관복음적 전통의 역사』, 1941 『계시와 성현』, 1948 『신약신학』, 1952-67 『신앙과 이해』, 1959 『탈신화화의 물음』, 1958 『종말론과 역사』
바쉴라르(Faston Bachelard) 출생(1962), 1940 『부정의 철학』, 1940 『불의 심리학』, 1957 『공간의 시학』, 1993 『새로운 과학정신』
1885 블로흐(Ernst Bloch) 출생(1977), 1918 『유토피아의 정신』, 1935 『이 시대의 유산』, 1954-59 『희망의 원리』, 1975 『세계의 실험』
구아르디니(Romano Guardini) 출생(1968), 1926 『반대』, 1935 『기독교의 차이』, 1933 『인간과 신앙』
루카치(Georg Lukacs) 출생(1971), 1911 『영혼과 형식』, 1923 『역사와 계급의식』, 1954 『이성의 파산』, 1984 『사회적 존재의 존재론』
1886 바르트(Karl Barth) 출생(1968), 1918/19 『로마서주해』, 1932-67 『교회 교의학』, 1938 『정당화와 법』
틸리히(Paul Tillich) 출생(1965), 1919 『문화신학의 이념에 대하여』, 1951-1963 『조직신학』, 1964 『기독교와 세계종교의 만남』
1888 칼 쉬미트(Carl Schmitt) 출생(1985), 1919 『정치적 낭만주의』, 1922 『정치신학』, 1923 『로마 카톨릭과 정치 형식』, 1932 『정치적인 것의 개념』, 1938 『토마스 홉즈의 국가론에서의 레비아단』
1889 비트겐슈타인(Ludwig Wittgenstein) 출생(1951), 1921 『논리철학논고』, 1933/34 『청색책』, 『갈색책』, 1953 『철학탐구』, 1969 『확실성에 대하여』
하이데거(Martin Heidegger) 출생(1976), 1927 『존재와 시간』, 1929 『형이상학

이란 무엇인가』, 『칸트와 형이상학의 문제』, 1943,1949 『진리란 무엇인가』, 1953
『형이상학 입문』, 1962 『물에 관한 물음』, 『기술과 전회』, 1975 『현상학의 근본
문제』

마르셀(Gabriel Marcel) 출생(1973), 1927 『형이상학적 일기』, 1951 『존재의 신
비』

브루너(Emil Brunner) 출생(1966), 1924 『신비와 말씀』, 1929 『신학의 다른 과
제』, 1932 『계명과 질서』, 1938 『만남으로서의 진리』, 1941 『계시와 이성』,
1951 『교회의 잘못』

토인비(Arnold Toynbee) 출생(1975). 1934 - 1961 『역사의 연구』, 1946 『기독
교와 문명』

1891 카르납(Rudolf Carnap) 출생(1970), 1928 『세계의 논리적 구조』, 『철학에서의 가
상 문제』

그람시(Antonio Gramsci) 출생(1937), 1991 『옥중수기』

1892 라인홀트 니버(Reinhold Niebuhr) 출생(1971), 1932 『도덕적 인간과 비도덕적 사
회』, 1937 『미국에서 신의 왕국』, 1941 『인간의 본성과 운명』, 1963 『책임적 자
아』

플레스너(Helmuth Plessner) 출생(1985), 1928 『유기체와 인간의 단계: 철학적
인간학 입문』

벤야민(Walter Benjamin) 출생(1940), 1928 『독일비극의 근원』, 『일방통행』,
1942 『역사의 개념에 관하여』

1893 모택동(Mao Tse-Tung) 출생(1976), 1937 『실천론』, 『모순론』

만하임(Karl Mannheim) 출생(1947), 1929 『이데올로기와 유토피아』

1895 호르크하이머(Max Horkheimer) 출생(1973), 1967 『도구적 이성비판』, 1968 『비
판이론』

1897 바타이유(Georges Bataille) 출생(1962), 1957 『에로티즘』

뢰비트(Karl Löwith) 출생(1973), 1941 『헤겔에서 니체로』, 1953 『세계사와 성현』

1898 마르쿠제(Herbert Marcuse) 출생(1979), 1932 『헤겔의 존재론과 역사성 이론의
정초』, 1941 『이성과 혁명』, 1958 『소비에트 마르크스주의 사회이론』, 1955 『충
동구조와 사회』, 1964 『일차원적 인간』

1899 영화의 발명

하이에크(Hayek) 출생(1992), 1944 『예종에의 길』

1900 라일(Gilbert Ryle) 출생(1976), 1949 『마음의 개념』

가다머(Hans Georg Gadamer) 출생, 1960 『진리와 방법』

프롬(Erich Fromm) 출생(1980), 1976 『소유냐 존재냐?』

1901 자크 라캉(Jacques Lacan) 출생(1981), 1966 『에크리』, 1967 『문자와 차연』

1902 알프레드 타르스키(Alfred Tarski) 출생(1983), 1935 『형식화된 언어에서의 진리
개념』, 1977 『수학적 논리학 개론』

포퍼(Karl Popper) 출생(1994), 1935 『탐구의 논리』, 1945 『열린사회와 그 적들』,
『역사주의의 빈곤』, 1973 『객관적 지식』, 1979 『인식론의 두 가지 근본문제』

1903 아도르노(Theodor Adorno) 출생(1969), 1944 『계몽의 변증법』, 1949 『새로운 음

악의 철학』, 1951『미니마 모랄리아』, 1966『부정변증법』, 1970『미학이론』
　　　 한스 요나스(Hans Jonas) 출생(1993), 1921『그노시스와 후기고대적 정신』,
　　　 1930『아우구스티누스와 바울의 자유문제』, 1973『유기체와 자유: 철학적 생물학
　　　 에 대한 명제』, 1979『책임의 원칙』, 1981『기술, 의학, 윤리』, 1994『생명의 원
　　　 리』
　　　 리터(Joachi, Ritter) 출생(1974), 1953『아리스토텔레스에서 테오리아의 근원과
　　　 의미에 관한 이론』, 1957『헤겔과 프랑스 혁명』, 1963『현대사회에서 정신과학의
　　　 과제』
1904　겔렌(Arnold Gehlen) 출생(1976), 1940『인간』, 1986『도덕과 초도덕』,『원시인
　　　 류와 후기문화』
1905　프랑클(Victor Frankl) 출생(1997), 1972『의미에의 의지』, 1987『논리치료와 실
　　　 존분석』, 2000『인간의 의미탐구』
　　　 사르트르(Jean-Paul Sartre) 출생(1980), 1943『존재와 무』, 1947『실존주의는
　　　 휴머니즘이다』
　　　 레비나스(Emmanuel Levinas) 출생(1995), 1930『후설의 현상학에서 직관이론』,
　　　 1947『존재에서 존재자로』, 1949『후설과 하이데거와 함께 실존을 찾아』, 1961
　　　『전체와 무한』, 1963『어려운 자유』, 1968『탈무드 강해』, 1972『다른 사람의 휴
　　　 머니즘』, 1974『존재와 다른 것 또는 본질을 넘어』, 1975『모리스 블랑쇼』,『고유
　　　 명사』, 1977『성스러움에서 거룩으로. 탈무드 강해』, 1979『시간과 타자』, 1982
　　　『구절을 넘어. 탈무드 강해』,『생각에 이르는 하느님』
　　　 아인슈타인 특수상대성이론 발표
1906　아렌트(Hannah Arendt) 출생(1975), 1958『활동적 삶에 대하여』, 1970『권력과
　　　 폭력』, 1979『정신의 삶에 대하여』
1907　엘리아데(Mircea Eliade) 출생(1986), 1953『영겁회귀의 신화』, 1957『성과 속』,
　　　 1973『근원에 대한 동경』
1908　메를로 퐁티(Maurice Merlau-Ponty) 출생(1961), 1966『지각의 현상학』, 1968
　　　『변증법의 모험』, 1967『시각과 정신』, 1986『볼 수 있는 것과 볼 수 없는 것』
1910　에이어(Ayer) 출생(1989), 1936『언어, 진리, 분석』, 1956『지식의 문제』, 1963
　　　『인격의 개념』, 1973『철학의 주요문제들』
1911　오스틴(John Austin) 출생(1960), 1972『언어수행이론』, 1975『단어와 의미』,
　　　 1976『감각과 감각대상』
1913　카뮈(Albert Camus) 출생(1960), 1942『시지프스의 신화』, 1953『반항적 인간』
1914　제2차세계대전 발발
1916　아인슈타인,『일반상대성이론의 기초』
1917　러시아혁명
1918　알튀저(Louis Althusser) 출생(1990), 1968『마르크스를 위하여』, 1969『자본론
　　　 읽기』, 1975『자기비판의 요소들』
1919　베르사이유 조약
1921　한스 알버트(Hans Albert), 1968『비판적 이성에 관한 논고』, 1972『구성과 비판』,
　　　 1975『선험적 몽상론』

1922 엘리오트, 『황무지』
      라카토스(Imre Lakatos) 출생(1974), 1974 『비판과 인식진보』, 1982 『수학, 경
      험과학, 인식론』, 1982 『학문적 연구계획의 방법론』
      칼-오토 아펠(Karl-Otto Apel) 출생, 1963 『단테에서 비코까지의 인문주의의 전통
      에서 본 언어의 이념』, 1973 『철학의 변형』, 『』1975 『찰스 퍼스의 사유여정』,
      1976 『언어수행이론과 선험적 언어화용론』, 1979 『선험화용론적 시각에서 본 설
      명-이해의 논쟁』, 1988 『담론과 책임』
      토마스 쿤(Thomas Kuhn) 출생, 1962 『과학혁명의 구조』
1924 파이어아벤트(Feyerabend) 출생(1994), 1975 『방법에 반하여』, 1979 『자유로운
      인간을 위한 인식』, 1984 『예술로서의 학문』
1925 들뢰즈(Gilles Deleuze) 출생(1995), 1974 『앙티 외디푸스』, 1978 『프루스트와
      기표』, 1985 『니체와 철학』, 1987 『푸코』, 1988 『스피노자: 실천철학』, 1989 『베
      르그송 입문』, 1992 『차연과 반복』, 1993 『감각의 논리』, 1995 『프란시스 베이컨:
      감각의 논리』, 1996 『철학이란 무엇인가』
1926 푸코(Michel Foucault) 출생(1984), 1961 『광기의 역사』, 1973 『지식의 고고학』,
      『병원의 탄생』, 1974 『말과 사물』, 1975 『감시와 처벌』, 1976~1984 『성의 역사』
      리챠드 쉐플러(Richard Schaeffler), 1952 『칼 야스퍼스의 작품에서 신앙의 문제』,
      1961 『역사시간의 구조』, 1964 『제1철학에의 길』, 1973 『종교와 비판의식』,
      1980 『역사철학입문』, 1974 『종교비판과 그 대상』, 1978 『사유의 경건성』, 1979
      『무엇을 희망해도 좋은가?』, 1980 『신앙의 반성과 학문이론』, 『철학과 신학의 상
      호관계』, 1982 『경험에의 능력』, 1983 『종교철학』, 1988 『기도의 언어이론』,
      1989 『기도와 논증』, 1995 『현실과의 대화로서의 경험』
1927 루만(Niklas Luhmann) 출생(2001), 1968 『목적개념과 체계합리성』,
      1970~90 『사회학적 계몽』, 1984 『사회 체계』, 1986 『생태학적 의사소통』, 1988
      『사회의 경제』, 1990 『사회의 학문』, 1992 『현대성의 관찰』, 1993 『사회의 법』,
      1995 『사회의 예술』
1929 하버마스(J. Habermas), 1962 『공공성의 구조변동』, 1962 『이론과 실천』, 1968
      『이데올로기로서의 기술과 과학』, 1968 『인식과 관심』, 1981 『의사소통적 행위
      이론』, 1973 『후기자본주의의 정당성 문제』, 1983 『도덕의식과 의사소통적 행위』,
      1984 『의사소통적 행위이론에 대한 예습과 보충』, 1985 『현대성의 철학적 담론』,
      『새로운 불투명성』, 1988 『후기형이상학적 사유』, 1991 『담론윤리의 해명』, 1992
      『사실성과 타당성』, 1996 『이질성의 포용』, 2001 『신앙과 지식』, 『인간본성의 미
      래』, 2002 『이행의 시대』
1933 히틀러 집권
1937 미 듀폰사 인조섬유 나일론 발명
1938 오토 한과 프리드리히 슈트라스만, 우라늄의 핵에너지 방출 실험성공
1939 제2차세계대전 발발; 아인슈타인 미 대통령에게 원폭개발 건의
1941 미 루즈벨트 대통령 맨하튼 프로젝트 서명
1945 미 뉴멕시코 원폭실험 성공, 일본에 원폭 투하
1946 미 펜실베니아대 최초의 전자컴퓨터 에니악 가동

1947 미 윌러드 리비 탄소연대측정법 개발
1948 제1차 중동전쟁 발발
1949 유엔창설
1950 미국 맥카시 선풍
1952 미국 수폭실험
1953 프랜시스 크릭과 제임스 왓슨, DNA 분자의 이중나선 발견
1957 소련 인공위성 최초발사
1958 미국 인공위성 발사
1959 소련 우주로케트 달 착륙
1962 미국 통신위성 델스터 발사
1964 우주폭발기원론을 입증하는 우주전파 발견; 쿼크 입자 발견
1966 소 무인우주선 루나 9호 최초 달 착륙
1967 EC발족; 영 의사 세포핵의 유전인자를 타 세포핵에 주입하여 개구리의 복제에 성
      공
1968 핵확산방지조약
1969 미 우주선 아폴로 11호 달 착륙(닐 암스트롱)
1970 소 우주선 베네라 금성 착륙; 미 인텔사 마이크로프로세서 개발
1976 미 우주선 바이킹 1, 2호 화성 착륙
1978 최초의 시험관 아기 루이스 브라운 출생
1979 미 우주선 보이즈 1, 2호 목성 도달
1980 미 우주선 보이즈 1호 토성탐사
1982 면역체계를 파괴하는 새로운 질병 AIDS 발견
1985 남극의 오존층에서 구멍 발견
1987 미 생명공학회사 CR사와 MIT 화이트헤드연구소는 최초의 인간유전자 지도 작성
      사실을 발표
1988 미 에너지성(DOE)과 미 국립보건원(NIH) 공동으로 인간게놈프로젝트 추진
1990 독일 통일; 허블망원경을 지구궤도에 설치
1993 미 생물학자 라울 카노 1억2천만년 전의 곤충에서 DNA분자 추출
1995 미 우주선 갈릴레오 목성 궤도 도달 후 관측기구 설치
1997 미 우주선 패스파인더 화성에서 물의 존재 가능성 탐사
      영 로슬린연구소의 이안 윌머트 최초 포유동물 돌리 양의 복제 성공
2000 6월 26일 미 클린턴 대통령 인간게놈지도 초안 발표

지은이: 김 진(金 珍)

울산대학교 철학과 교수. 독일 루어대학(보쿰) 철학박사
e-mail: *jinkim@mail.ulsan.ac.kr*

독일 루어-대학(보쿰)에서 철학, 기독교 윤리학, 한국학을 연구하였으며, 리챠드 쉐플러 (Richard Schaeffler) 교수의 지도 아래 칸트와 블로흐의 요청이론 및 희망철학에 대한 논문으로 철학박사 학위를 취득하였다.

저서로는 *Kants Postulatenlehre*(Peterlang 1988), 『생활속의 철학』(자유사상사 1990, 1994), 『칼 마르크스와 희랍철학』(한국신학연구소 1992; 울산대학교출판부 1998), 『새로운 불교해석』(철학과현실사 1996), *Hoffnungsphilosophie im Maitreya-Buddhismus*(Ulsan University Press 1997), 『칸트와 생태주의적 사유』(울산대학교출판부 1998), 『종교문화의 이해』(울산대학교출판부 1998); 『아펠과 철학의 변형』(철학과현실사 1998), 『칸트·순수한 이성의 한계 안에서의 종교』(울산대학교출판부 1999), 『살고있는 순간의 어두움』(세종출판사 1999), 『선험철학과 요청주의』(울산대학교출판부 1999), 『칸트와 불교』(철학과현실사 2000, 2004), 『칸트와 생태사상』(철학과현실사 2003), 『퓌지스와 존재사유』(문예출판사 2003), 『무아윤회논쟁』, 『라이프니츠, 헤겔, 쇼펜하우어와 불교』, 『니체와 불교적 사유』, 『하이데거와 불교』, 『화이트헤드와 화엄형이상학』(울산대학교출판부 2004), 『동성애의 배려윤리적 고찰』, 『칸트와 세계관의 철학』, 『최고선과 요청주의』(울산대학교출판부 2005), 『하느님의 길』(철학과현실사 2005), 『믿음 사랑 희망에 대하여』, 『에른스트 블로흐와 희망의 원리』(울산대학교출판부 2006) 등이 있고, 역서로는 토마스 아퀴나스의 『존재자와 본질에 대하여』(서광사 1995)와 리챠드 쉐플러의 『역사철학』(철학과현실사 1997) 등이 있으며, 그밖에 다수의 공저와 논문들이 있다.

주요 연구 분야는 칸트 및 현대 독일철학, 종교철학, 동서비교철학, 생태존재론, 역사철학 등이다.

1994년 8월 25일 1판 1쇄 발행
2002년 8월 10일 1판 6쇄 발행
2004년 2월 25일 2판 2쇄 발행
2007년 2월 10일 3판 1쇄 인쇄
2007년 2월 15일 3판 1쇄 발행

판권

지은이 : 김　　　진
발행인 : 전 춘 호
발행처 : 철학과현실사
　　　　서울시 서초구 양재동 338-10
　　　　TEL 579-5908, 5909
등록번호 : 제1-583호
등록일자 : 1987년 12월 15일

ISBN 89-7775-615-8 03100

값 15,000원

▪ 잘못된 책은 바꾸어 드립니다.